AF851220

Les relations internationales dans un monde en mutation

International Relations in a Changing World

INSTITUT UNIVERSITAIRE
DE HAUTES ÉTUDES INTERNATIONALES

Les relations internationales dans un monde en mutation

International Relations in a Changing World

Richard Blackhurst, Rudolf Bystrický, Lucius Caflisch,
Philippe Cahier, Gerard Curzon, Gilbert Etienne, Jacques Freymond,
Saul Friedländer, Curt Gasteyger, Hans Genberg, Louis J. Halle,
Harry G. Johnson, Harish Kapur, Pierre Lalive, Jacques L'Huillier,
Harriet Matejka, Krystyna Marek, Roy Preiswerk, Jean Siotis,
Marlis Steinert, Alexander Swoboda, Michel Virally

INSTITUT UNIVERSITAIRE
DE HAUTES ÉTUDES INTERNATIONALES
GENÈVE

1977
SIJTHOFF - LEIDEN

ISBN 90 286 0497 9

TABLE DES MATIÈRES **TABLE OF CONTENTS**

Dialogues avec un monde qui change, *Jacques Freymond* 1

LES DÉMARCHES DANS L'ÉTUDE
DES RELATIONS INTERNATIONALES

APPROACHES TO THE STUDY
OF INTERNATIONAL RELATIONS

The Conduct v. the Teaching of International Relations, *Louis J. Halle* 33

Could we Study International Relations as if People Mattered ? *Roy Preiswerk* 43

Paradigme perdu et retour à l'histoire. Esquisse de quelques développements possibles de l'étude des relations internationales, *Saul Friedländer* 71

The Role of International Economics Teaching in the Analysis of International Relations, *Harry G. Johnson* 95

New Dimensions of Conflict and Order. A New Agenda for Strategic Studies, *Curt Gasteyger* 105

A LA RECHERCHE D'UN ORDRE MONDIAL

QUEST FOR WORLD ORDER

New Configurations of Power in International Relations, *Marlis G. Steinert and Harish Kapur* 123

Les Nations Unies à la recherche du nouvel ordre mondial : réflexions sur l'avenir du multilatéralisme, *Jean Siotis* 163

Une pierre d'angle qui résiste au temps : avatars et pérennité de l'idée de souveraineté, *Michel Virally* 179

The Doctrine of *Mare Clausum* and the Third United Nations Conference on the Law of the Sea, *Lucius C. Caflisch* 197

ASPECTS RÉGIONAUX

REGIONAL ASPECTS

Les ambiguïtés juridiques de la coexistence pacifique et de l'internationalisme socialiste, *Rudolf Bystrický* 231

Pricing and Socialism, *Harriet Matejka* 255

Traditions asiatiques et développement économique, *Gilbert Etienne* . 267

RELATIONS ÉCONOMIQUES INTERNATIONALES

INTERNATIONAL ECONOMIC RELATIONS

Induced and Autonomous Foreign Investments : A Quantitative Assessment, *Gerard Curzon* 285

Inflation : A Worldwide Phenomenon ? *Hans Genberg and Alexander K. Swoboda* 305

La notion de réciprocité dans les négociations tarifaires, *Jacques L'Huillier* 327

International Trade and Domestic Environmental Policies in a Growing World Economy, *Richard Blackhurst* 341

QUESTIONS DE DROIT INTERNATIONAL

ISSUES OF INTERNATIONAL LAW

Reflections on Contemporary Law-Making in International Law, *Krystyna Marek* 367

Sur la contribution de l'arbitrage au développement d'un droit du commerce international, *Pierre Lalive* 387

Le problème de la responsabilité pour risque en droit international, *Philippe Cahier* 409

DIALOGUES AVEC UN MONDE QUI CHANGE

Jacques FREYMOND

« Le Conseil d'Etat étudie la création d'un séminaire d'études internationales qui pourrait, dans un avenir plus ou moins éloigné, se transformer en un institut. L'Institut Wilson, par exemple ; les problèmes de politique générale y seraient étudiés en toute objectivité scientifique. Cet Institut serait utile à la Société des Nations ; il préparerait l'étude de certaines questions au cours des mois qui s'écoulent entre deux assemblées annuelles ; il réunirait la documentation et provoquerait des discussions préalables. Par cette initiative Genève collaborerait dans la mesure de ses forces à l'établissement d'un ordre nouveau dans les relations internationales. » [1]

Cet extrait du mémoire que le Conseil d'Etat du Canton de Genève adresse au Conseil fédéral en 1925 situe d'emblée le futur Institut dans sa perspective historique. Il s'agit d'étudier les problèmes de politique générale « en toute objectivité scientifique », de manière à contribuer « à l'établissement d'un ordre nouveau dans les relations internationales ». Un dialogue commence avec un moment de l'histoire qui toujours est pour l'homme un « ordre nouveau ».

L'expression ne se retrouve pas d'ailleurs dans les textes par lesquels les fondateurs de l'Institut définissent le champ des études qu'on y entreprendra :

« L'objet des études tel que je le conçois, écrit William Rappard, est la politique internationale prise dans l'acception la plus large de ce terme. Il y a beaucoup de questions internationales qui, me semble-t-il, devront échapper à la compétence de l'Institut. Ce sont notamment celles qui résultent des relations individuelles entre ressortissants de pays différents, dans lesquelles l'Etat n'intervient en

[1] Publié dans une *Lettre du Conseil d'Etat au Conseil fédéral* du 6 juin 1925, Genève, A. Kundig, 1925, 40 p. Ce texte nous a été communiqué par M. Antoine Fleury qui a eu l'obligeance de dépouiller aux Archives fédérales (ci-après AF) les fonds du Département fédéral de l'intérieur (ci-après EDI) où se trouve la correspondance relative à l'Institut.

rien. La littérature comparée, par exemple, est un sujet international qui n'intéresse pas l'Institut. D'autre part, tous les problèmes d'ordre juridique, économique et social posés par la coexistence sur la surface du globe d'Etats différents, rentreront dans le champ d'études de l'Institut. »[2]

La conception est large, comme l'est le champ d'études : l'Institut, dès le départ, se veut universaliste. Mais il se situe à Genève, siège de la Croix-Rouge internationale et plus encore de la Société des Nations. Ses fondateurs, soucieux de légitimer sa création, se préoccupent de souligner en quoi il diffère d'autres institutions établies à La Haye, Paris, Berlin ou Londres.

> « Ce qui le caractérise avant tout, c'est le lieu où il a été fondé : Genève offre, pour l'observation et l'analyse de la vie internationale contemporaine, des ressources qui la distinguent d'autres centres d'études munis de tous les moyens que peuvent offrir de grandes capitales et de grandes universités. »[3]

Paul Mantoux, dans son premier rapport de directeur, le 7 avril 1927, écrit que la conclusion principale qu'il a tirée des conversations qu'il a eues avec des centres universitaires

> « c'est que le succès de l'Institut dépendra de sa spécialisation. Des étudiants avancés ne viendront pas à Genève pour y entendre pendant deux ou trois années de suite des cours sur l'ensemble du droit international ou des problèmes de l'économie publique ou sur l'histoire de l'Europe depuis un siècle ou davantage. Ce qu'on cherchera à Genève, c'est ce qu'on ne peut trouver qu'à Genève. Cela veut-il dire que les travaux de l'Institut devront porter exclusivement sur la Société des Nations et l'Organisation du travail ? Je ne le crois pas. Mais il faudra par un effort renouvelé d'année en année, utiliser, pour l'étude des faits internationaux du temps présent, les ressources particulières qu'offre Genève en tant que siège de la Société des Nations — documents, observations directes, contact avec les hommes qui sont mêlés aux affaires internationales. »

Et il donne un exemple de cette méthode :

> « On pourrait, dit-il, tirer des documents et des discussions de la prochaine conférence économique la matière d'un cours et d'une série de travaux de séminaires. Les ressources des deux bibliothèques de la Société des Nations et du Bureau international du travail et

---

[2] Note sur le futur Institut de hautes études internationales, 15 janvier 1927 (miméographié).

[3] Notice diffusée à l'occasion de l'ouverture de l'Institut (1927).

> l'aide probable de ceux qui auront eux-mêmes travaillé à la préparation de la conférence, donneraient à ceux qui entreprendraient une telle étude un avantage évident et il ne leur serait pas interdit d'étendre leur regard sur des problèmes d'intérêt tout à fait général dépassant le cadre de la conférence. C'est dans cette voie que l'Institut, avec les moyens relativement limités dont il dispose aujourd'hui, trouvera la plus grande chance de se rendre immédiatement utile et d'attirer à lui les éléments qui doivent le soutenir. »

Le programme des cours pour la première année mettra clairement en évidence le souci du directeur de l'Institut de tirer profit de l'avantage comparatif qu'offre Genève. Les séminaires sur les *questions politiques* qu'il annonce portent sur les sujets suivants : études sur les récents traités de paix, en particulier sur le Traité de Versailles ; les problèmes politiques du temps présent et la Société des Nations. Les *questions juridiques,* traitées par le professeur Eugène Borel, comportent deux séminaires sur les formes de la conciliation et de la justice internationales et sur le droit diplomatique. M. Mack Eastman, chef de section à la Division scientifique du BIT chargé des *questions économiques,* traite, lui, des problèmes économiques d'aujourd'hui et de la Conférence économique de 1927, d'une part, et du commerce international et de la politique douanière depuis un siècle, d'autre part. A ces trois enseignements s'ajoutent un cours de William Rappard sur l'organisation et le fonctionnement de la Société des Nations et une série de leçons et d'exercices sur les problèmes internationaux du travail, organisés avec la collaboration de la Division des recherches du BIT.

Quant au programme de la cérémonie d'inauguration de l'Institut, il est révélateur de la détermination du fondateur de le situer dans la Genève capitale de la Société des Nations. La date n'a pas été fixée en fonction du calendrier universitaire [4], mais bien de celui de la Société des Nations, le 16 septembre 1927, pendant la période où siège la huitième assemblée. Le Conseil fédéral a pris, le 2 septembre, la décision d'offrir, en commun avec le Canton et la Ville de Genève, une réception à l'occasion de cette huitième assemblée de la Société des Nations et a donné son accord « à ce que le chef du Département politique fédéral assiste à la réunion de propagande *(sic)* en faveur de l'Institut[5] ». M. Motta, président de la Confédération et chef du Département politique fédéral, sera entouré d'une impressionnante cohorte d'hommes politiques et de diplomates de format international : Louis Loucheur, député, ancien ministre, dont on sait le rôle important qu'il joue à l'époque dans les

---

[4] Les cours débuteront le 20 octobre.

[5] Décision du 2 septembre, note manuscrite.

mouvements travaillant à la réconciliation de l'Allemagne et de la France et à l'organisation de l'Europe ; Rudolf Breitscheid, membre du Reichstag, qui représentera le Gouvernement allemand ; Vittorio Scialoja, ministre d'Etat, sénateur, ancien ministre des Affaires étrangères d'Italie ; Sir Cecil Hurst, premier conseiller juridique du Foreign Office ; Emile Vandervelde, ministre des Affaires étrangères de Belgique ; l'ambassadeur Adatci, vice-président de l'Institut de droit international, membre de l'Académie impériale du Japon.

Ce patronage de la Société des Nations et des personnalités engagées dans la vie politique active, ce souci de se rendre utile pourraient limiter la liberté intellectuelle des hommes qui vont enseigner à l'Institut. J'imagine aisément ce que pourraient faire de cette liste de noms et de ces appuis officiels les historiens qui pratiquent « l'étiquettologie ». Ce serait négliger — et de manière impardonnable — le rôle des personnalités. Les deux hommes qui vont porter l'Institut sont des indépendants. William Rappard, cet homme du XVIe siècle par sa vitalité et la diversité de ses dons, n'a guère besoin de « patrons », pas plus d'ailleurs que Paul Mantoux, anarchiste modéré tel qu'il s'est défini un jour au cours d'une conversation avec George Scelle, et qui est tout d'abord homme de science, engagé dans l'action par la guerre. L'un et l'autre vont d'ailleurs souligner l'indépendance de l'Institut et son caractère scientifique avec une insistance qui révèle la conscience qu'ils ont du danger que présente l'environnement politique.

> « L'Institut doit être pleinement international, écrit Rappard, c'est-à-dire que les questions qui y seront étudiées ne devront pas l'être du point de vue national d'un pays particulier. Les ressources de l'Institut sont d'origine internationale, son comité directeur et son corps enseignant doivent être constitués de façon qu'aucune puissance n'y soit représentée plus fortement qu'une autre. Il faut espérer et il faudra tout faire pour que l'esprit qui y régnera soit également international, c'est-à-dire *essentiellement indépendant de toute influence nationale.* »

Et il ajoute :

> « L'Institut devra, en première ligne, favoriser les hautes études. Il ne s'agit ni de propagande ni de vulgarisation, mais d'études approfondies et de recherches originales [6].

[6] Note sur le futur Institut, 15 janvier 1927, *loc. cit.* « Si je ne craignais pas d'alourdir le titre de l'Institut par la répétition du mot international, écrit encore William Rappard, je proposerais « Institut international de hautes études internationales ». »

Paul Mantoux, dans un passage très concis de son rapport du 7 avril 1927, définit les conditions de l'indépendance :

> « Il importe d'affirmer le caractère international de l'Institut ; c'est pourquoi je proposerai que son personnel, soit permanent, soit temporaire, soit formé d'hommes de nationalités différentes. Il va sans dire que l'Institut pas plus qu'il n'aura de tendances nationales ne doit avoir de doctrines. Les seuls principes qui doivent le diriger sont ceux de l'objectivité et de la probité intellectuelle. »

L'internationalisme de Mantoux et de Rappard est sans doute nourri et stimulé par le milieu dans lequel ils vivent, par cette Société des Nations qu'ils connaissent de l'intérieur, en praticiens. Mais l'entreprise qu'ils proposent, si elle s'appuie sur la Genève internationale, en dépasse les frontières. Hommes de science, ils veilleront à prendre à l'égard des institutions internationales et des Etats, objets de leurs études, la distance qui s'impose et se retrouveront dans une commune exigence de distinction intellectuelle qui les guide dans le choix du corps enseignant. Pluralistes, ils se préoccuperont également de confronter leurs étudiants à une gamme d'opinions aussi large que possible. C'est de cette conception que sont issus, dès la première année, des *cours temporaires* donnés par des professeurs extérieurs à l'Institut et des praticiens des organisations internationale, à l'intention des professeurs permanents aussi bien que des étudiants [7].

I. *DIALOGUE AVEC LES SUISSES*

Le développement de l'Institut va dépendre des ressources financières mobilisables. A qui s'adresser ? La tâche n'est pas facile. Il faut convaincre des gens qui vivent dans le présent de la nécessité d'organiser l'avenir. Le dialogue avec un monde qui change a ceci de paradoxal qu'il implique une majorité de personnes qui pensent que le monde ne changera pas. Les Etats, porteurs de la Société des Nations, veillent attentivement à faire coïncider leurs responsabilités et leurs intérêts et seront enclins à former eux-mêmes les futurs fonctionnaires internationaux. Le Secrétariat de la SdN ne dispose pas des moyens qui lui permettraient de financer une institution d'enseignement ; sa participation d'ailleurs lui conférerait un droit de regard qui mettrait en question l'indépendance

---

[7] La liste des cours temporaires donnés à l'Institut depuis 1927 figure dans le volume édité en 1967 à l'occasion de son 40e anniversaire : *HEI 1927-1967*. Une nouvelle liste a été publiée lors du 50e anniversaire.

de l'Institut. Il n'est pas surprenant, dans ces conditions, qu'on ait eu recours à des fonds privés. C'est en fait la décision prise par la Fondation Rockefeller d'assurer une contribution initiale prélevée sur un fonds spécial, *The Laura Spelman Rockefeller Memorial,* qui a donné la possibilité de lancer cette initiative. Mais la donation de 100 000 dollars est assortie d'une condition qui impose au récipiendaire l'obligation de trouver des fonds d'autres sources, de manière qu'au terme de la période de cinq ans, sur laquelle se répartissent les 100 000 dollars, l'Institut dispose de ressources équivalentes à celles que lui alloue le Fonds Laura Spelman. Le Conseil d'Etat du Canton de Genève, informé, dès le début, du projet et des démarches en cours, accorde son appui. Mais il ne peut, comme il l'écrira au Conseil fédéral, porter sa subvention au-delà de 40 000 francs. C'est pourquoi il se tourne vers le gouvernement fédéral. Celui-ci ne pourrait-il pas consentir un effort particulier en faveur d'une entreprise qui n'est pas seulement utile à Genève, mais qui est incontestablement d'intérêt national[8]? Les démarches placent le Conseil fédéral dans l'embarras, car il voit aussitôt le risque de créer un précédent dont se prévaudraient les autres cantons universitaires pour légitimer quelques demandes de subside. On décidera cependant d'entrer en matière[9] parce qu'on considère la démarche du Canton de Genève en vue d'obtenir un appui de la Confédération comme plutôt avantageuse. Il est difficile de ne pas tenir compte du geste fait par le *Laura Spelman Fund* et de risquer de priver Genève des bénéfices d'une initiative privée. Il est donc prévu d'accorder au futur Institut, dans la rubrique de

[8] Le *Laura Spelman Fund* a précisé, dans la lettre qui annonce la décision prise d'accorder les 100 000 dollars, que la somme globale doit être répartie par tranches égales sur les années 1927 à 1932, alors qu'elle prévoit une augmentation progressive des contributions extérieures. Il s'agit donc de trouver 20 000 francs pour la première année et d'augmenter les contributions suisses par tranches de 20 000 francs jusqu'à 100 000 francs en 1932.

[9] Les premières objections qui ont été formulées lors de la séance du 17 juillet 1925 ont été surmontées : « Doch wird in der Beratung anerkannt, die Angelegenheit sei genauer Prüfung wert, und es werde sich doch fragen, ob nicht die Erledigung des einen der Genfer Begehren auf diese Weise für den Bund so vorteilhaft wäre, dass sich die Einsetzung eines besonderen Kredits für das Institut in den Voranschlag des Departements des Innern wohl begründen lasse. »

Quinze jours plus tard, le 31 juillet, le Conseil fédéral fait un pas de plus. Le chef du Département de l'intérieur « hält dafür, dass dem Beitragsbegehren des Kantons Genf entsprochen werden sollte ; einmal, weil es sich um eine bloss zeitweilige Leistung für einige Jahre handelt, die dem Institut in Genf zu einem namhaften Stiftungsvermögen aus dem Auslande verhelfen soll und sodann, weil hier ganz besondere Verhältnisse vorliegen, die nicht befürchten lassen, dass andere höhere Bildungsanstalten unter Hinweis auf den vorliegenden Fall eine Subvention des Bundes ebenfalls beanspruchen könnten. »

Et la conclusion de l'échange de vues est formulée comme suit : « Aus der Beratung geht hervor, dass der Rat der Meinung ist, es werde kaum möglich sein, sich gegenüber dem Begehren Genfs um Unterstützung des in Aussicht genommenen Instituts für internationale Forschung 'ablehnend zu verhalten'. » AF, EDI.

« l'encouragement à la culture intellectuelle », une subvention de 30 000 francs en 1929 qui sera portée progressivement à 60 000 francs. Le Conseil fédéral autorise, en outre, le chef du Département fédéral de l'intérieur à faire partie du Conseil de la fondation qui est créée.

Les Genevois ont toutes raisons d'être satisfaits. Mais ils devront bientôt s'apercevoir qu'ils entrevoient les problèmes de politique internationale dans une perspective qui n'est pas celle de tous leurs concitoyens suisses. Ce sont les Vaudois — personne n'en a été surpris à l'époque — qui prennent l'initiative de la contre-offensive, par une lettre du Conseil d'Etat vaudois au chef du Département fédéral de l'intérieur, Vaudois lui aussi, le conseiller fédéral Chuard. L'échange de lettres se déroule très en dehors des grands courants de la politique internationale.

> « Il n'entre pas dans notre idée de protester contre cet acte de générosité dont bénéficiera un canton confédéré, écrit le président du Conseil d'Etat vaudois. Mais il nous sera bien permis de rappeler que l'Université de Lausanne avait eu, à un moment donné, des raisons d'espérer qu'elle serait d'abord touchée par la munificence de la Confédération. Mise au bénéfice d'une aide de cette nature, la Faculté de droit qui déploie son activité à côté du Tribunal fédéral aurait pu se développer comme on le lui avait fait espérer. Il n'en a pas été ainsi.
>
> » Dès lors, vous comprendrez notre étonnement si les faits rapportés par les journaux sont exacts. » [10]

A quoi le chef du Département fédéral de l'intérieur répondra par des paroles qu'il voudrait apaisantes : il ne s'agit nullement de subventionner l'Université de Genève, mais une fondation de droit privé ; il ne faut pas voir non plus dans cette décision une modification de la politique du Conseil fédéral à l'égard des universités. Il s'agit bien plutôt d'un appui accordé

> « dans un cas tout à fait exceptionnel destiné à permettre au Canton de Genève de bénéficier de la libéralité d'un fonds étranger et justifié par le fait que Genève ayant le siège de la Société des Nations, était formellement désignée par les gérants des fonds en question qui faisaient en outre une condition expresse de la participation de la Confédération ».
>
> « Nous espérons, écrit le conseiller fédéral Chuard, que ces explications seront de nature à calmer les inquiétudes de votre université. Nous ajoutons, pour montrer que le Canton de Vaud n'est pas l'objet d'une moindre sollicitude, que nous lui avons confié, il y a quelques années, le dépôt de la collection Marcel Benoist, qui

[10] Lettre du 11 mars 1927, AF, EDI, 8 (B), Bd. 58.

était vivement demandé par nos Confédérés de Genève. Il convient au demeurant d'observer que le Canton de Genève, du fait de l'exiguïté de son territoire, ne bénéficie pas, dans une aussi large mesure que les cantons agricoles, de subventions fédérales pour la correction des cours d'eau, pour des reboisements et la construction de routes forestières, pour des améliorations foncières, etc. » [11]

Mais les Vaudois resteront insensibles à cette argumentation pourtant solidement ancrée dans la politique des marchandages fédéraux. A la plus grande indignation des Genevois, ils reprendront l'offensive, au printemps 1928, lors de la discussion du message du Conseil fédéral [12], sous la conduite de Paul Maillefer dont la candidature au Conseil fédéral avait échoué devant celle d'Ernest Chuard. Président de la Commission des finances du Conseil national qui doit donner ses préavis, Paul Maillefer réaffirme la thèse selon laquelle, le nouvel Institut étant un établissement d'enseignement supérieur, la subvention demandée préjuge de la question des subsides fédéraux à l'enseignement supérieur. La Confédération, si elle fait une exception dans ce cas, s'engage sur une voie dangereuse. Peut-on penser, d'ailleurs, que la subvention proposée tombera après la période de cinq années pour laquelle elle est demandée ? Et pourquoi donc, si la SdN a besoin d'un tel Institut, a-t-elle attendu huit années ? M. Maillefer sera suivi par la majorité de la Commission des finances, malgré l'intervention de M. Paul Graber qui dénonce la mesquinerie de l'argument avancé face à l'évidente utilité du rôle que peut jouer l'Institut dans un centre international comme Genève. La décision de la commission, prise à une majorité de dix contre trois, de refuser la subvention fédérale à l'Institut, provoque une émotion considérable à Genève et suscite dans l'opinion et dans la presse suisse un débat animé. Certains universitaires tiennent à se distinguer de ce qui pourrait apparaître comme une réaction de jalousie à l'égard de l'Université de Genève. La Faculté de droit de l'Université de Zurich se prononce à l'unanimité en faveur du nouvel Institut. A Lausanne, le doyen de la Faculté des lettres, Arnold Reymond, prend une position analogue. Les grands journaux suisses alémaniques comme la *Neue Zürcher Zeitung* ou le *Bund* se déclarent eux aussi favorables à l'entreprise. L'Association suisse pour la SdN vote une résolution à l'unanimité — y compris de nombreux Vaudois — en faveur de l'Institut, tandis que les rédacteurs en chef des journaux genevois envoient un message à leurs collègues de Suisse dont certains avaient affiché leur scepticisme sinon même leur

---

[11] AF, *ibid.*

[12] Message du Conseil fédéral à l'Assemblée fédérale concernant l'allocation d'une subvention à l'Institut universitaire de hautes études internationales de Genève (du 10 mars 1928).

hostilité [13]. Comme le dira le correspondant de Berne du *Démocrate :* « Si extraordinaire que cela puisse paraître au premier abord, c'est une grosse bataille pleine de péripéties mouvementées qui s'engage au Conseil national au sujet de cet Institut de hautes études internationales. » Et d'expliquer cette bataille par l'opposition entre « ceux des Suisses qui ont l'esprit européen et les autres » [14].

Le débat, en fait, ne porte pas tant sur l'Europe. Paul Logoz, dans son intervention au Conseil national, citera des réflexions significatives d'Arnold Reymond, publiées dans le bulletin de l'Association pour la Société des Nations :

> « Je n'insisterai pas sur le fait qu'il est nécessaire de développer tout ce qui est de nature à renforcer l'autorité morale et intellectuelle de la Société des Nations, et à étendre ses moyens persuasifs. Cette nécessité me semble si évidente que c'est perdre son temps que de la discuter. A cet égard, l'Institut qui vient de se créer à Genève est d'une utilité manifeste, car il permettra aux futurs juristes, économistes, diplomates et hommes d'Etat de compléter leurs études supérieures en apprenant à connaître le fonctionnement à la fois théorique et pratique de l'organisation que constitue la Société des Nations. »

Un peu plus loin, Paul Logoz donne un large extrait d'une lettre de Max Huber :

> « Es ist mir schwer verständlich, wieso eine ernstliche Meinungsverschiedenheit in diesem konkreten Fall hat entstehen können, denn die verfassungsrechtliche Grundlage ist unanfechtbar, die finanzielle Belastung ist relativ sehr gering, der Nutzen für die Schweiz kaum zu bestreiten. Überdies scheint mir die moralische Tragweite einer

[13] Ainsi, l'*Appenzeller Zeitung* du 13 avril 1928 : « Allein wir legen, wie wir das schon wiederholt dargetan haben, das Hauptgewicht auf die Frage, ob überhaupt ein solches Institut eine Notwendigkeit bedeutet. Auf sie haben wir ein glattes Nein. Die Welt, Europa und die Schweiz können sehr wohl ohne diese Institution leben. Internationale Studien werden an allen Universitäten der Welt betrieben. Man mag sie dort und vor allem an der Universität Genf ausbauen. Aber daraus eine gesonderte Hochschule machen, ist des Guten und Überflüssigen zu viel. Ein Bedürfnis sofern man überhaupt von einem solchen sprechen kann, ist das Institut nur für Genf selbst, denn die Stadt erwartet von ihm neuen Zuzug in seine Mauern. » L'argument financier est avancé par le *Freiburger Nachrichten* du 21 avril 1928 : « Wenn sich Genf ein besonderes Hochschulinstitut für den Völkerbund leisten will, dann ist es seine Sache. Die Eidgenossenschaft hat jedenfalls noch Wichtigeres zu tun, als diese Pläne zu subventionieren, zumal es sich offenbar um recht einträgliche Posten handeln muss. Man spricht von einem Direktor und zwei Professoren und einem Professor adjoint. Und die vier Dozenten ... sollen die Kleinigkeit von jährlich 200 000 Franken kosten. Sieht das nicht mehr nach einer Versorgungsanstalt denn nach einem notwendigen wissenschaftlichen Institut aus, das der besonderen Unterstützung des Bundes bedürfe. »

[14] *Le Démocrate,* 14 juin 1928.

Ablehnung im gegenwärtigen Zeitpunkt in keinem Verhältnis zu stehen zu dem Gewicht der Argumente, die allenfalls gegen die Gewährung der Bundessubvention geltend gemacht werden könnten... Die Errichtung einer solchen Anstalt in unserem Lande würde mit Rücksicht auf die eigenartige Stellung der Schweiz im Völkerleben naheliegend und wünschbar erscheinen, selbst dann, wenn der Völkerbund seinen Sitz nicht in der Schweiz hätte. Da nun aber dieser Mittelpunkt internationaler Beziehungen, mit seinen Ständigen Organisationen und vielartigen Konferenzen sowie den einzigartigen Vorteilen in dokumentarischer Beziehung sich in Genf befindet, erscheint es fast selbstverständlich, dass auch da eine Forschungsstätte internationaler Art gegründet wird ... Das Institut kommt nicht nur Genf, sondern der ganzen Schweiz zu gute.

» Es liess sich sehr wohl rechtfertigen, von Seiten der Schweiz mit viel bedeutenderen Mitteln, als hier verlangt wird, die Errichtung eines selbständigen Instituts für Unterricht und Forschung auf dem Gebiet internationaler Probleme am Sitz des Völkerbundes zu fördern, denn solche Aufwendungen liegen sicherlich in der Richtung der höheren politischen Zwecke, welche die Schweiz durch ihren Beitritt zum Völkerbund zu verfolgen bekundet hat. »

Ces interventions et une campagne de presse très active permettront de redresser partiellement la situation. Mais les résistances sont si fortes que les partisans de l'Institut devront se contenter d'un compromis. La durée de la période de subventionnement sera ramenée de cinq à trois ans et le crédit global de 130 000 francs accordé sous la forme « d'une seule et unique subvention ». La proposition faite par Arnold Reymond, reprise par William Rappard, formellement présentée par Paul Logoz au Conseil national, et acceptée par celui-ci, de réserver un siège du Conseil exécutif de l'Institut à un représentant des universités suisses sera écartée au Conseil des Etats.

Ce demi-échec, dans lequel les querelles de clocher ont certes joué un rôle, est plus encore révélateur de l'indifférence d'une partie de l'opinion suisse à l'égard de la Société des Nations. On ne s'intéresse pas à ce qui s'y passe. On s'en méfie même. Les débats de Genève sont des exercices rhétoriques qui paraissent plaire aux Genevois, ou tout au moins à certains d'entre eux. Mais les Suisses ne se sentent guère concernés. Cette après-guerre, agitée par la confrontation permanente entre vainqueurs et vaincus, a révélé l'impuissance de la SdN à imposer son autorité. L'entrée de l'Allemagne et l'essai de dialogue entre Briand et Stresemann n'ont pas fait oublier l'absence regrettée des Etats-Unis. La Conférence économique de 1927 s'est soldée par un échec. Le pacte Briand - Kellogg n'est qu'une belle déclaration d'intention. Huit années ont passé depuis que les partisans de l'entrée de la Suisse dans la SdN ont réussi, grâce à un effort considérable, à mobiliser la majorité des électeurs en leur faveur [15].

II. *LES ANNÉES PRODUCTIVES : DE LA PORTÉE PRATIQUE D'UNE ŒUVRE SCIENTIFIQUE*

L'Institut se ressentira de l'affaire dans la durée. Car il faudra attendre de longues années avant que le problème d'une contribution fédérale à son budget annuel puisse être repris, ce qui fera peser en permanence un sentiment d'insécurité sur le corps enseignant.

On cherche évidemment à obtenir des fonds de sources privées. Le Conseil exécutif de l'Institut est ainsi amené à examiner un projet ambitieux, élaboré par le professeur Robert Barany, Prix Nobel de physiologie et de médecine en 1915, d'une « Société pour l'établissement d'une académie internationale de sciences sociales et politiques (pour la formation de futurs hommes d'Etat, de diplomates, politiciens, rédacteurs politiques, employés d'organisations internationales, professeurs des sciences morales et politiques, etc. », dont l'appui aurait permis, grâce à un financement international, une expansion foudroyante du modeste Institut genevois [16]. Mais les ambitions du professeur Barany sont vastes. Ne prévoit-il pas la création de 40 chaires ? Cela suppose un budget dépassant largement les dimensions helvétiques. Le Conseil exécutif et le directeur de l'Institut, tout en se montrant sensibles à l'intérêt qui leur est porté, craignent l'ouverture. Ils recevront M. Barany avec toute l'attention et la déférence qu'il mérite. Mais ils seront soulagés lorsqu'ils

---

[15] Une revue de la presse suisse, après la présentation, en juin 1974, du rapport de la commission consultative chargée d'examiner les relations entre la Suisse et les Nations Unies, révèle la permanence de ce courant de méfiance à l'égard des institutions internationales.

[16] Les projets du professeur Barany ont été élaborés pendant les années vingt et ils ont été progressivement adaptés en fonction des circonstances et des avis nombreux qu'il a recueillis. La création de l'Institut l'a conduit à concentrer son effort sur Genève et sur une « Ecole internationale » qui avait le mérite d'exister. Une note du secrétaire du Département de l'instruction publique de Genève le décrit comme suit, sur la base des renseignements fournis par William Rappard : « Il a été amené à s'occuper de problèmes internationaux parce que, comme beaucoup de savants, il a transporté dans le monde des sciences sociales quelques-unes de ses idées scientifiques. Il estime que la guerre moderne peut être comparée aux grandes épidémies du Moyen Age. De même que la médecine a fait des progrès tels qu'ils ont permis de supprimer en grande partie ces épidémies, il pense que la science politique pourrait elle-même se développer de façon à faire disparaître, jusqu'à un certain point, les causes des guerres ; c'est pour cette raison qu'il croit nécessaire d'assurer, d'une façon scientifique, la préparation des hommes politiques. »

recevront de la Fondation Rockefeller la nouvelle qu'un subside annuel important leur est accordé dès le 1er février 1930, pour une période de dix ans. Ils vont pouvoir enfin faire des plans de travail fondés sur un financement régulier.

Ces années-là seront sans aucun doute parmi les plus productives, celles pendant lesquelles l'Institut joue un rôle catalyseur pour l'étude des relations internationales dans le monde occidental, reliant dans un dialogue à travers l'Atlantique les savants des Etats-Unis et de l'Europe occidentale. Or, ce monde dans lequel il vit se rétrécit ; la concentration de l'activité intellectuelle à Genève a des causes politiques. Ce n'est pas seulement l'intérêt porté à la Société des Nations et à l'idéal qu'elle représente qui attire à Genève Guglielmo Ferrero, Hans Wehberg, Ludwig von Mises, Hans Kelsen, Wilhelm Röpke, mais le souci qu'ils ont de pouvoir poursuivre leur œuvre dans un climat de liberté. Leur rayonnement sera sans doute considérable, à travers leur enseignement et leurs écrits. Mais, au fur et à mesure que les années passent, que la situation internationale se détériore, l'inquiétude les travaille. Quelle est la portée de leur œuvre ? Ne devrait-on pas concentrer l'attention sur des questions pratiques, sur des problèmes graves et urgents qui se posent à la société internationale ?

Lors d'une conférence d'économistes convoquée par la Fondation Rockefeller à Annecy, au début de juillet 1936, des suggestions pratiques seront faites : ainsi, une étude « de l'organisation des finances publiques en vue de permettre aux Etats de mieux faire face aux périodes de dépression économique » ; ou encore une recherche sur « l'effet du protectionnisme industriel des pays agraires sur la structure des pays exportateurs de produits fabriqués, ainsi que l'effet du protectionnisme agraire de pays industriels sur la structure des pays producteurs de matières premières et de denrées alimentaires ». Lionel Robbins, qui a suggéré le thème de cette recherche, proposera qu'elle soit confiée à l'Institut. Et William Rappard qui, présent au Colloque d'Annecy, rapporte ces faits, ajoute :

> « Considérant la situation générale de cet Institut, le fait que la subvention Rockefeller, dont il vit, vient à échéance, en 1940, et l'état d'esprit qui paraît régner parmi les *Trustees* à New York, je n'ai pas hésité à répondre affirmativement à cette question. Tout en réservant l'opinion de mon collègue Mantoux et du Conseil exécutif, j'ai pris la liberté de déclarer que j'estimais très probable qu'il se montrerait favorable à la nomination d'un économiste supplémentaire qui serait spécialement chargé d'une telle enquête tout en collaborant à l'activité pédagogique de l'Institut. » [17]

---

[17] Notes sur une conférence d'économistes convoquée à Annecy, les 3, 4 et 5 juillet 1936, par les soins de la Fondation Rockefeller.

Ce souci de traiter les problèmes concrets se manifeste à nouveau, au cours de ce même été 1936, dans des conversations que William Rappard aura avec des représentants de la Rockefeller et dont il donne l'essentiel dans une longue note au Conseil exécutif [18]. S'il est sensible aux arguments de ses interlocuteurs américains, s'il se préoccupe de tenir compte de leurs vœux d'une actualisation des enseignements, il n'entend pas faire de concessions sur les exigences d'un travail scientifique. Et, d'ailleurs, on ne le lui demande pas et il le sait :

> « Pour ma part, je crois à l'avenir de l'Institut, pour autant qu'il dépend du subside Rockefeller, c'est-à-dire d'une façon décisive, étroitement lié à l'avenir de Genève, comme centre d'étude et d'action internationales. Si, par suite d'une guerre générale et d'une décision de la Société des Nations, Genève perdait sa situation actuelle dans le monde, il me paraîtrait utopique de compter sur la survivance de notre Institut. Dans le cas contraire, et si nous savons concilier les exigences de la recherche et de l'enseignement scientifiques, que nous devons défendre dans toute leur rigueur, avec la préférence marquée par la Fondation Rockefeller, je n'ai pas de raison de prévoir une liquidation prochaine. » [19]

C'est dans cet esprit qu'en mars 1938, une démarche officielle est faite auprès de la Rockefeller pour obtenir le renouvellement de sa subvention. Le dossier est intéressant par ses annexes dans lesquelles quelques-uns des professeurs de l'Institut font des propositions de recherches portant sur des problèmes concrets et débouchant peut-être sur des conclusions pratiques. Hans Kelsen suggère des recherches sur *les différentes possibilités d'une organisation juridique de la communauté internationale,* sur la base des expériences faites par la SdN : quels étaient les objectifs envisagés ? Dans quelle mesure pouvaient-ils être atteints ? Dans quels domaines a-t-on échoué et pour quelle raison ? Ludwig von Mises propose également des sujets clés : *The Restablishment of the National Monetary Systems and Provisions for a Smooth Working of the International Monetary Transactions,* et *The Restauration of Foreign Investment and Foreign Loans as a Means to enable Poorer Nations to develop their Economic Activities.* Lui aussi envisage de fonder ces études sur les expériences passées et sur les causes de l'échec de certaines institutions, et d'y associer les économistes, les juristes et les historiens. Maurice Bourquin ne propose pas moins de six sujets, tous orientés vers l'analyse des expériences faites dans les deux décennies qui viennent de s'écouler ou même sur une plus longue période historique : 1. *Le règlement paci-*

---

[18] Voir à ce propos le récit de sa conversation avec John Day, in *HEI, 1927-1967, op. cit.,* p. 14.

[19] Note présentée au Conseil exécutif, octobre 1936.

fique des différends internationaux à la lumière des expériences d'après-guerre. 2. *Les changements apportés à l'ordre établi par les traités de paix.* Comment l'ont-ils été ? Par quels procédés ? Sous l'empire de quelles forces ? 3. *Neutralité et sécurité collective.*

> « Entre la notion de sécurité collective et celle de neutralité, remarque Maurice Bourquin, il existe, si on les prend toutes deux dans leur sens plein, une incompatibilité évidente. En fait, les tentatives qui ont vu le jour depuis 1919 n'ont jamais poussé le principe de la sécurité collective jusqu'à ses extrêmes limites ; elles n'ont jamais été, par conséquent, jusqu'à éliminer totalement la neutralité. Mais la tendance fut d'abord de dilater le principe de la sécurité collective au détriment de la neutralité. Il est manifeste qu'aujourd'hui nous assistons à un retournement. Le mouvement s'opère en sens inverse. La neutralité reprend vigueur au détriment de la sécurité collective.
>
> » L'étude que j'ai en vue consisterait à analyser ce mouvement, dans ses manifestations et dans ses causes. »

Le quatrième projet de recherches de Maurice Bourquin est intitulé *Procédure bilatérale et procédure collective.* Il y a là, dit-il, une controverse qu'on ne peut dégager de la schématisation que par l'analyse des faits :

> « Il paraît évident que l'instrument diplomatique (procédure bilatérale) n'est plus suffisant pour répondre à certains besoins de la sécurité moderne. Mais pourquoi ne l'est-il plus ? Dans quels cas peut-il continuer à remplir son office ? Dans quels cas faut-il lui substituer des procédures collectives ? Et quelles doivent être ces procédures ? Dans quelle mesure peuvent-elles se combiner avec la diplomatie bilatérale ? »

On pourrait étudier encore, propose Maurice Bourquin, *la politique des alliances,* de ces alliances qui, bien qu'elles visent à consolider la position des partenaires, l'affaiblissent souvent et conduisent à des catastrophes. Ne serait-il pas utile d'examiner de plus près le « passif » des alliances ? « On le soupçonne, mais on n'en a généralement qu'une notion très vague et très insuffisante. »

Enfin, dernière proposition : *La politique extérieure du Japon,* qui a constitué le thème de son séminaire et qui devrait faire l'objet d'un examen plus approfondi et plus systématique, sous la direction de deux professeurs dont l'un s'occuperait des aspects politiques, idéologiques et juridiques, et l'autre des problèmes économiques et démographiques.

Nous ne connaissons pas l'effet que ces propositions de recherches purent avoir sur la prise en considération par la Fondation Rockefeller de la démarche de l'Institut. Tout ce que nous savons c'est qu'une subvention, plus modeste, fut accordée pour une période de cinq ans. Bien que le Conseil exécutif n'ait pas été en mesure de trouver des fonds d'autres sources, la Fondation Rockefeller maintenait son appui, assorti cependant d'un avertissement très clair : les versements annuels iraient en decrescendo. A l'Institut de trouver les moyens de compenser cette réduction.

Mais ce n'est pas tant la relation entre une fondation et une institution universitaire qui nous intéresse que l'essai de dialogue des scientifiques avec leur temps. Tous les projets envisagés entrent dans ce qu'on appellerait la recherche appliquée par l'objectif qu'ils se proposent : apporter des lumières pour la solution de problèmes concrets et urgents. Mais tous impliquent également une recherche de base. Ce qui, soit dit en passant, devrait inciter à la prudence et au sens du relatif ceux qui, aujourd'hui, cherchent à séparer recherche de base et recherche appliquée en catégories nettement tranchées.

Ce qui frappe également dans les propositions qui sont faites, c'est non pas uniquement leur caractère multidisciplinaire et l'insistance d'un Mises — qu'on ne retrouve pas toujours chez les économistes d'aujourd'hui — à chercher la collaboration des politiques, mais aussi leur dimension historique. Juristes et économistes sont convaincus de la nécessité de se tourner vers le passé pour tirer des conclusions des expériences faites. La formulation de leurs thèmes révèle leur pessimisme : c'est sur l'explication des échecs qu'ils porteront leur effort. Mais ils ne rejettent pas globalement et stupidement la Société des Nations, comme on le fera après 1945. Ils la considèrent comme une étape, comme une expérience dont il faut tenter de tirer un bénéfice pour un avenir proche ou lointain, peu importe. Le vrai savant vit à la fois dans son temps et au-delà. Et les thèmes de recherches proposés en 1938 pourraient être repris aujourd'hui tant ils sont actuels.

III. *L'ISOLEMENT DANS LA GUERRE*

Une année plus tard, le déclenchement de la guerre fait ressortir plus durement encore la contradiction dramatique entre la volonté de faire quelque chose et le sentiment de l'impuissance. La première réaction est celle du lutteur : le 10 septembre 1939 déjà, Guglielmo Ferrero invite William Rappard à convoquer une réunion des professeurs :

> « L'Institut est une école supérieure de relations internationales ; nous approchons de la plus énorme subversion des relations internationales que l'histoire a encore vue ; chacun de nous a des idées

> sur le problème tel qu'il se pose aujourd'hui et sur les conséquences qui peuvent en sortir. Un échange d'idées entre nous pourrait avoir une certaine utilité. »[20]

Cette réunion aura lieu le 17 octobre. William Rappard l'a préparée par un bref mémoire envisageant une série d'études pouvant servir à l'élaboration de la paix future.

C'est faire preuve sans doute d'un bel optimisme. Mais que faire d'autre ? Les professeurs de l'Institut ne peuvent pas s'engager, quelles que soient leurs convictions, dans une lutte ouverte et collective contre l'Allemagne nationale-socialiste. Aucun d'entre eux n'a de connaissances approfondies des problèmes stratégiques, ce qui est d'ailleurs une lacune dans un institut de relations internationales. Leur tâche est donc bien de regarder au-delà de la crise actuelle pour tenter de voir quelles peuvent être les bases économiques et juridiques d'un nouvel ordre international. L'évaluation de la dimension politique du problème, en revanche, est plus difficile. Aussi le débat reste-t-il relativement général. On s'accordera cependant sur un point essentiel : la nécessité de concentrer son attention sur les expériences faites dans l'ordre international au cours des dernières années. Mais on précisera aussitôt qu'il ne s'agira pas de se limiter à l'ordre juridique, mais de pousser, comme le suggère Mises, l'étude « des mentalités qui ont provoqué le désastre », ou encore, comme le dira Wilhelm Röpke, l'analyse du « processus de désagrégation économique et sociale » de l'Europe.

Les membres du corps enseignant de l'Institut se sont séparés sur un accord implicite d'entreprendre, chacun dans leur domaine et selon leurs intérêts, mais en maintenant le contact, des recherches visant à la préparation de l'après-guerre, qu'ils envisagent de publier sous forme de monographie. Résumant l'échange de vues, conformément à la vision qu'il a des problèmes, William Rappard s'est contenté d'affirmer :

> « Deux choses, me semble-t-il, devraient toujours nous guider : 1. la volonté de faire quelque chose d'utile aux hommes chargés de la responsabilité de la rédaction des traités de paix ; 2. celle de ne rien faire qui puisse nous faire accuser de parti pris, en nous faisant apparaître comme des propagandistes d'une idéologie, quelle qu'elle soit, sans base scientifique. »

Une année plus tard, les professeurs de l'Institut se retrouvent dans une situation plus dramatique encore. La France a dû accepter un armistice et l'occupation. L'Italie est entrée en guerre aux côtés du Troisième

[20] J'ai publié, dans *HEI, 1927-1947, op. cit.*, pp. 21-111, sous le titre « Comment devant la guerre penser l'après-guerre », l'échange de correspondance entre William Rappard et ses collègues de septembre 1939 à juin 1940. C'est de cette correspondance qu'est tirée la citation de la lettre de Guglielmo Ferrero.

Reich. La Suisse est enfermée dans des territoires contrôlés par les puissances de l'Axe. Seule l'Angleterre tient tête, hors du continent, encouragée et soutenue de loin par les Etats-Unis qui hésitent à s'engager.

Quel peut être, dans ces conditions, l'avenir d'un institut de relations internationales ? Et que faudrait-il faire en cas d'invasion du territoire suisse ? Ludwig von Mises et Hans Kelsen ne se sentent pas en sécurité. Wilhelm Röpke et Hans Wehberg ont au contraire décidé de rester, bien qu'ils soient tout aussi menacés [21]. De plus, la Fondation Rockefeller, qui a renouvelé sa subvention jusqu'en 1944, semble montrer quelque réserve à transférer des fonds à Genève. Craindrait-elle une invasion de la Suisse ? La vision qu'on a aux Etats-Unis de la situation de l'Europe est très pessimiste. Ou attend-elle de savoir si l'Institut reprendra son activité en automne 1940 ? La lettre concernant la nouvelle subvention prévoit, en effet, que ces versements seront faits à la condition que « ... the Institute continue to have its present opportunity for training and research ». Formule de routine sans doute, mais qui, interprétée à la lumière des événements internationaux, peut susciter l'inquiétude. On envisage, au début d'une séance tenue le 3 septembre 1940, diverses hypothèses avant de passer à la préparation de l'année universitaire. Impossible de remplacer les collègues qui s'en sont allés ; mais il faut continuer la tradition des cours temporaires en faisant appel à des personnalités qui se trouvent en Suisse. Quant aux étudiants, il en viendra : Suisses, réfugiés étrangers et prisonniers de guerre qui voudraient poursuivre leurs études. Puis l'on revient, sur l'initiative de M. Paul Guggenheim, sur un éventuel transfert de l'Institut aux Etats-Unis. William Rappard montre les obstacles qui s'opposent à l'application d'une telle décision. Il n'envisage cette possibilité — et c'est bien l'avis de tous les présents — que si l'Institut était chassé de Genève. Que répondrait-on, demande alors Rappard, si une université américaine invitait l'Institut ? Les opinions sont partagées. Et Ferrero de conclure le débat en déclarant que « l'Institut doit se préparer à rouvrir ses portes comme si tout était normal ». A quoi Rappard répond qu'il est d'accord : « L'horaire des cours paraîtra donc incessamment, les professeurs prépareront chacun un texte en trois lignes exposant l'idée générale de leurs

[21] Un télégramme envoyé à la mi-mai 1940 par William Rappard à Paul Mantoux à Paris révèle l'inquiétude qui a saisi l'Institut : « A suggestion collègues étrangers et en accord membres suisses Conseil exécutif, vous prie bien vouloir déterminer si en cas urgence Gouvernement français autoriserait entrée et séjour en France Paris, Bordeaux ou ailleurs collègues professeurs Institut. » William Rappard explique cette décision dans une lettre du 16 mai au conseiller fédéral Etter : « Die Lage gewisser meiner ausländischen Kollegen ist heikel und könnte rasch tragisch werden... Sollte es zum schlimmsten kommen, so würden sie von den Behörden ihres Ursprunglandes auch das schlimmste zu erwarten haben. Andererseits würde es ihnen wahrscheinlich äusserst schwer sein, vereinzelt das Eintrittsvisum nach Frankreich zu erhalten. » AF, EDI, 1939-41, Bd. 20.

cours et séminaires. Quant aux cours temporaires, ils seront annoncés au fur et à mesure qu'ils auront lieu. »

La décision prise se révélera judicieuse : le nombre des étudiants inscrits s'élèvera à 55 en automne 1940, alors qu'il était de 34 au semestre précédent. Ce chiffre se maintiendra en 1941 et en 1942, puis augmentera en hiver 1943-1944 jusqu'à 110, le chiffre le plus élevé depuis la fondation de l'Institut. Le rapport administratif pour 1943 remarque à ce propos :

> « Un très grand nombre des étudiants étrangers sont à Genève et à l'Institut, par suite de la guerre et de ses répercussions. Malgré cela, ou, pour certains, peut-être en raison même de la nécessité de recommencer bientôt une existence nouvelle, ils manifestent une louable ardeur au travail. Comme il est naturel, les sujets qui excitent le plus vivement leur intérêt sont ceux relatifs à la reconstruction politique et économique du monde de demain. »

Que pouvons-nous faire pour préparer l'après-guerre, se demandaient anxieusement les professeurs de l'Institut en 1939 ? Ils pensaient alors à des recherches, à leurs travaux. La réponse à cette question leur est fournie tout naturellement par les étudiants pour lesquels l'Institut a été créé et qui sont leurs principaux interlocuteurs dans leurs dialogues avec un monde qui change. Plus encore que par leurs publications, c'est par leur enseignement que les professeurs contribueront à la reconstruction de la société internationale d'après-guerre. En refusant de se laisser aller au découragement, dans cette Genève abandonnée par la politique mondiale, en décidant de poursuivre leur tâche, les professeurs de l'Institut ont en fait — peut-être parce qu'ils ne pouvaient faire autrement — subi avec succès le test décisif : leur institut avait été créé par des hommes qui ne savaient pas combien de temps l'entreprise pourrait durer. Elle dépendait essentiellement de la confiance que leur témoignait la Fondation Rockefeller et se légitimait par le besoin généralement éprouvé de former les cadres d'une communauté internationale. Or, en ne désespérant pas, alors que la guerre brisait leur élan et fermait leur avenir, ils ont créé, à leur niveau, un fait politique : l'Institut, en existant, a pu continuer à jouer un rôle catalyseur pour de nouvelles volées d'étudiants. Il a pu regrouper de nouvelles équipes. Et, de ce fait, il a justifié la confiance mise en lui.

Ce sera là le facteur décisif dans la décision que devra prendre la Fondation Rockefeller en 1944.

> « Il est évident que les conditions actuelles et les perspectives d'avenir ne justifieraient pas de notre part un appui à la création de l'Institut *de novo* »,

écrit Joseph Willits, directeur de la Division des sciences sociales, à Fritz Real, ancien étudiant de l'Institut et qui, en tant que secrétaire à la Légation de Suisse à Washington, a maintenu pour l'Institut les contacts avec la Rockefeller.

> « Mais, ajoute Willits, nous sommes en présence non pas d'une théorie, mais d'un état de choses qui fait apparaître comme souhaitable le maintien du noyau de l'Institut et le bénéfice de la force acquise *(momentum)* pendant la crise actuelle, si cela est possible, jusqu'au moment où des décisions plus intelligentes en ce qui le concerne pourront être prises, à la lumière d'une situation plus claire. » [22]

IV. *LA RELANCE DIFFICILE*

Ainsi, la Fondation Rockefeller fera un nouvel effort pour permettre à l'Institut de tenir pendant la dernière année de la guerre et les premières années de l'après-guerre. C'est là une contribution, qui ne doit pas être sous-estimée, à l'accomplissement par la Suisse de sa mission internationale. Dès l'automne 1945, en effet, alors qu'on s'interroge à l'ONU sur l'utilisation éventuelle du Palais des Nations et qu'à Berne, comme à Genève, on caresse l'espoir de voir la Suisse reprendre sa mission d'hôte d'organisations internationales, l'Institut est en mesure de recevoir des étudiants qui se spécialisent dans le domaine des relations internationales. Et aussitôt se précisent les services qu'on pourrait attendre de lui. Une lettre de Wilhelm Röpke à William Rappard rapporte des suggestions intéressantes : ses contacts avec d'anciens étudiants américains mobilisés lui ont donné « l'impression très nette qu'eux aussi seraient heureux de profiter des possibilités offertes par notre Institut et par le *genius loci* de Genève pour se familiariser avec ce que l'on pourrait considérer comme des modes de la pensée européenne » [23].

Röpke signale d'autre part que l'Institut pourrait jouer un rôle utile dans le rétablissement des contacts entre l'élite intellectuelle de l'Allemagne et le monde extérieur. Pourquoi donc n'organiserait-on pas des échanges entre professeurs de divers pays européens ? On pourrait ainsi — et ce serait une mission que l'Institut pourrait assumer —

> « offrir à un choix de professeurs, d'écrivains ou de journalistes des pays en question de se rendre, pour une durée plus ou moins longue, dans une université étrangère, d'y respirer une atmosphère plus normale, de se familiariser avec les idées et les discussions du monde

[22] Lettre de Joseph Willits à Fritz Real du 19 mai 1944. Traduction faite à l'intention du Conseil exécutif de l'Institut. AF, EDI, 1942-44, Bd. 24.

[23] Traduction d'une lettre du 3 mars 1946 à l'intention des membres du Conseil exécutif. AF, EDI, 1946-48, Bd. 22.

extérieur qui assure encore la continuité de la pensée et de la société occidentales, d'étudier les livres et les périodiques parus au cours des dix dernières années et d'établir des contacts avec leurs collègues d'autres pays. Ces intellectuels pourraient ensuite, en retournant dans leurs pays respectifs, y rapporter un capital intellectuel exceptionnellement productif. »

L'idée est excellente. Mais sa réalisation dépasse les moyens de l'Institut qui pourra tout au plus faire face, avec un corps enseignant réduit, à l'augmentation sensible des étudiants, et très particulièrement des Américains démobilisés. Ces échanges intellectuels au niveau des professeurs se développeront sans doute à l'intérieur de l'Europe, mais surtout à travers l'Atlantique. C'est aux Etats-Unis que, dans cette après-guerre, se trouvent les institutions universitaires disposant de ressources suffisantes. C'est vers elles, qui détiennent le prestige que donne la puissance, que se dirigeront les élites intellectuelles. En fait, la reconstruction de l'université allemande se fera essentiellement avec l'appui des universités américaines où, bien souvent, les étudiants et les jeunes intellectuels allemands, scandinaves ou néerlandais prendront, ou reprendront, contact avec d'anciens maîtres qui avaient dû s'exiler. La prépondérance politique des Etats-Unis conférera à la science américaine un rayonnement dont l'Europe occidentale subira les effets.

Et l'Institut, lui aussi, qui se sentira marginalisé. Car les besoins de la guerre ont fait naître aux Etats-Unis de nombreux centres de recherches et d'enseignement des relations internationales, dont l'importance va s'affirmer dans l'après-guerre. Le déplacement à New York du centre de gravité de la diplomatie multilatérale stimule encore cette tendance à la concentration outre-mer des études des relations internationales. Avant 1939, l'Institut de Genève occupait une place importante dans l'ensemble du monde atlantique. Après 1945, il n'est plus qu'un institut parmi d'autres, dont on reconnaît le rôle de pionnier et qui continue à jouir d'une grande réputation grâce à la distinction et à l'autorité intellectuelle des savants qui y sont rassemblés, mais qui appartient à la période révolue, dit-on, de la Société des Nations. Dans cette nouvelle après-guerre, ce sont les « superpuissances » qui donnent le ton, et dans un système qu'on affirme bipolaire, la place de l'Europe est effacée.

La situation est claire. C'est donc le moment de prendre ces « décisions plus intelligentes » dont parlait Willits dans sa lettre de mai 1944. Car la Fondation Rockefeller ne peut plus assumer le fardeau du budget normal, et cela non par manque de fonds, mais pour des raisons de principe. Il ne saurait être question qu'une fondation, dont le rôle est d'aider au développement de la recherche et au lancement de nouvelles entreprises, immobilise ses fonds dans un appui permanent à des institutions qui doivent pouvoir fournir la preuve qu'elles répondent à un besoin.

Ainsi, vingt ans après les débuts de l'Institut, ses directeurs-fondateurs sont amenés à se tourner vers le Canton de Genève et vers le Gouvernement fédéral. La réponse du Conseil d'Etat genevois, qui pendant toute cette période a fourni une aide modeste mais fidèle, sera positive. A Berne, le chef du Département politique, Max Petitpierre, conscient de l'intérêt qu'il y a pour la Suisse à souligner sa volonté de participer au développement de la diplomatie multilatérale, prendra les choses en main. De telle façon qu'au moment où la Fondation Rockefeller se dégage, la Suisse se décide enfin à prendre la relève. Ceux qui aujourd'hui s'étonnent et s'impatientent même devant les lenteurs et les réticences des gouvernements des pays en voie de développement à assumer les charges que leur imposent les institutions lancées grâce aux services de la coopération technique des pays avancés, trouveront peut-être dans cet exemple matière à réflexion.

Cet engagement de la Suissse assure l'avenir de l'Institut dans la durée et William Rappard pourra se retirer quelques années plus tard avec le sentiment d'avoir enraciné dans son pays l'institution qui pendant longtemps avait été une belle aventure intellectuelle.

V. *DE L'EUROPE DE LA SdN AU MONDE DE L'ONU*

On aurait pu imaginer alors que l'aventure était terminée. C'était oublier que la Seconde Guerre mondiale, bien loin de résoudre les problèmes dont elle était issue, avait ouvert une période de grandes transformations dans les rapports mondiaux, ce qui allait dégager un champ toujours plus vaste et plus complexe à l'étude des relations internationales.

Le dialogue — disons plutôt les dialogues — entre l'Institut et son temps vont se poursuivre. Ils ne seront pas si différents dans leur nature, dans leur contenu, de ceux qui s'étaient déroulés jusqu'ici. Il faudra, bien entendu, assurer la vie de l'institution et lui fournir les moyens d'accomplir ses tâches d'enseignement et de recherches dans une époque où le champ diplomatique s'est étendu au monde entier. Disons simplement — et pour ne pas allonger, ne serait-ce que par souci de la discrétion qui s'impose lorsqu'on entre dans l'actualité vécue — que la recherche des fonds nécessaires a été aussi pénible pour les responsables que par le passé, mais qu'elle fut finalement récompensée. Des fonds d'appui général seront accordés pendant dix ans par la Fondation Ford — et cet appui sera décisif pour la relance de l'Institut — tandis que la Fondation Rockefeller a continué à donner jusqu'à des temps récents, son soutien à des enseignants temporaires, à des recherches et à un programme de bourses d'études pour des étudiants du tiers monde. Mais c'est surtout sur le plan suisse qu'intervient ce changement de perspective : Canton de Genève et Confédération vont s'entendre pour assurer le financement d'un budget régulier qui va permettre de consolider l'Institut et de diversifier les enseignements.

Parallèlement à ces questions financières s'est posé, en des termes constamment nouveaux du fait même de l'accélération de l'histoire qu'on croit constater dans les périodes de grands troubles, le problème de l'orientation à donner à l'Institut, de la structure et de la nature des enseignements, et par conséquent du choix des hommes.

L'Institut, nous l'avons vu, avait à son départ une position de quasi-monopole dans le monde, en tant qu'institution universitaire spécialisée dans l'étude des relations internationales. Il se voit maintenant enserré dans un réseau complexe d'instituts qui se vouent soit à l'étude globale des relations internationales, soit à des recherches sur les problèmes d'ordre juridique ou économique, soit encore à l'analyse des mécanismes du système politique international — analyse qui engendre une littérature théorique toujours plus abondante — ou qui se concentrent plutôt sur des *area studies,* sur les études régionales qui, avec le développement du projet européen, vont prendre de l'essor en Europe même.

Cependant, ce grouillement d'institutions nouvelles n'est peut-être pas le problème le plus important. La concurrence internationale ne peut avoir en définitive qu'un effet stimulant. Il ne faudra pas longtemps pour s'apercevoir qu'un bon nombre d'instituts et de centres de recherches, lancés sans étude préalable dans un moment d'enthousiasme, pour des raisons politiques ou pour plaire à tel bailleur de fonds, ne peuvent jouer qu'un rôle épisodique, leurs promoteurs ne s'appuyant pas sur la tradition et l'expérience séculaires de l'Université.

La vraie question qui se pose à l'Institut dans les années 1950 c'est de voir comment, après avoir vécu intensément la vie de la Société des Nations, il lui sera possible de s'adapter au monde des Nations Unies ; comment il va pouvoir faire face, fort de sa vocation universitaire, aux problèmes résultant de l'extension au monde entier du champ diplomatique. L'univers de la Société des Nations avait l'Europe pour centre et Genève pour capitale symbolique. L'Institut de Genève, qui ne veut pas limiter ses intérêts à la reconstruction de l'Europe, doit donc faire un effort intellectuel considérable pour se dégager du milieu dans lequel il a vécu, sans rompre pourtant avec lui.

Il n'y aura pas de rupture au moment du changement qui intervient à la direction en 1955, parce qu'il n'y a pas de désaccord sur les conditions du travail scientifique. L'Institut, même s'il est indépendant de l'Université, s'appuie sur la même tradition humaniste dans laquelle le nouveau directeur a été formé. Bien que le successeur de William Rappard n'ait pas été un de ses élèves et que son éducation et sa formation aient été marquées par des circonstances différentes, il n'en a pas moins le sentiment d'avoir vécu dans le même milieu intellectuel et moral, d'avoir reçu la même éducation aux responsabilités et au civisme. Et s'il m'est permis, pour évoquer cette période plus récente du dialogue entre une institution et un monde qui se transforme, d'être un peu plus personnel, je dirai qu'au moment où j'ai été appelé à assumer cette succession, le souci de la continuité a été aussi impératif que celui d'adapter l'Institut à des circonstances nouvelles. J'éprouvais, et j'éprouve encore, pour les maîtres qui y enseignaient alors une estime profonde ; et leur âge, bien loin de m'inciter à quelque impatience, m'inspirait cette déférence qu'on doit aux aînés chargés d'expérience. Comme eux, avec eux, j'entendais affirmer, face à la poussée des technocrates, que l'Université n'a pas été créée pour enseigner des techniques, mais pour donner une méthode de travail ; qu'elle n'est pas une école professionnelle et que, plus encore que toute école, elle doit se garder de l'esprit scolaire qui dégrade l'enseignement au niveau d'un transfert de connaissances et l'examen à celui d'un contrôle des résultats du transfert. Avec eux, j'entendais entretenir ce climat de détachement et de sérénité sans lequel il ne peut y avoir de travail scientifique, et maintenir étudiants et enseignants dans la position du questionneur qui sait qu'il n'y a pas de réponse officielle, ni définitive et que les conclusions auxquelles il arrive pour lui-même ont un caractère provisoire.

L'Institut, dans cette période où une nouvelle génération prenait la relève dans une après-guerre beaucoup plus tumultueuse et révolutionnaire que la précédente, devait se garder de tout engagement politique. Cela n'était pas facile. La tolérance n'était pas plus prisée que la neutralité. Comment enseigner l'abstention à des gens qui brûlaient de s'engager? Comment leur donner le sens du relatif alors qu'ils imaginaient que tout ce qui leur arrivait était nouveau et qu'il n'y avait pas de leçons à tirer de l'histoire des siècles passés ? La seule solution, dans cette période d'effervescence où l'Université se trouvait constamment et partout menacée d'être submergée par l'invasion des manœuvres de la science et contrainte par les idéologues à ne parler que d'une seule voix, la seule solution était d'ouvrir les portes aussi largement que possible à toutes les opinions et, par une politique délibérément et systématiquement pluraliste, d'introduire et de maintenir la contestation à l'intérieur de l'Institut.

L'indispensable élargissement du champ des enseignements et la diversification qu'imposait l'évolution scientifique pouvaient donc être assurés sans rupture, par l'insertion progressive d'une génération nouvelle dans le corps enseignant et par l'appel pour les cours temporaires à des personnalités apportant des points de vue différents. Plusieurs des représentants de la génération nouvelle avaient d'ailleurs travaillé sous la direction de maîtres qui les appelaient à siéger à leur côté comme collègues, ce qui devait constituer un autre facteur de continuité. Certains virent dans ce recrutement à l'intérieur de la maison un inconvénient. On évoqua le danger de narcissisme entretenu par une politique

« paternaliste ». C'était sous-estimer l'effet stimulant de l'émulation entre collègues et la concurrence sévère des autres instituts de relations internationales. L'amélioration constante de la qualité des étudiants et les échos que rencontrèrent les thèses de doctorat [24], aussi bien que les publications du corps enseignant, devraient inciter à penser que les avantages de cette méthode de recrutement l'ont emporté sur les inconvénients.

Il n'y avait pas de raison valable non plus de modifier les structures des enseignements, en renonçant en particulier à l'approche multidisciplinaire qui avait été dès le départ l'un des traits caractéristiques de l'Institut. L'histoire, le droit et l'économie sont restés, aujourd'hui comme autrefois, les trois disciplines fondamentales sur lesquelles se fonde l'enseignement des relations internationales, et le resteront aussi longtemps qu'évitant le piège de la technicité, elles apporteront à ceux qui les pratiquent une méthode de travail et l'ouverture sur une démarche intellectuelle. Mais il est évident qu'avec le temps une diversification devait intervenir, qui ne tenait pas uniquement au caractère multidisciplinaire d'une institution.

Cette diversification allait être imposée par les transformations profondes des sociétés et, partant, de la nature des relations internationales qui se développent à des niveaux divers entre des acteurs toujours plus nombreux : Etats, organisations internationales gouvernementales et non gouvernementales, groupes d'intérêts de tous types. Elle résultait également de l'évolution de la science, de l'interaction toujours plus marquée des sciences. Le spécialiste des relations internationales devait être amené à constater qu'il ne pouvait plus se borner à concentrer son attention sur les seuls gouvernements et qu'il devait chercher à saisir les incidences des transformations des sociétés, considérées dans leur ensemble, sur les relations qu'elles entretiennent. Il a dû envisager de prendre en considération les transformations des techniques, les découvertes de la physique, de la chimie, de la biologie qui, considérées chacune en elle-même, et plus encore dans leur combinaison, ont une influence profonde, révolutionnaire, sur les facteurs politiques, économiques, juridiques et sur les dimensions sociales des problèmes abordés.

C'est ainsi que le *juriste* a dû faire une place plus large aux problèmes du droit de la mer, du droit de l'espace, aux questions délicates que pose le développement de l'énergie nucléaire, cela à côté des questions que font surgir les transformations qui interviennent dans les formes de guerre, les politiques d'intégration, les relations entre pays à système socio-économiques différents, le développement de l'influence des entreprises multinationales.

L'*économiste,* de même, a dû tenir compte des transformations incessantes qui interviennent dans la nature et dans la forme des échanges

[24] Une sélection sévère des candidats au doctorat et au diplôme (un admis pour dix dossiers constitués) a donné des résultats positifs.

internationaux. Il a dû réévaluer en permanence la portée et les limites de la modification continue, sous les effets de la révolution scientifique, du processus et des méthodes de production, et des changements déjà réalisés, probables ou possibles, de la propriété des moyens de production et des rapports de production. Il a été contraint, lui aussi, d'étudier les phénomènes d'intégration, les relations particulières entre pays à systèmes socio-économiques différents, les transferts de technologies, les incidences sur les relations économiques internationales de la prise de conscience généralisée du problème écologique.

Cette diversification des enseignements contraignait à une spécialisation qui a mis en question le principe même d'un institut de relations internationales. La vocation universaliste de l'Institut, la composition du corps des étudiants, qui se recrutent dans le monde entier, imposaient l'obligation de ne laisser aucun continent, aucun système social en dehors de son champ d'observation. Etait-ce encore possible ? Ne fallait-il pas créer des instituts distincts de droit international, d'économie internationale, de politique internationale, et développer simultanément, par le truchement de centres d'études, les *area studies ?*

La question a été soulevée à plusieurs reprises, mais la réponse a toujours été négative. Pourquoi ? Tout d'abord parce que personne ne songeait à remettre en question l'existence de l'Institut. Mais surtout parce que chacun était conscient que la mission de cette institution n'était pas de former des spécialistes ou des experts, mais bien de fournir aux spécialistes les moyens d'approfondir leur connaissance des phénomènes internationaux, d'élargir leur vision du monde, d'insérer leur expertise dans un contexte politique. William Rappard l'avait clairement dit dans une note où il expliquait pourquoi l'on ne s'était pas borné à donner une plus large place au droit international, enseigné à la Faculté de droit. Quelle que fût l'autorité du titulaire de la chaire, remarquait-il, « la curiosité des étudiants étrangers ne se limitait nullement à la discipline qui était la sienne. Il s'agissait moins, pour eux, d'étudier le droit international tel qu'il s'enseignait à Genève, comme ailleurs, depuis des générations, que de s'initier aux activités contemporaines de la Société des Nations. Or, ces activités échappaient pour la plupart au droit international. Elles y échappaient tant par leur objet — politique, économique, financier et social non moins que juridique — que par leur technique nouvelle dont la connaissance ne pouvait guère s'acquérir qu'au contact même des organismes internationaux. » [25] L'Institut, rappelait-il encore, prépare à des carrières dans la fonction internationale, dans la diplomatie nationale, le journalisme, l'enseignement universitaire et, ajouterons-nous aujourd'hui, dans la fonction publique et le secteur privé.

---

[25] Manuscrit d'un article préparé pour le *Journal de Genève,* août 1937.

Or, la préparation à ces carrières implique une formation politique. Le système international repose, et reposera longtemps encore, malgré l'influence croissante des courants transnationaux, sur l'Etat-Nation ; et dans les relations interétatiques c'est le facteur politique qui est prioritaire : toute décision engageant un gouvernement ou un parti est, quelles qu'en soient les motivations, politique. Il est donc inévitable, indispensable, que dans un institut de relations internationales, les enseignements spécialisés de droit et d'économie s'articulent en fonction de la décision politique.

Mais cela ne légitime pas pour autant la prétention que la politique pourrait avoir de s'ériger en science indépendante et dominante. Il ne fait guère de doute que les progrès considérables accomplis par la science politique et par la sociologie au cours des trente dernières années ont permis de serrer de plus près les mécanismes internes des sociétés contemporaines et du système politique mondial. On peut se demander cependant quel en a été l'impact sur les sociétés observées et sur le système international, et si les résultats obtenus justifient la tentative, commencée dans les années 1950, de substituer l'étude de la politique internationale à celle de l'histoire des relations internationales. Certains instituts de relations internationales se sont engagés dans cette voie, rejetant l'histoire au niveau de servante de la science politique contemporaine qui, elle, va puiser, dans un passé qu'elle se refuse à considérer comme un *continuum*, les exemples utilisables pour l'établissement d'une théorie. Nous nous y sommes refusés et nous avons maintenu à l'histoire son rôle de discipline de synthèse.

Les historiens de l'Institut sont arrivés, après de nombreux débats, à la conclusion qu'il ne fallait pas isoler l'histoire des relations internationales de l'étude de la politique internationale contemporaine et qu'au lieu de suivre certains spécialistes dans un réflexe de défense, comme si l'étude des phénomènes contemporains risquait de porter atteinte à la pureté de la science historique, il importait au contraire d'insérer le présent dans l'histoire. Ils se sont donc préoccupés de plus en plus de préciser ce que devait être leur contribution spécifique à la compréhension des problèmes de notre époque : recours à une méthode rigoureuse d'établissement des faits et de critique des sources ; insertion du contemporain dans une culture historique qui dresse des pespectives, souligne la continuité du mouvement, rappelle l'interaction permanente des constantes et des variables. C'est dans cet esprit que, tout en poursuivant, selon leurs inclinations et leurs intérêts, leurs travaux proprement historiques qui portent sur le XIXe et le XXe siècles, sur l'histoire économique et sociale, sur l'histoire des idées, sur l'analyse des émotions collectives, sur la psycho-histoire, ils ont cherché à encadrer l'étude de la politique internationale contemporaine et à lui donner sa dimension historique. C'est cette présence de l'histoire, conçue, conformément à la tradition, comme une discipline littéraire, en même temps que la volonté de grouper sous le même toit les disciplines économiques et juridiques, qui donne à cet institut d'études des relations internationales contemporaines son caractère particulier.

Cela ne signifie pas que la science politique et la sociologie doivent se contenter d'une situation marginale. Le devoir des historiens est bien au contraire de les intégrer, de connaître leurs méthodes et d'assimiler les techniques grâce auxquelles il est possible de pénétrer plus profondément l'intérieur des sociétés. De Thucydide à Jakob Burckhardt, les grands historiens ont été psychologues, sociologues, politologues, et leur héritage, celui d'une discipline de synthèse, ne sera maintenu et renouvelé que dans la mesure où les historiens sauront se servir des instruments mis au point par leurs collègues spécialistes en science politique, en sociologie et en psychologie.

Le débat, qui porte sur les relations entre les disciplines, est loin d'être clos. Il est assez normal que les uns et les autres cherchent à élargir la valeur explicative de leur propre discipline et par conséquent sa contribution à la compréhension du monde contemporain. Cet impérialisme a son utilité d'ailleurs, dans la mesure où, en élargissant les frontières d'une science, il ouvre le chemin à une collaboration et où il permet à chacun, à travers cette confrontation, de relativer finalement sa conception et de modérer ses ambitions. Attribuer à l'histoire le rôle d'une discipline de synthèse n'implique pas le refus d'une approche pluridisciplinaire. On a tout au contraire cherché à multiplier les angles d'attaque des phénomènes contemporains, à encourager, conformément à la conception pluraliste, les initiatives individuelles, au risque même d'une dispersion excessive des activités de l'Institut.

C'est ainsi que, grâce à l'initiative du professeur Louis Halle, un séminaire d'études stratégiques a été créé en 1963 qui, travaillant en contact avec d'autres centres de recherches, tel l'*International Institute of Strategic Studies* de Londres, a attiré un nombre croissant d'étudiants et de chercheurs, et remplit une fonction importante dans cette période de course aux armements et d'escalade de la violence. Un autre séminaire de l'Institut, conduit par le professeur Pierre Lalive et consacré aux problèmes juridiques des entreprises internationales, a permis d'aborder assez tôt l'analyse d'une catégorie d'acteurs du système international qui, quel que soit leur avenir, sont appelés à jouer un rôle crucial dans les grandes confrontations de ces prochaines décennies. En 1971 était créé, sous la responsabilité du professeur Harish Kapur et de M. Alexandre Casella, un Centre de documentation et de recherches sur l'Asie, dont la mission est d'assurer une infrastructure aux études consacrées au rôle des pays appartenant au continent asiatique dans les relations internationales. Un développement analogue a été prévu pour l'Amérique latine. L'étude de l'Afrique, en revanche, a été confiée à un Institut africain, créé en 1961 avec la collaboration de l'Université et de l'Institut, et qui s'est transformé en un *Institut d'étude du développement* dont les enseignements et les recherches viennent heureusement compléter et stimuler l'activité de l'Institut universitaire de hautes études internationales. La coexistence à Genève de ces deux instituts devrait logiquement les inciter à la mise en commun de leurs ressources et à une collaboration étroite qui, seules, leur permettront de fournir une collaboration au dialogue Nord-Sud.

Quant à l'étude des problèmes européens, elle a pu être concentrée, grâce à la présence et au rayonnement de Denis de Rougemont et à l'existence du *Centre européen de la culture,* dans un institut autonome, l'*Institut universitaire d'études européennes* qui, parce qu'il se trouve à Genève, c'est-à-dire à quelque distance de Bruxelles, et dans un milieu politique orienté vers l'examen des problèmes mondiaux, peut fournir une contribution originale à l'analyse de la politique européenne et des relations Est-Ouest.

D'autres centres de gravité ont été créés ces dernières années dans le cadre de l'Institut HEI ou comme des fondations indépendantes travaillant cependant en relation avec lui : le *Centre international d'études monétaires et bancaires,* le *Centre de recherches sur les institutions internationales,* l'un et l'autre indépendants ; un centre d'informatique et de méthode quantitative, plus particulièrement orienté actuellement vers la politique internationale et vers l'établissement de modèles concernant entre autres la course aux armements. Et l'on pourrait signaler qu'après avoir été associé pendant six années au programme de recherche prospective dirigé par Bertrand de Jouvenel [26], l'Institut a poursuivi sa réflexion sur le type de problèmes qu'avaient abordé Jouvenel et les *Futuribles :* c'est ainsi qu'un groupe, associant des fonctionnaires des organisations internationales et des professeurs de diverses facultés, débat depuis des années des relations entre science, technologie et relations internationales. C'est ainsi également que des relations de travail ont été établies avec le mouvement *Pugwash* et avec le *Club de Rome.*

Cette évocation d'activités diverses explique le titre donné à ce qui ne peut être qu'une esquisse de l'histoire des rapports entre une institution et son environnement qui est lui-même l'objet de ses études : il ne s'agit pas d'*un* dialogue avec le monde, mais de plusieurs dialogues. Dialogue avec la cité dans laquelle on vit, avec le gouvernement dont on dépend et dont l'ouverture d'esprit est une condition préalable à l'engagement

---

[26] On ne soulignera jamais assez l'importance du rôle assumé par Bertrand de Jouvenel et par les *Futuribles* dans le développement des études prospectives à la suite des initiatives prises par Gaston Berger. L'administration du programme, financé par la Fondation Ford, fut confiée à l'Institut qui fut ainsi associé à cette entreprise intellectuelle. C'est à l'Institut que fut tenu le premier colloque *Futuribles* en 1962.

de l'entreprise. Dialogue entre les hommes qui porteront intellectuellement l'institution ; dialogue avec les universités, les organismes poursuivant des objectifs analogues, les sociétés savantes, avec les bailleurs de fonds également. En outre, l'Institut s'est trouvé souvent en présence de demandes de services urgents, auxquelles il a fallu faire face. C'est ainsi qu'il a été amené à élaborer et à conduire des programmes de formation diplomatique à l'intention de cadres des pays qui avaient récemment accédé à l'indépendance : programme de la Dotation Carnegie, programme des Nations Unies. De même a-t-il été étroitement associé à la création de deux instituts de relations internationales, l'un à Trinidad, l'autre au Cameroun. Aujourd'hui de nouveau, à la suite de la modification qui intervient dans les rapports de forces au niveau mondial, le problème se pose de l'adaptation de la formation des cadres aux problèmes nouveaux auxquels les gouvernements et les diplomates ont à faire face : la réévaluation en cours de la division internationale du travail et de la distribution des ressources de la planète.

En fait, l'histoire de cet Institut est celle d'une tension permanente entre la rigueur qu'exige la recherche scientifique et l'objet constamment mouvant des études, celle d'un effort constamment renouvelé, visant à distinguer les constantes des variables, à concilier les disciplines fondamentales et les enseignements de spécialisation, en cherchant à insérer les uns et les autres dans la longue durée.

C'est pourquoi la prépondérance de l'enseignement de l'histoire et de la recherche historique a été maintenue contre les assauts de ceux qui prétendaient vivre dans une ère nouvelle dans laquelle l'humanité affrontait des problèmes qu'elle n'avait jamais connus. L'effondrement successif de la plupart des théories bâties sur l'explication de ce qui n'était qu'une phase de la vie du système international, qu'un moment de l'histoire, la remise en question permanente des rapports de forces et des relations entre sociétés politiques vivant dans l'instabilité, la découverte des limites des ressources de la planète, l'écroulement du mythe de la croissance continue, ont amené l'homme à une nouvelle réflexion sur des problèmes fondamentaux pour son avenir qu'il croyait avoir dominés ou résolus : celui de la violence, qui ne s'exprime pas seulement à travers la course à la destruction nucléaire entre Etats, mais au niveau des sociétés ; et ceux qu'avait évoqués Malthus. L'humanité, dans le dernier quart du XXe siècle, se trouve face à des types de guerres qu'elle a connus dans les périodes de « grands troubles ». Elle est confrontée aux problèmes classiques de l'inégalité du développement, de la croissance démographique, de la famine, problèmes qui, dans l'état actuel d'intégration affective du monde, ne peuvent plus être passés par pertes et profits. Elle s'inquiète à nouveau des irrégularités des climats et se voit contrainte de réexaminer, dans une négociation planétaire, les questions que pose la relation entre la croissance et la répartition des ressources énergétiques et des matières premières. Ce sont là des préoccupations très anciennes, mais qui commandent l'avenir. La prospective n'est possible que dans la mesure où elle s'appuie sur une prise de conscience du mouvement de longue durée. Et cette longue durée, seul le passé nous la donne. La mort des civilisations n'est explicable qu'à travers la reconstitution des circonstances dans lesquelles elles sont nées.

La situation du monde n'est pas moins dramatique que celle devant laquelle l'Institut se trouvait en 1938, au moment où, à la demande de William Rappard et de Paul Mantoux, les professeurs de l'Institut s'efforçaient de voir en quoi ils pourraient fournir une contribution à la solution de problèmes concrets et « urgents ». Peut-être pourrait-on répondre aujourd'hui que dans les années qui viendront, l'Institut sera amené à concentrer son attention sur quelques grands complexes de problèmes qui préoccupent, et préoccuperont, la société internationale dans les trente prochaines années, et qu'on pourrait grouper dans les thèmes suivants :

— thème de la *sécurité,* qui implique des recherches sur la course aux armements et les moyens d'établir un contrôle, sur les causes économiques, politiques et sociales de la multiplicité de guerres civiles internationales et sur la protection des droits de l'homme et des minorités ;

— thème concernant les *relations commerciales et financières entre pays appartenant à des systèmes sociaux différents,* qu'il s'agisse de relations Est-Ouest ou Nord-Sud ;

— thème à définir sous le titre global d'*écologie politique internationale,* qui occupe la première place dans la politique extérieure des Etats et des organisations internationales ;

— thème concernant les *échanges scientifiques et culturels,* la *politique d'information* et la *relation entre sciences, techniques et relations internationales.*

Tous ces problèmes relèvent de la diplomatie bilatérale et, plus encore, de la diplomatie multilatérale. L'Institut, situé au poste d'observation qu'est Genève, aura pour devoir de les étudier, revenant ainsi à la mission, qu'il s'était assignée au départ, d'associer, dans des travaux et des enseignements conduits en commun, des hommes de science et des praticiens de la politique internationale.

Il est vraisemblable — et je dirais même souhaitable — que cet ouvrage consacré à l'examen des relations internationales dans un monde en changement ouvre d'autres perspectives et présente même des opinions contradictoires. Ce sera là une preuve que la politique pluraliste a réellement introduit dans cette maison la contestation qui est signe de vitalité.

Les démarches dans l'étude des relations internationales

Approaches to the Study of International Relations

THE CONDUCT v. THE TEACHING OF INTERNATIONAL RELATIONS

Louis J. HALLE

The subject of this essay, based on personal experience, is the contrast between two views of international relations. I would say two perspectives if it were not that one of the views is distinguished by its lack of perspective. This is the view of the officials at the summit of government, for they find themselves perpetually preoccupied by urgent problems requiring immediate decision. In a great centre of international decision like Washington such officials, because they live in circumstances of constant crisis, have no choice but to follow the biblical injunction to "take . . . no thought for the morrow : for the morrow shall take thought for the things of itself". They can never achieve the detachment to look beyond the emergency of each successive day.

Anyone who is brought into a position of high executive responsibility is likely to have in mind, at the moment of assuming it, some long-range goal that he means to achieve during his term of office. Like a sea captain who assumes command of a ship, he has the vision of a distant landfall, and plots in imagination the course by which he means to make it. Once in office, however, once he has the ship under his nominal command (to pursue the simile), he finds that, in some perverse fashion, it continues to go its own way, obedient to forces over which he has no control. Or he finds that a succession of emergencies, each demanding his full attention, requires him constantly to postpone the realization of his original intention. A fire in the hold must be put out before anything else can be attended to. No sooner has it been put out than a leak is discovered, and when the leak has been stopped it transpires that the rudder is jammed. By the time the ship has at last been got under way, the approach of a hurricane requires that it be put on a course different from the one that had been projected. And so it goes. Long before the captain's term of office has expired he may have forgotten altogether the course he had originally had in mind and the landfall he had hoped to make. By that time he may be content merely to keep the ship afloat from one day to the next.

President de Gaulle had far-reaching aims for the France over which he undertook to preside, but he found himself dealing with military mutiny, student rebellion, factional strife, and a host of difficulties in the engine-room, so to speak, with the consequence that his aims remained unrealized when his term of office came to its end. In his reminiscent conversations with André Malraux, which the latter reported in *Les Chênes qu'on abat,* he gave sardonic expression to his disenchantment.

Another example of such experience and such disenchantment is that of Lenin, who said to the Eleventh Congress of the Russian Communist Party in 1922 : "The machine tears itself out of our hands : as though there is a man who drives it, but the machine does not go in the direction it is driven. . . ." [1]

The problem of the political leader may also be likened to that of a general who is incessantly in battle. Traditionally, generalship has been identified primarily with strategy, which is the organization and deployment of military forces before battle, and only secondarily with tactics, which is the direction of such forces in battle. But if the general is always embattled, his necessary preoccupation with tactics will leave him no time for strategy. In such circumstances, he need be only a tactician, for any strategic ability would be irrelevant.

At the great centres of international decision, the state of being embattled has become constant in our time, with the result that our world is increasingly governed by day-to-day men, to use a term first applied to President McKinley's Secretary of State, John Hay. A notable example is that of Sir Harold Wilson during the years when he was Prime Minister of Britain. He survived, holding his government and his party together, by what were sometimes startling extremes of improvisation from one emergency to the next, apparently never lifting his eyes to look forward over the lengths of time associated with strategic rather than tactical thinking. Indeed, one may question whether circumstances ever allowed him the opportunity to do so.

A conclusion to be drawn from these observations is that political leaders have less command over the course of events than the public assumes them to have. A year before his death, an embattled Abraham Lincoln wrote : "I claim not to have controlled events, but confess plainly that events have controlled me." [2]

Those members of the public who take an interest in the conduct of foreign relations appear, for the most part, to have little uncertainty about what the men in office could and ought to be doing. Often this is because, in concentrating on strategic goals, they ignore the tactical

---

[1] Quoted by L. Fischer in *The Life of Lenin,* New York, Harper, 1954, p. 585.

[2] Letter to A. G. Hodges, 4 April 1864.

obstacles that must be definitive for those who have the responsibility. In the public debate of a few years ago, the advocates of American disengagement from Vietnam appeared to assume that it required nothing more than an order from the President for all American troops to come home forthwith. They did not have to take account of the cataclysmic disaster—in military, political, and especially human terms—that would surely have ensued upon such an order.

The general public commonly attributes to the men in office a range of choice that is, in fact, denied them. How few Americans, at the end of the 1940's, had any doubts that the men in Washington could determine which of two contending régimes was to govern China! In this extreme example, the men in Washington were consequently held to blame for the triumph of the Communist régime.

Because the men who bear the responsibility are aware of impediments that the public ignores, they tend to assume, not without basis, that the public is unable to appreciate the realities that only their own close-up view reveals. Dean Acheson used to cite Justice Oliver Wendell Holmes, who, when asked to give his opinion on a question in public debate, replied that he would have to spend a week studying the relevant documents before he could have an opinion. The men in office have reason to be poignantly aware of the fact that the members of the public lack either the opportunity or the inclination to study the documents. For those who are not of Justice Holmes's stature, it is, in any case, easier to hold opinions if they do not study them. The most self-assured expressions of opinion are always the ones offered by those who are the most ignorant.

What this implies is that the day-to-day conduct of foreign relations has, for the most part, to be left to those in government, although they must be held accountable for the consequences of their decisions. President Kennedy made this point at the time of the Cuban missile crisis (1962), when, in an informal talk, he quoted the following verse by the Spanish bullfighter, Domingo Ortega:

Bullfight critics ranked in rows
Crowd the enormous plaza full;
But only one is there who knows
And he's the man who fights the bull.[3]

I would not propose that we members of the public refrain from critical discussion of the day-to-day decisions, merely that we conduct it in such modest and speculative terms as are appropriate to our remoteness from the sources of fuller knowledge and to our freedom from the discipline of responsibility.

---

[3] Translation by Robert Graves, *Encounter,* London, December 1961.

Accepting, as I think we must, the disparity between the view from the inside and the view from the outside, we have reason to be concerned with the difference between the close-up view, manifesting itself in a preoccupation with what is immediate, and the distant view that comprehends spans of time to be measured in decades or centuries. I have equated the latter with strategic thinking, and it is with the problem of how to overcome the deficiency of strategic thinking that the rest of this essay deals.

For the reason already given, it is no use expecting the men in office to originate strategic thinking. This is not to say that they never think in strategic terms, but the strategic terms in which they think are, in such exceptional cases, part of a heritage that they brought with them from the outside when they assumed office. Both de Gaulle and Churchill represented a traditional kind of strategic thinking that had entered into the upbringing of each and that, at least on some points, was obsolete. (Neither found it possible fully to revise the traditional thinking to take account of the fact that his country could no longer play the role of a domineering world power.) When Professor Henry Kissinger, at once an historian and a strategic thinker, first came into high office he distinguished himself by devising and applying the strategy whereby the establishment of diplomatic relations between Washington and Peking enabled the United States to disengage from Vietnam. [4] After that, however, he found himself so harassed by opposition on a number of domestic fronts, and by successive emergencies abroad—fires, leaks, jammed rudders, and hurricanes—that he appears to have had his hands more than full with the tactics of survival from day-to-day.

If, then, one can hardly look to the men in government for long-range thinking and strategic sophistication, where can one look?

My first answer is that strategic sophistication must, in some sense, be the property of a national society as a whole, a part of its culture. The strategic thinking set forth in George Washington's Farewell Address —*e.g.*, the admonition to abstain from permanent alliances, together with the reasons given for it—did become the property of the American society, passed on from generation to generation, and so integrated into the national consciousness that when it had at last become obsolete, a century later, it continued still to dominate American thinking for almost

[4] This is plausible surmise only, pending access to the relevant documents. The fact that the United States put itself in a position to play China and Russia off against each other must, however, have had the effect of persuading each to discontinue such aid and encouragement to the régime in Hanoi as would drive the United States into the arms of the other. So Hanoi was persuaded to allow the United States to carry out an orderly withdrawal that limited the dimensions of humiliation and disaster.

half a century. (Another example of such dominance, although I would not call it obsolete, is the traditional Swiss policy of neutrality.) In like fashion, the British strategic policy of maintaining a balance of power among the Continental states was axiomatic for the whole nation over centuries of history. In this case, it was not the failure of the policy but the failure to implement it effectively that twice in this century led to disaster.

As a schoolchild in the United States, during the 1920's, I learned to regard with a certain reverence Washington's admonition against involvement in the power politics of the Old World—as, I daresay, did every other American schoolchild of the time. This was still part of the nation's intellectual heritage a quarter of a century after it had become dangerously irrelevant to the changed position of the United States in the world. Consequently, the United States was without a relevant strategic policy from 1898 until the adoption of the so-called policy of containment in 1946 implied, at least, the adoption of a new policy to prevent the world balance of power from being upset. Even today, however, traditional American thinking has prevented the acceptance by the American public of this policy in explicit and reasoned terms ; for the containment policy, as such, applied only to the threat of continued Russian expansion in the aftermath of World War II, and the term "balance of power", referring as it does to "power politics", has traditionally been associated in the American mind with international wickedness.

If strategic sophistication must, at least in a liberal democracy, be the property of the national society as a whole, what are the elements in that society to which one might look for the development of such sophistication ?

Now that something called international relations is taught in universities everywhere, and is the subject of scholarly research, one ought surely to be able to look to the academic community for the development of such sophistication. But the record of the academic community—with one brilliant exception that we shall come to—has so far been disappointing in this respect. It has been disappointing because the teaching of international relations, at least in the West, has generally been so irrelevant to their basic reality.

In the period between the two world wars, the study of international relations applied to the world as the professors thought it ought to be, rather than to the world as it was. In this dream world, power politics was a thing of the past, power no longer counted, international organization sufficed for the maintenance of international security, and lions could be persuaded to lie down with lambs by the moral suasion of something called world opinion. Those who taught this kind of thing when I was an undergraduate in the 1930's were thereby enabled to enjoy the aura of virtue associated with idealism, but the consequences of their teaching were tragic. Its unrealism was a prime element in the intellectual and material unpreparedness of the Atlantic democracies to prevent the rise of Hitler and the Japanese war-lords until, at last, the blood of millions had to be poured out for their suppression. It made a major contribution, as well, to the fact that the United States, at the end of World War II, found itself trying to carry out a policy so irrelevant to the reality as to be quite unrealizable, that of depending for national and international security on a unanimity, for which there was no basis of consensus, among the governments of China, France, the Soviet Union, the United Kingdom, and the United States. (It was this policy that was replaced, when its unworkability had been proved, by the policy of containment, which was the brain-child of a Foreign Service Officer, George Kennan, rather than an academic thinker.)

The academic failure referred to above can be attributed to an understandable disposition among those of us who do not bear direct responsibility for dealing with the irreducible problems of this world, the disposition to disregard their reality because not to do so would make prescription so difficult. Let me now cite, by exemplification, another kind of failure that, given the general educational level of even the most advanced societies, must surely be regarded as excusable.

In the conclusion of World War II, the United States undertook responsibility for the security of Japan and for that of southern Korea without being in the least aware of strategic realities that had been made manifest by centuries of Far Eastern history. The men in government and the members of the public alike were not aware of those realities because they did not know that history. Consequently, decisions were made by harassed officials under circumstances of successive emergencies, on a day-to-day basis, without any conception of the long-term strategic liabilities that the United States was thereby incurring.

The fact is that, for many centuries, the Korean peninsula had been a bone of contention between China and Japan. The strategic implications of the geography made this inevitable. Because the peninsula was a bridge over which either power could invade the other, neither could feel secure if the other controlled it. Consequently, each had been moved to pre-empt the other by establishing its own dominance over that bridge. This bilateral situation had become trilateral with the effective occupation of Siberia by Russia and its consequent emergence on the Pacific, where it came up against Korea, as well as China, along a common boundary. One could say that there had been continual warfare between China and Japan over Korea, with extended intervals of possession by one or the other, or of truce, and that this struggle had become a three-way struggle by the beginning of the twentieth century, as manifested by the Sino-Japanese War of 1895 and the Russo-Japanese War of 1904-1905.

In transferring the responsibility for the defence of Japan from the Japanese shoulders to its own, and in occupying the southern half of Korea, the United States was assuming a heavier responsibility than it knew. It was assuming for itself the inevitable challenge to China and Russia that had historically been represented by Japan. Both the China of Mao Tse-tung and Stalin's Russia had reason to look upon the American presence in Korea as the United States might have looked upon a Russian presence in Mexico. But the United States, out of ignorance, was as far as could be from appreciating this or any of the consequences to be expected from the responsibilities it had so casually assumed on both sides of the Korean Strait. The result was its utter unpreparedness, political and military, for what ensued. What ensued was the resumption of what we may call the centuries-old Korean War, involving Russia indirectly and China directly, with the United States playing Japan's role. This unnecessary disaster was second only to the unnecessary disaster of World War II, which was second only to the unnecessary disaster of World War I.

Again, if the American society had been familiar with the centuries-old history of relations between Russia and China, with the geographical factors that made conflict between them inevitable, and with the particular history of bad relations between Mao Tse-tung and Moscow, it could not have assumed, as it did in 1949, that Mao had conquered China as Stalin's quisling in order simply to add it to his expanding empire. This utter misunderstanding of the situation led the United States to press China and Russia together in the common embrace of a containment that supposedly applied to Russian expansion only. A like failure of understanding, based on ignorance, then caused the United States to extend the containment policy to North Vietnam.

May we not suppose that, if the history of the Far East had had a major place in the curriculum of American education, the United States would not have blundered so blindly into these disasters ? Surely the answer is yes, if we assume the history to have been taught with a due regard for the strategic-geographical factors that so largely determined what happened in it. Here, however, the fault is one of omission rather than commission, and it would surely be expecting too much to expect those who developed the curriculum of American education over generations past to anticipate the policy decisions that would confront the American society in the 1940's.

The thesis of this paper is that we ought to be able to look to the academic world, in the first place, for the sophistication in strategic thinking on which wise policy depends. Although I have, so far, cited only the failures of the academic world to meet this requirement, I did mention that the record contained one brilliant exception.

In the late 1950's and early 1960's, the advent of radically new armaments, associated with nuclear weapons and their delivery systems, provided occasion for a worldwide revolution in strategic thinking that was produced almost exclusively by academics, by such professors as Bernard Brodie, Albert Wohlstetter, Thomas Schelling, and Henry Kissinger. What stability the international world enjoys today is largely based on certain concepts, those of deterrence and the limitation of conflict, that were developed in their minds and formulated in their writings.

Today, in the great capitals of the world, the decisions that bear on the balance of power are based on strategic thinking that had its origin in the minds of these academics, thinking that has in so short a time become the property of national societies as a whole.

To what extent, however, have these new strategic studies been added to the curricula of the academic institutions that teach international relations ? How many professors of strategic studies are there today in the universities of various nations ?

I rely largely on personal impression when I say that strategic studies, as part of the teaching curriculum, have become sparsely established in American and British universities, and perhaps not at all elsewhere, with the notable exception of the Graduate Institute of International Studies in Geneva, where they have been taught for a decade and a half now. On the European continent and elsewhere, they appear to have become better established in research institutes, often associated with universities, and it is a puzzle to know why there is not more teaching associated with such research. The research itself now tends to bear increasingly on the problems of the day, sacrificing the long view to the extent that it does so.

This paper has undertaken to set forth two contrasting views of international relations in the circumstances of our times. The one has been that of the men in government, who are too preoccupied with the tactical problems of every day to take the long view on which strategic thinking depends. The other is one that remains largely unrealized by those who, in a position to cultivate it, are failing to do so. It is the view that members of the academic world could take, if they were so disposed, by virtue of being free from responsibility for day-to-day decision, the view that shows the problems of the world in historical perspective. If the cultivation of this view is their proper mission, as I believe it to be, then it is a mission on which they are defaulting. The consequence of their default is that the academic world contributes less than it might to the understanding on which wise policy depends.

One factor that contributes to default is the fascination that current affairs have for virtually all students of international politics. Many of them are like Huckleberry Finn, who lost interest in the story of Moses when told that he was no longer alive. They would rather analyse current situations in order to prescribe action than cultivate the fruits of a detached contemplation.

Academic studies, however, are not properly a form of journalism, for they should be based on a perspective denied to journalists as to the men in government. What even the best professors teach about current events is almost sure to be obsolete by the time most of their students have completed their studies. (In the absence of perspective, not to mention documentation, any teaching of the Korean War that had been undertaken in the first half of the 1950's would be seen, today, to have been pitifully far from the truth.)

I daresay, however, that the failure of the academic world to cultivate the large view has deeper causes, causes that are represented by an increasingly narrow specialization in the academic pursuits of our day. Scientific scholarship has come to be identified with the kind of analysis that dismantles its subject, separating it into its minute components. But this is to cultivate the close-up view that excludes any comprehensive understanding, among academics as among government officials.

What is needed is not so much analysis as synthesis, the putting together of the components of experience to constitute the meaningful wholes on which understanding depends. The scattered parts of a watch that has been dismantled have no meaning in themselves. In themselves they represent a chaos that is resolved only when they are assembled so as to take their places in the context of the watch as a whole.

It may be that the majority of us, within the academic world as without, are incapable of the large vision. But the capacity for such vision that the few have tends to be crushed out of them by the pressure of academic standards and of an academic training that favour the microscopic view.

I hold that, in the field of international relations, the purpose of the academic world should be to develop the understanding of reality on which wise policy and responsible action depend. As we have seen, the members of that world are not in a position to tell the members of government how to deal with the immediate problems of every day. The great advantage they have over the members of government lies in the possibility of a detachment from everyday affairs that, if cultivated, would allow them to view those affairs in historical perspective, and thereby to derive from them the basic principles by which the strategy of the nations should be guided if the hopes of our kind are to be realized.

What I would oppose to the necessarily myopic view of the men in government is the large historical vision, as represented by Thucydides' *History of the Peloponnesian War,* by Tocqueville's Introduction to his *De la Démocratie en Amérique,* by Alfred Thayer Mahan's *The Influence of Sea Power upon History.* If only the academic world of international relations would cultivate the large perspective and the strategic view of history, it could thereby raise the level of sophistication of our national societies. The consequence of doing so might, in the long run, have a practical significance far transcending that of the practical makeshifts by which practical men achieve nothing more than survival from day to day.

COULD WE STUDY INTERNATIONAL RELATIONS AS IF PEOPLE MATTERED?*

Roy PREISWERK

When we study international relations we are often quite remote from social reality. This sounds provocative, but it is necessary regularly to re-examine the nature and purpose of our work in a rapidly changing world.

There are enough studies to demonstrate how many things have gone wrong with the development of mankind. Some say we are on a dangerous path. I would go one step farther and submit that mankind's development has taken a pathological direction. Perhaps just one example would suffice to illustrate the point. According to the 1976 Yearbook of the Stockholm International Peace Research Institute, the nuclear equipment of the world now amounts to 50,000 megatons, which is about 15 tons for each one of us and 60 tons for each inhabitant of a NATO or Warsaw Pact country. Between 1945 and 1975, the world has spent 7,000 billion dollars on military expenditure. No other species in nature, no species of the category of animals which the French call *bêtes* (synonymous with stupid) has ever invested such a proportion of its resources in means of mutual destruction while so many of the same species are dying of hunger every minute. During the same period only 200 billion dollars, or 3 per cent of the above amount, were spent on development aid.

We will not present an inventory of all aspects of mankind's madness. What we must ask ourselves is whether anything can be done to make the social sciences in general and the study of international relations in particular less irrelevant to the solution of the most acute contemporary social problems.

---

* The title of this paper is obviously inspired by E. F. Schumacher's book *Small Is Beautiful; A Study of Economics as if People Mattered,* London, Sphere Books, 1974. The author is particularly grateful for comments on a first draft of Part I to Johan Galtung, Ekkehart Müller-Rappard, Peter O'Brien, Denis de Rougemont, Rolf Steppacher, Albert Tevoedjre, Monica Wemegah, and especially Noa Zanolli.

I. *SOCIAL SCIENCE IN GENERAL: FOUR REMINDERS*

We now come to a brief series of generalizations which may sound unfair to those social scientists who occasionally reflect on professional ethics and who sincerely try to tackle fundamentals. What follows is valid if, as I think is the case, it is applicable to at least 51 per cent of social science research.

1. *Social Science Is Dehumanized*

The dehumanization of social sciences is parallel to the dehumanization of social life, particularly in the industrial societies. K. William Kapp epitomizes this in one sentence: "Neither in science nor in society are the concrete human beings and their interests at the centre of interest." [1] Let us make it clear that we are not speaking of the concern with the individual in the sense that this term has assumed in Western individualistic societies. The concern is with people, with the human being as a social being.

Social science in general takes little interest in the lives of human beings when it deals with institutions, processes, or events as if people were molecules which do not matter as such, but are noticed to the extent that they function as members of institutions, heroes or victims of processes and participants in events. The average social scientist treats people as objects, as sources of information, and he uses more and more technological hardware to achieve highly specialized and often esoteric results. Actually this kind of professional ethics (the more specialization the better) runs parallel to the interest of the ruling power (the more specialization, the weirder the language becomes for the layman, consequently no one can use the specialists' findings to question the established system). Thus, the consumers of social science are not people, but other social scientists (who admittedly are also people, but in very small numbers), governments or corporations. The question remains open for the moment, what these other social scientists or institutions do with the knowledge obtained.

We submit that many social scientists become alienated from their own societies, or from the societies they study, largely because of dominant thinking about what are supposed to be serious academic standards and research methods.

---

[1] K. W. Kapp, "Zum Problem der Enthumanisierung der 'Reinen Theorie' und der gesellschaftlichen Realität", *Kyklos,* vol. 20, 1967, p. 329 (hereafter K. W. Kapp, "Zum Problem").

This may be a good occasion to point out that Western scientists could here and now learn something from other civilizations. Joseph Needham, a biochemist and embryologist, who came into close contact with engineering and medicine, says : "... of one thing I feel certain, namely that China will not produce those types of utterly inhuman scientists and engineers who know little, and care less, about the needs and desires of the average man and woman". [2]

2. *Fragmented Social Sciences Can Be Useless or Counterproductive*

The dehumanization of the social sciences is partly the result of their fragmentation. Fragmentation prevents an understanding of what man is all about. To narrow the sphere of observation is considered a sign of seriousness in academic circles. Specialization is necessary, but leads to abuses if there is no awareness of the ideological and ethical presuppositions of knowledge. [3] In a different form, Alfred Sauvy highlights this when he says : "Science has indeed succeeded in making men live longer and worse." [4]

Fragmented social sciences can be useless, because they only provide information on minute issues, because other researchers often cannot build on the findings of their colleagues and because the degree of comparability across classes, nations, and cultures is low. It is simply absurd to invent a *homo oeconomicus,* a *homo psychologicus,* or a *homo sociologicus* and then refuse to relate these analytical abstractions to the totality of the real human beings.

Quite a few social scientists find themselves at peace with their conscience when they say things such as : "The arms race is none of my business, I'm dealing with human rights." Or : "I'm specializing in balance-of-payments problems, I can't find the time to look into income inequalities." Or worse still : "It's for the economists to solve the problem of hunger, I'm looking at political systems in the Third World." Tom Learer, former Harvard professor in mathematics, who became a rather cynical songwriter, once imagined an interview with Wernher von Braun, in the course of which he speculated about the moral implications of building rockets which were generously sprinkled over the British population during World War II. The answer was this : "Once

---

[2] J. Needham, "History and Human Values : A Chinese Perspective for World Science and Technology", *The Centennial Review,* vol. 20, 1976, p. 27.

[3] E. F. Schumacher, *op. cit.,* p. 76.

[4] A. Sauvy, *La fin des riches,* Paris, Calmann-Lévy, 1975, p. 19.

the rockets are up, who cares where they come down—that's not my department, says Wernher von Braun."

Fragmented social sciences can be counter-productive because they make us lose sight of mankind's development, they blur the pathological direction of that development and prevent an understanding of real forces at work. They also make it easier for technocrats and autocrats to manipulate society with knowledge which has the blessing of so-called scientists.

Fragmentation, incidentally, is not only a problem within the social sciences. It is becoming increasingly difficult to separate the social and the natural sciences. Some of the most disturbing questions today are : what are the social and psychological consequences of the continuing exploitation of nature ? What type of energy production corresponds to a social structure we desire ? What kind of socio-psychological problems arise from the means of self-destruction that the physicists are providing us with ? How far will the chemical manipulation of peoples' minds go ? The significance of these questions is dawning upon an increasing number of natural scientists, ecologists and physicists in particular.

3. *If Presumed To Be Separate from Ethics and Ideology, Social Science Can Be Irrelevant or Dangerous*

Science, at this stage of our development, probably creates as many problems as it solves. In fact, many "scientists" spend their time denying that our present development *is* pathological. Others specialize in setting up some kind of coherent interpretation which makes this very pathology look acceptable.

Science can be useful, but it is not sufficient. If scientists say that X thousands of people die of hunger every day, or that nuclear weapons can exterminate mankind X times, is that enough ? Such information is useful and necessary, but if nobody has the courage to draw a conclusion other than that "mankind" is synonymous with "madness", then we might as well dispense with scientists. More people must come forward, even if they are—in a derogatory sense—termed "ideologues", to say that hunger is scandalous (therefore we must redistribute wealth) and that preparing an "overkill" is simply idiotic (therefore we must stop the race towards mutual annihilation). The "ideologues" are thus a disturbing factor : they express anxiety which others want to ignore, they ask for change which implies an effort and a commitment that others are reluctant to accept.

In fact, it is false to oppose science to ideology. There is no science without ideology. Whoever refuses to admit this elementary truth is either naïve or completely unaware of his implicit ideological position. In some cases, however, he is a shrewd calculator who manages to hide his ideology behind some esoteric vocabulary or mathematical formula. Science is in the midst of politics. In many societies, those who agree with the established power and values stand a good chance of being considered as scientists, while those who disagree and demand social change are easily discredited by the label of "ideologues".[5]

The present dilemma does not arise from the fact that we have insufficient knowledge about social problems. It stems from the fact that self-styled "neutral" scientists do not know who will do what with their findings. To discover something and let public or private power structures use that knowledge in unethical ways is a totally irresponsible attitude on behalf of scientists.

One contribution we can all make immediately is to claim less often that what we are asserting has "scientific" value. Today, we are in a phase of the development of the sciences which is largely determined by positivistic standards. This is a school of thought which is particularly limited in finding instruments to deal with human problems.

The value-neutrality of science is a stubborn myth. Let us take one example. It is being stated over and over again that the functioning of the market system is a process which is linked with no particular ideology. This statement is false in four respects : ideologically, culturally, ecologically, and ethically. The market is a place where the purchasing power of those who have money, rather than the essential needs of *all* people, determines the distribution of goods. The products available on the market are an expression of the income inequalities within the population. The satisfaction of demand is not the same thing as the satisfaction of needs. In almost every Third World country, you can buy egg shampoo to wash your hair with, while a large proportion of the population cannot afford to buy eggs to eat. In poor societies, the market system guarantees access of the privileged few to luxury goods. In rich societies, the market system can be seen as a way to fight simultaneously capitalist monopolies and excessive State interference in private spheres. All of this has something to do with *ideology,* with choices made by human beings concerning who gets what, when, how, where and why. There is no law of nature saying that there must be a market. The distribution of goods can be organized in various ways.

Western economists and anthropologists have noticed that there are societies without a market system. This has usually been considered, in the ethnocentric tradition, as a sign of backwardness. But the introduction of trade based on a monetary economy has led to much confusion,

---

[5] See also J. Habermas, *La technique et la science comme "idéologie",* Paris, Gallimard, 1973.

to the dislocation of entire societies, to the destruction of distributive systems which made it possible, in many parts of the world, to assure the survival of every member of a group. The market system is the product of a specific type of *culture.* Once again, it is not a law of nature.

The market system puts a price on everything, but the very low-priced factor of production is nature ; probably because it cannot scream, publish pamphlets, or organize a trade union. The fact that the resources of nature, particularly the sun, air and water, to some extent have no price at all, had led to the most disastrous abuses with which economic theory has acquainted us under the powerful umbrella of "science". The market system, in reality, is not value-free in terms of *ecology* either. [6]

There is a dreadful concept in economics which is called the "labour market". In fact, we are talking here about the price of human beings, although not exactly in the same terms as the slave traders were able to do. The labour market is an inhuman concept, because it means pricing the value of people according to their (more or less accidentally acquired) qualifications and to the circumstances prevailing at a particular time and place. It is also an irrational concept when one thinks that the demand on this particular "market" must always be met, just to satisfy the needs of production, whether it be for food or for arms. The market concept, consequently, is not neutral in *ethical* terms either.

This is just one example, among many thousands we could find in the so-called social "sciences", of intellectual constructs based on either naïvety or dishonesty. Let us, then, proceed to think what social science, and the study of international relations in particular, could be if we stopped talking about what may seriously be regarded as scientific and instead started to think realistically about the world we are living in.

Realism is a big word, particularly when it makes claims to "scientific" evidence. It is used widely to discredit those who find something wrong with the present international system. The kind of realism we are propagating today may result in widespread famine, growing inequalities, and World War III (which, incidentally, will destroy the supermonsters and leave a number of peripheral and "primitive" peoples quite undisturbed, nuclear fall-out notwithstanding). If we accept the arms race, poverty, racism, and other charming attributes of the present system, we

---

[6] More precisely, what is meant is that air or sunshine are not calculated in terms of monetary costs, but of course the use and abuse of air or water resources present a problem of social costs. See K. W. Kapp, *The Social Costs of Private Enterprise,* Cambridge, Mass., Harvard University Press, 1950. We must remember also that public enterprise may create similar social costs, a fact that representatives of East European countries have sometimes attempted to deny at the Stockholm Conference on the Environment.

are being "realistic". There is something weird about a human mind capable of producing the contemptuous assertion that those who denounce these phenomena are idealists, ideologues, or dreamers. The term "realism" should be given a new meaning : not to conform with what is happening, but to be able to see what our present options mean, what could result from them, and what changes we have to envisage, drastic as they may be.

The antinomy of science versus ideology and ethics is beautifully abolished by the physicist Victor Weisskopf, when he says : "Human existence depends upon compassion, and curiosity leading to knowledge, but *curiosity-and-knowledge without compassion in inhuman,* and compassion without curiosity-and-knowledge is ineffectual." [7]

4. *Social Science Often Creates Obstacles to Knowledge*

It may sound absurd that the official knowledge-producers in society may actually turn out to be the knowledge-hiders. But the problem is a real one. Let us take two examples. In *development economics,* we have accumulated tons of learned writings over the past thirty years. Two approaches are dominant : a more theoretical one, which usually extrapolates from the experience of industrial societies to formulate proposals concerning growth, productivity, and other marvels. There is also a more pragmatic approach, defended by those who descend on some Third World village and use their "common sense ", telling the natives what they have to do about irrigation, fertilizers, and other down-to-earth matters. Both approaches have led to visible or measurable signs of "success" (buildings, plantations, growth rates, etc.), but have failed in two ways : first, they cannot free themselves of the idea that their own society is superior to all others and their "science" the only possible source of any conceivable change. Today it is becoming clear that different civilizations move in different directions and that the social sciences offered by industrial societies have not discovered much to explain the diversity of developing processes. Second, the social sciences were unable to warn us that the development strategies adopted after 1945 would lead to a deterioration of living conditions in many parts of the world. The large majority of development economists obscured our vision for three decades, pretending that the world was "progressing". In 1977, we find more hunger, misery, and unemployment than thirty

[7] V. F. Weisskopf, *Physics in the Twentieth Century :* Selected Essays, Cambridge, Mass., Harvard University Press, 1972, p. 364. Italics added.

years ago. Those who were the first to say this publicly were rarely academics, and when they were, as in the case of Gunnar Myrdal or René Dumont, for example, they were frowned upon by most of their colleagues, unable to cope with so much unorthodoxy. But can we be taken seriously when we produce splendid studies on balance-of-payments adjustments, Special Drawing Rights, transfers of technology, capital accumulation and growth rates, only to realize at the end, that every day more human beings in the poor countries see their living conditions deteriorate while in rich countries profound feelings of alienation from our way of life are spreading rapidly?

Another example is that of *history*. Our libraries are stacked with "World History" books. A recent study of thirty school textbooks from eight different countries reveals enormous distortions in our knowledge of other civilizations. [8] Anyone who really takes the trouble to examine these distortions must agree with the statement that some ways of systematizing knowledge under the label of "objective science" constitute a veritable obstacle to knowledge. But the striking element in the situation is the exclusion of human beings. All these thousands of pages concentrate on invasions, catastrophes, royal weddings, "discoveries", and various other events, mostly sad ones. Except for a few heroes (Christopher Columbus or Winston Churchill), villains (Ghengiz Khan or Adolf Hitler), hero-villains (King Chaka, Cortez, or Pizarro) and distinguished aristocrats (all the kings of France, for instance, even the most feeble-minded), there is no reference to the fact that history ought to have something to do with people. We are quite often treated to the most gruesome details about ever more sophisticated techniques which heroic warriors have been using on every occasion, to slice each other up. However, there is not a word about how the common man throughout these thousands of years went through his daily life, struggled for the survival of his family, or suffered within his natural and social environments. [9]

These are brief illustrations, but there is enough evidence that similar distortions of knowledge through science are widespread [10].

---

[8] R. Preiswerk and D. Perrot, *Ethnocentrisme et histoire :* L'Afrique, l'Amérique indienne et l'Asie dans les manuels occidentaux, Paris, Anthropos, 1975.

[9] There are, of course, other approaches. See UNESCO, *Histoire du développement culturel et scientifique de l'humanité,* Paris, Laffont, 1967, 9 vols.

[10] See, for instance, F. S. C. Northrop and H. Livingstone, *Cross-Cultural Understanding :* Epistemology in Anthropology, New York, Harper and Row, 1964. Also the interesting debate between M. Herskovits and F. Knight, in M. Herskovits, *Economic Anthropology,* 2nd ed., New York, Norton, 1960, appendix. For similar problems in intercultural psychology, see R. Preiswerk, "Jean Piaget et l'étude des relations interculturelles", in G. Busino (ed.), *Les sciences sociales avec et après Jean Piaget,* Geneva, Droz, 1976.

II. *INTERNATIONAL RELATIONS IN PARTICULAR: FOUR EXAMPLES*

Our purpose is to reach constructive proposals as quickly as possible. Therefore this section will be extremely brief and go no further than pointing out a few of the difficulties we face when studying international relations.

1. *The State-Centric Approach*

"The objective of International Relations is to study relations among States." How many times have we been given this simplistic definition of the scope of our field of study ? Of course, the definition represents a pragmatic and realistic view ; after all, the State alone holds military and police power and is entitled to sovereignty. But this definition is unacceptable for two reasons : it limits the scope of investigation (States related to States) and presents almost as a law of nature what is merely a man-made system (problem pertaining to epistemology). It also covers up an elaborate network of power relationships which are often based on extreme inequalities and injustices (problem pertaining to ethics and ideology).

Contemporary international law consolidates a system based on the supremacy of the State. In recent years it was said that the state-system is being eroded by various forces. Some analysts see three such forces : international organizations, transnational corporations, and liberation movements. In our view none of these are eroding forces ; on the contrary, international organizations are based on the state-system and contribute to its consolidation. It is extremely difficult to give power to an inter-state agency dealing directly with people without passing through governments. The only important exceptions are the European Communities and the European Commission on Human Rights. [11] Transnational corporations are, it is true, more powerful and richer than many States. The annual turnover of the largest corporations is greater than the Gross National Product of a majority of States in the Third World. In comparison to these States, the corporation can indeed be considered as an eroding factor. But at the same time, they are strengthening the power of their home base and are thus contributing to growing inequalities

[11] We will subsequently present a more balanced picture as far as the role of international organizations is concerned, particularly with regard to the ILO, WHO, and FAO. See Part IV.

within a state-based international system.[12] Finally, liberation movements may indeed question the legitimacy of a particular State, be it a colonial power or a State made up of different ethnic groups. But they only aim at the creation of new States which will become parties to the already established international system. If the Bretons, the Basques, the Occitans, the Alsatians, and the Corsicans all manage a revolution against France, one and indivisible as the Constitution says, setting up five more nation-states, and taking their seats at the United Nations, they will merely contribute to the consolidation of a state-based international system.

The state-based international system raises the crucial question of the way people are represented at the world level. We argue that dominant élites, not populations, are in fact represented. Behind the walls of sovereignty and non-interference in domestic affaires, ruling élites are protected and left quite free to practice domestic colonization, to advance the interests of a small minority and to resort to almost any method of repression. The New International Economic Order, adopted at the United Nations on 1 May 1974, and so vigorously defended by Third World diplomats, illustrates this eloquently. Only States can act, no State can be questioned about its domestic situation. And what the "representatives" of the Third World are asking for, is to obtain the means to consolidate *their* power : more money, more technology, in short, more of what we have seen in the past, despite obvious failures, when we look at the situation of the majority of the people. Critics of this approach in rich countries are now accused of a new paternalism towards Third World leaders. It is convenient for conservative elements in rich countries to say what the progressives were saying twenty years ago : do not interfere with the choices made by the newly independent countries. When, in 1975, the question was raised in Switzerland whether technical co-operation should be initiated between people rather than governments, one prominent businessman replied : "Poverty of the masses is a matter lying within the domestic jurisdiction of a country." The implication of this argument is that we are to be concerned with famine, malnutrition, disease, and other evils which, in various ways, affect at least half of the world's population only when *governments* allow us to do so. But how many of these governments have been looking seriously into such questions ? 1977 is not 1947, when aid programmes were launched, or 1960, when many of us hoped that independence would lead to a better life for the populations of the former African colonies. If those who, today,

[12] The converse is sometimes true, as R. J. Barnet and R. E. Müller show in *The Global Reach :* The Power of the Multinational Corporations, New York, Simon and Schuster, 1974.

are deeply concerned about the deteriorating situation must be labelled "paternalists", then let them be proud of it.

It is true that we now have a lot of those "soft states" that Gunnar Myrdal has been talking about when it comes to questions of administrative inefficiency in the field of economic development. Bust most of these same States are also becoming "tough states" through militarization and improvements in their capacity to suppress any forces contesting the rights of privileged minorities to continue to ignore the basic needs of the people. It is true then, for all of these reasons, that the State is here to stay for some time, but students of international relations should not merely acknowledge this fact : they should start trying to imagine an alternative system which eliminates the inhuman aspects of a state-based international system.

2. *Fragmentation and Isolation*

It is quite obvious, and needs no undue elaboration, that the study of international relations reproduces the fragmentation of the social sciences in general. It remains multidisciplinary, a juxtaposition of separate disciplines jealously guarding their precarious identity. Sometimes it claims to be interdisciplinary, an objective which it usually fails to attain. It is never transdisciplinary.

Isolation results from arbitrary decisions on what is included or excluded from the study of international relations. There is no reason, advanced by either God, Thucydides, or contemporary epistemologists for legal, economic, or historical aspects of international relations to be given priority, while social psychology or political anthropology are left out. Furthermore, there is no valid argument why the natural sciences should not be part of the study of international relations. Why not call upon ecologists, nutritionists, or nuclear physicists to teach international relations ?

3. *On Hiding Values*

There is an enormous fraud in contemporary science which allows the credibility of the "scientist" to increase at the same rate as he manages to hide his value judgements, personal preferences, and political attitudes. The technical term for this is positivism. The non-technical word for it is dishonesty. Somehow, although we "internationalists" are outside of the spectrum of established academic disciplines, we have not overcome this problem, because we do not realize that a good portion of positivistic epistemology leads us right into intellectual dishonesty. Dishonesty in a very small way, perhaps. If we do not announce our ideology, we are probably more acceptable in the society. Also, we probably do not know to what extent our academic upbringing has brain-washed us into the positivistic mould.

4. *On Forgetting Basic Human Needs*

In Freudian terms it is called scotomization, more simply it means disregarding what deeply disturbs us. It could be inequality, poverty, torture, unemployment or the arms race. What is really expected of us? That we describe in depth the processes taking place in diplomatic gatherings and the deliberations of some international court which has no power to change anything whatsoever in the international power game? Or are we to think of the fact that what human beings need is food, fresh air and water, habitat, and a few other essential things? If international relations is to remain a relevant discipline, these problems will have to be given top priority. Otherwise we may soon be associated with stamp collectors, mountain climbers, or numismatists as far as our impact on society is concerned.

Two dangers of immense significance are involved in forgetting about basic human needs. One is to indulge in retrospection while neglecting contemporary and future worlds. This is unacceptable from a merely cognitive point of view. The other is that of sacrificing half of this generation, condemning them to a state of underprivileged existence, and putting an enormous burden on future generations. The preoccupation with basic needs has a totality to it : today's inequalities are linked with tomorrow's injustices : the exploitation of man by man runs parallel to the domination exerted by man over nature.

III. *ALTERNATIVE THINKING : EPISTEMOLOGY AND METHODOLOGY*

If we have a grain of optimism left, we must agree with E. Boulding that "ways can be found to transform the whole international system into something less costly economically and less outrageous morally". [13]

---

[13] Quoted by M. Banks, "The Relationship between the Study of International Relations, Peace Research and Strategic Studies", paper presented to UNESCO Advisory Meeting of Experts on UNESCO's Role in Developing Research on Peace Problems, Paris, July 1969, pp. 5-6.

Before indicating areas of research which should be given priority, some remarks on epistemology and methodology are necessary. This is very simple : the question has to be asked again *who* studies *what, why, how,* and *for whom ?* In other words : who are the producers of knowledge (researcher, observer), what is the object of their research (observed "reality"), what are the motives, the ideology, the value system behind the research, which method is applied, and who is the consumer of knowledge, the public to which the producer addresses himself ?

1. *What Has Been Done ?*

More than a decade ago, a growing group of social scientists started to look for what T. Kuhn would call a new "paradigm".[14] Peace research, world society studies, world order studies, world future studies all have attempted to overcome the "statocracy" approach and widen the spectrum of inquiry. From the narrow perspective of interstate relations, they have moved to intergroup, intersocietal or intercultural relations, taking into consideration the role of units left outside of the classical study of international relations mainly because such units have no status as recognized actors under present international law.

The most important contribution of these new approaches is not to have widened the scope of levels and units of analysis. It lies in the qualitative transformation of the researchers' motivations. Let us take the example of hunger. It is no longer sufficient to be descriptive (how many people are dying every day), nor to be explanatory (what are the causes of hunger), or even predictive (how many people will die of hunger by the year 2000). What is required is an explicit ideology, which in this case means an extension into the normative domain (what kind of world do we want to live in) with prescriptive substance (how are we going to prevent increasing hunger).

At present, a very fundamental change is occurring in the new approaches to the study of contemporary and future world problems. So far, various groups have been trying to establish new schools of thought in the hope that they might be recognized as giving *the* answer to the inadequacy of classical international relations studies. Now we notice a movement towards the convergence of these approaches. A first example : peace research and world order studies converge when the following methodology is proposed : first, state values, second, analyse forecasts, third, devise a design, fourth, clear up contradictions and incom-

---

[14] T. S. Kuhn, *The Structure of Scientific Revolutions,* Chicago, University of Chicago Press, 1970.

patibilities, fifth, propose transitional strategies [15]. Another example: peace research and development studies find a common objective when development ceases to be seen as a "problem" afflicting poor countries and becomes a process taking place in all countries with important connections being revealed between the poverty of the former and the affluence of the latter. [16] If a complete convergence between peace studies, development studies, and future studies can be achieved, we will have a formidable coalition to confront the classical study of international relations. We will then have teams of people working simultaneously for the elimination of war, poverty, social injustice, ecological imbalance, and mass alienation. In positive terms, they will produce ideas for the achievement of peace, economic well-being, social justice, ecological stability, and participation, in all parts of the world, both for present and future generations. [17]

2. *What Should Happen*

What the social sciences can do to contribute to the goals just stated depends on the willingness to recognize a few fundamental principles of an epistemological and methodological nature.

(*a*) *The Acceptance of Utopian Thinking*

"A map of the world that does not include Utopia is not worth even glancing at...", says Lewis Mumford. [18] But Mumford also reminds us of an important differentiation which Sir Thomas More makes regarding the etymology of the word. Outopia is "no place", it is a vain dream of a land never to exist. Eutopia is "the good place". It arises out of a real environment and is part of an effort to reshape man's condition according to some ideal standards. It is about Eupotia that we are talking. This is not to be confused with an idealistic view of history. Even if infrastructures or productive forces are decisive in man's history, human thought and inventiveness going beyond existing structures also have something to do with the shaping of history. Those Marxists who have not forgotten about dialectics (there are a few who have) would agree with this.

---

[15] M. S. Soroos, "A Methodological Overview of the Process of Designing Alternative Future Worlds", in L. R. Beres and H. R. Targ (eds.), *Planning Alternative Futures,* New York, Praeger, 1975, pp. 3-27.

[16] For instance, Hessische Stiftung für Friedens- und Konfliktforschung, *Friedensanalysen* — Schwerpunkt Unterentwicklung, Frankfurt, Suhrkamp, 1976.

[17] See the contribution of Saul Mendlovitz in the volume edited by Beres and Targ quoted in note 15.

[18] L. Mumford, *The Story of Utopias,* New York, Viking Press, 1962 (1st ed. 1922).

Utopias, incidentally, are not simply mental constructs aimed at bringing about a better world. A lot of what is considered "realistic" thinking about mankind's present development, contained in many forecasts, is utopian. The most widespread utopia, using the word in the negative connotation which most "realists" tend to give to it, is that exponential economic growth must and *can* continue.

(*b*) *The Integration of Knowledge*

As long as knowledge remains fragmented, as we have said before, it contributes to the dehumanization of society. Specialization in one particular discipline is necessary, but not sufficient. Many scientists have managed to break out of the narrow field of study which the university has defined for them. The demand for "generalists" is increasing in national governments, business enterprises, and international organizations. This is an indication that to be even a perfect specialist will be increasingly considered as valid in academic circles alone, while people and institutions of public interest will develop a different view.

The integration of knowledge has at least these four fundamental facets : transdisciplinary concepts (e.g., structure or culture used in all disciplines), structural isomorphisms (the same hypotheses tested in all disciplines), globalism (the interrelations of problems in different parts of the world made evident), and totality (the interrelations of problems attributed to different disciplines made explicit).

Two remarks are necessary about the integration of knowledge. The first is that all those, and they are a vast majority in the academic world, who adhere to the cult of specialization, get off too lightly when they call the generalists dilettantes. Modesty obviously has to be the prime quality of the generalist. K. William Kapp, an economist who has written one of the path-breaking works on the integration of knowledge, says :

> « Inasmuch as we proceed to elaborate the tentative conceptual frameworks of man and culture, we are dealing with concepts and findings of disciplines outside our narrow speciality. This was unavoidable and no one is more aware of the hazards of such an enterprise than the author. » [19]

The second remark has to do with a more profound dilemma. Transdisciplinarity is more than interdisciplinarity ; it has to be achieved within the conceptual work of a researcher instead of merely bringing together specialists of various disciplines who politely listen to each other without budging from their original positions. A good number of so-called inter-

---

[19] K. W. Kapp, *Toward a Science of Man in Society,* The Hague, Nijhoff, 1961, pp. ix-x.

disciplinary exercises taking place today actually reinforce specialization, each person involved finding it necessary to draw more precise lines between "his" field and that of the others. [20]

(c) *The Humanization of Knowledge*

Social scientists have to rediscover that their prime task is to put the human being and his essential needs back into the centre of attention. As we have pointed out earlier, the dehumanization of social science is parallel to the dehumanization of society. [21] So we are facing one of these famous chicken-and-egg questions again. Do we have to wait for society to change in order to change science? In my view, it is in the true nature of dialectic thinking, and not an expression of philosophical idealism, to affirm that scientists can modify their behaviour as social actors and begin to help changing the society. Social change has never been the exclusive result of anonymous forces. The dissident thought of social analysts also makes its impact. One clear example is the profound transformation of development objectives at the present time, as compared to the first two United Nations Development Decades. Certainly, those who began to put basic needs into the centre of the debate were inspired by a deteriorating situation among the poorest segments of the world's population. Someone however had to come along, not only to see this phenomenon occur, but to represent a value system within which such a situation is intolerable. It is the combination of an objective situation with a subjective (personal, ideological, affective, etc.) valuation that leads to action for social change.

Humanization is, of course, closely interrelated with the other aspects of a new social science epistemology. It means being value-oriented and transdisciplinary. The Japanese economist Shigeto Tsuru expresses it in this way for his discipline:

> « . . . economists are called upon to extend their inquiry in two directions: 1. to be prepared to make normative judgements, and 2. to widen the scope of their enquiry to encompass what were once regarded as externalities. The former task requires specifying the processes through which a normative judgement can be derived from social consensus, and the latter task implies replacing the idea of economics as being a closed equilibrium system with that of it being an open-ended discipline having symbiotic contact with neighbouring disciplines. » [22]

---

[20] See J. Piaget, *Epistémologie des sciences de l'homme,* Paris, Gallimard, 1976, and the article on Piaget mentioned in note 10, p. 510.

[21] See K. W. Kapp, "Zum Problem".

[22] S. Tsuru, "Towards a New Political Economy", in K. Dopfer (ed.), *Economics in the Future,* London, Macmillan, 1976, p. 112.

Another economist, Kurt Dopfer, goes a little further than "symbiotic contact" when he claims that a holistic approach has to take the place of interdisciplinarity. His hope is that a study of economics which covers ecology will contribute to human well-being. [23] The interesting point here is that taking a much broader view, thereby arriving at a considerable degree of abstraction, including such methods as systems analysis, may bring us closer to an understanding of basic human needs. Paradoxical as it may sound, the humanization of science will not be achieved through the simplification of problems, the repudiation of such basically inhuman gadgets as the computer, or a return to non-scientific approaches. Empirical data-gathering, conceptualization, and theorizing on a very large scale are still necessary.

(*d*) *Responsibility of the Scientist*

The three preceding points inevitably lead to a more general one in the field of the professional ethics of the knowledge-producer. Once we accept the demand for the humanization of knowledge, we have to admit two further principles : social science must be committed to the reduction of social inequalities in today's world and must concern itself with the well-being of future generations. In abstract terms these are the principles of equity and intertemporal distribution. They are not new in peace research or future studies. They have found their way into development thinking through, among other things, the Cocoyoc Declaration. [24] Unfortunately they are neglected in positivistic social science.

A third type of responsibility, which has not been underlined as much as the other two, is the one that the social scientist ought to have with regard to the natural sciences. It is truly surprising how little attention is paid to the socio-cultural consequences of food technology, genetic manipulation or nuclear energy. In a broader definition of the field of international relations, such questions are a matter of concern simply because they are not confined to particular territories. The influence exerted by some States on others in the field of science and technology is enormous. It affects relations between industrial States, but probably has more profound implications in relations between industrial and non-industrial societies.

The responsibility of the scientist with regard to equity, intertemporal distribution, and natural sciences can only be achieved if he is prepared to examine the value of utopias (or to create some), and to contribute to the integration and humanization of knowledge.

---

[23] *Ibid.*, p. 9.

[24] Published in *Development Dialogue*, no. 2, 1974, pp. 88-96.

(*e*) *Respect for the Diversity of Intellectual Styles*

A new social science epistemology has to take into account cultural diversity and the diversity of modes of thinking that goes with it. International relations studies are deeply affected by the lack of concern with this very problem.[25] Whether we analyse negotiations, conflicts, or decolonization, we will always be handicapped if we disregard the significance of cultural diversity.

Unfortunately there is no encyclopedia of intellectual styles. Probably it is beyond the capacity of any living human being to produce such a source of information, because no one has been brought up with the idea that this is a worthwhile exercise to undertake.[26]. A modest beginning would be to examine the ways in which Western societies, with the enormous military and economic power they exert over the world, "grasp" non-Western worlds. The study of international relations would greatly benefit from it in this polycentric, multi-cultural world. Just to give a hint : Western thought is deeply anthropocentric (man is outside and above nature), dichotomous (good and bad, body and soul, civilized and savage, etc.), unilinear (progress from here to eternity), and compartmentalized (fragmentation and hyper-specialization as discussed above). To be aware of this and to know that these structures of knowledge might be different in other societies is absolutely indispensable.

These are just a few dimensions of a new epistemology for social science, and consequently for the study of international relations. What we also have to reflect upon are the concrete research areas which ought to be given priority in the future.

IV. *ALTERNATIVE THINKING : AREAS FOR FURTHER RESEARCH*

General statements regarding epistemology, methodology, and the professional ethics of the scientist can be translated into concrete proposals for alternative thinking on the study of international relations. Broadly speaking, there are two directions in which such thinking can lead, the two being in no way exclusive, but clearly interdependent.

---

[25] R. Preiswerk, "Relations interculturelles et développement", in *Le savoir et le faire,* Geneva, Cahiers de l'Institut d'études du développement, no. 2, 1975, pp. 11-95.

[26] There are, of course, quite a few attempts. See, for instance, F. S. C. Northrop, *The Meeting of East and West,* New York, Macmillan, 1946. This book is stimulating but also to be read sceptically because of its marked dichotomy between East and West. See also J. Galtung, *Deductive Thinking and Intellectual Style :* An Essay on Teutonic Intellectual Style, Oslo, Chair in Conflict and Peace Research, 1976, no. 2.

1. *New Units and Other Actors*

The first question which arises is that of people's participation in decision-making processes at the international level. A new world model taking this into account must be based on a critical appraisal of the representativeness of State officials in international organizations. Non-governmental organizations (trade unions, women's movements, youth groups) which sometimes have a membership of dozens of millions, must be given the right to be more than mere observers in international gatherings. [27] Instead of a Security Council and a General Assembly, both based on State representation, a future United Nations might have two "Houses", one representing States, the other NGOs. It is also possible to improve participation procedures outside established international organizations. Amnesty International is an excellent example of an organization run by citizens to combat the abuses committed by State power in all parts of the world. Its success in obtaining the liberation of political prisoners, in fighting political repression, physical and mental torture, and various forms of violation of the private sphere is outstanding.

A second area of concern which should be given priority by students of international relations is transnationalism. By this we mean the study of "contacts, coalitions and interactions across state boundaries that are not controlled by the central foreign policy organs of governments". [28] This may include institutions such as NGOs or transnational corporations as well as informal relations through student exchanges or tourism. A word of caution is needed here. We must not be made to believe that transnational interaction is by definition good for people because it erodes State power or interstate coalitions. The opposite is in fact possible : "Without transnational *participation,* transnational *power* remains elitist and parochial social reality remains untempered." [29]

A somewhat different field for concern, although not totally separate from the preceding one, is the study of intercultural relations. Instead of looking at the interaction of States, let us examine how cultural units at various levels (micro- as well as macro-cultures) interact. [30] This is revealing in many ways : we learn about ethnic groups communicating

[27] J. Galtung, "Nonterritorial Actors and the Problem of Peace", in S. Mendlovitz (ed.), *On the Creation of a Just World Order,* Preferred Worlds for the 1990's, New York, Free Press, 1975.

[28] R. O. Keohane and J. S. Nye, *Transnational Relations and World Politics,* Cambridge, Mass., Harvard University Press, 1972, p. xi.

[29] J. Harrod, "Transnational Power", *The Yearbook of World Affairs,* London, 1976, p. 115.

[30] See Chapter I in the publication quoted in note 25.

across cultural boundaries, about cognitive styles of different cultures which are confronted in interstate relations or about movements trying to bring together groups of States on the grounds of cultural similarity. One model for a future world based on a system of macro-cultures instead of States has already been proposed. [31]

A further approach lies in the creation of functional, cross-boundary entities. In Africa, such entities exist on an informal basis, because the frontiers acquired with independence are usually too artificial to keep neighbouring populations from having closer relations across frontiers than within frontiers. In Europe, the need for institutionalized cross-boundary co-operation seems rather acute. To give an example : a movement launched many years ago in Basle under the name of "Regio basiliensis", with the objective of establishing co-operative relations between French, German, and Swiss living in the area around Basle, has a significant role to play. There is proof of this in the fact that the separate decisions of the three countries to establish nuclear power stations on their respective territories near Basle is now generally recognized by specialists, and more so even by the population of Basle, as dangerous and irresponsible. It would mean the highest concentration of nuclear power stations in the whole world. Effective regional entities dealing with this type of problem, thereby reducing exclusively national prerogatives, are a necessity for the well-being of the populations concerned. [32]

All of this may sound reasonably acceptable and open up many avenues for international relations research, but the underlying problem which we have to face takes us back to utopia, in the sense of eutopia : it has to do with the inequalities of the size and power of States. H. Simons goes all the way in his analysis of the "overgrown nation-states" when he says : "These monsters of nationalism and mercantilism must be dismantled, both to preserve world order and to protect internal peace." [33] And another economist, Leopold Kohr, well known for his life-long struggle against the large State, puts it even more dramatically :

> « The great powers, those monsters of nationalism, must be broken up and replaced by small states ; for, as perhaps even our diplomats will eventually be able to understand, only *small* states are wise, modest and, above all, weak enough, to accept an authority higher than their own. » [34]

---

[31] A. Mazrui, "World Culture and the Search for Human Consensus", in S. Mendlovitz (ed.), *op. cit.*

[32] See D. de Rougemont, *L'Europe des régions,* Geneva, Centre européen de culture, 1976. Also L. Kohr, *The Breakdown of Nations,* London, Routledge and Kegan Paul, 1957, pp. 191-192.

[33] H. C. Simons, *Economic Policy for a Free Society,* Chicago, Chicago University Press, 1948, p. 125.

[34] L. Kohr, *op. cit.,* p. 187.

What we have said earlier about the trend of liberation movements only to create more States (p. 52) must now be qualified. It is futile to strive for some world State or federation comprising the present units with all the inequalities existing between them, while the already weaker members are further subdivided. Kohr's utopia is probably the one that could, if we had any sense, lead to an alternative world order. In his logic, the super-monsters called USA and USSR should be the first to be dismantled, preferably by dividing them into at least fifty units each. It has often been said, occasionally by people who prefer to live in the nine-teenth century, that the unification of multiple small units into nation-states constituted a progress (*e.g.* Germany, Italy). Two world wars in the twentieth century should have taught us a lesson. With larger units, the danger of mutual destruction is merely elevated to a higher degree. If the USA and the USSR were split up, there would be ample opportunity for the smaller units to quarrel among themselves and leave the rest of the world alone.

It may well be that the dismantlement of the super-monsters is impossible without war. But what are students of international relations to do : discard the utopia and wait for the war to come ?

2. *New Priorities in International Relations Research*

Rather than concentrating on units and actors, one can also redefine the scope of the study of international relations by indicating problem areas which need to be given special attention. What follows can, of course, not be an exhaustive catalogue of predominant themes of interest. It derives essentially from a preoccupation with the relationship between rich and poor segments in various societies.

(*a*) *Basic Human Needs*

The dichotomy between developed and underdeveloped societies is being slowly overcome. One reason is that all societies are in a process of development or underdevelopment. The other is that global relationships are beginning to be perceived in a way that shows how the over-development of some is linked to the underdevelopment of others. Mal-development is now the accepted term for this global process. [35]

What is also becoming generally accepted, after a few decades of discussions on "development", is that we are not solving anything with power dams, steel plants, or banana plantations as long as at least three

[35] See J. Galtung *et al., Measuring World Development,* Oslo, Chair in Conflict and Peace Research, 1974, Paper no. 11. Also Commission des organisations suisses de coopération au développement, *Maldéveloppement Suisse-Monde,* Geneva, CETIM, 1975.

basic human needs are not satisfied in all parts of the world : nutrition, health, and habitat. As simple as that. But it is usually the simple things that take time to be discovered.

One preoccupation of international law has been to determine a minimum standard guaranteed to individuals sojourning abroad. This was linked to an international economic system in which private property and the security of merchants were of prime importance. Perhaps it is time to determine the minimum standards of human existence in terms of the fulfilment of basic needs. Private property would then be a relevant criterion only to the extent that it serves to meet such needs. Parallel to the determination of a minimum standard, research must lead us to the determination of a maximum standard, one that will prevent social costs (such as investment in health care) resulting from over-consumption.

The complexity of this undertaking is readily apparent. If we want to liberate ourselves from a state-centric approach, pay attention to transnational relations, and deal with basic human needs, we have to determine levels of significance in what we are studying. To give one example : for whom are the transnational corporations producing food ? What are the distribution patterns and the effects of consumption in different cultural settings ? How does the industrial mode of food production affect different social structures ? If we want to give serious answers to these questions we have to evaluate the relative contributions made by state actors and non-state actors. It is not enough to say that X numbers of multinationals have a turnover which is higher than the GNP of Y countries in the world. The relevant question is what these corporations are doing to meet basic needs as compared to States ? Are state-owned and state-run corporations doing better than private ones ? We will probably discover that some transnational corporations have done more for the satisfaction of basic needs than the governments of Haiti, Paraguay, or similar countries. A really careful examination of *who* does *what for whom* is still awaited.

As a brief reminder : if the study of international relations deals with basic human needs, problems such as those of energy, natural resources, science and technology will become its main preoccupation.

(*b*) *Determining the Causes of Growing Inequalities*

As Robert McNamara keeps pointing out regularly since 1972, income inequalities of three kinds have been growing while the so-called development process has been taking place : between the rich and poor countries, within the group of poor countries, and between the richer and poorer segments of the populations in poor countries. [36] Sometimes it is in

[36] See in particular the speech delivered on 14th April 1972, before the UNCTAD meeting at Santiago de Chili.

countries where the growth rate of the GNP is highest that the growth rate of inequality is also high. To give one example in the domain of internal inequalities : between 1960 and 1970, the growth rate of the Chinese GNP was 0.3 per cent per annum. Nevertheless, the country succeeded in reducing inequalities and fulfilling basic needs. During the same period, the Soviet GNP grew probably more than twenty times faster, and yet the country reached a stage of incapacity to feed its entire population. Denis de Rougemont predicted as far back as 1956 that NATO countries would one day have to come to the rescue of the Soviet Union to preserve it from serious internal strife. [37] Not feeding one's population means both not fulfilling basic needs and accepting inequalities.

International relations students should be concerned with growing internal inequalities, because these most certainly are caused partly by the nature of external relations conducted by the countries concerned. Many recent studies on dependence, centre-periphery relations, structural violence, and imperialism provide us with conceptual frameworks for more research in this direction. [38]

A fruitful field for research are trans-boundary comparisons of production and consumption of vital resources and goods. It is important to know, for instance, what quantity of fertilizers is used in different countries to arrive at the same level of nutritional satisfaction. An example : Switzerland imports annually 1.4 million tons of wheat and feeds 1 million to animals for meat production. The meat thus produced contains a quantity of proteins equivalent to only 0.2 million tons of wheat. With the 0.8 million tons lost in the process, 6 million people could be fed for a year in other parts of the world. [39] Another example : 15 per cent of US consumption of fertilizers is used for growing lawns, cultivating golf courses, and adorning cemeteries. In absolute quantity, this is the amount of fertilizers at the disposal of all the farmers of India. [40] Trans-boundary comparisons highlight existing inequalities and inequities and, if they are put to good use, may lead the way out of global maldevelopment into a newly defined and for once real global development.

---

[37] D. de Rougemont, *L'aventure occidentale de l'homme,* Paris, Albin Michel, 1957, p. 255.

[38] See in particular J. Galtung, "A Structural Theory of Imperialism", *Journal of Peace Research,* vol. 8, 1971, p. 81-118, and the case study on Switzerland by R. Gerster, "Schweizerisches Volkseinkommen und Dritte Welt", *Aussenwirtschaft,* vol. 30, 1976, pp. 33-71.

[39] Calculations prepared by Rudolf Strahm and the "Déclaration de Berne". See also *Leserzeitung,* Zurich, 18 May 1976.

[40] L. Brown, "Allons-nous aussi avoir faim ?", *Tribune de Genève,* 17 February 1975, p. 21.

(c) *New International Economic Order or Self-Reliance?*

Since the Sixth Special Session of the UN General Assembly passed its resolution on a New International Economic Order (NIEO) on 1 May 1974, this theme has been at the centre of debates in a wide variety of institutions all over the world. What is amazing is that the envisaged order is not all that new to deserve so much attention. The right to nationalization and better prices for raw materials may be important. Measures in this direction can be taken overnight, look dramatic, and yet leave the entire international economic structure intact. The "new" order, when closely examined, looks more like an intensification of the old one : more transfers of capital and technology, increased trade, and a reaffirmation of national sovereignty. The approach is profoundly state-centric. In their annual pilgrimage to New York and Geneva, Third World élites obtain Charters, Declarations, and Resolutions affirming their right to sovereignty, independence, and non-interference in domestic affairs, though everyone knows that the big powers safeguard their interests through the use of force, regardless of any written or spoken words or treaties. Hungary, the Dominican Republic, Czechoslovakia, Vietnam, Chile, Angola : do we need more examples for just the period between 1956 and 1976 ?

A good example in the economic sphere is the question of the seabed. According to UN resolutions and to the Cocoyoc Declaration, the resources of the seabed should be exploited by a supranational agency to benefit the poorer countries of the world. From the sea could come some of the resources that are now flowing out of the Third World into the industrial countries. Less food would go to the overfed. Poor countries would become less dependent on aid. But according to the American journalist Jack Anderson, who has published explosive news before now, the Oceanography Committee of the US House of Representatives proposed, on 15 March 1976, to counter Third World proposals on the exploitation of the seabed by setting up special military units to protect the activities of US private corporations.

> « If the legislation clears both the House and the Senate, the US will give physical protection for the US mining consortiums ... Should any nation seek to prevent the operation ... US planes and warships would intervene under the legislation. » [41]

If that became true, what was the use of the UN's adopting a Charter of Economic Rights and Duties of States with its repetitious demands for the respect of State sovereignty or economic cooperation ?

---

[41] J. Anderson, "Mining the Ocean Floor", *New York Post,* 30 March 1976.

Many Third World representatives at international gatherings find it deeply unjust to minimize the importance of the NIEO (however quite a few Third World militants agree with our position). The NIEO, if implemented at all, will create more dependence and more inequalities. What has happened to the first two Development Decades and to the Pearson Report may well happen to the NIEO : the discovery, ten years hence, that the Third World has once more been fed on words, this time at the request of its own leaders.

The NIEO has been praised as an achievement due to the "collective self-reliance" of the Third World. The term is misleading. What is really meant is increased bargaining power through Third World solidarity. Self-reliance has a deeper meaning : to rely on one's own forces at a local level whenever possible and to use inputs from the national, regional, or world levels only when local resources or knowhow are missing. Local self-reliance needs to be protected or at least tolerated by national governments. But if the representatives of these governments jointly ask for more foreign inputs, their action is counter-productive to self-reliance, not an expression of it. Studies of the feasibility of self-reliance as a development strategy, or as a new definition of development, must take a central place in international relations research. [42]

(*d*) *Alternative Ways of Life*

The introduction of the concept of maldevelopment and the replacement of the dichotomy of developed versus developing countries by a distinction between *over* and *under*developed areas all over the world leads to the question : are we capable of inventing new ways of life for the overdeveloped ?

In a satirical plea for "aid for the overdeveloped", G. Kocher brings out a few revealing figures. In the overdeveloped countries (10 per cent of the world's population), we find the following indicators : 98 per cent of the world's psycho-pharmacological consumption, 86 per cent of impotency and frigidity, 86 per cent of telephone calls, 80 per cent of suicides, 78 per cent of television consumption, 74 per cent of heart attacks, etc. [43] The World Health Organization has established that the USA and the USSR have the same percentage of schizophrenics in their populations : 0.9 per cent. That is over 4 million people in the two major industrial countries of the world !

---

[42] See the forthcoming book edited by J. Galtung, P. O'Brien, and R. Preiswerk, *Self-Reliance.*

[43] G. Kocher, "Die Hilfe an die überentwickelten Länder", *Tages-Anzeiger Magazin,* 22 May 1976.

This is not the place to draw up a list of evils afflicting the over-developed countries. Nor at this stage can we adequately summarize the thinking which is devoted to inventing an alternative society. At this very moment, however, many things are happening in Europe and North America which should be of some concern to the specialist in international relations. [44] Ways of life are not confined to national boundaries. They are exported and imported. If the population of one particular country asks for change, external forces will come into action. Political or business interests will begin to manifest themselves across State frontiers. Again, a whole new vital area is open to us for research.

(*e*) *Making the Protection of Human Rights Effective*

The number of human rights conventions is increasing at a slower rate than the production of technical gadgets suited for undermining human rights. At this stage, we only have one effective human rights convention in the world : the European Convention supervised by the Council of Europe in Strasbourg. Any detainee in a European prison may address himself directly to the European Human Rights Commission. Prison authorities have no right to stop or alter letters. No fees have to be paid for the inquiries carried out by the Commission ; possibly the Commission will even provide legal counsel. The treatment of offenders, their rehabilitation and resocialization, are the object of many Council of Europe resolutions. Other fields, such as the recognition of diplomas, youth policy, public health (facilities for war cripples, establishment of a European blood bank) are concerns of an international organization which obviously deals with human beings. [45]

Some specialized agencies of the United Nations have the same objective, but their problem usually is that they do not have the same powers. When the ILO sets standards about working conditions of women and children or when the FAO determines minimum standards of nutrition, they are contributing to the satisfaction of basic needs. The concept of human rights must be given a broader connotation to include all of these activities and students of international relations must provide answers to the crucial question of the implementation of such broadly defined rights.

Just two more points on human rights. One significant endeavour would be to study the absence of conflict. Some societies get along

---

[44] See the chapter on an alternative way of life for Sweden in *What Now ?* the special edition of *Development Dialogue* edited in 1975 for the Seventh Special Session of the UN General Assembly. In the 1976, no. 1 edition of this periodical is an article by J. Galtung on alternative life styles and a commentary on the reactions of the Swedish public concerning the proposals made.

[45] See in particular Council of Europe, *Man in a European Society,* Strasburg, April 1974, Doc. 3420.

without too much internal strife or external conflict, but preoccupation usually lies with conflict situations. Perhaps knowledge about less conflictual social behaviour may reveal ways and means of improving the human condition. The other line of thought concerns the participation of citizens in the effective protection of human rights. Amnesty International has been mentioned as an example of possible action. Many other organizations are mushrooming in various parts of the world. Their impact on the protection of human rights may be particularly significant in countries which have not committed themselves through interstate conventions.

CONCLUSION

The purpose of this inquiry has been to propose constructive avenues for international relations research. New fields must be explored and new methods applied. Merely descriptive, or even explanatory and predictive approaches will only describe, explain, and predict mankind's pathological development without any chance of contributing to change.

One condition for this is that people should not simply be considered as objects of knowledge but as knowledge-producers. Let us conclude therefore with this statement by Johan Galtung: A less exploitative system of knowledge production implies that we are not content with doing

> « research *on* people, but together *with* people, not to act as a stimulus and registrar of responses, but to enter dialectically in a dialogue with the 'researched'. In that case, they would, in fact, no longer be researched people but be part of a team, of an effort to explore some aspect of the social condition of humankind together. » [46]

With this in mind, we can begin to hope that the scope and methods of the study of international relations will expand to include a preoccupation with basic human needs more so than in the past.

---

[46] J. Galtung, "Is Peaceful Research Possible ? On the Methodology of Peace Research", in *Peace :* Research, Education, Action, Copenhagen, Christian Ejlers, 1975, p. 273.

PARADIGME PERDU ET RETOUR A L'HISTOIRE

Esquisse de quelques développements possibles de l'étude des relations internationales

Saul FRIEDLÄNDER

Les « relations internationales » évoquent habituellement le paradigme implicite d'un réseau d'interactions entre « acteurs » en nombre limité, les Etats souverains : ceux-ci définissent leurs stratégies en fonction de certains objectifs, de la stratégie des autres acteurs, des données globales du système et de contraintes imposées par des facteurs internes souvent répertoriés. « C'est l'action des Etats qui se trouve au centre des relations internationales », écrivent Pierre Renouvin et Jean-Baptiste Duroselle, au début de l'*Introduction à l'histoire des relations internationales,* « tel est le cadre général où nous nous sommes placés ici. » [1] Et lorsque, en 1969, Klaus Knorr et James Rosenau définissaient les aspects principaux du « grand débat » qui divisait « traditionalistes » et « partisans de l'approche scientifique » dans l'étude des relations internationales, ils s'accordaient à affirmer que « ce n'est pas la substance de la politique internationale qui est objet de controverse. Le problème central est le mode d'analyse et non le sujet même... » [2]

Pour certains, l'« intérêt national », défini en termes de maximisation de puissance, représente le but ultime de la politique extérieure des Etats (Morgenthau), pour d'autres l'objectif est moins univoque et les relations internationales deviennent le domaine où l'on reconnaît « la légitimité et la légalité du recours à la force armée de la part des acteurs » (Aron). Mais, quelle que soit la caractéristique adoptée, l'Etat reste, selon ces points de vue, l'unique source d'action et d'initiative, l'acteur dans le plein sens du terme.

Le schéma marxiste des relations internationales relève en définitive d'une conception semblable, pour ce qui est de l'identité des acteurs et des formes de l'interaction.

---

[1] P. Renouvin et J.-B. Duroselle, *Introduction à l'histoire des relations internationales,* Paris, Armand Colin, 1964, p. 1.

[2] K. Knorr and J. N. Rosenau (eds.), *Contending Approaches to International Politics,* Princeton, Princeton University Press, 1969, p. 12.

En effet, que les Etats s'affrontent au nom de l'intérêt national en soi, sans but ultérieur imposé par une quelconque marche nécessaire de l'histoire, ou qu'ils le fassent dans le contexte d'un système capitaliste en essor puis en crise, où les politiques s'élaborent sous la pression des classes dominantes pour défendre les intérêts de celles-ci, que le conflit enfin se déplace de l'arène capitaliste vers la ligne de front qui sépare pays capitalistes et pays socialistes, la dynamique est la même : les interactions se situent au niveau des Etats et, autant que dans le schéma « libéral », c'est d'une dynamique conflictuelle qu'il s'agit [3].

Enfin, le modèle classique implique une mesure importante de « désordre » dans les relations interétatiques : on ne saurait prévoir la trajectoire des boules de billard qui se heurtent sans cesse et l'on distingue mal dans le cours des affaires internationales la part du hasard et celle de la nécessité.

Or, il semble que le paradigme dont nous venons de mentionner les aspects essentiels — celui qui, pour beaucoup, reste *le* paradigme des relations internationales — se heurte à un nombre croissant d'« anomalies » dans le sens où l'entend T. S. Kuhn [4], par suite de l'émergence d'éléments nouveaux et du rôle plus marqué de facteurs anciens jusqu'ici peu valorisés. Mais — et c'est le premier élément de la thèse que nous présentons ici — il nous semble que, contrairement au processus habituel décrit par Kuhn, l'insuffisance du modèle ancien ne pourra mener à la formation d'un nouveau paradigme. Nous suggérons, en effet, que les développements récents et les tendances apparentes de la vie internationale sont désormais irréductibles à un schéma conceptuel unifié ; de plus en plus s'imposent des schémas différents et des modes d'enquête qui, dans un même cadre, apparaîtraient comme incompatibles. Nous assistons, en un sens, à la désintégration du champ d'étude des relations internationales. C'est du moins ce que nous allons essayer de montrer.

Cela étant — et c'est là le second point de notre thèse —, des juxtapositions, des corrélations partielles entre les divers secteurs sont possibles et nécessaires ; il se peut que l'histoire, une histoire « conceptualisante », ouverte sur les sciences sociales, « totale », soit l'aire naturelle de ces regroupements.

---

[3] La théorie « néo-marxiste » des relations internationales adopte le même paradigme : d'une part, les « centres » actifs et exploiteurs, les Etats capitalistes qui forment la « métropole » et, d'autre part, une « périphérie » exploitée, plus ou moins amorphe, bien qu'officiellement structurée en Etats souverains. Il s'agit en fait d'une variation sur la thèse léniniste de l'impérialisme, avec quelques élaborations théoriques des notions de « centre » et de « périphérie ». Pour un bon exposé des thèses néo-marxistes, voir D. Senghaas, « Conflict Formations in Contemporary International Society », *Journal of Peace Research,* vol. 10, 1973, pp. 163 sq.

[4] T. S. Kuhn, *La structure des révolutions scientifiques,* Paris, Flammarion, 1972.

Après la phase de liquidation de l'histoire et de quête de *la* théorie, nous assisterons peut-être à l'abandon de *la* théorie (impossible) et à la revalorisation de l'histoire. En « relations internationales », il s'entend.

I

Qu'il nous ait suffi de mentionner les caractéristiques principales du paradigme « classique » des relations internationales. C'est par rapport à cet axe que s'opèrent deux décentrements, l'un attirant une bonne partie de l'attention et des efforts de conceptualisation au cours des dernières années, l'autre perçu dans les années quarante et cinquante, puis délaissé pendant deux décennies, mais que les réalités actuelles ne peuvent que ramener au centre de nos intérêts. Dans les deux cas, l'Etat souverain fait place à d'autres acteurs et la nature des interactions change.

Dans le premier contexte, la remise en question du modèle traditionnel se fait à plusieurs niveaux : la théorie de la politique bureaucratique propose la transformation du concept classique de l'acteur unifié, celle du transnationalisme démontre l'émergence de nouveaux acteurs qui ne sont pas les Etats, l'approche behavioriste et systémique enfin élimine, implicitement ou explicitement, la notion — essentielle dans le modèle classique — du « désordre » international.

La restriction de l'autonomie du décideur en relations internationales, par l'effet de la pression de groupes d'intérêts ou de celle de mouvements d'opinion sur les décisions des gouvernants, était depuis longtemps perçue par l'historien. Mais, il y a quelques années, la théorie des organisations a ouvert une voie nouvelle, reflet évident d'une réalité nouvelle [5]. Dans ce sillage, les spécialistes des relations internationales vont soulever des questions qui mènent à la limite du schéma classique pour ce qui est de l'autonomie relative du groupe décideur, mais surtout pour la cohérence et la rationalité de son choix. C'est Graham T. Allison qui a le plus clairement présenté les positions nouvelles [6].

Pour Allison, comme dans une certaine mesure pour Richard Neustadt avant lui [7], le décideur (ou le groupe décisionnel suprême) ne

---

[5] Voir notamment J. March and H. Simon, *Organizations,* New York, 1958, et J. March, *Handbook of Organizations,* Chicago, 1965.

[6] G. T. Allison, *The Essence of Decision.* Explaining the Cuban Missile Crisis, Boston, Little, Brown, 1971.

[7] R. E. Neustadt, *Presidential Power.* The Politics of Leadership, New York, Wiley, 1960 ; voir aussi, du même auteur, *Alliance Politics,* New York, Columbia University Press, 1970.

choisit pas sa politique en fonction d'une évaluation en termes de rationalité abstraite, mais par suite d'une série de compromis nécessaires, imposés d'une part par l'action autonome et standardisée des multiples organisations que le décideur coiffe, mais qu'il doit laisser agir selon leurs propres règles, et d'autre part par la pression constante d'intérêts politiques divers agissant soit indépendamment, soit en conjonction avec les organisations diverses. La conception que nous appelons ici classique ou traditionnelle est, pour ce qui est du comportement de l'acteur, présentée comme étant

> « basée sur l'hypothèse qu'en politique internationale les événements consistent en actions plus ou moins délibérées des gouvernements nationaux unifiés et que le comportement gouvernemental peut être compris par analogie avec les actions intelligentes et coordonnées d'un individu » [8].

Selon la conception nouvelle, par contre, celle qui tend à remplacer le schéma classique par celui de la « politique bureaucratique »,

> « ce qu'un gouvernement fait dans un cas particulier peut être interprété en grande partie comme le résultat d'un marchandage entre des joueurs postés hiérarchiquement au sein du gouvernement... Le marchandage et ses résultats sont influencés de façon importante par un certain nombre de limitations *(constraints)*, notamment les processus organisationnels et les valeurs communes. Contrairement au modèle traditionnel, le modèle de la politique bureaucratique n'implique pas d'acteur unifié, mais plutôt de nombreux acteurs perçus comme des joueurs — des joueurs qui ne se concentrent pas sur un seul problème stratégique, mais sur divers problèmes intranationaux aussi... Les joueurs font les décisions gouvernementales non pas par un seul choix rationnel, mais par un processus de tiraillements répétés *(pulling and hauling)*. » [9]

Ainsi, des éléments de base du schéma traditionnel tendent à disparaître [10].

---

[8] G. T. Allison and M. H. Halperin, « Bureaucratic Politics : A Paradigm and some Policy Implications », *World Politics,* vol. 24, 1972, p. 41.

[9] *Ibid.,* p. 43.

[10] Le « modèle bureaucratique » a été très vivement critiqué. On a reproché à ses protagonistes de méconnaître, sous une forme ou une autre, les possibilités de décision unitaire et coordonnée du pouvoir exécutif, aux Etats-Unis surtout. Il n'en reste pas moins vrai que le modèle bureaucratique, du fait même de l'écho qu'il a suscité, correspond à une tendance quasi évidente. Pour les critiques les plus pertinentes, voir R. J. Art, « Bureaucratic Politics and American Foreign Policy : a Critique », *Policy Sciences,* vol. 4, 1973, et A. Perlmutter, « The Presidential Political Center and Foreign Policy : a Critique of the Revisionist and Bureaucratic-Political Orientations », *World Politics,* vol. 27, 1974.

Mais, simultanément, une transformation plus radicale des points de vue habituels se fait jour : la place centrale occupée par l'Etat souverain dans la politique mondiale n'est pas remise en question ; son caractère exclusif l'est cependant et son importance à l'avenir davantage encore. L'acteur central ne quitte pas la scène, d'autres le rejoignent. Ce changement, une fois encore lié à l'émergence d'une réalité certaine, s'exprime dans le contexte de ce que, désormais, on appelle « politique transnationale ».

Du transnationalisme, il existe plusieurs conceptions divergentes. Ainsi, Keohane et Nye définissent la politique mondiale *(world politics)*

> « comme l'ensemble des interactions politiques entre des acteurs significatifs dans un système mondial dans lequel un acteur significatif est n'importe quel individu ou n'importe quelle organisation disposant d'une certaine autonomie, contrôlant des ressources substantielles et participant à des relations politiques avec d'autres acteurs par-delà les délimitations étatiques. Un acteur de ce type n'est pas nécessairement un Etat : lorsqu'une organisation transnationale emploie des techniques telles que le boycottage économique, les détournements d'avions ou l'excommunication religieuse pour aboutir à une modification du comportement d'autres acteurs, son action a un caractère politique. Les compagnies pétrolières internationales, par exemple, dans la mesure où elles agissent pour maintenir la stabilité politique dans les pays producteurs, sont, de par cette définition, des acteurs politiques transnationaux. » [11]

Eglises, organisations syndicales internationales, mouvements terroristes internationaux, compagnies multinationales représentent quelques-uns des acteurs transnationaux dans l'acception de Keohane et Nye. C'est toujours d'organisations non gouvernementales qu'il s'agit. Mais une autre conception du transnationalisme est possible.

Ainsi, pour Samuel Huntington, le phénomène transnational garde toute sa signification même dans le cas d'organisations contrôlées par des gouvernements :

> « On dira qu'une organisation est transnationale plutôt que nationale si elle exerce des activités centralement dirigées *(centrally directed)* sur le territoire de deux Etats nationaux ou davantage. De

[11] R. O. Keohane and J. P. Nye, *Transnational Relations and World Politics,* Cambridge, Harvard University Press, 1972, p. XXIV. L'ouvrage de Keohane et Nye est devenu le *corpus* des thèses transnationalistes, mais il n'est qu'équitable d'indiquer qu'en 1969 déjà Karl Kaiser avançait des thèses similaires dans son article « Transnationale Politik : Zu einer Theorie der multinationalen Politik », *Politische Vierteljahresschrift,* 1969, Sonderheft 1. Les thèses de Kaiser étaient développées en 1971 dans « Transnational Politics : Toward a Theory of Multinational Politics », *International Organization,* vol. 25, 1971. Le phénomène même du transnationalisme avait été mentionné tant par Raymond Aron que par Stanley Hoff-

même, on dira qu'une organisation est 'internationale' plutôt que 'nationale' à la seule condition que le contrôle de cette organisation soit partagé par les représentants de deux nations ou plus. Enfin, une organisation est 'multinationale' plutôt que 'nationale' à la condition que des personnes appartenant à deux nationalités ou plus participent de manière significative à ses opérations. » [12]

Cette extension du concept de « transnationalité » permet d'y inclure la « US Air Force » ou la CIA, tout autant qu'IBM ou l'Eglise catholique. Pour Huntington, l'essor du transnationalisme est dû à la conjonction de l'aspect fonctionnel et non point territorial de l'Empire américain de l'après-guerre et du développement de la technologie et de l'économie internationale contemporaines, pour lesquelles les cadres nationaux étaient devenus trop limités. De là à identifier le phénomène « transnational » avec les aspects essentiels du néo-impérialisme américain, il n'y aurait, pour certains, qu'un pas. Huntington n'y verrait rien à redire, car c'est l'émergence d'une nouvelle réalité qui l'intéresse. D'ailleurs, selon lui, le transnationalisme est désormais porté par la marche d'une technologie planétaire, alors même que, depuis la fin de la guerre du Vietnam, l'expansion américaine connaît un reflux [13] : le transnationalisme se développe désormais parallèlement au système des Etats-nations, il remplit une autre fonction, une fonction révolutionnaire au niveau de la politique mondiale, un peu comme la bourgeoisie capitaliste émergente au temps où la société et l'économie européennes étaient encore soumises au système féodal :

> « Dans les termes de Marx, les forces capitalistes de production dépassèrent le cadre des relations féodales de production. Aujourd'hui, les capacités d'organisation de l'homme sont en train de dépasser le système des Etats-nations. L'internationalisme [rappelons-nous les définitions de Huntington, S. F.] est dans une impasse. Seules des organisations qui se désintéressent de la souveraineté peuvent le transcender. Dans un avenir immédiat, le point central de la politique mondiale sera la coexistence et l'interaction entre organisations transnationales et Etat-nation. » [14]

---

mann, mais sans qu'une importance particulière lui ait été accordée par rapport au modèle établi des relations interétatiques. Voir R. Aron, *Paix et guerre entre les nations,* Paris, Calmann Levy, 1962, pp. 113-119 ; S. Hoffmann (ed.), *Contemporary Theory in International Relations,* Englewood Cliffs, Prentice-Hall, 1960, p. 180.

[12] S. P. Huntington, « Transnational Organizations in World Politics », *World Politics,* vol. 25, 1973, p. 336.

[13] *Ibid.,* pp. 361 sq.

[14] *Ibid.,* p. 368.

Faut-il donc inclure dans le transnationalisme des organisations contrôlées par l'Etat ? N'est-ce pas fausser le concept même ? La notion de « politique transgouvernementale » proposée par Keohane et Nye offre peut-être une synthèse. S'inspirant à la fois du modèle de la « politique bureaucratique » et de celui du transnationalisme, les auteurs signalent l'extension des rapports « horizontaux » entre services spécialisés des gouvernements de divers pays, en vue de coordonner leurs activités certes, mais aussi pour se coaliser afin d'influencer la politique de tel ou tel Etat :

> « Une politique de coordination transgouvernementale se transforme en mise sur pied de coalitions transgouvernementales lorsque les sous-unités de différents gouvernements utilisent conjointement leurs moyens pour influencer des décisions gouvernementales. Afin d'accroître leurs chances de succès, des sous-unités gouvernementales essaient de faire intervenir des acteurs appartenant à d'autres gouvernements en tant qu'alliés dans leur propre processus de prise de décision. » [15]

Les coalitions horizontales n'ont certes pas le poids des cadres étatiques traditionnels, mais le phénomène s'étend, à cause de la complexité croissante des interactions entre les diverses sociétés et non seulement entre les gouvernements en tant que groupes décideurs restreints.

Le modèle de la politique bureaucratique et celui de la politique transnationale modifient en eux-mêmes le schéma classique des relations internationales, mais ils contribuent également à cette modification à un second niveau, en mettant l'accent sur une rationalité définissable des organisations modernes qui domine les calculs politiques. Une telle approche nous mène d'emblée à la conception behavioriste du comportement international, même si Allison, Nye ou Huntington ne se réclament en rien du behaviorisme.

Le behaviorisme domine la science politique américaine depuis les années cinquante : il est l'expression d'une société qui semble capable de surmonter toute crise, d'une société qui, malgré les divergences et les affrontements, paraît fondée sur un consensus profond aux éléments définissables, aux interactions analysables en termes précis et manipulables en cas de besoin. Il est le fruit d'une certaine simplicité des conceptions fondamentales du politique, qui une fois encore découle de l'expérience américaine :

> « Il n'est guère douteux, écrit Hedley Bull, que la conception d'une science de la politique internationale, comme celle d'une science de la politique en général, a pris racine et a fleuri aux Etats-Unis par suite d'attitudes spécifiquement américaines à l'égard des

[15] R. O. Keohane and J. S. Nye, "Transgovernmental Relations and International Organizations", *World Politics,* vol. 27, 1974, p. 46.

affaires internationales : postulats quant à la simplicité morale des problèmes de politique étrangère, quant à l'existence de 'solutions' à ces problèmes, quant à la réceptivité de ceux qui décident de la politique face aux résultats de la recherche et, enfin, quant à la part de contrôle et de manipulation qu'un pays peut exercer sur l'ensemble du champ diplomatique... » [16]

Il ne s'agit pas de disséquer ici l'approche behavioriste, mais de montrer en quoi elle n'est pas uniquement affaire de méthode comme le prétendent Knorr et Rosenau, en quoi elle implique une transformation de la conception de la nature même des relations internationales. Selon la conception traditionnelle, la souveraineté de l'Etat implique l'affrontement interétatique, la lutte pour une maximisation de la puissance étatique — qu'il s'agisse là d'un principe clef des relations internationales ou non —, un certain « désordre » international, du fait même qu'il n'existe pas d'autorité dictant aux Etats souverains de normes de comportement stables et univoques. Le behavioriste, quant à lui, considère la vie politique, fût-elle nationale ou internationale, en termes de système *autorégulateur*. L'autorégulation du système tend à éliminer le désordre, l'interaction systémique supplante l'anarchie.

« La théorie politique [américaine contemporaine S. F.], écrit Pierre Birnbaum, va considérer le système politique comme une machine organisée ... qui fonctionne à l'aide des inputs qui lui viennent de l'extérieur ... Le système politique ne varie pas lui-même : il répond simplement, comme la machine, à l'information qui lui est transmise par l'input grâce au mécanisme de la rétroaction . . . » [17]

Sur le plan international, on essaie de mesurer les transformations du système provoquées par les interactions de ses éléments constitutifs, on essaie d'établir les courbes de ces interactions elles-mêmes en s'inspirant des fondements du behaviorisme : le « stimulus/renforcement/réponse » de Skinner [18] ; on soumet enfin l'interaction conflictuelle à une analyse formelle dont les divers scénarios de la théorie des jeux offriraient les modèles à la fois explicatifs et normatifs.

En d'autres termes, alors que le schéma traditionnel des relations internationales met l'accent sur une certaine autonomie de l'acteur, sur

---

[16] H. Bull, "International Theory : The Case for the Classical Approach", in K. Knorr and J. N. Rosenau (eds.), *op. cit.,* p. 37.

[17] P. Birnbaum, *La fin du politique,* Paris, Seuil, 1975, p. 122.

[18] Voir par exemple l'article de R. Tanter, « International System and Foreign Policy Approaches : Implications for Conflict Modelling and Management » in R. Tanter and R. H. Ullman (eds.), *Theory and Policy in International Relations,* Princeton, Princeton University Press, 1972.

une certaine opacité du processus décisionnel, de par la nature même de l'élaboration des décisions politiques, le behaviorisme ne tient compte que des résultantes *quantifiables* du processus interne et du processus d'interaction ; bien plus, l'acteur se dissout dans le schéma behavioriste et l'interaction des décisions paraît répondre à des lois que l'on affirme pouvoir formuler en termes quantitatifs, comme il se doit.

Si, au début des années soixante, les behavioristes clamaient victoire [19], la recrudescence des affrontements internes, aux Etats-Unis même — que ce fût en rapport avec le problème noir, la guerre du Vietnam ou la remise en cause des institutions —, l'intensification des confrontations internationales entre « Nord » et « Sud » de la planète, tout comme l'exacerbation de certains conflits anciens, tout convergeait pour rappeler le poids du politique dans le sens accepté du terme. Par ailleurs, l'échec patent des tentatives de formalisation et d'interprétation quantitative [20] que suggérait le modèle behavioriste n'a pas échappé à ceux qui n'étaient pas devenus de « vrais croyants ». On parla d'ère post-behavioriste ; qu'il nous suffise, en relations internationales, de constater la persistance d'un behaviorisme « atténué ».

Mais, il faut bien l'admettre, une fois encore la théorie n'est que l'expression d'une certaine réalité : réalité limitée, partielle, que le behaviorisme a tenté de généraliser, mais réalité indéniable. Malgré les fluctuations, il y a formation d'un nouveau mode de vie politique au sein des sociétés industrielles avancées et, dans une certaine mesure, d'un nouveau schéme de relations entre ces sociétés ; l'un et l'autre semblent parfois régis par des mécanismes autorégulateurs de type cybernétique, l'un et l'autre répondent en tout cas à la logique autonome des organisations et des systèmes : en ce sens, le behaviorisme, la théorie organisationnelle de la décision et l'étude des organisations transnationales expriment une même transformation de la vie internationale sur une partie de la planète ou dans certains secteurs d'interaction spécifiques.

* * *

Avant d'aborder la seconde étape de notre démarche, une clarification épistémologique devient nécessaire. En effet, nous risquons la confusion si nous ne revenons pas au problème de la définition des relations internationales. Pour celui qui définit les relations internationales comme

---

[19] R. Dahl, « The Behavioral Approach in Political Science : Epitaph to a Successful Protest », *American Political Science Review,* vol. 55, 1961.

[20] Nous avons essayé de mettre cet aspect en évidence à partir d'une analyse purement logique de l'utilisation des méthodes quantitatives en relations internationales. Voir S. Friedländer and R. Cohen, « Some Thoughts on Current Trends in International Relations Research », *International Social Science Journal,* vol. 26, 1974.

des relations entre Etats souverains, la politique transnationale que l'on vient de décrire est déjà hors-les-murs ; quant aux interactions entre cultures que nous évoquerons dans cette section, elles appartiendraient moins encore au domaine ainsi délimité. En fait, si l'on s'en tient à la définition de l'international comme équivalant à l'interétatique, l'ensemble du problème soulevé dans ces pages ne se pose pas.

Mais, notre démarche est fondée sur la reconnaissance du fait que, pour la plupart, le domaine des relations internationales implique une série de phénomènes qui ne se limitent pas nécessairement aux relations interétatiques, bien que, jusqu'à présent, celles-ci aient été quasiment identifiées aux relations internationales. Notre hypothèse de base est donc que l'évolution d'une certaine réalité « internationale » entraîne un amoindrissement du rôle des relations interétatiques au sein des « relations internationales » (le mot international devenant lui-même assez peu approprié pour décrire les phénomènes qui nous intéressent).

Nous suggérons de redéfinir les relations internationales comme étant « le domaine de toutes les interactions entre individus ou groupes dépassant le cadre inter-étatique. Les groupes peuvent être organisés ou non et les interactions, qu'elles soient individuelles ou collectives, peuvent être l'effet d'un processus délibéré ou non. » Le champ des relations internationales, ainsi élargi pour répondre à l'émergence de réalités nouvelles, reste définissable, mais — et nous revenons ainsi à notre propos essentiel — il ne peut plus relever, nous semble-t-il, d'un cadre conceptuel unifié. Venons-en, pour le montrer, à la dimension interculturelle des relations internationales.

Si, en simplifiant beaucoup, on peut suggérer que la société industrielle avancée a suscité le décentrement de la conception traditionnelle des relations internationales que nous avons précédemment décrite, la montée du Tiers Monde et la confrontation qui va croissant entre la société et la culture occidentales et des cultures différentes, s'affirmant désormais comme entités « égales », provoqueront nécessairement la prise de conscience accrue d'une autre dimension des relations internationales : les relations interculturelles. Là aussi, les « acteurs » ne sont plus ceux du schéma traditionnel et les méthodes d'enquête ne sauraient être les mêmes [21].

---

[21] Notre propos, rappelons-le, n'est pas d'étudier les relations interculturelles en tant que telles, mais de montrer qu'il y a divergence et peut-être même incompatibilité conceptuelle entre les méthodes d'investigation requises par les domaines différents, reflétant des réalités différentes, qui, ensemble, composent les relations internationales. De ce fait, nous éviterons, notamment, d'examiner les questions qui retiennent l'attention du groupe d'études sur les relations interculturelles à l'Institut d'études du développement de Genève. Qu'une remarque, cependant, nous soit permise : il nous semble que le concept d'ethnocentrisme (ethnocentrisme occidental en l'occurrence) d'une part et, d'autre part, les concepts de domination et de dépen-

Les relations interculturelles sont aussi anciennes que l'histoire et, de façon plus spécifique, la notion de culture accompagne l'étude des relations internationales dès ses débuts, mais en marge. Certes, l'historien s'est penché sur la confrontation des « civilisations » et combien a-t-on entendu parler, à partir du début du siècle surtout, des conflits entre les « races ». Souvent, il y avait amalgame entre ces divers termes, mais qu'il s'agisse de l'un ou l'autre de ceux-ci, l'étude des relations internationales *per se* n'était guère concernée. Par ailleurs, les progrès de l'anthropologie culturelle, les enquêtes très nombreuses sur la culture et la personnalité que connurent les années trente à cinquante, ne convergèrent avec les études de relations internationales que de manière purement incidente, grâce à l'intérêt, éphémère, suscité par les investigations sur le « caractère national ». Aujourd'hui donc, lorsque la dimension interculturelle de la vie mondiale s'impose à nouveau avec une force croissante, il n'y a, dans ce domaine, aucune méthodologie sûre. Il nous paraît cependant que l'investigation ne peut en l'occurrence être qu'interprétation, qu'herméneutique, appuyée et complétée par l'explication systématique, à cause de la nature même du phénomène culturel.

Malgré la diversité des définitions, on s'accorde en général à considérer la culture comme un système symbolique, un système de « signifiants » que seule l'interprétation, la lecture en profondeur, permettra de mettre en relation avec des « signifiés », à quelque niveau que ceux-ci soient identifiés.

> « Le concept de culture, écrit Clifford Geertz, est essentiellement sémiotique. Croyant, avec Max Weber, que l'homme est un animal suspendu dans un réseau de significations qu'il a lui-même tissé, je considère la culture comme étant ce réseau et, par conséquent, son analyse ne saurait être le fait d'une science expérimentale à la recherche d'une loi, elle ne peut être qu'interprétation en quête de sens... » [22]

Une interprétation complétée, s'il le faut, par une explication partielle : ainsi,

> « l'étude anthropologique de la religion, écrit encore Geertz, est une opération en deux temps : d'abord une analyse du système de significations contenu dans les symboles qui forment la religion en

---

dance utilisés par les théoriciens du néo-impérialisme, ne débouchent pas, au niveau des relations interculturelles, sur des possibilités de conceptualisation des phénomènes d'interaction les plus importants. Pour une bonne présentation de l'approche utilisée par le groupe de Genève, voir « Le Savoir et le Faire. Relations interculturelles et développement », *Cahiers de l'Institut d'études du développement,* Genève, 1975.

[22] C. Geertz, *The Interpretation of Cultures,* New York, Basic Books, 1973, p. 5. Il s'agit, on le constate, d'une définition de *la* culture ; une culture spécifique serait un réseau de significations tissé par un groupe particulier.

> tant que telle, puis la mise en relation de ce système avec les processus socio-culturels et psychologiques... »[23],

donc une herméneutique complétée par l'élucidation de certaines « lois cachées » qui ne sauraient être déduites de la seule observation du comportement apparent[24].

Mais, considérer la culture comme « acteur », comme élément spécifique d'une interaction, n'est-ce pas tomber dans le piège de la « réification » ? Essayons de préciser notre hypothèse : dire que toute culture est un réseau de signifiants, c'est identifier toute culture à un langage dans le sens le plus large de ce terme ; les rapports interculturels sont donc des rapports de communication entre groupes parlant, à divers degrés, des langages distincts ; ces aires de signification coïncident parfois avec une aire étatique, parfois elles la transcendent, souvent elles représentent un domaine plus limité mais gardant néanmoins sa cohérence et son autonomie. Nous voici donc en présence d'un réseau d'interactions « internationales » qui ne recouvre ni celui des Etats ni celui des organisations transnationales, mais dont l'effet est néanmoins perceptible, parfois déterminant au niveau de la vie mondiale. C'est là une constatation qui n'implique aucune réification abusive. Prenons un exemple concret, celui du conflit israélo-arabe.

Le conflit se déroule au niveau des Etats depuis 1948 : Israël d'une part, les Etats arabes de l'autre. Mais que dire de la période antérieure ? S'agissait-il alors d'un conflit se réduisant uniquement à la politique interne de la Palestine ? Certes, non. Dès le début du siècle, dès les années vingt surtout, deux sociétés, deux cultures se font face, interagissent et s'affrontent en Palestine, mais hors du cadre palestinien aussi. Il s'agit de toute évidence d'un conflit international dont les acteurs ne sont pas des Etats. Aujourd'hui même, peut-on affirmer que le conflit se limite à l'affrontement des Etats ? La seule existence du facteur palestinien remet déjà en question une définition aussi limitée, mais, bien au-delà de ce problème spécifique, n'entrevoit-on pas un affrontement entre une entité culturelle que l'on peut appeler « le monde arabe » ou peut-être même « le monde arabo-islamique » et une entité que l'on appellera faute d'un terme plus précis « le monde israélo-juif » ? Car une fraction importante du judaïsme diasporique se sent concernée par le conflit et y participe à divers niveaux. Chacune de ces deux entités a une vision du monde très différente de celle de l'autre et chacune a développé certains modes de socialisation politique qui influenceront sur les plans conscient et inconscient les attitudes à l'égard de l'autre. Et que dire des mythologies plus ou moins explicites qui parcourent chaque groupe :

---

[23] *Ibid.*, p. 125.

[24] Pour la notion de « loi cachée », voir ci-dessous pp. 87-88.

d'une part, une vision ternaire de l'histoire — gloire passée, humiliation présente, début du renouveau qui mènera à la restauration de la grandeur passée (Islam) ; d'autre part, une vision paradoxale du cours de l'histoire et de la destinée du groupe : l'attente permanente de l'hostilité ambiante et de la catastrophe, mais néanmoins une certitude de pérennité et de salut final (le monde juif). D'éventuels accords entre les Etats en question, s'ils représentent un niveau essentiel en soi, n'excluent pas cependant la poursuite du conflit interculturel ; celui-ci risque, tôt ou tard, de provoquer une recrudescence du conflit entre les Etats.

D'emblée, cependant, on perçoit une autre difficulté conceptuelle. La culture, telle que l'on vient d'en accepter la définition, inclut l'expression politique parmi ses éléments constitutifs, que cette expression prenne une forme « interne » ou qu'elle soit dirigée vers l'extérieur, et ainsi, en bonne logique, les « relations internationales » deviendraient un aspect des relations interculturelles... Admettons donc, comme une convention nécessaire, que, sous certains aspects, les relations interétatiques sont devenues culturellement neutres, du fait même des interactions constantes entre les groupes les plus divers et que les relations interculturelles ne sont significatives que là où, *a priori,* cette neutralité ne s'est pas instaurée.

Les relations interculturelles ainsi précisées amènent deux questions essentielles : comment une culture élabore-t-elle son rapport à l'Autre ? Quelles sont les modalités possibles de l'interaction entre cultures ?

L'élaboration du rapport à l'Autre évoque d'emblée les études tant controversées sur la culture et la personnalité. Nous ne leur accordons ici qu'une mention incidente, pour bien souligner que la démarche première doit toujours être une herméneutique, une lecture en profondeur des « textes » culturels, en l'occurrence des éléments aussi divers que — exemples pris au hasard — l'Etranger dans la littérature enfantine, dans le folklore, dans le système religieux et juridique de la culture envisagée ; les études systématiques (donc reposant sur un système théorique) ne pourront toujours être qu'un complément [25].

---

[25] Les divers « modèles » de rapports entre culture et personnalité et donc culture et socialisation politique reposent pour la plupart sur les notions connexes de « personnalité de base » ou « personnalité modale ». La « personnalité modale » prise dans son sens le plus large, en tant qu'agrégat de « modes », reste un instrument d'analyse précieux. « Il est peu probable, écrivent Inkeles et Levinson, qu'une caractéristique spécifique de la personnalité, ou un type de caractère, se manifeste dans 60 ou 70 % des cas au sein d'une population moderne. Cependant, on peut raisonnablement supposer qu'une nation (culture) peut être caractérisée par un nombre limité de traits (modes), cinq ou six par exemple, dont certains s'appliquent peut-être à 10 ou 15 %, d'autres à 30 % de la population totale... » (A. Inkeles and D. J. Levinson, « National Character : the Study of Modal Personality and Sociocultural Systems », in G. Lindzey and E. Aronson, *The Handbook of Social Psychology,* Reading, Mass., Addison-Wesley, 1968-1969, t. IV, p. 427.)

Cette constellation spécifique de « modes » dépendrait de certaines caractéris-

Pour ce qui est des modalités possibles de l'interaction entre cultures, l'essentiel du cadre conceptuel reste encore à construire. Il s'agira de classer les formes d'interaction possible *et* de mettre en lumière, de manière concrète, les modes de lecture et d'interprétation éventuelle de ces interactions. Mentionnons ici quelques exemples supplémentaires de relations interculturelles pour montrer à la fois la richesse, la complexité et l'ubiquité aussi de ce secteur des relations internationales.

Nous avons évoqué le conflit israélo-arabe dans son contexte le plus général, mais chacun de ses aspects non étatiques permettrait une étude en profondeur d'affrontements interculturels, depuis les querelles politico-religieuses qui se développent autour de tel lieu saint, jusqu'aux fluctuations socio-démographiques que connaissent les régions d'Israël à fort peuplement arabe, la Galilée notamment. Nous n'ignorons pas le poids de l'intervention étatique dans ce domaine, mais, par-delà celui-ci, se développent, dans un sens ou l'autre, des forces autonomes dont l'expression est, ici, surtout démographique. On objectera qu'inclure les fluctuations démographiques dans le cadre interculturel c'est dépasser les limites de notre définition de la culture ; nous répondrons qu'en l'occurrence la démographie est davantage l'expression d'une volonté de présence et d'une affirmation d'identité (d'un côté comme de l'autre) qu'une simple affaire de taux de croissance naturel (le Québec ne connut-il pas un phénomène semblable, il y a quelques années à peine ?). La fluctua-

---

tiques du développement de la personnalité au sein de la culture en question, donc d'un certain rapport entre culture et personnalité au niveau des institutions primaires surtout, rapport ayant des incidences sur les attitudes conscientes, mais aussi sur les fondements inconscients des attitudes et du comportement.

L'hypothèse de base reliant ce type d'approche à la socialisation politique fut formulée de manière simple (simpliste peut-être) par Nathan Leites : « ... si l'enfant adopte un certain mode de réaction face à certaines situations émotionnellement importantes, souvent d'ordre familial, il aura tendance, par la suite, à adopter un mode de réaction similaire dans des situations politiques présentant une analogie structurale ». N. Leites, « Psycho-Cultural Hypotheses about Political Acts », *World Politics,* vol. 1, 1948, p. 103. Pour une application récente de ce genre d'approche, voir R. H. Solomon, *Mao's Revolution and the Chinese Political Culture,* Berkeley, University of California Press, 1971.

On a accusé le modèle « culture et personnalité » d'être circulaire, de ne pas être empiriquement testable, etc. En fait, pour ce qui nous concerne ici, la critique la plus significative nous paraît être celle que Daniel Bell adressait à l'étude de Leites sur le bolchévisme : « Le modèle ne nous offre pas d'indications concernant la possibilité ou la nature du changement. ... On peut suggérer que Leites a accordé une fausse autonomie à son concept de « caractère » (traduisons en termes de « personnalité modale » S. F.), et en appliquant ce concept à la politique, qui est un phénomène de changement par excellence, il a falsifié la nature du sujet. » D. Bell, « Ten Theories in Search of Reality. The Prediction of Soviet Behavior in the Social Sciences », *World Politics,* vol. 10, 1958, pp. 347-348. L'objection de Bell, prise dans son contexte le plus vaste, est insurmontable. Voir S. Friedländer, *Histoire et psychanalyse. Essai sur les possibilités et les limites de la psychohistoire,* Paris, Seuil, 1975, pp. 168 sq. La controverse théorique ne nous importe pas ici ; seuls certains aspects possibles de la recherche systématique — qui, répétons-le, ne peuvent être qu'une approche complémentaire — méritaient, nous semble-t-il, d'être mentionnés.

tion des grandes aires religieuses sur le continent africain, la frontière mouvante entre les percées ou le reflux du christianisme, de l'Islam et de l'animisme ne relève-t-elle pas, elle aussi, de l'interculturel ? Et que dire de l'affrontement des cultures au Liban, à Chypre, tout comme en Belgique, au Canada ou en Afrique australe ? L'opposition entre Blancs et Noirs au sud du continent africain relève-t-elle des relations interétatiques ou des relations interculturelles ?

Enfin, quand on considère les relations entre l'« Occident » et le « Tiers Monde », sur le plan de l'aide technique, des négociations entre firmes, des négociations économiques et politiques entre Etats ou encore des diverses conférences multilatérales de ces dernières années, on perçoit d'emblée que le discours politique et économique est sous-tendu par des discours d'une signification émotionnelle complexe, chargés de mépris, de ressentiment, de mythes antithétiques concernant la marche de l'histoire, paroles adressées à l'Autre, mais destinées aussi au groupe dont on est issu.

Réduire ces interactions à un schéma behavioriste, formulable en termes de corrélations statistiques, mènerait à des tautologies ou des absurdités, ne serait-ce que pour cette simple raison : une même attitude, un même comportement peuvent avoir des significations diamétralement opposées. La multiplicité des contextes et des projets dans des relations interculturelles quelque peu complexes appelle immédiatement l'interprétation, le recours à des schémas implicites ou à des concepts ayant trait à ce qui se passe sous la surface des comportements apparents, sous la surface des réactions perceptibles et mesurables.

Ramener ces mêmes interactions à une « logique des images internationales », dans le sens où l'entend Robert Jervis, par exemple, ne suffira pas davantage [26], car ce serait limiter des processus émotionnels en partie inconscients à des calculs formulables dans leur totalité au niveau de la conscience claire. Quelle que soit l'opinion que l'on puisse avoir de telle thèse de Mannoni, de Fanon ou de Memmi [27], on constate que le rapport colonisateur - colonisé — et donc ex-colonisateur - ex-colonisé — est tout, sauf un rapport réductible à la seule conscience claire... Or, il y a là les vestiges d'une domination politique et économique, mais d'une interaction culturelle aussi.

Une taxinomie des relations interculturelles est nécessaire ; elle reste à élaborer. Pour chacune de ses catégories, elle se fondera sur une analyse des modalités de la perception et de la communication interculturelles.

---

[26] R. Jervis, *The Logic of Images in International Relations,* Princeton, Princeton University Press, 1970.

[27] O. Mannoni, *Psychologie de la colonisation,* Paris, Seuil, 1950 ; F. Fanon, *Peau noire, Masques blancs,* Paris, Seuil, 1965 ; A. Memmi, *Portrait du colonisé,* Paris, Correa, 1957.

A partir de cette base, on pourrait esquisser les axes suivants :

(*a*) acculturation et dépendance

(*b*) affrontement et rejet

(*c*) symbiose et interdépendance [28].

Dans la première catégorie, on perçoit l'ensemble des relations entre « dominateurs » et « dominés » — cas extrêmes frôlant l'ethnocide (Indiens d'Amérique du Nord ou du Pérou par exemple, face à la pénétration blanche), cas mitigés aussi (la stratification culturelle qu'offrent le Mexique ou le Brésil). Quant à la seconde catégorie, n'inclut-elle pas les séquences majeures du colonialisme et de la décolonisation de ces dernières décennies ou encore, passé plus lointain, le contact entre la civilisation des Croisés et celle de l'Islam environnant ? Les exemples de symbiose et d'interdépendance marquent peut-être certaines périodes définissables de l'histoire : ainsi, la coexistence, au sein d'un flux constant, entre Barbares et Romains pendant les trois derniers siècles de l'Empire d'Occident est peut-être le « modèle » d'un processus qu'Arnold Toynbee entrevoyait dans la phase ultime de toute grande civilisation.

II

Dans un article publié en 1961, J. David Singer évoquait le problème des « deux niveaux d'analyse » en relations internationales : le niveau de l'étude systémique et celui de l'analyse des politiques étrangères ; il montrait l'absence de lien entre les deux niveaux et l'impossibilité de transposer les données empiriques de l'un à l'autre dans un contexte unifié [29]. Il n'en reste pas moins que, sous un angle ou sous l'autre, l'Etat restait l'acteur exclusif en relations internationales et, pour Singer, aux deux niveaux de l'analyse, le cadre conceptuel demeurait inexorablement behavioriste. Les pages qui précèdent, elles, mènent à une conclusion bien plus extrême, car l'unité d'acteur n'est plus évidente et le cadre théorique

---

[28] Le lecteur aura remarqué que nous utilisons le terme « acculturation » dans son sens limité, mais en fait les trois catégories que l'on vient de mentionner peuvent être considérées comme des aspects divers d'une conception globale de l'acculturation, qui comprendraient les processus d'intégration, d'assimilation, de syncrétisme et de disjonction, généralement identifiés dans le cadre de l'acculturation. Pour une excellente présentation de la notion d'acculturation et des processus qu'elle implique, voir N. Wachtel, « L'acculturation » in J. Le Goff et P. Nora (éd.), *Farce de l'Histoire* (tome I, *Nouveaux problèmes*), Paris, Gallimard, 1974, pp. 124 sq.

[29] J. D. Singer, « The Level-of-Analysis Problem in International Relations », in K. Knorr and S. Verba (eds.), *The International System :* Theoretical Essays, Princeton, Princeton University Press, 1961, pp. 77 sq.

et méthodologique change selon les secteurs considérés ; bien plus, les diverses approches seraient incompatibles au sein d'un cadre unifié. De manière plus précise :

a) L'Etat souverain n'est plus le seul acteur sur la scène internationale : *l'interaction d'organisations transnationales (par exemple) ou celle de systèmes culturels ajoutent des dimensions supplémentaires qui doivent être envisagées en elles-mêmes, sans rapport nécessaire à l'axe central des relations interétatiques.*

b) Les méthodes d'investigation qu'exigent les systèmes émergents ne semblent pas, à ce stade, compatibles entre elles. *On peut relier l'étude des organisations transnationales, de même que l'étude des interactions entre cultures, à celle des Etats, mais on ne peut ramener l'étude des organisations transnationales à celle des cultures. Ainsi la multiplicité et l'hétérogénéité des acteurs internationaux excluent une unité méthodologique du champ d'étude des relations internationales.*

Ce qui n'était qu'hétérogénéité virtuelle, il y a une trentaine d'années encore, est devenu hétérogénéité réelle.

On nous fera remarquer qu'hétérogénéité n'est pas synonyme d'incompatibilité et qu'un cadre conceptuel global émergera tôt ou tard, rendant compte de la nature du « nouvel ordre international ». Or, nous suggérons précisément qu'une telle synthèse ne semble pas possible, car il n'y a pas de compatibilité entre l'approche behavioriste qui est adéquate pour certains phénomènes d'interaction univoques et l'herméneutique, complétée par la recherche de « lois cachées », qui semble être la seule adéquate au niveau des cultures et donc des relations interculturelles. Pour ce qui est de l'axe central, la logique de l'enquête répond de toute évidence à une troisième catégorie méthodologique, une synthèse entre la méthode historique descriptive et l'utilisation de généralisations qui s'appliquent au domaine du politique *per se,* à la logique des conflits et des interactions dans un sens plus large aussi, mais sans que disparaisse la spécificité politique (ce qui fut l'erreur de base d'une application trop œcuménique de la théorie des jeux par exemple).

L'incompatibilité entre le behaviorisme et la recherche des « lois cachées » dépasse de loin le domaine des relations internationales et il s'agit là d'une opposition épistémologique fondamentale, qui n'est pas celle du « scientifique » et de l'« historique », mais de deux approches « scientifiques ». Quelques lignes empruntées à un article que John Searle consacrait à la linguistique de Chomsky permettront de préciser encore ce point essentiel :

> « A travers l'histoire de l'homme, écrit Searle, il y a toujours eu une opposition fondamentale entre ceux qui croient que l'on ne peut faire progresser la connaissance que par une observation rigoureuse

du comportement de l'homme tel qu'on le perçoit et ceux qui croient que de telles observations ne sont intéressantes que dans la mesure où elles nous révèlent des lois sous-jacentes, cachées et souvent assez mystérieuses, qui ne se dévoilent que partiellement et de manière déformée dans le comportement observé. Freud par exemple appartient à la seconde catégorie, une grande partie de la science sociale américaine, à la première. »

Noam Chomsky se place sans hésitation dans le camp de ceux qui cherchent les lois cachées. Et, en quelques phrases, Searle, reprenant les arguments de Chomsky, exprime une critique fondamentale du behaviorisme :

> « . . . Chomsky a fait remarquer que l'expression même « sciences du comportement » *(behavioral sciences)* implique une confusion fondamentale entre les preuves matérielles *(evidence)* et le sujet étudié. La psychologie, fait-il remarquer par exemple, est la science de l'esprit humain ; appeler la psychologie une science du comportement c'est comme si l'on appelait la physique science de la lecture des étalons métriques *(a science of meter readings)*. On utilise le comportement humain comme preuve pour les lois qui régissent les opérations de l'esprit, mais supposer que ces lois doivent être les lois du comportement c'est supposer que les preuves matérielles *(evidence)* sont identiques au sujet étudié. . . . » [30]

Au risque de nous répéter, revenons une fois encore à notre argument : il ne s'agit pas, en relations internationales, de choisir entre le behaviorisme et la « lecture en profondeur » ; ce serait revenir au « grand débat » traditionnel que nous avons mentionné dès le début de l'article. Nous suggérons que certains phénomènes internationaux relèvent du behaviorisme, d'autres de « la recherche des lois cachées », d'autres encore de l'utilisation de méthodes d'analyse particulières à l'interaction politique notamment. Il ne s'agit pas de choisir entre une approche ou l'autre pour l'ensemble du domaine, il s'agit d'admettre que le domaine ne peut être abordé par une approche unifiée, à cause de son hétérogé-

[30] J. Searle, « Chomsky's Revolution in Linguistics », *The New York Review of Books,* 29 juin 1972. Pour ce qui est de l'argumentation détaillée de Chomsky contre le behaviorisme, voir surtout N. Chomsky, « A Review of B. F. Skinner's *Verbal Behavior* », *Language,* vol. 35, 1959, pp. 26-58. On trouvera une tentative de réponse à Chomsky dans K. MacCorquodale, « On Chomsky's Review of *Verbal Behavior* by B. F. Skinner », *Journal of the Experimental Analysis of Behavior,* vol. 13, 1970 et une contre-réponse de Chomsky, « The Case against B. F. Skinner », *The New York Review of Books,* 30 décembre 1971. Mentionnons en passant que des arguments décisifs contre la naïveté behavioriste semblent venir du camp behavioriste même, de ceux de ses membres qui conservent le regard critique, H. J. Eysenck notamment. Que le lecteur n'hésite pas à s'intéresser au sort de ce personnage quasi archétypique, l'enfant aux épinards, dont Eysenck analyse les tribulations dans son article « Skinner Skinned ? », *Encounter,* juillet 1975, pp. 27 sq.

néité fondamentale et croissante. Mais, peut-on alors parler encore de « relations internationales » comme d'un champ d'études cohérent, comme d'une réalité cohérente, ou faut-il, désormais, faire la distinction entre relations transnationales, relations interétatiques et relations interculturelles notamment, comme domaines d'enquête entièrement différents, aussi éloignés les uns des autres que ne l'est l'astronomie de la biologie moléculaire ? Est-ce donc la fin des « relations internationales » ? Là s'intègre notre conception du nouveau rôle de l'histoire.

* * *

L'histoire, telle que nous la concevons, n'est pas régie par des lois générales, mais l'explication historique peut recourir à des modèles qui impliquent certaines régularités de portée limitée [31]. Une telle conception de l'histoire rejoint, dans une large mesure, notre conception des relations internationales (impossibilité de concevoir une théorie générale, acceptation de modèles partiels) et nous suggérons que l'histoire pourrait être le domaine naturel des juxtapositions, des regroupements et des corrélations éventuelles entre les secteurs disparates des « relations internationales ».

Pourquoi l'histoire ? Certains éléments de la situation, telle que nous l'avons décrite au cours des pages précédentes, sont neufs pour l'essentiel, mais l'historien percevra des homologies suggestives et, par là même, sources de questions nouvelles et d'éventuels rapprochements. Face à l'effritement du cadre traditionnel des relations internationales, l'investigation historique peut susciter la « comparaison créatrice ». Voici, pris au hasard, deux cas où le recours à l'histoire appelle les questions.

Les relations interétatiques, telles que nous les entendons, datent de la Renaissance et, à l'époque médiévale, les relations internationales sont plus proches, à bien des égards, du « modèle » interculturel : que l'on songe aux rapports entre « la Chrétienté » et « l'Islam » par exemple. Mais voici qu'on nous annonce le remplacement possible des relations interétatiques par le paradigme émergent de la politique transnationale, de même que, pour rappeler la comparaison utilisée par Huntington, le modèle capitaliste vint remplacer le modèle féodal, après avoir coexisté avec lui. Ainsi une séquence apparaît : le paradigme interétatique suit le paradigme interculturel et, à son tour, il va faire place au paradigme transnational. La séquence est-elle juste ? L'historien seul peut évaluer et répondre.

---

[31] Sur ce point, nous faisons nôtre la thèse présentée par Paul Veyne dans *Comment on écrit l'Histoire,* Paris, Seuil, 1971. L'Histoire ainsi conçue s'ouvre entièrement sur les sciences sociales, sans qu'il y ait pour autant idolâtrie nécessaire du mouvement lent et de l'immobile ; mais, c'est là un autre débat...

Autre exemple. L'éclatement actuel des relations internationales n'est pas sans rappeler une hétérogénéité similaire au cours d'une période qui, elle, fut une période de transition : « Voilà trois Europes en présence, écrit Bernard Chevalier en évoquant la fin du XIIIe siècle, celle des pionniers et des marchands dont le triomphe est encore lointain, celle des monarques en pleine ascension, celle de la chrétienté qui appartient à un passé révolu... » [32]. Mais c'est encore l'Europe de la Chrétienté qui reste « la seule communauté qui vaille », celle qui fait l'unité face à l'Infidèle [33]. Ne sommes-nous pas là, avant tout, au niveau des relations interculturelles déjà mentionné ? Les marchands dont le triomphe approche à l'intérieur des Etats tissent aussi, entre eux, par-dessus toutes les frontières, des réseaux autonomes (que l'on pense aux villes de la Hanse par exemple) qui ne sont pas sans rappeler les relations transnationales ; enfin, il y a la montée de l'Etat moderne. Est-ce à dire que l'on peut pousser la comparaison plus loin et percevoir la situation actuelle comme l'effet d'une autre ère de transition, donc menant à une forme entièrement nouvelle mais unifiée de vie internationale ? Une fois encore, l'historien doit comparer, identifier les éléments similaires, éliminer les homologies abusives ; il est le seul à pouvoir le faire.

Les questions très diverses qui surgissent n'excluent aucune des catégories de l'histoire, pas même un domaine mineur tel que la biographie — envisagée dans un contexte nouveau cependant. Prenons comme exemple ce genre en apparence secondaire du point de vue de l'historiographie contemporaine.

Il n'y aurait pas lieu, dans ce contexte, de revenir aux études sur « la personnalité et la décision », mais de mener l'enquête à partir de critères découlant de l'existence des niveaux d'analyse divers et hétérogènes que nous avons décrits. On pourrait, ainsi, étudier l'action de personnalités qui, pour décider, durent établir des synthèses idiosyncratiques entre des logiques en apparence incompatibles, de personnalités qui vécurent et agirent à l'intersection des divers plans de la réalité internationale, telle que nous l'entendons ici.

En fait, la plupart des chefs politiques marquants de l'après-guerre ont, à un degré ou un autre, subi la réalité internationale aux trois niveaux divergents auxquels nous faisons allusion et l'étude biographique devra se concentrer sur l'impact différentiel de ces trois niveaux. Mais il importe de souligner que les « cas » les plus intéressants ne sont pas nécessairement ceux de tel secrétaire d'Etat américain ou de tel président français. Prenons l'exemple de T. E. Lawrence, « Lawrence d'Arabie ».

---

[32] B. Chevalier, *L'Occident de 1280 à 1492,* Paris, Armand Colin, 1969, p. 15.
[33] *Ibid.,* p. 13.

Lawrence fut, somme toute, une personnalité politique et militaire de rang subalterne, mais il contribua, pendant la première guerre, à l'élaboration d'une politique, d'une stratégie pourrait-on dire, de l'Angleterre face à l'éveil du nationalisme arabe. On le voit, pendant ces années cruciales, soumis aux impératifs du politique, mais sensible aussi aux contradictions insurmontables du contact entre deux cultures : celle de l'Occident impérial et celle de l'Orient arabe renaissant. On le sent déchiré par l'attrait de deux systèmes éthiques et psychologiques contraires, par deux séries de « questions et de réponses » d'ordre différent, mais interagissant désormais ; on le voit agir et décider à des niveaux simultanés et incompatibles : la logique politique et militaire, mais l'interaction des cultures aussi. Etudier la vie de Lawrence, c'est, par-delà les problèmes d'une personnalité hors du commun, se mouvoir successivement au niveau du politique et du culturel, sans que jamais les fils ne puissent se nouer de manière univoque et claire, mais en constatant qu'à certains moments, soumise à une logique ou à l'autre, naît la décision [34]. A vrai dire, ce n'est pas une seule biographie qu'il nous faudrait en l'occurrence, mais deux biographies convergentes, celle de Lawrence et celle de Hussein, Chérif de la Mecque. La double dimension du politique et du culturel trouverait alors son arrière-plan nécessaire, sa profondeur véritable.

Le cas Lawrence, objectera-t-on, prouve, une fois encore, que, quel que soit l'« input » culturel, l'« output » significatif s'exprime au niveau de la décision politique, des relations interétatiques. Nous ne le croyons pas : Lawrence vécut sa « campagne du désert » selon deux logiques différentes qui ne se rejoignaient pas. Selon notre conception des relations internationales, une biographie tout aussi riche d'enseignements que celle de Lawrence serait celle d'un Robert McNamara par exemple : logique interétatique et logique transnationale ou, retour vers les débuts du siècle, celle d'un Père de Foucault : logique transnationale (celle de l'Eglise) et logique des cultures ; dans ce dernier cas, nous restons dans le cadre élargi des relations internationales, mais la décision politique, elle, s'estompe entièrement. D'aucuns croiront découvrir dans ces exemples un ethnocentrisme et une conception « néo-impérialiste » à peine sous-jacente des relations internationales, en fait notre véritable schéma unificateur : un officier du Colonial Office, un banquier et un missionnaire... Que l'on se tranquillise : les biographies de Gandhi, de Jomo Kenyata ou de Mao Tse Toung seraient, de notre point de vue, tout aussi exemplaires. Que l'on imagine une étude fouillée de « Mao avant Mao », de Mao encore simple chef révolutionnaire et

[34] La biographie la plus récente, la meilleure peut-être, de Lawrence, bien que répondant à des préoccupations très différentes des nôtres ici, n'en éclaire pas moins le contact dissonant de ces diverses logiques. Voir J. E. Mack, *The Prince of our Disorder :* The Life of T. E. Lawrence, Boston, Little, Brown, 1976.

qui, au sein d'un mouvement transnational, au sein d'une idéologie en apparence transnationale, le marxisme, se heurte aux frontières officiellement inexistantes, mais combien réelles néanmoins, qui séparent deux cultures : l'Occident, représenté par le communisme soviétique, face à la tradition millénaire et à la culture englobante de la Chine.

Mais, c'est évidemment au niveau de l'étude des phénomènes collectifs que l'historien trouvera les questions de plus haute pertinence.

Ainsi, Wallons et Flamands, Québécois et Canadiens anglophones, s'affrontent et coopèrent selon les trois logiques différentes qui nous intéressent : celle des organisations modernes et des impératifs systémiques répondant à une rationalité économique et organisationnelle ; celle des instances politiques centrales, mais locales aussi ; celle des antagonismes nationaux-culturels enfin. L'historien pourrait en l'occurrence s'aventurer dans le domaine comparatif et, choisissant la période décisive du dernier quart de siècle, lorsque les problèmes de ces groupes firent brutalement surface, poser trois questions interdépendantes :

— Comment la logique des organisations, celle des compagnies multinationales par exemple, influença-t-elle les niveaux politique et interculturel et fut-elle influencée par ceux-ci sur une période d'une vingtaine d'années ?

— Comment la logique politique influença-t-elle les deux autres niveaux et fut-elle influencée par eux ?

— Comment les relations interculturelles influencèrent-elles les niveaux organisationnel et politique et furent-elles influencées par ceux-ci ?

Ou alors, peut-on dire que les trois niveaux connurent chacun une dynamique autonome, sans rapport aucun avec celle des autres niveaux en question ?

Il va de soi — et nous y avons fait allusion — que l'historien trouvera un immense champ d'enquête dans le contexte des relations Nord-Sud. On s'aperçoit d'emblée que les trois logiques s'y amalgament : celle des relations politiques interétatiques ; celle des relations économiques où les rapports interétatiques sont influencés par le réseau des organisations transnationales ; celle des relations symboliques où, qu'on le veuille ou non, transparaissent les mythes, ceux qui sous-tendent la séquence : domination-soumission/révolte-compensation. Ces interactions diverses s'amalgament en une constellation typique qui, elle-même, ressemblera en bien des points à celle des rapports bilatéraux entre tel pays ex-colonisateur et tel pays ex-colonisé. Comparer ces « patterns » d'interaction, c'est comparer les résultats de trois logiques différentes qui s'emboîtent pour former une structure perceptible, malgré la divergence de ses composantes. Paradoxes et antinomies de la tâche que l'historien des relations internationales contemporaines va devoir affronter...

Que l'on nous permette, enfin, d'avancer une hypothèse plus hasardeuse que les autres. Nous avons admis, comme postulat, qu'une section importante des relations internationales était culturellement « neutre » [35]. Mais pourquoi ne pas concevoir qu'au niveau de l'interaction globale entre acteurs internationaux, quels qu'ils soient, une « culture » spécifique se crée, superposée aux autres, différente d'elles ; de même que les traits d'autres cultures se perçoivent à travers un réseau de normes et de symboles compris de tous ceux qui interagissent. Pour reprendre l'amusant exemple de Ryle, cité par Geertz : tous ceux qui agissent sur la scène internationale sauront distinguer un clin d'œil d'un tic... [36] Qu'implique la constatation qu'une culture internationale en tant que système symbolique spécifique existe ?

Dans sa « lecture » du « combat de coqs » à Bali, Clifford Geertz nous dévoile, par une herméneutique qui emporte la conviction, comment, dans le contexte en apparence limité et « folklorique » de cette compétition, se concentrent et s'expriment les relations sociales les plus complexes et les tensions les mieux cachées de la société balinaise [37]. Ne pourrait-on considérer d'un même œil les grandes cérémonies rituelles qui, d'année en année, se répètent et, derrière une vanité apparente, portent peut-être le sens même de certaines des interactions les plus complexes qui dominent la politique mondiale : les assemblées générales des Nations Unies, les assises quadriennales des pays non alignés, les tournois, futiles en apparence, des conférences sur le désarmement [38]. La place de l'historien ? Lire ces textes dans le temps, dans leur succession temporelle. A Bali, le combat de coqs est immuable dans ses règles ; c'est d'une société en grande partie statique qu'il s'agit. Mais les rites des réunions internationales que l'on vient de mentionner se transforment : la lecture devient celle d'un texte qui évolue selon un mouvement caché que les transformations du « texte » même feront peut-être ressortir...

* * *

Au terme de ces quelques réflexions, il nous faut peut-être relativiser encore : l'axe central du champ des relations internationales, le paradigme des relations interétatiques, englobe, lui aussi, une réalité contradictoire dans son essence même. Qu'il suffise de rappeler combien la

---

[35] Voir ci-dessus, p. 83.

[36] C. Geertz, *op. cit.*, pp. 6-7.

[37] *Ibid.*, pp. 412 sq.

[38] Une telle approche de l'étude des relations internationales fut entrevue par P. R. Calder. Mais les exemples qu'il fournit dans son bref article ne sont guère suffisants pour emporter la conviction. Sur le plan « empirique » tout reste à faire. Voir P. R. Calder, « La ritualisation dans les relations internationales », in J. Huxley, *Le comportement rituel chez l'homme et l'animal,* Paris, Gallimard, 1971, pp. 312 sq.

conception classique des relations interétatiques, dans son acception habituelle, celle du XIXe et du début du XXe siècle, fut toujours, tant au niveau de la spéculation explicite qu'à celui de la théorie implicite, une oscillation entre deux visions premières et incompatibles : le mythe de l'harmonie universelle possible face à celui de la jungle inéluctable, l'utopie des Saint-Simoniens, celle de Marx, celle des behavioristes aussi et, par ailleurs, le pessimisme de Hobbes, celui des Romantiques, de Spengler, de Freud également. Au sein même du paradigme classique, l'actuelle divergence des méthodes et des conceptions n'est que le pâle reflet de ce constant affrontement.

On raconte que, pendant la Grande Guerre, tandis que de part et d'autre de la double ligne des tranchées qui courait du Jura à la mer du Nord, on élaborait sans cesse le calcul des hommes et des obus nécessaires pour percer le front ennemi, un mythe étrange se répandit : quelque part, dans des abris creusés sous le champ de bataille, des déserteurs des deux camps, échappés à l'enfer, avaient formé une société nouvelle, entièrement fraternelle... [39] Comment donc, dans les rapports entre nations, dans l'étude de la politique mondiale, aboutir à autre chose qu'une juxtaposition, qu'une saisie historique de réalités partielles et contradictoires, puisque ceux qui calculent le nombre des obus et des hommes nécessaires pour percer le front et ceux qui rêvent d'une société fraternelle, par-delà le conflit et la guerre, sont en définitive les mêmes ?

---

[39] P. Fussell, *The Great War and Modern Memory,* New York, Oxford University Press, 1975, p. 123.

THE ROLE OF INTERNATIONAL ECONOMICS TEACHING IN THE ANALYSIS OF INTERNATIONAL RELATIONS

Harry G. JOHNSON

The problem with which this paper is concerned is part of a far wider problem, the interrelationship between teaching subjects defined by their scientific core of solvable problems and the techniques for solving them, and teaching subjects defined by their correspondence with areas of social, cultural, and political interest and hence with areas of student interest in a broad sense. This problem has emerged, at least as a significant problem common to Western university systems, essentially as a result of the increased emphasis on university education as a preparation for a career, and the corresponding multiple expansion of university enrolment and teaching, associated with the democratization of both higher education and of the economic system itself that has followed World War II. Prior to the second half or perhaps third of the twentieth century, a university education, whether its content was more or less specialized to particular subjects, was a general cultural education, whose possessor thereupon became some sort of leader in the private or the public sector of his community. Correspondingly, the university student acquired a mixture of specialized "scientific" knowledge, and general social knowledge, which he thereafter drew upon as his career required. The developing role of the university, as on the one hand the gateway for democratic entry to society on the basis of native ability, and on the other hand the provider of the main qualifications required for a successful career in modern economic society ("human capital", as distinct from the ownership of material capital and before that of landed property which characterized the basis of social success in previous historical epochs), has meant a bifurcation of teaching and research programmes within the traditional "arts" framework, into those that stress the scientific discipline of their subject and those that stress knowledge of social situations and current and past problems of human organization. To put the point briefly, a modern society cannot depend for leadership and administrative responsibility, consistently with either or both democratic philosophy and social reality, on a natural supply of people who possess either the intellectual and logical power of the scientific and political problem-solver, or the social skill and understanding of the social problem-solver. Both must be taught, and necessarily with a great deal of democratic waste, as formal subjects or courses of instruction in the university system.

To approach the subject of this paper more closely, it is necessary at the beginning to recognize that "international relations" as a university-level subject whose study justifies the establishment of undergraduate courses and involves serious and reputable academic research and publication is very largely a postwar-II, or perhaps interwar and postwar-II, academic creation. The Graduate Institute of International Studies at Geneva is a pioneer institution in this respect, an early academic response to the implications of the Wilsonian doctrine of national self-determination and its institutionalization in the League of Nations. The major and general university response to the changing character of international relations is by contrast a response to the establishment of the United Nations, and its implications for the conduct of international relations between the superpowers, between them and the major established nation-states, and increasingly between the established or "advanced" and the "new" or "developing" nations. It should be noticed, in passing, that the establishment of international relations as a field of study is only one facet of the university response, though the one of concern here. One should also mention such fields as American studies, and more recently East European studies, Latin-American studies, Asian studies, European studies, Chinese studies, and North American studies ; also a certain revival of interest in what, in the 1930's, used to be described as "comparative economic systems".

One should also, perhaps, note that (as in the case of the somewhat earlier specializations of anthropology and sociology) there is a rather precarious balance, tilted towards the possibility of serious over-supply, between the supply of teaching and research effort and of interested student candidates, and the demands for qualified graduates for other careers than replacement of their own teachers in the academic sector. The demand for qualified international relations experts from non-academic sources must predominantly come from government, specifically State Departments, and from private firms operating in foreign markets, with journalism as a parasite on social and political interests in international relations. The era of intense government interest in foreign affairs has probably ended, and the interest of multinational corporations in employing internationally knowledgeable citizens of the home country is probably a transient phase of "international business". Hence schools specializing in international relations are likely to be under increasing competition in attracting both students and funds for staffing and research. In this connection, the Graduate Institute of International Studies in

Geneva has a basically strong comparative advantage for survival and relative improvement, by virtue of geographical location, established tradition, and familiarity of some of the major customers for the graduate product with its distinctive product characteristics.

The teaching of international economics as a component of the course and research offering of an undergraduate or graduate economics department has, by contrast and in part by academic division of labour, become a far more technical and less social and political subject than it was fifty or even thirty years ago. In part this reflects the general "professionalization" of economics, and particularly the increasing dominance of mathematics and general equilibrium theory ; as has been true in previous periods, international economic theory offers a convenient opportunity for the carrying over and application of technical and theoretical developments in general theory, and their development with a certain amount of drudgery into academic publications qualifying the developer for professional promotion and career security. In large part, also, it reflects the academic democratization manifest in the growth of both student numbers and the number of university economics departments. In a sense there is a greater demand for courses in international economics than there are professional economists seriously interested in the world economy and international relations, and hence a pervasive tendency to concentrate on theoretical analysis and its elaboration to the neglect or exclusion of "real world" phenomena and "real world" problems. This tendency has, of course, been strongly supported by the postwar-II dominance in economics, especially economic theory, of the United States, a continental economy and the world economic centre, and the intellectual consequences of the loss of imperial power and hence world economic interest of the European countries, including most notably the United Kingdom.

As a result, courses in international economics have increasingly become exercises in formal model-building, largely shorn of the extensive material on the historical development of trade theory and the major problems of free trade, mercantilism, the economics of colonies and infant-industry protection that preoccupied the English classical economists who established the subject. The outstanding exception, apart from evolving concern with the monetary issues of the "dollar shortage" and subsequently the floating versus fixed exchange rates issue and the problem of international monetary reform, has been the inclusion in most courses of sections or material on the trade policy problems and trade policy issues involved in relations between "developed" and "developing" countries ; and this aspect of international economic theory, besides being duplicated (in terms of issues, though frequently not in terms of methods and results of analysis) in courses on economic development—and swamped in its influence on student understanding and thought by the influence of political emotions and political modes of thought—is usually based on a cursory and largely mythical intellectual construction of "the typical developing country". This description relates to what might be termed the "modal", academically ambitious course that seeks to teach the field as it seems to stand at present ; courses in reputable university departments can be found that either turn international economics into a series of exercises on a particular formal model the results of which are mainly interesting for their mathematical "richness" (a synonym for informational poverty), or present a personal survey of international economic policy problems aimed at demonstrating shrewdness and political insight at the expense of logical consistency and generality of underlying principles.

There is, therefore, actually and ever more potentially a serious gap between the aims, methods, contents, and problem definitions of a typical course in international economics—which are oriented towards economics as a scientific discipline or "social science", concerned with achieving an appropriate professional level of understanding and symbolization—and the requirements and expectations of students of international relations, a gap which the teaching of international economics in a course setting of international relations must at least recognize, and should try to bridge to some extent.

Two points need to be made at the outset of discussion of this problem. The first is that one must distinguish carefully, and on occasion sharply, between what students expect or think they should have, in the light of their understanding of the subject area they are studying at the level at which they are studying it, and what they should be offered, and required to take, in the light of the understanding of the subject area by its practitioners and experts. In the case of a subject often studied as a means to a professional career, there is a third group of expectations to be distinguished (and to be listened to, like the first, with extreme caution)—the expectations of the employers, and specifically of foreign affairs departments, which have a natural tendency to stress what they would like to have for appointment at the most junior level, with insufficient attention to the capacity to grow with time and experience into more senior responsibilities.

The second problem is that there is a perennial, and insoluble, difficulty in any attempt to teach one established academic specialization as an adjunct to another in a programme dominated by the latter. One can cite numerous examples of what has been tried and found wanting, such as the Ph. D. "minor subject" in American graduate work—almost invariably a "dead end" of intellectual activity—and the efforts that have been made from time to time by Foundations and university administrations, notably about 1950 and again in recent years, to breathe life into the intellectually-orderly concept of "interdisciplinary teaching and research". In the writer's view, there is no institutional or administrative method available, by which course structures can be designed to deliver desired aspects of cognate subsidiary subjects to students concentrating on a main subject, *and* people with adequate professional expertise and certification found to teach the courses as intended. A combined programme can work successfully only if colleagues of different disciplines are keen enough and good enough in their specializations to command each other's respect and attention, and the contributions of their specializations are obviously sufficiently germane to the purpose of the programme as a whole to command the attention and effort of the students. On those conditions, one can leave it to the students to work out their own syntheses of the material provided for them ; and the results may frequently be better, and more provocative of genuinely original new though and understanding, than a synthesis provided by either authoritarian administration or democratic staff determination of the specific courses in the programme and their contents.

With these preliminary remarks out of the way, we turn to the title theme of the paper, the role of international economics teaching in the analysis of international relations.

In important central respects, this role is very similar to the role of the same teaching in the analysis of national foreign policy, and of the role of economics teaching both in general and in specialized problem-area branches in the analysis of national economic policy. This analogy is in some ways extremely disheartening, and in others extremely challenging, to the teacher ; but in both respects, it calls attention to a virtually neglected aspect of the development of economics as a social science. That aspect can be described, for want of a better term, as the theory of economic policy action. It is an aspect on which economic theorists and researchers have only recently begun to work (though already with significant and validated scientific results) ; and in working on it, economists are severely handicapped by the absence both of a general theory of social action concrete enough to be interesting, and of an agreed and familiar vantage-point for scientific discussion and analysis of generalizations about political and social decisions and actions.

To lead up to the concrete meaning of these remarks, we may begin with the now standard distinction between "positive" and "normative" economics. Positive economics is concerned with the structure of interrelationships comprised in the economic system, with the ultimate purpose of predicting the consequences of various kinds of changes that may occur. Such changes include both "exogenous" changes (normally identified with changes in preferences, technology, or availability of factors of production, though from a longer-term perspective such changes are almost invariably the result of voluntary human action in the face of alternative choices), and policy changes (again, in a more fundamental long-run sense, the result of some kind of volitional process). Normative economics starts from the same concern with the structure of economic relationships, but is concerned with policies to modify the structure, or alter its methods of operation or the results thereof, in order to increase the value of the overall outcome in terms of some concept of economic welfare.

To be specific, positive economics produces for example the conclusion that the imposition of a tariff will normally shift resources towards the protected input-competing industry, reduce the incomes and welfare of consumers of the product, and increase the incomes of producers or the protected industry, or of the owners of the factor of production used relatively intensively in that industry or specific to that industry. As another example, positive economics produces the proposition that there is no tariff, subsidy, or direct control policy that a country can adopt that will give it a permanent surplus on its overall balance of payments. Normative economics produces analogous results to the effect that, except in the case of "optimum tariff" conditions or a desire to reduce the volume of imports, the tariff is always dominated (from the point of view of economic efficiency) by some alternative type of policy ; and that since control and intervention policies cannot solve balance-of-payments problems *and* in addition generate inefficient distortions of production and consumption patterns, optimal policy involves free trade (or a version of it carefully scientifically modified by recognition of theoretically valid exceptional circumstances) combined with a proper domestic monetary and fiscal policy either supported by a freely floating rate of exchange or subordinated to the requirements of maintaining a fixed exchange rate.

These are obviously important general principles. Unfortunately, as mentioned above, the tendency of the professional scientific interest in economics has been and is to concentrate on ever more careful, and mathematically elegant, proof of the central propositions and statement of the subsidiary assumptions on which they depend, a process that easily degenerates into the elaboration of the possibility of exceptions and of the full list of empirical assumptions that have to be made in order to make the generalization rigorously proof against contradiction ; and this in turn easily degenerates into the message to the student that economics can say nothing that he could not arrive at more simply and reliably by using his own common sense. (This is one reason why economics graduates, once safely employed in government or private service, either treat with contempt or forget completely what they have learned by dint of years of arduous formal study.) What the student needs to learn, and should be taught, is the ability to recognize the general case of principle in the particular case of practice, to be wary of the assumption that because the detail is different the predictions or results must be unorthodox or anti-classical, and to search if necessary for anything that makes the particular case genuinely distinctive and, if so, why, and what the appropriate modification of general theory is. (And, where required, the type of policy remedy that is indicated—still another step is the judgment of whether the appropriate policy remedy is in fact legislatively, institutionally, and administratively feasible.) Unfortunately, again, a good professional training in a good graduate department is likely to inculcate both skill in the techniques of formal theory and exaggerated respect for the ability to deploy them, while encouraging contempt for the messy details of knowledge of practical cases and neglect of the art of translating problems from the vernacular of practical experience into the scholastic Latin of theoretical communication among the professionally literate. It therefore takes both a good deal of experience of the world, together with the possession of a certain type of inquiring and roving mind, to produce a teacher of international economics who can consistently keep his teaching (not necessarily his research work) relevant to the subject-matter of international relations. And these very characteristics are likely to be resented by the mathematically talented and preoccupied, as involving a lack of seriousness and a propensity to trade on "wisdom" rather than "science".

The foregoing discussion has treated international economics as a single subject ; and this treatment conceals one of the difficulties of teaching it to the non-specialist. Historically and traditionally, the theory of international economics has been divided for teaching and research purposes into two largely separate disciplines—the theory of comparative cost and the theory of the mechanism of international adjustment, or in terms of a more general theoretical distinction, value theory and monetary theory, or micro-economics and macro-economics. The basis of this separation is the classical "neutrality of money" proposition, according to which money and monetary phenomena make no difference to the real equilibrium of the economy in the long run ; hence it is theoretically legitimate to conduct analysis of real phenomena in terms of a real "barter" system, and deal with monetary disturbances and their consequences separately and with different (dynamic and expectational) concepts and analytical constructions. While the separation is clear enough conceptually, it is very difficult for the student (and often for the teacher himself) to apply the results to a world in which real and monetary disturbances occur continually and simultaneously. The difficulties are sometimes sought to be resolved by teaching the subject in three parts—real trade theory, international monetary theory, and institutional and policy problems—but few economic departments have the resources, in terms either of number of senior staff or versatility of senior staff members, to mount such a programme ; and for a school or institute of international studies it represents a very substantial commitment of total resources.

Difficult as they are frequently in practice, the problems just discussed are not the most difficult problem encountered in teaching international economics, or for that matter economics in general, to non-professionals. The nature of the fundamental problem is best exemplified by the fact that, though David Hume exploded the monetary fallacies and Adam Smith, the "real economics" fallacies of the mercantilists and protectionists over two centuries ago, popular opinion, public policy, and even the policy and analytical writings of policy-oriented professional economists of academic repute continually resurrect, endorse, and implement these fallacies. The student of economics therefore finds himself, during a relatively brief period, after his world-view has been formed and before he becomes a responsible actor in the adult world, confronted by teachers whose responsibility is to teach as true what no-one or virtually no-one else in his experience of reputable and responsible adults accepts as such. It is no wonder then that the student is strongly tempted to interpret the instruction he receives in the terms he has been preconditioned to understand most easily, as political propaganda of a rather recondite kind; nor that many of his teachers find it most congenial to set themselves up intellectually as critics of the naïveté of their colleagues in teaching propaganda as truth. To put the point a rather different way, one of the main themes that international economics has to teach about international relations is that most of the beliefs that motivate national policies are irrational, most of the alleged facts are not facts, and most of the alleged lessons of experience are the result of ignorance or falsification of the actual facts of experience. This is on the one hand a hard theme to teach, in the face of authoritative belief to the contrary ; worse, once it has been learned, it either makes the student unfit to play an effective and successful adult role in society, or turns him into a philosophical schizophrenic. The case would be different if, as in the times of the English classical economists, governmental competence was distrusted, the scope of government was small, and there were powerful interests ranged on the side of keeping it that way ; but in the modern era of big government, high confidence in governmental decision-taking capacity, and deep democratic distrust of the results of private individual decision-taking (the latter two fostered by strongly centralized and self-serving communications media), the understanding of economics is very likely to be both intellectually uncomfortable and counter-productive of career effectiveness. To men who are keenly interested in football, and particularly to those who play themselves, or coach teams, or manage clubs, it is not welcome news that the rules of football are silly and that if the object is to maximize the number of goals scored, all the players should be employed in a single team and concentrate on kicking the ball back and forth through one set of goal-posts.

These reflections suggest that the teaching of economics in its usual form—on the lines, say, that free trade is in the large the optimum policy, and that arguments for tariffs to balance the balance of payments, improve the terms of trade, enhance the country's technological leadership, and so forth, together with arguments for customs unions and common markets, strict reciprocity in tariff bargaining, and other paraphernalia of multilateral commercial diplomacy, are beside the economic point—is severely limited in usefulness by a mistaken definition of what the important problems for economic science posed by international relations really are. That definition assumes that the problem is to establish and propagate economic truth ; its crucial shortcoming is that economic truth is not what the politicians and the public want to know, still less to be constrained to act on. The scientific question accordingly shifts its nature from what is the economic truth, to what is consistently believed to be, or at least acted on as if it were, the truth ; and what the consequences for social decision and action are. Why, to cite only two examples, do "new" nations consistently embark on policies of heavy protection of industry and taxation of agriculture, in contravention not only of the principle of comparative advantage but of the disappointing or counter-productive results of countless experiments with import-substituting industrialization policies in other nations ; and why do politicians and opinion-makers, not merely in poor countries but in advanced countries as well, accept and vociferate the view that actual international trade (usually wrongly identified with classical "free trade") necessarily reduces the economic welfare of and confers an unfair disadvantage on the poor countries of the world, by comparison with the rich countries ?

As mentioned earlier, economists have just begun work on questions of this kind—to be precise, on two kinds of questions, one concerned with the actual character and results of governmental regulation of economic activity of different kinds, and the other, less well formulated and investigated so far, with the question of why the public continues to accept and support regulatory policies on the basis of arguments that can be demonstrated to be empirically false. (The second question is described as less well researched, because in this area economists tend to take the naïve and essentially vulgar Marxist line that to explain who receives the economic benefits of a policy, or to demonstrate that someone does get an economic benefit, is sufficient to explain why the policy is adopted—and this is unconvincing, because frequently it is hard to explain why the beneficiaries have been able to induce their fellow citizens to provide these benefits at their own cost.)

It is fairly clear that an international economics that sought to explain why the policy-makers of national States (politicians, civil servants, public opinion, and a large proportion of professional economists specializing on policy questions) think and behave the way they do in international relations, what kinds of international conflicts and resolutions of them are likely to result, and the extent to which cases and problems can be classified into standard types with standard solutions (or possibly agreed non-solutions of a peaceable nature), would be at least potentially far more useful and "relevant" than an economics that has to explain its inability to win devotees and converts by the invincible stupidity of the political process and its underlying social organization. The development of such an economics, however, presupposes a change in the nature and self-definition of the professional economist, or at least the leaders of the profession in the academic world. A social scientist cannot be at one and the same time an active participant in the political and governmental decision-taking machinery of his society, bound by its criteria of rationality and rational pursuit of social self-interest, and a scientific student and analyst of the interactions among national decision-taking units in an international political and economic system. One might as well ask a bee in a particular hive to set itself up as an expert on bee-keeping, or more ambitiously as an apiary scientist. The problem is to define a role appropriate for the social scientist, whose raw material of observation and theory is the world he himself lives in, and over which he has some governing influence. There is no comparable problem for the natural scientist—or was not, until certain natural scientists converted themselves into pollution-protestors and ecological doomsters. Nor was there a serious problem with earlier generations ot economists, who constituted their careers as social philosophers commenting on the foibles of a social world over whose decisions they had no effective influence. The problem has, however, become a serious one as the economist has been promoted to positions of social responsibility, in which the roles of social scientist and administrator-governor-politician conflict seriously with one another. Until some socially-understood and professionally acceptable role for the social scientist as a scientific student of human societies is worked out, the role of international economics teaching in the analysis of international relations is bound to remain ambiguous and difficult.

NEW DIMENSIONS OF CONFLICT AND ORDER

A New Agenda for Strategic Studies

Curt GASTEYGER

Conflict and order are twin brothers in human relations. They are inseparable insofar as conflict often breeds a new order and order feeds on the fear of conflict. Like any other social group the international community oscillates between the two. In this respect nothing or little fundamental has changed since the first living beings clashed or tried to coexist with each other. The question this paper tries to discuss is whether conflict and order have acquired dimensions distinct from those the world has known before and, if so, what this could mean for international security in general and the use of force in particular. Needless to say, this can only be a very preliminary and tentative investigation. It will raise more questions than it can answer and point to issues which are as new as they are complex.

One would probably have to start with a cursory discussion of what, in international relations, we understand by the two terms "order" and "conflict". The first seems much less controversial and elusive than the second, but this may be an illusion. In any case, we understand "order" here as a state of coexistence of two or more entities drawing its stability and legitimacy from the fact that it is based on a set of commonly agreed and respected rules of conduct. [1] It includes a restraint in the use of force. An existing order is challenged by a refusal to abide by some or all of the rules on which it rests. Such a challenge almost inevitably leads to a conflict between the "old" and the "new", between the defender of the *status quo* and the protagonist of its change. It can be merely a collision of aims or interests or, more seriously, a collision of arms or force—or both at a time. [2] Here we will define "conflict" as a clash of

[1] *Cf.* H. Barth, *Die Idee der Ordnung,* Erlenbach-Zurich/Stuttgart, Engen Rentsch Verlag, 1958, pp. 11 ff. and 234 ff. ; R. E. Osgood and R. W. Tucker, *Force Order, and Justice,* Baltimore, Johns Hopkins Press, 1967, pp. 30-34.

[2] Kenneth N. Waltz demonstrates that "conflict is an elusive concept" in S. L. Spiegel and K. N. Waltz (eds.), *Conflict in World Politics,* Cambridge, Mass., Winthrop, 1971, p. 454, whereas Stanley Hoffmann speaks of the "elusiveness of power" in "Notes on the Elusiveness of Modern Power", *International Journal,* vol. 30, 1975, pp. 183-206.

interests between two or more parties entailing the use, or threat of use, of force. In other words it relates to, and is an important part of, *strategy* where it is precisely the element of *force* which "distinguishes it from the purposeful planning in other branches of human activity to which the term is often loosely applied". When other elements such as economic pressure, propaganda, subversion and diplomacy are combined with force, these elements may also be considered as "strategic". [3]

The choice of this specific and purposely more narrow definition of "conflict" is deliberate. It has nothing to do with a *déformation professionnelle* of one who teaches "strategic studies" and is thus permanently concerned with the rôle of force in international relations. Rather, it wishes to convey to the reader what in our view is becoming ever more important in this field, namely the interplay of strategy as defined above with not just "war" and "peace" or the use or non-use of arms but with international economy and international law as major elements of international order. For a number of reasons—some of which will be discussed later—these disciplines or, more accurately, the subjects they are concerned with, are being more and more "politicized". They are becoming the stage for a collision of interests and possibly even arms. Thus it is precisely the quest for a "new international economic order" and the struggle for a new "law of the sea" which challenge the established and, in the view of many, outdated order and which therefore are potential harbingers of conflict.

It seems both fitting and timely to make some reflections on the changing nature of conflict and its impact on international order in a volume devoted to the fiftieth anniversary of an institute in which these very disciplines are represented. In so doing we follow a tradition which found an important manifestation on the occasion of the Institute's tenth anniversary. At that time, in 1937, a collection of essays was published by the Institute's professors. Its common denominator—and concern—was then as it is now "a world in crisis" pregnant with imminent conflict. [4] Most, if not all, contributors presented the political and economic system of this prewar period as being in a state of disintegration and decay. There were crisis and challenge with their attendant risk of conflict for democracy and liberty, for the international economy and co-operation, for monetary internationalism and, at least potentially, the distribution of raw materials; in short, there was diminishing confidence in the survivability of international order symbolized by a fragile if not plainly impotent League of Nations.

---

[3] M. Howard, "The Classical Strategists", *Problems of Modern Strategy,* Part I, London, Institute for Strategic Studies, February 1969, p. 18 (Adelphi Papers No. 54).

[4] The Professors of the Graduate Institute for International Studies, *The World Crisis,* London/New York/Toronto, Longmans, Green, 1938.

To today's reader such an agenda of woes and worries sounds all too familiar. And no-one can deny that the gloomy forecasts by these distinguished authors were not vindicated by the harsh realities of the subsequent years. The diagnosis of the international crisis in the 1930's turned out to be as correct as the prediction that conflict would be inevitable unless drastic measures were taken. Thus the authors warned against the dangers of nationalism and protectionism. They pleaded for a code of fair practices in international economic relations and the harmonization of national monetary policies. And they drew attention to the manifold political consequences of the "mass character of modern civilization", "the lack of a real social structure", and "the ascendancy of uprooted masses". [5]

It would seem, then, that many of the problems and prospects with which the world was faced in the 1930's are scarcely different from those of our present world. And yet, looking back at the issues which concerned so much (and rightly) our predecessors forty years ago, one cannot help feeling that theirs was a less complex though no less dangerous world. It was still very much a world centred on Europe, with America and Japan as its geographic expansions—a world whose major political organization, the League of Nations, had a membership of less than a third its successor, the United Nations, has today. Moreover, it was a world in which only a few countries had the political power and military might to inflict serious damage on others.

What has changed since the 1930's and even the 1940's is thus not so much the causes of crises and conflicts or the desire of some who are dissatisfied to upset or modify the existing order. The change lies rather in the simultaneity and ubiquity of the former and, as a result of this, in the magnitude and multitude of challenges to the latter. What has changed, too, is not the seriousness of conflicts but their variety in substance and the fact that they can occur practically everywhere.

Any attempt to systematize these new dimensions, their interaction and their potential impact on the international system is bound to be arbitrary and simplistic. In this paper we will try to examine some of the main differences of outlooks and issues between the world of the 1930's and that of the 1970's. We do so with one major limitation : we will not discuss what surely constitutes the most revolutionary innovation in the politico-strategic field, namely the introduction of weapons of mass destruction (above all nuclear weapons) into the military arsenal which has overshadowed international politics ever since. Their control, if not their reduction, remains the central concern of international security and hence strategic studies. Quite legitimately they are the

[5] These last references are taken from Wilhelm Röpke's contribution, "International Economics in a Changing World", *ibid.*, p. 290.

subject of a vast literature and of a continuing and comprehensive debate to which little can be added at the moment. We will therefore concentrate on some new features in the present international system which, though less spectacular, are nevertheless likely to become, either separately or jointly, sources of friction, tension, or even conflict. As such they may, in a different way, become a serious threat to international order and hence deserve our full attention.

We will deal with them under three different headings : the multiplication of actors among whom conflict can erupt ; the multiplication of issues which could become the cause of conflict ; and the multiplication of means which might be used in future conflicts. While none of these three developments taken by themselves need lead to conflicts, they are more likely to do so if seen in conjunction with others. Thus, the tripling of nation-states within only a few decades becomes highly relevant if we see it in connection both with the fact that mankind has become aware of the finiteness of the globe's resources and with the growing interpenetration of societies, which facilitates comparison, generates envy or disdain, and creates the feeling of claustrophobic contiguity and crowdedness. The multiplication of conflictual issues must be linked to the quest of the under-privileged or less privileged for a new distribution of wealth and "power" and to the unequal degree of vulnerability of modern societies. The multiplication of means acquires its particular significance if seen in conjunction with what is now being termed "diffusion of power", *i.e,* the uninhibited spread of arms and advanced technology to an ever wider group of actors.

I. *MULTIPLICATION OF ACTORS*

A major—if not the main—contrast to the world of the 1950's and even to that of the 1960's lies in the fact that the international system has become, for the first time in human history, a truly global one. In political terms it has reached its outer limits. It is finite, thus barring the way to any further territorial expansion or conquest except by way of aggression against another nation-state. This "globalization" of the international system is reflected in the multiplication of independent states. The almost breath-taking process of expansion has occurred within a time-span of only a quarter of a century. It took ancient Europe centuries to grow into a multi-state system of worldwide influence, and two self-destructive wars to bring it to a final collapse.

In the nineteenth century the trend was towards the formation of larger units by way of integration or absorption rather than disintegration, towards global expansion rather than regional retraction. Few institutions, most of them of a technical rather than political nature, were considered necessary to regulate relations within a basically homogeneous community. Today, the world has become a political and economic unit before its members have developed the appropriate mechanisms and institutions to assure peaceful accommodation and prevent bellicose confrontation. Not that there are no institutions at all. To the contrary: the multiplication of actors has boosted the proliferation of organizations, regional and global alike. But as the mere prolongation of the traditional state system these have not kept pace with the rapid growth of actors and the complexity of issues. The basic structure of the overwhelming majority hardly differs from that of prewar organizations. What is more : it does not—or certainly most inadequately does—reflect the stupendous growth in number and diversity of internationally influential actors other than nation-states. The horizontal spread of the latter is complemented by a vertical expansion of non-state actors on different levels. They range from international organizations, governmental or non-governmental alike, to the so-called transnational bodies—such as multinational enterprises—further down to sub-national actors—such as revolutionary movements or terrorist groups—all of whom transcend national boundaries in their activities or influence, or both, and thus qualify as actors of at least potential international reach and influence.

The number of these manifold and diverse actors is impressive indeed. According to one estimate, there are today nearly 10,000 who, in one way or another and with vastly different weight and potential, participate in international life.[6] The modern world has become crowded. It is a safe prediction that it will get even more crowded tomorrow as new organizations spring up, complementing if not duplicating rather than replacing existing ones, as economic development and expanding trade generate more enterprises, and as the break-up of existing states seems more likely than the creation of bigger entities by either federation or absorption.

The first question deserving closer examination would be how the mere multiplication in the number of actors is likely to affect the international system. Does it mean more and more frequent conflicts ? The law of probability would incline us to an affirmative answer. But recent history would hardly bear this out. The rapid passage from some fifty states in the aftermath of World War II to some 150 today has certainly not been without upheaval and conflict. But it has not led to a major conflagration, let alone caused a disruption of the international system itself. This need not remain so for ever. It is perhaps not so much the

[6] *Cf.* B. Fritsch, "Die Krise des weltpolitischen Systems", *Neue Zürcher Zeitung,* 4-5 January 1975.

first stage of mere expansion which is particularly difficult and explosive for the international system but the stage of subsequent adjustment and reorganization. It is precisely this second stage which the world is about to enter. It is now discovering how crowded the planet Earth has become and that its resources are finite. Neither discovery is apt to smoothe the process of mutual adaptation and redefinition of influences and responsibilities. Furthermore, the revolution in international communications and transport has greatly facilitated the awareness not just of crowdedness but of the inequalities in the distribution of resources and wealth. The much enhanced possibilities of comparison cannot fail to incite envy and invite scorn. As a phenomenon of human relations this is, of course, nothing new. What is, however, new is its global dimension and the fact that practically no area, no state, and no society is exempt from it.

From this follows the second factor likely to make this second phase a potentially difficult one. It has to do with the new experience many states are bound to undergo when almost all of a sudden finding themselves confronted with fellow states with whom they so far had little in common. A good illustration of this is provided by the case of Britain in connection with the exploitation of North Sea gas and oil. Here Britain finds itself in a rather unaccustomed position :

> « Colonial administration aside, Britain has never, since the 16th century, had any frontier of contiguity between her own sovereign jurisdiction and the sovereign jurisdiction of continental European States. She now has four such frontiers in the North Sea. And the United Kingdom's only previous experience in this century of a frontier with another state has not encouraged the impression that contiguity is without its problems. » [7]

What happens to Britain is happening to many other States in a similar or different way : geographical vicinity is only one—very visible—form of many "contiguities" and points of friction in a finite international system with its innumerable mutual dependencies, conflicting interests, and instantaneous communication which are rapidly eliminating the last geographical borders or political barriers. Closeness—possibly too much of it at times—has enhanced what was aptly called "mutual sensitivity" [8] without necessarily enhancing mutual understanding and trust as well. Here again the multiplication of factors also tends to multiply the problems of communication, coexistence, and concentration, about whose cumulative effects we know so far only very little.

---

[7] I. Smart, "The Political Implications of North Sea Oil and Gas", in M. Saeter and I. Smart (eds.), *The Political Implications of North Sea Oil and Gas,* Oslo, Universitetsforlaget and Guildford, IPC Science and Technology Press, 1975, p. 147.

[8] R. O. Keohane and J. S. Nye, Jr., "Power and Interdependence", *Survival,* July-August 1973, p. 160.

The third factor is closely related to the previous one insofar as the present—second—stage is one of great fluidity, hence uncertainty. The ongoing process of adjustment has not yet resulted in an agreement or definition of rules and institutions capable of coping with the new demands and aspirations, claims and rights which many new actors raise in the still open but much coveted fields of the globe's riches and resources, or in those areas which are subject to demands and aspirations for better and more just distribution. The present phase of transition—it can hardly be called a "system"—still lacks the criteria according to which each actor—and more specifically each nation—can defend its rights or acquire those to which it believes to be entitled, let alone which place it can "pick" for itself in an emerging new order.

We have been rapidly moving away from the world which consciously knew or unconsciously respected such rules (at least for most of the time) and in which countries had a fairly good idea of their place in it. Now we seem to be heading towards a world in which the traditional set of values and hierarchical structures are becoming increasingly diffuse, in which countries have no, or only a vague, idea of their own role and responsibilities and in which their drive for more "equality" and a greater "say", while having yet unspecified contours, is getting stronger every day.

The task then would be to reform the existing system in such a way as to make it acceptable to the "revisionists" and thus facilitate their integration in, or identification with, it. It has been argued that "contiguity, involvement in each other's affairs, mutual confidence built on common experience" lessen the possibility of "turning from co-operation and constructive competition and moving instead toward opposition and sharp contention on issues".[9] It is assumed that a "high interdependence" is almost bound to lock states into a co-operative system and reduces the risk of friction and conflict. After what was just said about the effects of "contiguity" we cannot be so sure. Even the case of Western Europe, which is given as a proof for this contention, is only partly convincing. "Interdependence" in itself is not a recipe for conflict avoidance. It is even less so if in fact it hides an uneven or unbalanced degree of dependence. We will return to this later.

The recognition of the disciplining or moderating force of "interdependence" will therefore not do as long as fundamental disparities and discrepancies among states, or groups of states, persist. It may be the end result of a protracted and thorny process of mutual adaptation and reallocation of wealth, and resources. At its beginning there is probably something else more immediate and more urgent. The major obstacle still to overcome on the way to compromise and co-operation may not be the diversity of groups and the division between "haves" and "have-

[9] K. N. Waltz, *op. cit.* p. 467.

nots". It is the growing and shared awareness that the wealth to be distributed and the resources to be exploited are finite, and that the remaining time to secure one's own share may get short. One can indeed cogitate about

> « . . . the ability of large numbers of people armed with massive weapons to live together in a limited space. As long as there were ample resources for growth—beyond the horizon, if not immediately at hand—and as long as there were outlets for the pressures of growth, human societies could afford to grow and to compete. » [10]

One might add that today, in contrast to the 1930's the relatively small group of competitors then has grown into a very large one now.

It must therefore worry every nation in what way—if at all—and over what time-span the extension of territorial waters, the exploitation of the seabed, the secure access to raw materials or an assured supply of food is going to be agreed upon. Much of its future development and security will depend on the answer given to these questions. What may prompt a country to resort to force is not necessarily the contested issue itself but the feeling that it has to get its share before it is too late. Nowhere may this become more true than in the field in which the world is set for a final conquest—the conquest of the sea and its still untapped resources. After territorial conquest has run its course, first at home and then overseas, the oceans have become the "last frontier". They are no longer the *domaine réservé* of a few major powers but the arena in which over 150 states are now competing with each other. It opens a Pandora's box of rivalries, expansionist trends, and strange alliances. Small states with long coastlines suddenly become acquisitive if not outright imperialist in their claims for as much surface as they can grasp. Little, if any, attention is given to the less fortunate land-locked countries.

Is the sea an exception ? In a sense probably yes. But at the same time it highlights what kind of problems a "crowded world" may be going to create. In sum, the multiplication of actors can in fact add a new dimension to the problems of conflict and order if seen in connection with the process of political adjustment and institutional reorganization which it necessitates and for which they are neither established rules nor guiding principles ; if seen also in connection with the much more intense experience of contiguity and interpenetration ; and finally in connection with growing awareness that the world's resources are finite and will have to be shared among a far larger number of states and people. It is evident that such a widened perspective must also pose a whole range of new questions about the inevitability or utility of the use of force.

---

[10] N. Choucri and R. C. North, *Nations in Conflict,* San Francisco, W. H. Freeman, 1975, p. 285.

II. *MULTIPLICATION OF ISSUES*

The multiplication of controversial issues has partly resulted from the multiplication of actors ; partly the two developments interact upon each other. In a crowded world driven by a general desire for growth and by rising expectations, many matters become contentious which only a decade or two ago were hardly worthy of particular attention : the use of the oceans, the flow of oil, the access to raw materials, and the trickle of trade with developing countries did not rank high on the agenda of industrialized countries.

The change within a brief span of time is profound. Each of the issues mentioned—and many more—has become a subject of controversy and debate. In terms of complexity and scope they overshadow many of the more "traditional" issues such as the threat of external aggression, border disputes, the protection of minorities, or interference in internal affairs. In one way or another, they interest practically all countries. They all demand attention simultaneously, in various combinations and on a global level. Hardly any of them can be satisfactorily negotiated within just a restricted group of countries, let alone on a bilateral level. Each of them has the making of a serious source of conflict ; together they could add up to an explosive total.

But to these issues have to be added others which have acquired increasing urgency. They are as diverse as they are new : the less developed countries' (LDCs) insistence on a transfer of modern technology on a massive scale ; the rapid piling up of debts incurred by many developing (as well as socialist) countries ; the as yet uncontrolled demographic explosion with a corresponding rise in the demand for food ; or the unrestrained proliferation of conventional weapons.

At first glance all these issues have a great potential for conflict. Their common denominator is the urge for a better and more even distribution of goods or "privileges". But we still know little of their potential individual or accumulated impact on international order and security. Nor do we know where, how, and under what circumstances these manifold sources of friction might erupt into open conflict and lead to a threat or indeed an actual use of force. In other words, the search for a new "international order" which is almost identical with the search for a better distribution of wealth and influence may well be accompanied by open conflict and violence. It is not only the multiplication of actors but also the fact that the newcomers possess little or no power, and consequently are "revisionist" and *demandeurs,* which lends an entirely new dimension to the quest for a better distribution of power. The more *demandeurs* there are and the less power they have initially, the more difficult and complex such a "redistribution" is likely to become, the less predictable are its consequences, and the greater is the probability of friction or conflict.

Here we find another basic difference between the situation described and bemoaned in the 1930's and that of our time : while the call for a better distribution of power and influence has always been one, if not the primary, cause of crisis and conflict, it remained limited in a double sense : the request was directed at a fairly well circumscribed group of countries of roughly equal standing, and it was basically confined to the European-centred world. The challenge to the existing order thus came from within rather than from without. The "revisionists", whatever their motivations or methods, belonged to the system and felt to be part of it. This was true even for the Axis powers—the last major challengers of the dying European system.

What the world is faced with today is of an entirely different nature and scope. There is no "closed" system any more unless one considers the loosely organized industrialized democracies (from North America via Western Europe to Japan and Australia) as a kind of "hard core" or "subsystem" encompassing all the formerly powerful and at present wealthy countries. Moreover, the challenge comes from a multiplicity of highly diverse states rather than from a handful. And finally, these types of "revisionists" feel no or pretty little allegiance to the old or, for that matter, to any system at all. A new order, if it is to last, will therefore require more than a consensus among the industrialized democracies or among them and the Soviet Union. Rather a consensus will have to be sought that embraces the Third World as well. Its alienation from the existing order "cannot be brought to an end without a radical redistribution—not merely, as we are often told, of wealth and resources, but also of political and military power".[11] What these Third World countries want, however diverse and divided they may otherwise be, is a greater say as to how and by whom the institutions on which much of the future international system will rest are going to be used and controlled.

Such an objective may seem neither rational nor realistic. It still has to be taken seriously. It is probably true that the "conduct of international relations is increasingly being shaped by economic, ecological, energy, food and resource and raw material considerations rather than purely military and political ones".[12] But none of these non-military issues excludes the use of military force if it is either not resolved at all

---

[11] H. Bull, "Sea Power and Political Influence", *Power at Sea,* I : The New Environment, London, International Institute for Strategic Studies, Spring 1976, p. 9 (Adelphi Papers No. 122).

[12] R. Kothari, "Sources of Conflict in the 1980's", paper prepared for the 18th Annual Conference of the International Institute for Strategic Studies, Baden/Vienna, September 1976, p. 7.

or is resolved only unsatisfactorily or superficially. Thus we are warned by the same author that "if the process of negotiating a new structure of North-South relations fails to take into account the economic, technological and social dimensions, and to resolve outstanding issues on those dimensions, violence and war are bound to follow". [13]

While this warning is probably an accurate reflection of the mood of many intellectuals in the Third, or rather Fourth World, its underlying assumptions deserve closer examination. It sees the "South" and the "North" as more or less coherent entities—which they are not ; it assumes a recurrence of violent means, including wars, by which a desperate "South" tries to win on the battlefield what it was unable to obtain from the "North" at the negotiating table ; it sees such armed conflicts as a kind of "gunboat diplomacy in reverse" which may be highly risky but not without some promise of success.

Each of these assumptions, contentions, or expectations can be questioned. Each call for considerable qualifications. But what interests us in this context is whether the use of force (or threat thereof) is likely to be used as an instrument in the attainment of basically non-political ends (such as a more even-handed economic development, greater social justice or a more rapid technological transfer). If so, it would be necessary to examine how and under what circumstances this is likely to happen and what possible consequences it would have. It can be argued with good reason that the use of force in conditions of utmost stress and frustration precludes any prediction because it will be basically irrational. But the possibility that there may be new causes and new forms of armed conflict should be sufficient reason and incentive to pay serious attention to it. This admittedly vast and complex yet unexplored area would certainly deserve to be made a special concern for strategic studies.

The multiplication of conflictual issues is thus particularly relevant where it is linked to the quest for a new distribution of wealth and power on the one hand, and to different degrees of dependence on the other. The fashionable term "mutual interdependence", which particularly Western countries use when defending their specific interests and policies, deserves some closer study as well. It has been rightly remarked that "overreliance on the rhetoric of interdependence not only may blind us to the legitimate concerns of other nations, but it can obscure our own [*i.e.* American] choices at home". [14]

What must interest us here is that the existence of uneven dependence or, perhaps more accurately, the recognition that such a lopsided depen-

---

[13] *Ibid.*

[14] *Cf.* J. S. Nye, Jr., "Independence and Interdependence", *Foreign Policy,* Spring 1976, p. 132.

dence exists and is likely to persist for an indefinite future, can become the source of frustration and eventually conflict. To be sure, the pattern of the manifold "dependencies" between countries of different regions, wealth and status, between "North" and "South" or " East" and "West", has become infinitely more complex. On the whole, it would be fair to say that the industrialized democracies have become more dependent on more countries of the "Third World" than ever before. However, their chances of reducing or attenuating this dependence (for instance by diversifying their energy supply) are much better than those of many developing countries. This may be true even for oil-producing (OPEC) countries whose dependence on Western technology and industrial capacities may become more acute again once their oil resources are depleted.

The assumption, then, that "interdependence" would more or less automatically bring countries closer together and lead to mutually beneficial relations has so far turned out to be a fallacy. What has happened is that dependencies have grown. More and more issues have moved beyond national jurisdiction to become international or even global ones while at the same time discrepancies in power and influence to deal with these issues became equally visible. The more "independent" countries became, the more clearly the differences in their social and political structure and outlook emerged. The advantages of co-operation are often perceived to be losing their reciprocity by favouring the more powerful or less dependent and putting new strains or strings on the weaker. Uneven dependence is then becoming a source of power.[15] Also, many of the new actors who appeared on the scene have either never been beneficiaries of such a system of shared dependence or advantages or, as is the case with the Soviet Union, for a long time rejected the very concept of "interdependence". Understandably, the aim of the former is not in the first instance to submit themselves to the liabilities or constraints of "interdependence" but rather to shed the actual or assumed stigma of dependence.

The combination of the fact that the participants in the continuing dialogue on a new distribution of "power" start from vastly different power bases, with the recognition that mutual dependencies will not necessarily become more balanced over time but may well remain as uneven as they are today—this combination does not augur well for a tranquil process of redistribution. Nor does it promise to produce the kind of order which all parties concerned would be willing to accept and support.

---

[15] R. O. Keohane and J. S. Nye, *op. cit.*, p. 160.

III. *MULTIPLICATION OF MEANS*

By "multiplication of means" we understand the fact that more countries than ever have a greater amount of means at their disposal to exert influence and possibly even use force *vis-à-vis* third parties. Besides a growing arsenal of weaponry they can use a vast array of economic measures—ranging from the more traditional import restrictions to monetary transactions, from an embargo on raw materials to the withholding of food for political ends. [16] Here again, relations between states (or actors in general) and the way they can be influenced have acquired new dimensions. Where they imply also a wider spectrum of conflicts involving the use of force, they too must deserve closer examination.

The reasons why such multiplication of means has to be taken seriously are of course manifold. The two most obvious ones are, first, an ever-wider "diffusion of power" and, second, a heightened degree of vulnerability of most states to outside influence or pressure. In a sense, the two developments contradict or "neutralize" each other as the first is supposed to provide states with more force and security whereas the second makes them more sensitive to, or dependent on, external developments.

The term "diffusion of power" is admittedly vague if not incorrect. As has been rightly observed, the concept of "power" is a highly elusive one. [17] "Diffusing" power would imply that "power", *i.e.* the capacity to impose one's will on somebody else or to resist the other's dominance, can in a way be "traded" or shifted from one country to another, or that it can be "sold" by one country or acquired, almost overnight, by another. Many governments may believe precisely that. This betrays a false idea of what "power" and its constituent elements really consist of. The mere acquisition of weapons may increase one's military strength ; it does not by itself generate "power".

With this important reservation in mind "diffusion of power" should be understood as the transfer of weapons and weapons technology (including nuclear knowhow at least for civil purposes) from the industrialized world to the developing countries. In buying such goods which until very recently were never at their disposal, the LDCs expect to buy the kind of instruments with which they cannot only improve their own security and defence but also enhance their political status and influence

[16] *Cf.* on this L. R. Brown, "The Next Crisis ? Food", *Foreign Policy,* Winter 1973-1974, pp. 3-33.

[17] S. Hoffman, *op. cit.;* see also S. Brown, "The Changing Essence of Power", *Foreign Affairs,* vol. 51, 1973, pp. 286-299.

which, in their view, corresponds to their economic importance, political weight, and in some cases strategic location.

True, we are witnessing today an astounding, if not frantic, proliferation of ever more sophisticated weapons of all kinds (except, so far, nuclear ones), an incipient growth of indigenous arms industries paralleled by a spread of highly advanced technology, including civil nuclear technology. We cannot as yet predict how and in what direction this will influence the behaviour of the recipient countries. That it *will* have a profound impact on their social, political, and economic structure seems very likely. Whether or not it will make them more "powerful" in the sense defined above remains at least an open question. The mere influx of advanced weaponry or, more generally, advanced technology may help, but cannot bring about, the catapulting of traditional, sometimes nearly archaic, societies into the twentieth century. [18] The sudden clash between such archaic cultures with this imported modern technology is bound to influence both their evolution at home and their behaviour abroad. But the relevant question here is not whether this massive build-up of arms and equipment will or can eventually be translated into something resembling real "power". Rather it is whether and under what circumstances it will induce the recipient countries to modify their political objectives and the way they pursue them, including the threat or actual use of force.

Developments are probably too fresh to permit any reliable forecast. Thus, most of the weapons which were purchased by many oil-producing countries in the Middle East since 1973 have not yet arrived. Their full impact both on the countries themselves and on the region as a whole is yet to make itself felt. The experience of Europe, which until recently was by far the largest importer of conventional armaments, may be an unreliable guide for predicting developments in other areas living under vastly different social and political conditions. So the basic question behind arms proliferation (or "diffusion of power") must remain open, namely

> « whether the military stabilization which has already occurred in the industrial world is likely to be consolidated, or to spread further afield, or on the contrary to be eroded or even reversed by the emergence of a Third World not necessarily subject to the same conditions ». [19]

---

[18] *Cf.* for instance *US Military Sales to Iran.* A Staff Report to the Subcommittee on Foreign Assistance of the Committee on Foreign Relations, United States Senate. Washington, Government Printing Office, July 1976.

[19] F. Duchêne, "The Proliferation of Arms : Motives, Magnitude and Consequences", paper prepared for the 18th Annual Conference of the International Institute for Strategic Studies, Baden/Vienna, September 1976, p. 1.

All one can say at the present juncture is that a mere build-up of arms need not necessarily have a destabilizing effect or indeed increase the likelihood of conflict. For want of further evidence and practical experience we can hardly go much beyond this point. In a more general sense even greater caution seems appropriate. The global spread of destructive capabilities, the relatively easy access to, and the practically non-existent control over, them (at least in the field of conventional armament) offer an almost unlimited range of possibilities for the use of force to anybody who is determined to resort to it. The range of actors who can acquire and use most modern and destructive weaponry today by far transcends national governments. It reaches right down to the individual terrorist who wants to draw attention to his personal problems by creating an international incident. Conversely, there are also many more potential victims to be aimed at as the range of vulnerabilities is equally increasing.

Given this vast range of opportunities and potential targets the astounding fact is not that to date the world has already experienced a considerable amount of violence and terrorist acts. What is more surprising is, first, that under the circumstances their number is still relatively small, and, second, few governments have as yet made use of this widened gamut of forceful means which they, too, find suddenly at their disposal. In this particular instance, however, the past may be a bad guide for predicting the future. Rising expectations on the side of the LDCs, for example, and a greater vulnerability on that of the industrialized countries provide a hitherto unknown combination which could reduce existing inhibitions or invite greater daring. But here again it would be wrong and dangerously simplistic to conclude that most future conflicts are bound to occur in connection with the "North-South confrontation" or that the countries most likely to use force will be those in the "South" and their victims those in the "North". Iceland resorted to force in its "cod war" with Britain with little or no consideration of the fact that the two countries are Western-style democracies and members of the same alliance.

On consequence, the multiplication in the number of actors coupled with that of potentially disruptive or divisive issues and a simultaneous "diffusion of power", makes any prediction hazardous. It should not dispense us, however, from a continued and careful study of its multiple consequences and of the ways it can be prevented from erupting into conflict : the question how, where, and when these developments will interact and what they will mean for international security and order is certainly going to rank among the most difficult and important ones the international community has yet to face. The predominant concern should therefore be first, to create the conditions for a political climate that leaves hope for peaceful change and avoids situations that would make the use of force appear legitimate ; second, to exert concerted restraint so as not to make arms and modern weapons technology available to such an extent as to render their use ever more practicable and tempting ; and third, to prove convincingly that, in final analysis, the use of force does not pay off. [20]

There is no guarantee that these efforts will succeed and that warnings of the dangers of their failure will be needed. The authors of the Institute's tenth anniversary *Festschrift* were perfectly correct in their analysis of the international situation on the eve of World War II. But they shared Cassandra's fate in not being heard or possibly even not being believed. Such experience, however disappointing and disheartening, should and must not discourage scholars from setting signposts for further orientation and giving warning signals against *insouciance* or blind optimism along the tortuous path on which from now on mankind as a whole is moving into an uncertain future.

[20] C. Bertram, "Summing-up", at the same conference.

A la recherche d'un ordre mondial

Quest for World Order

NEW CONFIGURATIONS OF POWER IN INTERNATIONAL RELATIONS

Marlis G. STEINERT and Harish KAPUR

Since the sensational report of the Club of Rome of 1972, [1] and the pressing demands of the Third World countries for a new international order, [2]—for which the oil embargo in the fall of 1973 was an important milestone—myriad speeches, articles, and books have been devoted to the subject. "Thinking about the future" [3] became more and more fashionable in the Western World, and the long-held thesis "that world peace could be built on the foundations of economic development and democratic pluralism" [4] seemed suddenly shattered by earnest demands for its revision. This new awareness of the inadequacies of the existing order encouraged a series of diverse and often conflicting speculations regarding the emergence of new forces, their impact and their potential role in the international system.

Among the different approaches [5] that have so far been used to speculate about the shape of things to come, the historical-dialectical approach still appears to be one of the most appropriate methods of inquiry, for it not only combines the synchronic and the diachronic dimensions, and convincingly shows the limits of human power, but also because it highlights

> « those points of critical change in the social and political landscape where power is moving from one configuration to another—points

[1] D. H. Meadows *et al., The Limits to Growth;* A Report for the Club of Rome's Project on the Predicament of Mankind, New York, Universal Books, 1972 (a Potomac Associates book).

[2] The term was first used by President Echeverria of Mexico at UNCTAD III, held in Santiago, Chile, in 1972.

[3] H. Cole *et al., Thinking About the Future;* A Critique of the Limits to Growth, London, Sussex University Press, Chatto & Windus, 1973 ; R. W. Cox, "On Thinking About Future World Order", *World Politics,* No. 2, 1976, pp. 175-196.

[4] R. W. Cox, *op. cit.,* p. 186.

[5] The most important of these approaches—natural rational, the positivist-evolutionary and historical dialectical—are analysed by R. W. Cox, *op. cit.*

from which a nascent order may extend over the broader landscape of a future time ». [6]

Therefore, before delving into the new configurations of power in international relations, it is important briefly to remind ourselves of the rise, evolution, and transformation of past systems, of the intersecting webs of different aspects or levels of power, of the turning-points of transnational relationships, and the emergence of new patterns, for they may indeed help us to assess the importance of existing trends and their role in the shaping of new dimensions of international relations.

This overview will not be undertaken—as is generally the case—through the perspective of major national actors, but through an analysis of the interacting relationship among and within the existing subsystems or power constellations—especially focusing on the four instrumentalities of power : political influence, military strength, economic potential, and social cohesion. [7]

I. *THE HISTORICAL FRAMEWORK*

Seen through the prism of *longue durée,* international relations on a cosmic scale are a recent product of history. Evidently, relations between organized communities existed since antiquity and even earlier, but only on a limited scale either at local or regional level. Global contacts and sustained exchanges developed slowly from the fifteenth and sixteenth centuries through the exploits of *conquistadores* and in the wake of the rise of the modern State. Under the impulse of the capitalist and the industrial revolutions [8] the network of relations expanded, becoming more and more global and more and more dense with the passage of time. The

---

[6] *Ibid.,* p. 196.

[7] A. Buchan, *Power and Equilibrium in the 1970's,* New York/Washington/London, Praeger, 1973, p. 13 and *passim* (hereafter A. Buchan, *Power and Equilibrium*), distinguishes between strategic power, tactical or conventional military strength, political influence, and economic strength. We prefer to combine strategic and conventional military strength in the same category and add social cohesion as the fourth factor.

[8] For Marxist authors, the international system enters history with the rise of the modern State, which is itself the product of the capitalist mode of production and therefore *eo ipso* a class State. The international system is not only a State system but also a class system. The era in which we live is still the era of capitalist revolution. Cf. E. Krippendorf (ed.), *Probleme der internationalen Beziehungen,* Frankfurt a/M., Suhrkamp Verlag, 1972, pp. 11-12 and his *Internationales System als Geschichte,* Einführung in die internationalen Beziehungen I, Frankfurt/New York, Campus Verlag, 1975, p. 27 and *passim* (Campus Studium : Kritische Sozialwissenschaft).

centre of this ever-spreading network was, however, always the European States. At the end of the nineteenth century and the beginning of the twentieth, with the accomplishment of the second wave of colonialism, a full-blown European-centred world system had finally taken shape. The preponderance or the hierarchy of relation rather than the balance of power [9] had shifted several times until it reached its peak under the guidance of England and its allies or associates. It was an

> « empire based on Europe, an extension into the world beyond of the struggle for mastery in Europe. ... During the half-century before 1914, European supremacy in the world had been absolutely taken for granted. European technology, European ideas and European systems of government were confidently believed to be the best in the world ; and it was to Europe that leaders in the world outside looked for the methods by which they hoped to end European domination. » [10]

In this Eurocentric world, the instrumentalities of power were closely integrated, and economic strength and military force constituted the power base through which political influence and social cohesion was further extended.

With the "Great War" began what has been labelled as the "Decline of the West" [11] or the "End of Glory". [12] During the postwar years of relative decline, and especially after the global depression of late 1920's and the 1930's, the economic elements of power increasingly came to the forefront of world politics, whereas the influence of political power and military strength [13] receded, reasserting itself only briefly during the World War II period.

1. *The Bipolar System*

After World War II, a new constellation emerged, where Europe was partitioned. What, however, did not disappear in the new power structure was the persistent belief in the superiority of European industrial

---

[9] See for a pertinent criticism of the balance-of-power theory, A. F. K. Organski, *World Politics,* 2nd ed., New York, Knopf, 1968.

[10] J. Joll, "The Decline of Europe : 1920-1970", *International Affairs,* November 1970, p. 1.

[11] It is symptomatic that the first two editions of Oswald Spengler's *Der Untergang des Abendlandes* were published in Munich in 1918 and 1922. The English translation, *The Decline of the West,* was first published in New York by Knopf in 1926.

[12] L. Lafore, *The End of Glory ;* An Interpretation of the Origins of World War II, Philadelphia/New York/Toronto, Lippincott, 1970.

[13] Germany and Japan were the exceptions to this general trend.

civilization. The two dominant power centres of the new global system, the United States and the Soviet Union, following different aspects of the same European heritage, ushered industrial civilization into a post-industrial "technotronic" [14] world, where the movement of history was not only "accelerated" [15] but was precipitated. While, on the one hand, the "imperatives of organization, technology and planning" broadly led to "similar results", [16] on the other hand, in both societies the diversity in political objectives and in foreign policy goals resulted in one of the most acute confrontation of our times between the capitalist and socialist blocs. Every phase of this seemingly ongoing confrontation grew under the cover of the most striking and most tumultuous events. New events and new areas of conflict in rising crescendo replaced the old ones. There was, first of all, the period of verbal attacks which was replaced by operational efforts to establish areas of influence. The turning-point in the process of confrontation was in 1948 when it came out in the open in the heart of Europe : Berlin.

However, if in Berlin the confrontation reached its apex, it was in the immediate aftermath of this crisis that it became increasingly evident to the two big powers that it was no longer possible for either of them to radically change the existing distribution of forces in Europe. The position of the two blocs had become firmly and really solidified, with little hope of any major alteration to their advantage. It was perhaps this realization that resulted in the formulation of three major and collateral policy decisions. In the first place, the two giants now began an important campaign of intensive bloc-building activity in Europe, and, at the same time, of rallying their friends and allies to the task of structuring viable defence systems. Both the powers were relatively successful in their endeavours, the most tangible sign of which was the creation of two separate German States in 1949, representing the ideology of their occupants. Soviet political and military hold over Eastern Europe was firmly established. Although signs of nationalist pride and independence were still evident—of which the Yugoslav defection in 1948 was a striking example—Soviet power over most of the area had indeed become unchallengeable. [17] Parallel with this important development was the Soviet Union's focus on strengthening its defences. The conclusion of an elaborate network of interlocking military treaties with its client States

[14] Z. K. Brzezinski, *Between Two Ages,* New York, Viking Press, 1971.

[15] As Daniel Halévy had written at the onset of World War II in his *Essai sur l'accélération de l'histoire,* 2nd ed., Paris, Plon, 1949.

[16] J. K. Galbraith, *The New Industrial State,* New York, A Signet Book, 1968, p. 403.

[17] Z. D. Brzezinski, *The Soviet Bloc ;* Unity and Conflict, New York, Praeger, 1961.

in Europe, the successful negotiation of a mutual aid treaty with China in 1950, and the detonation of an atomic bomb by 1949 had undoubtedly created a new strategic situation.

In the West, the situation had also been consolidated. By an imaginative and large US financial aid programme amounting to $13 billion, political and economic stability in Western Europe was restored. Despite the existence of mass Communist parties in France and Italy, the governments of the area had asserted their determination to remain non-Communist ; and the foundations for political and military unity of Western Europe were laid by the creation of the Council of Europe and NATO in 1949.

In the second place, the political and military confrontations, stalemated in Europe, were spilled over to other continents, thereby injecting an element of globalization to what was now labelled as the Cold War. [18] This was particularly true of Asia where the resurgence of Communist China had created a new situation in its borders. Wars of national liberation—such as the one in Indo-China—which had so far maintained a national character, and were outside the framework of the Cold War, were sucked into this ideological confrontation. For the United States States—hitherto a protagonist of the process of decolonization—the rapid development of the Ho Chi Minh movement was tantamount to the advancement of Communism. [19] For the Soviet Union and China, the socialization of the nationalist movement was a step in the right direction which, they were convinced, would tilt the balance in their favour.

The Korean conflict, which in normal circumstances would have been considered as a local war, escalated into a global ideological confrontation between the two systems, in which all the local issues and considerations were completely cast aside. In fact so important was the conflict, and so global had become its character, that in the eyes of an observer it "marked the beginning of the bipolar era". [20]

In the third place, the big powers also began an intensive campaign of exporting East-West polarization into other areas of Asia, where the process of decolonization under non-Communist leadership was operating slowly and effectively, and where the danger that one of the two great

[18] Opinions differ on the starting point of the Cold War ; they range from 1917 to 1947. Whereas for most Marxists the Truman doctrine is considered as the starting point, for the West the breaking off of the East-West negotiations on the Marshall Plan was the decisive moment.

[19] "... we have tended ... to give our opposition to communism priority over our support for nationalism", J. W. Fulbright, *The Arrogance of Power,* New York, Vintage Books, 1966, p. 78.

[20] A. Buchan, *The End of the Postwar Era,* London, Weidenfeld & Nicolson, 1974, p. 18 (hereafter A. Buchan, *The End*).

powers may be able to score a political and strategic advantage over the other seemed minimal. Some of the nations were unable to resist this pressure to associate themselves with the Cold War in one form or the other. But there were nonetheless a number of nations which, having just acquired their independence, refused to embroil themselves in any East-West conflict. By formally proclaiming non-alignment as the principal plank of their foreign policy, they made it clear that they were determined to resist all pressures that would limit their sovereignty or that would involve them in conflicts of other nations—above all of those who dominated the international system. In a world which was increasingly becoming divided, the importance of this development cannot be underestimated insofar as it was the first major defiance and rejection of the bipolar system. [21]

2. *The Transitional Years*

The firm implantation of non-alignment in certain parts of Asia was thus the first crack in the bipolar system. But it was only the first and a minor crack, for a kaleidoscope of events in Europe, still the focal point of international politics, made serious inroads into the existing international system. The death of Stalin in March 1953 unfolded a process of thaw within the Soviet political system, widened the decision-making process, made the leaders a little more responsive to the needs of the population, and introduced far-reaching innovations in Marxist ideology. Serious cracks also appeared within the Socialist bloc which hitherto prided itself on its monolithic character. The defiance of the Moscow-directed regimes in East Berlin in 1953, in Poland and Hungary in 1956, were the violent manifestations of a new determination no longer to blindly accept Soviet leadership. These dramatic events—though quickly repressed by the Soviet Union—were a manifestation of a silent, subtle, and historic process of change that had irrevocably set in within the socialist subsystem with no hope of its being brought to a standstill.

The death of Stalin also marked a pause in East-West confrontation, and commenced a process of negotiations, the most important examples of which were the conclusion of the Austrian Peace Treaty in May 1955, the summit conference of the Big Four in Geneva in June 1955, Chan-

[21] For details on the initial period of non-alignment see G. H. Jensen, *Non-Alignment and the Afro-Asian States,* New York, Praeger, 1969; see also K. P. Karunakaran (ed.), *Outside the Conflict;* A Study of Non-Alignment and the Foreign Policies of Some Non-Aligned Countries, New Delhi, People's Publishing House, 1963.

cellor Adenauer's visit to the Soviet Union in the same year, Krushchev and Bulganin's travels to Great Britain in April 1956, and the Geneva Conference of Experts on the suspension of nuclear tests in August 1958.

There were, of course, a number of tension-producing events which could be cited to disprove the thesis that East-West dialogue had really begun ; there was, for example, the incorporation of West Germany and Italy into NATO in 1955 which had triggered the Soviet decision to create the Warsaw Pact in the same year, the conferment of sovereignty on East Germany which aggravated the German question, the brutal Soviet repression in Poland and Hungary in 1956 which raised grave doubts regarding Soviet intentions.

Is it therefore not legitimate to conclude, as most Western statesmen at the time did, that the trend towards some pause in confrontation was only a passing phase, that the process of negotiations had not really been inaugurated, that the continuous reference to peaceful coexistence—at least in Europe—by the Soviet leaders was only meant to deceive the world ? While there may still be disagreement regarding the nature and dimension of Soviet change, it cannot be denied that from the mass of evidence that is now available on Europe of the mid-1950's, it would seem that an element of duality had been increasingly injected into Soviet behaviour and thinking. The old pattern of confrontational politics was still a dominant feature of international relations, but there were nonetheless signs, though perhaps faint ones of a parallel search for negotiations. [22]

A comparable evolution was also discernible in the Western world. Although there were no major changes within the countries, due to the fact that the evolutionary character of the pluralistic political systems does not lend itself to seminal changes within short periods, increasing evidence was available of the changing nature of relations between the members of the Atlantic Community. By 1956, the European allies of the United States were manifesting growing discontent with US policies. Guy Mollet, the French Prime Minister, evoked in April (in *US News* and *World Report*) the lack of comprehension between the United States and France, and criticized the unconstructive nature of the US attitude towards the Soviet Union. The British unilaterally took the initiative in opening talks with the Russians on Indochina, and during Bulganin and Krushchev's visit to London, views were exchanged on a wide spectrum

[22] Series of initiatives were taken by both sides. On 14 December 1957 Rapacki, the Polish Foreign Minister, presented in *Le Monde* his plan for the denuclearization of Central Europe ; on 8 January 1958 the Soviet Union sent a note to all UN members calling for a disarmament conference ; on 28 February 1958 Eisenhower wrote to Khrushchev proposing a suspension of nuclear tests and the convening of a conference of experts on nuclear matters ; on 2 November 1959 a resolution on disarmament was jointly sponsored at the UN Political Committee.

of issues, including the mounting crisis in the Middle East, disarmament, and East-West relations. Britain and France even tried to escape US tutelage by staging an "*extra Waltzer* turn" in their joint Suez adventure in October-November, after the nationalization of the Suez canal company by Nasser in July. This outdated type of a colonial war of punition engendered strains between the United States and its Anglo-French allies.

There were other—and perhaps more important—examples of this changing pattern of relations within the Atlantic Community : there was the establishment of the European Economic Community in 1958 which —though encouraged in the initial stages by the United States—represented the beginning of a new and autonomous European identity ; there was the projection of Gaullist visions of a disengaged France developing relations with the Soviet Union ; there was the British and French defiance of the Pentagon's demand for nuclear monopoly.

The renewal of crisis in Berlin in November 1958, [23] and the development of critical situations in Lebanon in 1958, in the Congo in 1960-1961, in Cuba in 1962, and in the Dominican Republic in 1965 marked a sudden resurgence and even worsening of big-power confrontation. These years, therefore have been variously described as the years of "tight polarity", [24] of "super-power dominance",[25] and of "high Cold War". [26] But was this the only pattern that dominated the European and the world scene ? How then can one explain attempts at détente exemplied by Vice-President Nixon's visit to the Soviet Union, Kruschchev's travels in the United States, the Camp David talks or the conclusion of the Antarctic treaty in 1959 ? In what manner can we analyse the efforts towards disarmament and de-escalation of the ongoing arms race of the years 1957-1959 ? Where do we fit in the numerous efforts made within the framework of the United Nations relating to decolonization, in regard to which the international organization served not only as a forum but gained momentum as an actor *sui generis* on the international scene ?

This hovering of big-power relations between confrontation and co-operation can be principally attributed to the uncertain perceptions that the superpowers had developed regarding their respective strengths. Whereas the United States, during this critical period, showed some apprehension about its own level of military or even economic super-

---

[23] It reached its culminating point with the setting up of the Berlin Wall in August 1961.

[24] M. A. Kaplan, *System and Process in International Politics,* New York, Wiley, 1957, pp. 37-43.

[25] A. Buchan, *The End,* p. 20.

[26] S. Brown, *New Forces in World Politics,* Washington, Brookings Institution, 1974, p. 20.

iority,[27] the Soviet Union, notwithstanding public statements[28]—to the contrary—did not seem to be certain of having really attained a full status of a superpower equal to that of the United States.[29] Both sides thus found themselves adopting a wide spectrum of positions ranging from confrontation, competition, to *modus vivendi.* This became particularly evident in their search for clients in the non-European world and the extension of bipolarity and confrontational politics into the Third World. That the Big Two were not totally unsuccessful in their objectives is evident from the level of destabilization they had generated in the area—particularly in Asia. The United States efforts to create regional military alliances in Asia—SEATO in 1954 and CENTO in 1955—to replace the French in Vietnam, to exercise pressures on the Arab world, had contributed to the development of a level of instability hitherto not experienced by this part of the world. The Soviet Union's economic and political efforts to attract some of the Asian nations into its own orbit and to extend its influence in the explosive Middle East region only helped to accelerate the destabilization process.

But these attempts at globalization also had the opposite effect. They threw into relief and in each other's company those nations which for one reason or the other found it more convenient to occupy the no man's land between the Western and Communist blocs than to attach themselves to either. After the Bandung Conference of 1955, where all the independent Afro-Asian nations were present, and where the amorphous character of participants had to some extent disunited the Conference,[30] a broad consensus emerged among the non-aligned nations to focus their attention on forging ties among themselves ; for at least in this case there was a general agreement on a common set of foreign policy norms which could serve as a rallying point. It was perhaps this consensus and

---

[27] See *Development in Military Technology and Their Impact on United States Strategy and Foreign Policy ;* A Study Prepared at the Request of the Committee on Foreign Relations, United States Senate, by the Washington Center of Foreign Policy Research, Washington, Government Printing Office, 1959 (86th Congress, 1st session). See also J. P. Hardt, *The Cold War Economic Gap,* New York, Praeger, 1962. The Study is based on the hearings of the subcommittee on statistics of the Joint Economic Committee of the Congress in the autumn of 1959.

[28] Malinovsky stated in January 1962 that approximate nuclear parity existed between the Soviet Union and the United States, and Khrushchev had annuounced at the XXII Party Congress in October 1961 that the Soviet Union would overtake the level of any capitalist country.

[29] By superpower we mean a great power whose armed force is so mobile that it can be deployed in any strategic theatre, as opposed to a great power whose interest and influence are confined to a single regional theatre. This definition was given for the first time by W. T. R. Fox, *The Super-Powers ;* Their Responsibility for Peace, New Haven, Yale Institute for International Studies, 1944, pp. 20-21.

[30] G. M. Kahin, *The Asian-African Conference, Bandung, Indonesia, April 1955,* Ithace, NY, Cornell University Press, 1956.

this thinking that contributed to the projection of new international forces which have today become the nucleus of a new power configuration in international relations.

This process was opened with a tripartite meeting of three leading non-aligned nations—India, Egypt, and Yugoslavia at Brioni in 1956. It provided an incentive to hold periodic consultations and reached a turning-point with the convening of a summit conference of twenty-five nations in Belgrade in 1961 who met the five-point criteria of non-alignment agreed upon at the Cairo preparatory conference in June 1961.[31] The circle of non-aligned nations had indeed enlarged and now included nations from Asia, Africa, Latin America, and Europe. In the second non-aligned conference, held in Cairo in 1964, the number of participants rose to 47 (plus 10 observers), an increase of 88 per cent. The foundations of the bipolar system, which had partially been undermined by developments in Europe, were now severely challenged by a configuration of new forces which were geographically located far away from the dominant power centres.

II. *THE EMERGENCE OF THE NEW SYSTEM*

In the 1960's, the international system began to show clear signs of major transformation. All the new forces which had been unostentatiously projected into the system by the mid-1950's now rapidly and dramatically asserted themselves, moving towards some form of tripolycentrism with a growing number of autonomous power centres within each of the three general but loose groupings.

What were these major developments which operated as agents of change, and contributed to the emergence of a new system? What were the new features of this system, and how did the new international forces interact on each other in this new configuration?

---

[31] The five criteria were the following:

(*a*) to follow an independent policy based on peaceful coexistence;

(*b*) always to support popular liberation movements;

(*c*) refusal to join any bilateral treaty with any regional defence bloc if that would mean involvement in the East-West conflict;

(*d*) refusal to join any military pact that would mean involvement in the East-West dispute;

(*e*) refusal to have on its territory any foreign military bases set up with their consent.

See G. H. Jensen, *op. cit.*, p. 285.

1. *The Balance of Terror*

First of all, the almost parallel volatility of US and Soviet technology and weaponry had rendered obsolete the classical geopolitical theories of defence. Neither distance nor natural frontiers nor even globe-girdling security communities established by the two superpowers could offer them an element of security against the other. Even the continuous expansion of military power did not make the two superpowers secure. If anything, it only enhanced their insecurity. As Jerome Weisner and Herbert York, former scientific advisers to the White House, pointed out :

> « Ever since shortly after World War II, the military power of the US has been steadily increasing. Throughout this same period the national security of the US has been rapidly and inexorably diminishing. ... The military power of the USSR has been steadily increasing since it became an atomic power in 1949. Soviet national security, however, has been steadily decreasing. ... Both sides in the arms race are thus confronted by the dilemma of steadily increasing military power and steadily decreasing national security. *It is our considered professional judgement that this dilemma has no technical solution.* (Italics in the original.) If the great powers continue to look for solutions in the area of science and technology only, the result will be to worsen the situation. The clearly predictable course of the arms race is a steady open spiral downward into oblivion. » [32]

The only security that was now available was the security of mutual destruction. It was this new balance of terror at the strategic level, which had become "an even one", [33] and which had injected prudence in the operative part of superpower bilateral relations, unfolding a simultaneous process of seeking common ground on conflicting issues, of controlling the arms race, of concluding agreements to diminish tension. This new form and level of bilateral relationships received its formal codification at the US-USSR summit meeting in May 1972 where the two parties agreed—among other things—that the agreement concluded in weaponry was a product of their "common determination that in the nuclear age there is no alternative to conducting their mutual relations on the basis of peaceful coexistence". [34]

[32] J. P. Weisner and H. E. York, "National Security and the Nuclear Test Ban", *Scientific American,* October 1964.

[33] A. Buchan, *The End,* p. 31.

[34] For full text of the agreements and joint communiqués, see *New Times,* June 1972 ; for details see Y. Nikover, "USSR-USA ; The Results of the Moscow Talks", *International Affairs* (Moscow), No. 8, 1972.

2. *Decolonization*

Second, the process of decolonization, already widespread in Asia, had spilled over to the African continent leading to the political independence of most of the territories belonging to the French and British empires. What remained of the colonial areas—particularly in Southern Africa—had escalated into violent national upheavals, finally culminating in the independence of Angola and Mozambique in the mid-1970's, and in a decisive shift in the balance of forces in Rhodesia where the dominant white minority—though very reluctantly—had finally accepted the principle of a black majority rule in the country.

That the final decolonization of Africa and Asia has radically transformed the situation can be gauged from the fact that the "non-contemporary world" [35]—which constitutes a majority and ranges from up to date right back to the Bronze Age—has become an integral part of an international system, which hitherto was exclusively composed and dominated by the rich and the powerful. Succinctly analysing this major development, a British historian wrote :

> « Never before in the whole of human history had so revolutionary a reversal occurred with such rapidity. The change in the position of the peoples of Asia and Africa and in their relations with Europe was the surest sign of the advent of the new era, and when the history of the first half of the twentieth century—which for most historians is still dominated by European wars, and European problems, by Fascism and National Socialism, and by Mussolini, Hitler and Spain—comes to be written in a longer perspective, there is little doubt that no single theme will prove to be of greater importance than the revolt against the West. » [36]

3. *The Widening Gap*

Third, the inadequacies of the international economic system, based on Bretton Woods Agreements and the GATT and concluded in the aftermath of World War II, became more than apparent. The process of disparities in levels of population, income, and industrialization between the developed and the developing countries had accelerated and reached disquieting proportions. The share of the developing countries in world trade continued to decline. At the beginning of the 1950's,

[35] Expression used by D. Gabor, *Inventing the Future,* Harmondsworth, Penguin Books, 1972, p. 24.

[36] G. Barraclough, *An Introduction to Contemporary History,* Harmondsworth, Penguin Books, 1967, pp. 153-154.

and at the end of the 1960's, three-quarters of world trade was conducted between developed economies. As the 1970's began, the annual average value of this trade was over $300 billion for the "rich" and about $50 billion for the developing countries. Their external debts continued to rise: from approximately $8-10 billion at the end of 1955 it had gone up to some $24 billion at the end of 1962 [37] and to about $80 billion by the early 1970's. [38] The rich countries were becoming richer and the poor poorer, and the "widening gap", as stressed by the Pearson report, "between the developed and developing countries has become a central issue of our time". [39]

4. *Effects of Prosperity*

Fourth, the 1960's also witnessed a significant growth of the number of highly developed countries other than the US and the USSR. The application of science and technology to production, the widespread growth of education, social security, etc. had generated in a number of countries of the First World, and to some extent of the Second World, [40] an unprecedented level of material prosperity, throwing up new social groups which did not fit into the traditional class framework. [41]

The wielding of economic power and the attainment of a high level of prosperity undoubtedly has a major influence on the foreign policy behaviour of a State, for it opens new avenues in international relations. For a nation like West Germany, which has become the fourth industrial power of the world, it is no longer possible to remain a "political dwarf". For Japan—though its military dependence on the United States is overwhelming—the national interests do not coincide *eo ipso* with that of its American ally. Even in Eastern Europe—where the scope of action is still limited by the Soviet hegemonial position—one cannot fail to notice

---

[37] R. Prebisch, *Towards a New Trade Policy for Development,* New York, UN, 1964.

[38] B. Ward, "A Kind of Sharing", *Development Forum,* July-August 1974; see also B. Ward *et al., The Widening Gap;* Developments in the 1970's, New York, Columbia University Press, 1971; I. Cox, *The Hungry Half;* A Study in the Exploitation of the Third World, London, Lawrence & Wishart, 1970; P. Donaldson, *Worlds Apart;* The Economic Gulf between Nations, Harmondsworth, Penguin Books, 1971. For a Soviet view see K. Ivanov, *On the "Rich and Poor Nations",* Moscow, Novosti Press Agency, 1973.

[39] L. B. Pearson, *Partners in Development;* Report of the Commission for International Development, New York, Praeger, 1969, p. 3.

[40] For changes in the Second World, particularly in Eastern Europe, see E. Todd, *La chute finale,* Paris, Robert Laffont, 1976.

[41] For an interesting analysis of this development, see R. Garaudy, *Le grand tournant du socialisme,* Paris, Gallimard, 1969.

—besides the effects of destalinization—the linkage between prosperity and a longing for greater autonomy in international relations ; for how else can one explain the increasing diversity in foreign affairs, and the recognition by the Soviet Union of "specific national interests and tasks in international affairs" of socialist countries ? [42]

5. *Ecological Threats*

Fifth, a growing number of nations seem to have become aware of the increasing threat of environmental and ecological imbalances that have begun to surge forward. The spectre of the arms race, the threat of international pollution, of the destruction of all life in the seas, and to man's water reserves, the population explosion, the depletion and waste of scarce resources—all global in scope—have been increasingly evoked in different forums, leading to the emergence of a consensus that some of these problems can be resolved only through transnational consultations and action.[43] Warning the world on this question, U. Thant declared in May 1969 :

> « I do not wish to seem over-dramatic, but I can conclude from the information that is available to me as Secretary-General that the Members of the United Nations have perhaps ten years left in which to subordinate their ancient quarrels and launch a global partnership to curb the arms race, to improve the human environment, to defuse the population explosion and to supply the required momentum to development efforts. If such a global partnership is not forged within the next decade, then I very much fear that the problems I have mentioned will have reached such staggering proportions that they will be beyond our capacity to control. » [44]

III. *NEW WORLD FEATURES*

The cumulative effect of all these factors has been a profound transformation of the international system. The long and intense phase of the Cold War was superseded by a process of détente. The bipolar system with its rigid framework was increasingly replaced by tripoly-

[42] Sh. Sanakoyev, "Formation and Development of Socialist International Relations", *International Affairs* (Moscow), October 1967, p. 10.

[43] R. Theobald, *The Challenge of a Decade ;* Global Development or Global Breakdown, New York, UN, 1969.

[44] Cited *ibid.,* p. 1.

centrism ; and the agenda of international affairs had expanded beyond the traditional issues of security and balance of power to include complex issues of economic interdependence, resource management, and global preservation—issues which undeniably required multilateral negotiatory treatment, and which could not be resolved within the traditional ideological framework to which the world had so far been exposed.

1. *Détente*

The first major transformation was the replacement of the Cold War by a process of détente.[45] This was initially confined to the superpowers who, having collaterally reached the dangerous point in strategic balance, considered it in their common interest to prevent the international situation from deteriorating any further. A number of agreements were therefore concluded—notably the Test-Ban Treaty, the various conventions on the uses of outer space, and the Non-Proliferation Agreement.

The underlying objective behind this process of accommodation was limited insofar as the common aim was to reach a strategic détente, and to maintain a *status quo,* rather than to ameliorate the existing international situation.

The intra-European détente which followed the growing superpower strategic understanding was different. Having become aware that neither alliance really threatens the other, the European countries attempted to improve on the *status quo,* and set in motion a more far-reaching process of détente.[46] Intra-European contacts were established, streams of different delegations were exchanged, economic relations were forged, and cultural and scientific agreements were concluded. Attempts were also made to seek some political understanding, the first notable example of which was de Gaulle's visit to Moscow in 1966.

However, it soon became apparent that there were limits beyond which it was difficult to push intra-European détente as long as some of the basic political hurdles had not been removed, and as long as some understanding had not been reached on issues which dominated European politics. The German problem obviously was the principal hurdle on

[45] J. Korbel, *Détente in Europe,* Real or Imaginary ?, Princeton, NJ, Princeton University Press, 1972 ; M. Tatu, *Le triangle Washington-Moscou-Pékin et les deux Europes,* Paris, Casterman, 1972 ; G. R. Urban (ed.), *Détente,* London, Temple Smith, 1976 ; *Europe 1980 ;* The Future of Intra-European Relations, Leyden, Sijthoff, 1972 ; M. S. Agwani (ed.), *Détente ;* Perspectives and Repercussions, New Delhi, Vikas Publishing House, 1975.

[46] For details of this dual détente, see Ph. Windsor, *Germany and the Management of Détente,* London, Chatto & Windus for the Institute for Strategic Studies, 1971.

which conflicting and rigid views between the two blocs had in fact contributed to the acceleration of the Cold War. The orthodox Western view, on the one hand, was that a solution to this problem could be found in a series of concentric circles, expanding from a solution of the "German question" to a generalized détente between Eastern and Western Europe. The orthodox Eastern point of view, on the other, insisted that real détente in Europe was contingent on the clear acknowledgement by the Federal Republic and its allies of the division of Germany.

The solution—though an interim one—was finally found by the socialist-liberal coalition government of Willy Brandt in 1969. Abandoning the hitherto intransigent West German view that no understanding with the Soviet Union was acceptable unless it conceded the principle of German reunification, the West German government now accepted—within the framework of its *Ostpolitik* [47]—that normalization with the Soviet Union was unavoidable, and that a *modus vivendi* would have to be found with the German Democratic Republic.

This process of political normalization was formally inaugurated with the conclusion of the Moscow treaty in August 1970—in which the inviolability of the Oder-Neisse line was recognized—and with the normalization of relations between Poland and the Federal Republic in December of the same year. It was thereafter continued with the conclusion of the quadripartite Berlin agreement in September 1971, and the basic treaty between the two Germanies in 1972. The process was finally completed by the treaty with Czechoslovakia in 1973, annulling the effects of the Munich Agreement of 1939. The culmination of this politics of normalization was the admission of the two German States into the United Nations in autumn 1973.

With the removal of this major political hurdle, there then began a process of convergence of European and superpower efforts to make wide-ranging multilateral explorations for co-operation and security in Europe. The first and the most spectacular development was the Conference on European Security and Cooperation (CSCE), in which all the European nations—with the exception of Albania—participated. After almost three years of hard bargaining on four "baskets"—security, economy, human contacts and follow-up action—and after having exchanged about 9 millions words, the "Final Act" was concluded in Helsinki in the autumn of 1975 [48] whose basic and underlying objective, in the words of Brezhnev, was to "concretize détente". [49]

[47] The first concrete proposition for *Ostpolitik* was a memorandum of Willy Brandt, written in August 1964 and published on 26 January 1965 in the *Frankfurter Allgemeine Zeitung.*

[48] *Helsinki ; Acte final,* Conférence sur la sécurité et la coopération en Europe, Introduction de Jacques Denis, Paris, Editions Sociales, 1975.

[49] *Helsinki : bilan et perspectives,* Moscou, Agence de presse Novosti, 1976, p. 14.

However, in addition to this comprehensive and wide-ranging agreement—the effective implementation of which would transform international relations—the two subsystems are involved in a number of other multilateral contacts in Europe : there is the Conference on Mutual Force Reductions in Vienna, the development of the relations between the Council for Mutual Economic Assistance (COMECON) and the European Economic Community (EEC), and the conclusion of a wide spectrum of collective agreements and understanding within the framework of the UN Economic Commission for Europe. [50]

But the process of normalization and détente was by no means confined to Europe. It was to some extent extended to other areas of the world. The normalization of relations between Peking and Washington, between Japan and its two great socialist neighbours, the successful conclusion of the Paris accords on Vietnam in June 1973, and the agreement on the prevention of nuclear war, also in June of the same year, [51] were some of the fundamental milestones on the path to a new world system with overlapping power constellations.

2. *The Multipolar World*

The second major transformation was "the diffusion of power", [52] the erosion of the two blocs and the appearance of additional national or regional power centres.

The tendency of growing alienation between the United States and its European partners—already visible in the mid-1950's—appears to have accentuated. With the passing of their economic dependency on the United States and with the petering out of the Cold War there has resurged a wish to play a more independent role in the world, and, for some, even to dispense with the American protection—once solicited as the only guarantee for their security. [53] The Gaullist policy of national independence, culminating in the French withdrawal from NATO, and the building up of the *force de frappe tous azimuts,* is the most striking example. [54] Britain's oscillation between the Commonwealth, the United States, and Europe has been resolved increasingly in favour of its

---

[50] V. Yevgenyev, "Important Areas of Interaction in Europe", *International Affairs* (Moscow), No. 8, 1976.

[51] For R. Edmonds, *Soviet Foreign Policy 1962-1973 ;* The Paradox of Superpowers, London, Oxford University Press, 1975, p. 31, it marks the end of the Cold War.

[52] A. Buchan, *The End,* p. 28.

[53] For background information see R. Steel, *The End of Alliance ;* America and the Future of Europe, New York, Viking Press, 1964.

[54] P. Gallois, *Stratégie de l'âge nucléaire,* Paris, Calman-Lévy, 1960.

European partners since its entry in the Common Market in January 1973. For the Federal Republic a choice between a Bonn-Washington axis and its European partners has become ever more problematic [55]. Italy—having been sucked more deeply into the domestic whirlpool of instability and of rising Communism—is no longer able to voice openly and clearly its Atlantic loyalties. The recent domestic convulsions in Portugal and Spain are projecting political forces which seem to be more interested in seeking closer ties with Western Europe rather than with the United States ; and even Turkey, a traditional friend of the United States, is showing growing signs of disenchantment with its senior partner, and appears to be building bridges with hitherto feared nations.

But what about the cohesion of the West European nations ? Are they really locked in the ongoing and irreversible process of integration ? Have they built the necessary institutional framework for the unity of Western Europe ?

Although they have undoubtedly made considerable progress, of which the EEC is the most shining example, the great and ideal goal of attaining unity—excessively influenced by past experiences—appears to have waned. The original objective of attaining an overall European integration and of establishing supranational institutions, which would become the focal point around which the concepts, the problems and the conflicts would gravitate, has been abandoned. [56] Instead, there has now emerged a new—and perhaps a more realistic—concept which, while accepting the maintenance of the already established institutional links, tends to move towards de Gaulle's concept of *Europe des nations* which are "united in their essential interests" and which are prepared to strengthen the Community by harmonizing their economic policies. Since the Hague (1969) and Copenhagen (1973) summit meetings, the real catalyzer of this new and diffused process of West European integration is thus no longer the communities, but the heads of national governments who have clearly taken upon themselves the task of decision-making on all the critical issues. This reinforcement of ultimate authority of the national actors cannot be construed as a decision to reverse the integration process into which Western Europe was already locked, but an attempt to halt all objectives of creating a supranational authority ; [57] for when one examines the record of the summitry in the continuing construction of Europe—where nationalism of States is widespread—the record is not that insignificant. Consider, for example, the agree-

---

[55] See R. Dahrendorf, "Themen, die keiner nennt, I. Aussenpolitik : die europäische und die amerikanische Option", *Die Zeit,* 17 September 1976, p. 6.

[56] For some analysis of the problem, see A. Shonfield, *Journey to an Unknown Destination,* Harmondsworth, Penguin Books, 1973.

[57] *Ibid.*

ments reached on a common agricultural policy, on the enlargement of the Community, on the setting up of different mechanisms for various unions, and on the holding of direct elections for a European Parliament.[58]

Even more striking was the high level of co-ordination and consultation achieved in foreign policy. Despite myriad differences, a consensus has nonetheless emerged among West Europeans that they must speak with one voice on the great affairs of the world. After having institutionalized periodic consultations (every three months) of Foreign Ministers, the nine members of the European Community regularly caucused and acted together in the Helsinki and Geneva phases of the CSCE, co-ordinated their positions for the United Nations meetings, sent a single representative to negotiate with the United States on a new Atlantic declaration, adopted a joint policy on West Asia, agreed to open a dialogue with the Arab countries. At a recent meeting of Foreign Ministers (September 1976) in Beetsterzwaag in Holland, they went even further by putting their combined weight behind a West German proposal for a UN resolution demanding criminal sanctions against international terrorists, by supporting Kissinger's mission in Southern Africa, by withholding recognition from the Transkei, the South African homeland which became independent on 26 October, and by reiterating their insistence on free elections in Spain before any Spanish application for Common Market membership could be considered. That this is a by no means small achievement is evident from the high level of scepticism that once prevailed among many European observers over the capacity of the EEC to act in concert—and independently of the United States—regarding delicate international issues.

The "cracks in the Soviet sphere"[59] were even worse. The international Communist movement, which had so far managed to maintain—despite Yugoslavia's defection in 1948 and revolts in Hungary and Poland in 1956—a façade of monolithic unity under Moscow's leadership was seriously disrupted. China violently criticized Soviet internal and external policies, defiantly challenged Moscow's claim to leadership of the international Communist movement, and unhesitatingly declared that the Soviet Union no longer belonged to the anti-imperialist front.[60] Very rapidly the differences between the two countries escalated into a serious dispute ramifying in all directions and on all points. The ferocity with which the two Communist giants are today striving to undermine the

---

[58] J. Boissonnat, "Entretien avec Raymond Barre", *L'Expansion,* septembre 1976,

[59] S. Brown, *op. cit.,* p. 45.

[60] For details of the Chinese point of view, see *The Polemic on the General Line of the International Communist Movement,* Peking, Foreign Languages Press, 1965.

position of each other is as striking as the vehemence with which they had indulged in indigestible encomiums for each other during the preceding period. The situation in Eastern Europe also underwent important changes. The process of détente, the aggravation of the Sino-Soviet dispute compounded with the fact that "diffusion of power" was rapidly enlarging within the Atlantic Community, contributed to the manifestation of varying degrees of independence from the Soviet Union by Yugoslavia, Albania, and Romania. The Yugoslavs, having successfully resisted Soviet efforts to make them toe the line, had become by the 1960's a leading member of the non-aligned world. The Albanians had defied Moscow and were leading an intense political campaign against the Soviet "revisionists"; and the Romanians had projected an independent posture on a wide number of international problems, including the Sino-Soviet dispute. [61] All these independent voices had resulted in the erosion of Soviet influence in an area where its authority was unchallengeable during the Cold War period. Even within the framework of COMECON, where a web of institutionalized multilateral and bilateral relations had been introduced, opposition to Soviet attempts to integrate were strongly resisted. The original Khrushchevian objective of creating supranational organs with powers to impose decisions on members had been rejected, and it had been explicitly stipulated at the 25th COMECON Council session in Bucharest that non-participation of some countries "must not prevent the interested countries from affecting joint co-operation". [62] So phrased, this provision clearly underlined each member country's prerogative to share or not to share, or join or not to join, to participate or not to participate. Undoubtedly the Soviet Union remains the most influential among the members of the COMECON, and on several occasions pressures must have been exercised on small socialist States to go along with Soviet proposals; and yet there are sufficient examples to show that the officially proclaimed principle of voluntarism is not completely devoid of meaning. Romania has, for instance, shown no interest in the proposed huge metallurgical combine to be built jointly in the Soviet Union, as also in the joint exploitation of manganese deposits in Bulgaria recommended by the 25th COMECON Council session. [63]

The socialist subsystem has indeed evolved, and it is more than likely that this process will continue in the future, giving the area greater economic cohesiveness and perhaps conferring greater internal autonomy

---

[61] Romania applied for admission to the non-aligned summit conference in Colombo in August 1976 and was given the status of a permanent guest; see V. Gilga, "Rumänien für eine neue ökonomische und politische Weltordnung", *Europäische Rundschau,* Winter 1976, pp. 19-27.

[62] Radio Free Europe, *Romanian Situation Report,* 25 August 1971.

[63] *Ibid.*

on the countries of Eastern Europe. It is, however, difficult to imagine the development of a political situation in the area where the Soviet client States in Europe would be permitted to acquire a measure of national independence which allows a nation to be master of its own decisions in internal as well as external affairs. This is quite evident from the brutal Soviet intervention in Czechoslovakia and from the proclamation of the so-called Brezhnev doctrine.

This relative weakening of bloc cohesion, this "intramural strife" [64] on both sides, was paralleled by a slackening of internal cohesion or by social unrest in several States. The West was shaken by a series of "socio-intellectual explosions" [65] produced by generational problems of a "post-materialist" [66] society, and alienation-prone technical-industrial structures, resulting in a rejection of "productionalism" and in a serious crisis of civilization. In the Soviet Union, the civil rights movement and the *Samizdat* literature reflected a growing concern for a "humanization" of socialism and for less control of everyday life. [67]

3. *The Rise of the Third World*

If the events of the 1960's had contributed to the erosion of cohesiveness of the two blocs, they gave the necessary impulsion to the non-aligned countries to make rapid strides towards greater understanding, co-operation and even co-ordination among themselves. But this process of cohesion did not really set in without some initial bemusement and uncertainty paradoxically caused by the events of the 1960's. How should they, many asked, respond to the radically changed international situation ? Had the original objectives and the very basis of non-alignment, as conceived and formulated in the days of the Cold War, really and suddenly now reduced them "to the position of the Fifth (or Sixth) World in terms of their importance in world politics" ? [68]

In short, was non-alignment still relevant ? Evidently some of the original tenets on which the movement was based had lost their

---

[64] S. Brown, *op. cit.,* p. 36.

[65] R. Aron, "L'Europe face à la crise des sociétés industrielles », *L'Europe des crises,* Brussels, Bruylant, 1976, p. 92.

[66] For an analysis of changing values in Western societies see R. Inglehart, "Long-Term Trends in Mass Support for European Unification" (forthcoming in *Government and Opposition,* Spring 1977).

[67] For dissident movements in the Soviet Union see *La Russie contestataire ;* Documents de l'opposition soviétique, Paris, Fayard, 1971 ; *Les nouveaux procès de Moscou ;* L'Affaire Guinzbourg-Galanskov, Paris, Editions du Seuil, 1969 ; Z. and R. Medvedev, *A Question of Madness,* Harmondsworth, Penguin Books, 1974.

[68] "The Third World and the Great Powers", *Annals of the American Academy of Political and Social Science,* November 1969, p. 56.

urgency and importance. In a period when most of Africa and Asia had become politically independent, and Latin America was seeking its own political identity, it was hardly possible still to attribute to colonialism the same dimensional importance as it had received in the preceding years. In an age, where the superpowers had become locked in an interacting process of bilateral negotiations, and were themselves performing the tension-reducing function, it was scarcely feasible and relevant for the new nations to view this as one of their major objectives. Again, in an epoch where nations, having hitherto constituted themselves into alliance systems, were in process of acquiring greater political and economic leverage, and had generated an important degree of autonomous decision-making, it was no longer possible to underline the existence of sharp distinctions between those who were aligned and those who were not.

Non-alignment was thus on the way to becoming irrelevant, for most of the hitherto pragmatically established objectives had lost their significance in a rapidly changing international system. Something more definite and more conceptually oriented was needed to give once again relevance and a certain measure of cohesiveness to non-alignment. [69]

This was provided by the disquietingly widening gap that had come to manifest itself between the developed and the developing nations. From the reports that were published, the articles that were written and the meetings that were convened in the 1960's, collective concern over this state of affairs became increasingly evident, providing the poor countries with a major catalyst to accelerate the cohesive process among themselves.

This process of transnational co-operation and consultation was inaugurated at the Cairo Conference on Economic Development in July 1962 ; for it was at this meeting of thirty-six developing countries that a first major effort was made to publicly voice a general concern at "the development of a cold war in international economic relations", [70] to explore ways and means of shaping a common strategy of co-operation, and to realize a collective programme of self-reliance among themselves within a broader framework of global interdependence. The final statement adopted by the Conference contained a number of interesting reflections and proposals—including recommendations to concert mutually on major economic issues, and to work for the convening of an International Economic Conference within the framework of the United Nations. [71]

---

[69] A. P. Rana, "Détente and Non-Alignment : A Conceptual Study", in M. S. Agwani (ed.), *Détente ;* Perspectives and Repercussions, New Delhi, Vikas, 1975.

[70] *The Conference on the Problems of Economic Development,* Cairo, Government Printing Press, 1962, p. 35.

[71] *Ibid.*

It was at the UNCTAD conferences—held in Geneva (1964), New Delhi (1968), and Santiago de Chili (1972)—that the mood and consensus began to take some concrete shape.[72] The debates on international commodity problems, on compensatory financing, on trade obstacles and tariff preferences for manufactured and semi-manufactured goods, showed a remarkable unity among the developing countries and led to the establishment of the "Group of 77" in 1964, which did not only act as an unofficial group bound together by common interests, but openly established a well-organized system of meetings at plenary and steering committee levels to define their co-ordinated views on any subject beforehand. The importance and effectiveness of this group can be gauged by the fact that it has since become the most important forum for co-ordinating the views of the developing countries.

The next important step in this ongoing process was the outlining of the basic conceptual framework of what has come to be known as the "New International Economic Order". This was done at the fourth non-aligned summit held in Algiers in September 1973. At this conference, where quantitative data were provided and specific recommendations made, the programme stressed the desirability of self-reliant action. It also identified the exercise of national sovereignty over natural resources as well as control over private foreign investment in developing countries as the principal means of effecting changes in their relations with the developed world.[73]

The next important stage in this process of economic consolidation was the setting in motion of an institutional process designed to implement the different aspects of the framework. The UN system was viewed as an ideal forum for this purpose ; and it became one of the principal objectives of the developing countries to strengthen the system by supporting the creation of new functional organisms, and by pressing for the assignment of a wide spectrum of responsibilities in the economic domain to the already existing organizations. The demand for the creation of UNCTAD, for example, emanated at the Cairo Economic Conference ; the idea of convening a special session (the seventh) of the General Assembly to discuss problems of development co-operation originated at the Algiers summit ; the discussions for the restructuring of the economic and social sectors of the UN system were initiated by the developing countries in the summer of 1975, and the recommendations for the United Nations Industrial Development Organization (UNIDO) into a specialized agency were tabled by them at UNIDO's Lima conference in March 1975.

This focus on the UN system was perhaps understandable. In the first place, the Third World countries, by sheer force of numbers, had

---

[72] B. Gosovic, *UNCTAD ;* Conflict and Compromise, Leiden, Sijthoff, 1972.

[73] *Review of International Affairs,* 20 September 1973.

acquired a predominant voice in the decisional process of the UN system —at least in those organs where the superpowers did not possess any veto power. It was thus possible for them— provided they maintained unity— to orient the policies in their favour. Second, the basic infrastructural support in international organizations was already established with the original help and financial aid of developed nations. With the majority the developing nations had now acquired, it was possible for them to give appropriate orientation without having to suffer any major financial burden, for if any additional funds were needed either for the already established institutions or the new ones, the developed countries had a major responsibility of making significant financial contributions. Fourth, the UN acted as an important accelerator to Third World cohesion insofar as the permanent delegations accredited to the organization could continuously concert with a view to arrive at a consensus on major socio-economic issues.

Economic cohesion was, however, not limited to the macro-level— though this was viewed as an important precondition for the accomplishment of the new international order. Other levels and forms of cohesion were also developed. Regional integration, or interaction, for example, has become in recent years a widespread phenomenon, and practically all over the three continents one witnesses the creation of proliferating regional institutional organizations which have increasingly become important centres of decision-making. The level of integration in regional settings is higher than at the global level primarily because the quantum of national actors involved in this process is smaller and therefore more effectively manageable, and the countries concerned with regional co-operation do not only possess a common cultural background but often—though not always—share similar views on a wide spectrum of economic and political issues. [74]

Another form and level of co-operation which appears to have become important in recent years is the phenomenon of consultations among Islamic nations. Ministers of Foreign Affairs have been meeting fairly regularly, and two summit meetings have already taken place (Rabat and Lahore) in which agreements were reached on a wide number of points —including the establishment of a secretariat, an Islamic Solidarity Fund, and a permanent committee whose task would be to devise "ways and means for the attainment" [75] of socio-economic goals spelt out at the second thirty-six nations' meeting in Lahore in February 1974.

Yet another level of cohesion is on the functional plane, through the establishment of international commodity organizations among the Third

---

[74] J. Freymond, *Les orientations de la politique mondiale,* Geneva, May 1973.

[75] *Report on Islamic Summit* 1974, Islamabad, Ministry of Information and Broadcasting, 1974, p. 225.

World countries. The remarkable success achieved by oil-producing (OPEC) countries acted as a major catalyst in rallying other primary commodity producers and generating a consensus that they too could perhaps achieve major benefits by creating similar organizations. In addition to OPEC, three commodity associations have so far been created —the Council of Copper Exporting Countries [76] and the Bauxite Producers' Association in 1974, and the Association of Iron Ore Exporting Countries in 1975. [77] Whether these organizations would be able to manipulate the market and obtain an enforcement of dramatic increase in prices, as had been successfully done by the OPEC countries, remains problematic. It would evidently depend on a number of factors, including the level of elasticity in demand and the capacity of producing substitutes, and the emergence of a clear consensus among the member nations, some of whom are developed nations. In any event, obtaining a wide margin between price and production costs is only one of the objectives, for stabilizing market prices and preventing them from falling below production costs, etc., are equally important.

What is the future of such organizations thus remains an open question. One thing, however, is certain : the commodity producers now view themselves as having acquired a new source of power to disrupt, at least temporarily, the delicate balance that exists between surplus and shortage in the high-consumption nations of the world.

If the attainment of a broad consensus on economic issues was possible among developing countries, this did not appear to be the case in the political field ; for the spill-over effect of the Cold War from Europe had created an element of diversity pulling the Third World nations in different directions. The Bandung Conference was a striking manifestation of this state of affairs.

Political consensus was therefore sought among those nations which had opted for non-alignment, for at least among them there was an element of approximation insofar as they had refused to ally themselves with any of the military alliance systems, had challenged the view that it was the responsibility of the US and USSR to run the affairs of the world, had categorically denied the right of the superpowers to decide about their domestic options, and had unanimously declined to remain indifferent to the problems of the world.

It was perhaps this common approach on some basic issues, compounded with a measure of success recorded in the field of economic

[76] For details see K. A. Mingst, "Cooperation or Illusion : An Examination of the Inter-Governmental Council of Copper Exporting Countries", *International Organization,* Spring 1975.

[77] For details on commodity organization see C. E. Bergie, W. Hager, and Suco-Sekiguche, *Seeking a New Accommodation in World Commodity Markets,* New York, Trilateral Commission, 1976.

cohesion, that encouraged the ever-increasing number of non-aligned countries [78] to meet periodically and extend their area of agreement even on those political issues which hitherto were monopolized by developed countries. For instance, the process of détente, inaugurated at Helsinki, was viewed as incomplete by the non-aligned as long as it was not extended to other continents ; the establishment of peace zones was considered to be a vital necessity ; the reversing of the nuclear arms race was proclaimed as a major priority ; and the restructuring of the UN system was made an important objective. The issue of disarmament furthermore was no longer accepted as belonging exclusively to the domain of superpowers. Although the goal of "general and complete disarmament" was enunciated at every non-aligned conference, it was increasingly recognized that the particular danger to world peace arose from unbridled and increasing sophistication in weapons technology. While conceding the broad framework of strategic thought, which assumes that deterrence ensures stability, advances in weapons technology were viewed as potentially destabilizing. [79]

With the rapid increase in the number of participants, and the broadening of the political framework, an unavoidable tendency began to develop for the institutionalization and formalization of the non-aligned group. This was obviously deemed as essential for the greater cohesion of the group and for ensuring an effective implementation of decisions adopted at different international conferences. The initial opposition to such a tendency, of which Nehru was an adamant opponent, was slowly overcome with his disappearance, and with the inclusion of African countries whose emphasis did not necessarily coincide with those of the old Asian group.

The marked tendency towards institutionalization became apparent at the third non-aligned summit, where the importance of maintaining continuity with preceding conferences was emphasized, where the idea of instituting an "appropriate machinery" for the implementation of resolutions was suggested, and where, for the first time, the chairman of the conference was formally entrusted "with the function of taking all necessary steps to maintain contacts among member states, ensure continuity and carry into effect the decisions, resolutions and directives of the conference of non-aligned countries". [80] The Conference of Foreign Ministers

[78] The non-aligned countries met in Belgrade in 1961 with 25 participants, in Lusaka in 1970 with 53 participants, in Algiers in 1974 with 75 participants, and in Colombo in 1976 with as many as 84 participants.

[79] At a recent meeting in New Delhi of scholars coming from twenty-four non-aligned countries, whose main task was to give a broad and conceptual framework to non-alignment, these issues were broached. For some details see P. R. Chari, "Non-Alignment : Contemporary Justification and Challenges", *Indian and Foreign Review,* 1 June 1976.

[80] *Review of International Affairs,* 20 September 1971, p. 34.

of non-aligned countries—held in Georgetown in August 1972—went even further in emphasizing the drive in this direction by extending the mandate of its preparatory committee and entrusting it "with the task of assisting the Government of Zambia in co-ordinating all further activities, particularly in the preparations for the next summit". [81] The most important step towards institutionalization, however, took place at the fourth summit (Algiers), where a co-ordination bureau was set up whose task was to co-ordinate the activities of the non-aligned countries, especially in the UN, to prepare ministerial meetings, to realize a programme of economic co-operation among these countries, and to propose organizational measures for the advancement of mutual co-operation. [82]

If the objective of horizontal economic and political cohesion was to acquire greater leverage in their negotiating capacity with the developed world, the need for greater self-reliance among themselves—the third objective—was to diminish the level of their dependence on the developed nations. Much has already been written on the subject underlining the peripheral character of their role in the international system, and warning that if concerted efforts were not made to redress the situation, the political independence they had recently acquired may rapidly become illusory. [83]

In line with this thinking, a movement appears to have been established to increase their lines of communication, to assist each other, and to mutually expand their economic relations. Although the process is still in its initial stages, there are already a number of encouraging signs that some reasonable progress is being made. Steering away from the high-cost, often irrelevant, and polluting technology of the advanced nations, some 28 developing nations were providing technical knowhow to 55 others. [84] OPEC has become a potential aid giver to other developing countries. According to evaluations made by UNCTAD, the total aid commitment of OPEC countries has multiplied five times between 1973-1974, approaching $15 billion evenly divided between concessional and non-concessional commitments. With 3.8 per cent of their GNP allocated for development assistance, the total disbursement of OPEC countries compared favourably with 0.81 per cent of GNP that OECD member countries provided in the same year. [85]

---

[81] Cited in B. Korany, *Social Change, Charisma and International Behaviour: Toward a Theory of Foreign Policy-making in the Third World,* Geneva, Institut universitaire de hautes études internationales, 1976, p. 205.

[82] *Review of International Affairs,* 20 September 1973.

[83] In the eyes of a number of observers—particularly among Marxist groups—the danger point had in fact already been reached, and nothing short of a revolutionary rupture could rectify this unbalanced and unacceptable situation.

[84] K. S. Joyaraman, "Third World Self-Help", *Development Forum,* January-February 1976.

[85] *Ibid.*

At the Lima conference of non-aligned Foreign Ministers in 1975, on the eve of the Seventh Special Session of the UN General Assembly, a convention establishing a solidarity fund for economic and social development was approved. This fund was to be financed principally through voluntary contributions, and Kuwait, where the centre is located, is understood to have made an initial contribution of $1 billion. It was further decided at this conference to establish a special fund for financing buffer stocks of raw materials and primary products exported by developing countries. [86]

But it was not only in trade, credits, and technical assistance domains that a collective self-reliance strategy was formulated—though they were undoubtedly important elements, and were perhaps a major precursor in generating a trend in the direction of greater independence. There were other areas to which some attention was paid. Consider the meetings of the non-aligned co-ordinating group—particularly the one in Cuba in April 1976—to co-ordinate scientific activities and to seek monetary collaboration. [87] Consider the decisions taken and proposals made at the fifth non-aligned summit meeting in Colombo in 1976 to mutually assist each other to reach an annual target of 4 per cent in food and agricultural production in the next ten years, [88] to initiate a plan of mutual co-operation to diminish their dependence on multinational pharmaceutical companies, [89] to create a Third World Bank, [90] to explore ways and means of breaking the communication barrier that separates these countries, [91] and to set up a news agency pool to diminish their dependence on Western news agencies. [92]

The successful accomplishment of horizontal economic and political cohesion has undoubtedly given the non-aligned countries significant leverage in the international system. By a remarkable process of regular political and economic interactions, a large, highly heterogenous, unevenly developed and intensely nationalistic group of "non-contemporary" nations has joined together—a feat so far never accomplished in the annals of international relations. In fact, it could be suggested that through this process of continuous interaction, the non-aligned world

[86] B. Gosovic and J. G. Ruggie, "On the Creation of a New International Economic Order: Issue Linkage and the Seventh Special Session of the UN General Assembly", *International Organization,* Spring 1976.

[87] *Times of India,* 14 April 1976.

[88] *Ibid.,* 15 September 1976.

[89] *Ibid.,* 14 September 1976.

[90] *International Herald Tribune,* 17 August 1976; see also *Le Monde,* 18 August 1976.

[91] A symposium was held in Tunis in 1976 to discuss this problem.

[92] *International Herald Tribune,* 27 July 1976; N. Chakravarty, "Towards a Non-Aligned News Pool", *Indian and Foreign Review,* 1 July 1976.

has successfully created a new international subsystem with a common perceptual orientation towards the other subsystems,[93] with a certain pattern of relationship based on regular interaction, with common socio-psychological bonds, and with an increasing formalization of structures that bind them together.

4. *North-South : Conflict and Dialogue*

The fourth dimensional transformation of the international system was the inauguration of a multilateral negotiatory process between the Western liberal subsystem and the Third World to establish a generally acceptable international order. Notwithstanding the low military capability —considered as an important indicator of power in international relations —the Third World was able to force the hand of reluctant Trilateral countries (US, Western Europe, Japan) to come to the negotiating table. The importance of such a development can be gauged from the fact that it was the first time that the developed nations had to take into account the wishes of the developing countries.

A number of factors contributed to this major shift in the behaviour of the Trilateral world. First of all and for the first time, the Western liberal societies revealed a great vulnerability to external economic pressures emanating from the developing countries. The imposition of an oil embargo in 1973 on the United States and the Netherlands, and the subsequent price rise had created a critical situation for the developed countries—including serious balance-of-payments deficits[94] and the "invasion of the petrodollar".[95] For the first time it became apparent to these nations—particularly the Europeans and the Japanese—that their material prosperity was after all not permanent, and that there existed forces who, though unable to threaten them militarily, wielded a credible capacity of endangering their economic survival—a prospect perceived to be even more threatening than a military attack for nations which had grown flabby through material prosperity. That such an unprecedented situation was inevitably going to influence the foreign policy behaviour of many developed nations became increasingly evident when some of them began to cede to Third World pressures for multilateral negotiations for a new and equitable international order.

Second, pressure groups within the Trilateral world had built up among intellectuals, business groups, left-wing circles, and even partisans

---

[93] B. Korany, *op. cit.*

[94] R. C. Longworth, "The Mood of Europe : Helplessness before the Spreading Malaise", *Saturday Review,* 25 January 1975.

[95] R. N. Cooper, "The Invasion of the Petrodollar", *ibid.*

of market economies who voiced their support for a dialogue. [96] Serious research work, moreover, was conducted by well-known institutes and groups in the Western world—including MIT, the Aspen Institute for Humanistic Studies, [97] the International Federation of Institutes of Advanced Studies (IFIAS), [98] the Club of Rome, [99] the Trilateral Commission, [100] etc.—which highlighted the global character of issues and the vital importance of reaching "a new planetary bargain". [101] A new climate had thus been created which undoubtedly played a role in inducing the decision-makers of the developed countries to accept a dialogue with the Third World.

Third, in the face of these external and internal pressures, a process of interacting pressures also began to build up within the Trilateral world. The European nations, which were perhaps most affected by North-South tensions and which were anxious to seek a dialogue, exercised pressure on their reluctant senior partner (the US) to renege upon their earlier decision to maintain a rigid stand against the developing countries.

The opening phase of this multilateral confrontation and dialogue, which began with the Cairo conference of 1962 and which lasted for about a decade, was characterized by a rhetorical presentation of Third World grievances, and the joint adoption of a series of resolutions underlining the determination of the developed and the developing countries "to do their utmost to lay the foundations of a better world economic order". [102].

The basic assumption underlying these efforts was that of the so-called "benign intent", *i.e.*

> « that the existing mechanisms which governed trade and investment flows were primarily beneficial [to the developing countries] and that aside from utilising and expanding trade opportunities and

---

[96] J. Freymond, *De l'aide aux pays sous-développés au nouvel ordre international* (speech given on 27 November 1975 to the annual assembly meeting of Swisscontact in Zurich); see also his *Appréciation de la situation mondiale en automne 1975,* Club de Rome, 31 October 1975.

[97] Aspen Institute of Humanistic Studies, *The Planetary Bargain;* Proposals for a New International Economic Order to Meet Human Needs, Colorado, 1975.

[98] A. King, *The State of the Planet* (International Federation of Institutes of Advanced Studies, forthcoming).

[99] M. Mesarovic and E. Pestel, *Mankind at the Turning Point,* New York, Dutton/Readers' Digest Press, 1974.

[100] Trilateral Commission, Task Force on Relations with Developing Countries: *A Turning Point in North-South Relations,* Brussels, 1974; *OPEC, the Trilateral World and the Developing Countries; New Arrangements for Co-operation, 1976-1980,* New York, 1975 (Triangle Papers, Nos. 3 and 7).

[101] Aspen Institute, *op. cit.,* p. 5.

[102] Final Act adopted at first UNCTAD conference in Geneva in June 1965. For full text see L. Mates: *Nonalignment;* Theory and Current Policy, Belgrade, Institute of International Politics and Economics, New York, Oceana, p. 407.

> attracting foreign investment funds, the developing countries could focus their efforts on appealing to the developed countries on a purely moral plane, to assist by providing technical assistance and foreign aid for development progress. » [103]

But it was in the initial stages essentially a dialogue of the deaf. The debates in the UNCTAD conferences revealed a clear divergence of approach. Whereas the developed nations were partisans of maintaining the basis of the international economic system in its existing form in which the free operation of the market forces was the predominant element, the developing nations were fervent supporters of communal interventions in order to redress the international economic system which was increasingly becoming dichotomic. In effect, the developing nations seemed to insist that national mechanisms, adopted by liberal societies, to redress their internal economic inequalities should now be applied to remedy international poverty and global inequalities. [104] The perception of "malign neglect", widespread among developing countries, contributed to what has been labelled as a "trade unionist approach" for demands for greater share in world income through the creation of a New International Economic Order.

The next phase opened with the shifting of negotiations to the United Nations General Assembly, where, at the suggestion of the Algiers non-aligned summit, a special session of the General Assembly was convened in April-May 1974 to discuss raw materials and development. Here too the dichotomic rhetoric continued to manifest itself. Despite the strength of the Third World argument about the unjust character of past economic relations, the conservative wisdom in the West continued to be tilted not towards "malign" but towards "benign neglect" of the poor nations' predicament. The Western libertarians continued to regard national poverty, like that of the individual, as essentially self-inflicted. Nations are poor, they argued, because politically and ideologically they are misguided in what they think, in what they expect from others, and in their attitude towards life. However, what is remarkable about this phase—and this is what distinguishes it from the previous one—is that depite the continual existence of such thinking, a dialogue was in fact established.

The third phase opened on 1 May 1974 with the adoption by the Sixth Special Session of the General Assembly of the declaration calling for the establishment of a New International Economic Order. The

---

[103] J. Bhagwati, *North-South Relations,* paper presented at the International Economic Conference "In Search of New Prosperity" commemorating the centennial of the *Nihon Keizai Shimbun,* Tokyo, 26-28 October 1976, pp. 6-7.

[104] For background information on the North-South dialogue, see J. Amuzegar, "North-South Dialogue : From Conflict to Compromise", *Foreign Affairs,* April 1976.

Western—and particularly the US—attitude underwent a change. Moving away from scepticism and indifference towards co-operation, governments and the business leaders began to show a growing readiness to seek the road to political stability and economic prosperity in a more rational way through negotiation and compromise. The raw material producing countries had also come of age. Politically they were able to defend their sovereign rights, economically they seemed equipped to pursue their national aspirations, and internationally they appeared to be committed to seek co-operation. The General Assembly Seventh Special Session on Development and International Economic Co-operation in September 1975 served as a turning-point in the North-South dialogue because of the realism displayed by both the Third World and the West in their negotiations. The proposals submitted by the "Group of 77" were met by a number of positive and constructive counter-proposals from the Western countries. Out of this process came a compromise resolution which, when implemented, will go a long way towards meeting some of the Third World's long-standing demands.

The resolution essentially called for (1) the expansion and diversification of trade, improvement of productivity, and the increase of export earnings of the developing countries, (2) the attainment of stable, remunerative, and equitable prices for exported raw materials, (3) the reduction or removal of tariff and non-tariff barriers affecting the exports of the developing countries, (4) an increase in the volume and improvement of the terms of development assistance, (5) the attainment of the official development assistance target of 0.7 per cent of donor countries' GNP by the end of this decade, (6) an increase in the developing countries' access on favourable terms to world capital market, (7) the relief of debt burdens of the most seriously affected countries, (8) increasing international contact and surveillance over the creation and equitable distribution of world liquidity, and (9) facilitating the process of industrialization in the developing world.

But let not one conclude from all this that the differences between the developed and developing countries had dissolved, that there now existed a consensus on economic objectives, and that the elements of tension, suspicion, and confrontation that had hitherto dominated the negotiations between them had evaporated. Far from it. There was still no meeting of minds between the rich and the poor countries on the substance of fundamental issues, and no real understanding on the solutions to be sought. What had occurred was an explicit commitment to negotiate within the framework of the broad guidelines that had been established in the resolution. [105]

---

[105] For details see B. Gosovic and J. G. Ruggie, *op. cit.*

The initial operational outcome of this historic resolve—the spirit of the Seventh Special Session—was the Jamaica accord on the reform of the international monetary system. This accord reached in Kingston, following a two-day bargaining session of the International Monetary Fund's (IMF) Interim Committee, was the culmination of a long and painstaking process of give and take between the haves and the haves-not. The new agreement was more like an "open covenant openly arrived at" through a serious dialogue between the rich and the poor—a dialogue in which, "perhaps for the first time in postwar history, the Third World could use its bargaining power". [106] The developing nations' benefits from the "reform package" consisted *inter alia* of (*a*) an increase in the IMF quotas from about 7.5 billion units of the Special Drawing Rights (SDRs) to 12 billion ; (*b*) an immediate 44 per cent enlargement of their use of fund resources ; (*c*) a new "trust fund" through which they could receive profits from open market sale of one-sixth of the Fund's gold ; (*d*) an early review of the recently enlarged compensatory financing facility, and (*e*) a further review of the Fund quotas in three years' time instead of the regular five. What they failed to obtain out of this initial demand was a link between SDR and development finance, a gold and currency substitution account, a stable exchange rate and a second basic allocation of SDRs. [107]

The conference of twenty-eight developing and developed nations on international economic co-operation, convened in Paris in December 1975 "to initiate an intensified international dialogue [108] was the second major milestone in the multilateral negotiatory process. After considerable discussions in preliminary meetings it was agreed by the participants to establish an international secretariat and four commissions (energy, raw materials, development, and financial affairs) which were to meet periodically to discuss specific issues. The developing countries did not succeed in persuading their negotiating partners to lay down specific guidelines of a political nature for the four commissions which would oblige the experts to go beyond pure technicalities, but they did succeed —much against the initial opposition of the United States—in establishing a firm link between the problem of energy and the problems of development. [109] Not much progress, however, has been made after three sessions of the commissions, and the developing countries gave vent to their irritation and disappointment by criticizing the Trilateral

[106] J. Amuzegar, *op. cit.,* p. 552.

[107] R. N. Cooper, "International Monetary Reform after Three Years", *Trialogue,* Spring 1976, No. 10.

[108] For final communiqué of the ministerial-level meeting see *Atlantic Community Quarterly,* Spring 1976, p. 112.

[109] J. Schwoebel, "Now They're Talking", *Development Forum,* February 1976.

world for having made no constructive proposals and for having limited themselves "to brilliant analysis which does not lead to any solution". [110] But while openly expressing their dissatisfaction with the slowness of the conference, they, it is important to note, were careful not to break off the negotiations.

The fourth UNCTAD conference, held in Nairobi in May 1976, was another important forum where the dialogue continued. Here too, despite major disagreements, no break took place. After considerable and hard bargaining a delicately balanced compromise was finally reached in which concessions were made by both sides. While accepting the integrated programme proposed by the developing countries, the proposal for a $6 billion "common fund" to support price-stabilizing stockpiles of ten commodities was to be considered at a later date—but "no later than March 1977"—in an other UNCTAD conference. [111]

While the Third World demand for rescheduling or cancelling its debts of about $165 billion to industrialized nations was refused, the developed nations recognized the "seriousness" of the problem and manifested a "political willingness" to work out a broad set of guidelines which could be applied on a country-by-country or a case-by-case basis [112]

But this process of negotiation and confrontation, in which the basic dichotomization of attitudes and orientations was continuously present, was not limited to economic issues. It also came out in the open in other international conferences convened to discuss concrete issues. Whether it was the conference on nuclear non-proliferation (1970)—including the review conference (1975)—or on environment (Stockholm 1972), or on population (Bucharest 1974), or on food (Rome 1974), or on the Law of the Sea (Caracas 1974, Geneva 1975, New York 1976), or on women (Mexico 1975), or on the creation of the fund for agricultural development (Rome 1976), or on human settlements (Habitat) (Vancouver 1976), or on world employment (Geneva 1976), the North and the South often found themselves on opposite sides.

Although this could partly be attributed to the controversial political issues that separated them, and that were often introduced in the debates, it was principally and often caused by basic difference of approach on major issues. For the Third World countries, on the one hand, nuclear non-proliferation did not only mean an undertaking by them not to possess nuclear weapons but also an engagement by the developed coun-

---

[110] Cited from declaration of Mr. Perez Guererro, co-chairman of the Conference, *Le Monde,* 30 April 1976.

[111] *International Herald Tribune,* 31 May 1976.

[112] *Ibid.;* see also L. Jospin, "Le compromis de Nairobi", *Le Monde,* 2 June 1976; S. Sethuraman, "UNCTAD-IV — A Modest Step towards a New Economic Order", *Indian and Foreign Review,* July 1976.

tries—as stipulated in the Non-Proliferation Treaty—to reverse the nuclear arms race, to promote the peaceful use of nuclear energy, to make the benefits of peaceful nuclear explosion available to them, to respect nuclear-free zones, etc. ; for the developed countries, on the other hand, the basic issues were neither political nor general but technical—including effective safeguards in export policies of supplier countries, physical security of nuclear materials, and facilities for the possibility of establishing regional or multinational fuel cycle centres, etc. [113]

Pollution and environmental problems did not have the same connotation for the rich and the poor countries; for the developing countries, they conjured up visions of poverty, poor sanitation, poor housing, etc., whereas for the rich they were an outgrowth of the highly industrialized societies. Women in the developing countries were faced with immediate socio-economic problems, whereas these problems in the industrialized West were connected with a search for equality with men. The seabed for the Third World was a vast source of wealth to be exploited for everybody through controlled international institutions, whereas for the rich nations —powerful and technically equipped—exploitation of the resources must also be left to the nations themselves. The problems connected with human settlements for the developing countries were the swelling slums and the conspicuous decline in living conditions, whereas for the developed nations these problems were intimately linked with ecological imbalances created by the high level of industrial civilization.

But here too, in these conferences, while opposing perceptions and ideas were advanced, the dialogue between the North and the South—with all its tensions and turbulence—appears to continue in the hope that the global nature of the problems will lead the two subsystems eventually to undertake a real process of international co-operation.

CONCLUSIONS

The situation in the mid-1970's thus presents a tridimensional world system : the capitalist, the socialist, and the Third World subsystems. In this new triangular framework, the Second World, now essentially limited to Eastern Europe, still represents the most close-knit bloc under the hegemonial guidance of the Soviet Union. Its overwhelming military preponderance, its apparent political determination to maintain control,

[113] For details see W. Epstein, "Nuclear Proliferation : The Failure of the Review Conference", *Survival,* November-December 1975.

compounded with the fact that it offers a major market for East European exports, and that it possesses a virtual monopoly of raw materials on which they depend, leaves a very limited margin for the East European countries to make major political and economic diversions.

In the First World, the trend towards maximal independence and minimal bloc integration will continue, as the two most important leverages of the United States—strategic protection and dollar supremacy—have lost much of their importance and credibility. They now constitute only relative power instrumentalities. A continuous fluctuation and oscillation of the inner bloc equilibrium will thus be the consequence. However, the latent dangers of East-West conflict and the growing demands of the developing countries may nonetheless provide a minimal cohesion within the Atlantic Community.

The ever-widening gap between the poor and the rich nations and the imperatives of nationalism will continue the trend towards horizontal cohesion among the Third World countries, and will probably provide the necessary determination to increasingly wield the important leverage of non-alignment and of "commodity power" in order to make themselves less dependent on capitalist and Communist power centres. However, the dynamics of stratification [114] among, and the apparent inegalitarian patterns of growth [115] within, the Third World countries, compounded with the fact that there does not exist a generally acceptable socio-economic framework, may slacken the process of horizontal consolidation of the new subsystem.

Without claiming to make apocalyptic predictions, one could venture to suggest that the relations between the three subsystems will be dominated by the following trends :

Notwithstanding the great strides that have already been made in the direction of détente, and which will probably continue, the atmosphere of suspicion, disagreement, and competition will continue to subsist between the capitalist and the Communist blocs ; but since the high level of balance of terror already reached by the superpowers will prevent the explosion of a general conflagration, the interacting process between the two loosely composed blocs will consist of adversary and co-operative relations ranging from co-operation, economic and ideological competition, to indirect or direct involvement in local or regional conflicts among client States in the Third World.

The process of accretion of power of the Third World countries on the international scene will also continue and "will begin to crisscross

[114] F. Ajami, "Third World and World Order", *Alternatives,* II, 1976.

[115] I. Adelman and G. Morris, *Economic Growth and Social Equity in Developing Countries,* Stanford, Stanford University Press, 1973.

and to merge with continuing East-West competition". [116] Their instrumentalities are primarily economic, and will be effectively used mostly against the economically dependent and highly vulnerable "rich" countries of the First, and to a lesser extent of the Second, World, [117] provided they are able to continue the trend of horizontal consolidation. However, should the developing countries intensify their pressure, movements of solidarity and integration within the two developed blocs may once again manifest themselves. In any event, the feature of future international relations will be the overlapping of a web of complex bilateral and multilateral ties, where the "opponents on one issue are often their supporters on another". [118] This highly interconnected and interacting tri-dimensional global system has generated new parameters in transnational relations.

In the first place, the international organizations are increasingly becoming an important feature of contemporary international relations. The contemporary trend of creating new organizations, the expanding activities of the already established ones, and the myriad multilateral consultations on a wide spectrum of non-political issues, ranging from ecology to problems of economic development of the Third World, are a striking manifestation of a growing consensus that the international community is indeed faced with a host of global issues for which viable solutions can be sought within the framework of the UN system. Even in the political domain, growing UN activity is discernible in recent years. The massive presence of the non-aligned nations has shifted the function of the organization from enforcement to "preventive diplomacy", [119] the purpose of which is to keep superpower confrontations from extending beyond the Cold War zone.

Regionalism is the second major parameter of contemporary international relations. Practically everywhere in the world, one is witnessing the remarkable phenomenon of nations, belonging to the same geographical portion of the globe, clustering together to develop—depending upon the circumstances—some form of loose or integrant regional co-operation. Should this process continue—viewed by many as historically necessary— [120] one cannot exclude the possibility of the emergence of a few

[116] Z. K. Brzenzinski, address to the final session of the Ottawa meeting on the changing international context of the Trilateral Commission's work, *Trialogue,* No. 11, Summer 1976.

[117] In the mid-1980's, the COMECON countries too will be forced to look increasingly towards the Third World for their energy supplies, as the Soviet Union will need all its oil exports for its exchanges with the hard-currency countries. I. Stabreit, "Der Nord-Süd Dialog und der Osten", *Europa-Archiv, 25 July 1976.*

[118] S. Brown, *op. cit.,* p. 113.

[119] J. W. Spanier, *Games Nations Play,* London, Nelson, 1972, p. 235.

[120] Different regional paths have been championed by many observers of the contemporary world, including Jean Monnet, Walter Hallstein, George Ball, Amitai Etzioni, Raúl Prebisch, Filipe Herrera, Denis de Rougemont, and Lord Gladwyn.

large regional groupings, each maintaining order and welfare within its realm, and each crisscrossing or merging with one of the three large tripolycentric subsystems into which the international system has been loosely compartmentalized.

The relations between the "centre" and the "periphery", hitherto loudly proclaimed as exploitative, dependent, or neo-colonialist, do not appear to correspond with the changing international reality. The highly developed and sophisticated "centre"—as the present North-South confrontations have shown—can also manifest important signs of vulnerability when deprived of precious raw materials emanating from the Third World countries. Dependence, writes Benjamin W. Cohen,

> « is simply the price one pays for the benefit of a division of labour. Independence is possible only in isolation. Dependence follows automatically from participation in any system of interrelationships. It is the logical corollary of interdependence. This is as true of the individual family as it is of the family of nations. All participants are dependent to a greater or lesser extent. » [121]

In addition to the already existing but evolved East-West and North-South dichotomies, the international system is facing a new four-level division [122] between the real rich, the dependent rich, the new rich, and the real poor. The real rich come from the First and the Second Worlds (USA, Canada, USSR). They have some common interests with the new rich of the Third World. The dependent rich, Western Europe and Japan, are potentially part of an "alliance of weak men" together with the real poor, the less developed countries (LDCs), now called the Fourth World. But as the latter two have no interests in common, the dependent developed nations must develop their relations with the oil countries in using their industrial capacity as a bargaining power and strengthen their ties with the United States, whereas the less developed countries can only rely on their numerical strength in the United Nations.

As the axis of contemporary international relations increasingly shifts from classical concepts of war and diplomacy to international economic relations, effective power is no longer completely synonymous with military power ; for the international system is now faced with a new phenomenon of "economic giants", which though powerless or weak in the military domain, have a significant voice in the international decision-making process. Some of them—depending upon the level of their

[121] B. J. Cohen, *The Question of Imperialism,* New York, Basic Books, 1973, p. 201.

[122] S. Ichimura, "The Rising Sun or the Sinking Ship — the Energy Problem and the Food Shortage", appendix to *The Future Pattern of Japanese Economic and Political Relations with Southern Asia,* Kyoto, Centre for Southeast Asian Studies, 8 March 1975, pp. 20-21 (Discussion Paper No. 81).

economic strength and their geographical location—may in fact have as great an impact in international relations and policies of other nations as the superpowers.

All these new world features have thus projected into the international system a wide spectrum of groupings and power clusters which are in a constant state of flux and which are crisscrossing and merging with each other on specific issues and problems. The potential importance of these developments cannot be underestimated, for should such trends continue in the future, the international system will probably witness a far greater kaleidoscope of power centres than was ever the case in world history.

LES NATIONS UNIES A LA RECHERCHE DU NOUVEL ORDRE MONDIAL : RÉFLEXIONS SUR L'AVENIR DU MULTILATÉRALISME

Jean SIOTIS

Plus de trente ans se sont écoulés depuis la naissance des Nations Unies et c'est un lieu commun que d'affirmer que le système se trouve en crise, que seules des réformes structurelles profondes pourraient lui permettre d'assumer un rôle significatif dans le contexte des dialogues et des confrontations caractérisant le système international contemporain. En matière de sécurité collective et, plus généralement, dans la plupart des domaines qui intéressent le maintien de la paix, les structures des Nations Unies n'ont pu fonctionner conformément à la Charte pour des raisons qui sont trop bien connues. Toutefois, depuis vingt ans, le système des Nations Unies avait trouvé une vitalité nouvelle en s'engageant sur la voie de l'organisation de l'aide multilatérale au développement et en servant de cadre aux premiers grands débats Nord-Sud qui ont suivi l'avènement des nouveaux Etats sur la scène internationale.

Cette dimension nouvelle des activités des Nations Unies a provoqué un accroissement sensible des moyens financiers mis, directement ou indirectement, à la disposition du Tiers Monde par les institutions multilatérales. Par ailleurs, la création de la CNUCED, les activités de son secrétariat, les conférences de la Nouvelle-Delhi et de Santiago — ainsi que leurs effets indirects sur le fonctionnement du GATT, du FMI et de la BIRD — ont permis aux Nations Unies d'apparaître comme le cadre institutionnel apte à promouvoir les dialogues indispensables à la coopération multilatérale Nord-Sud. Le déplacement du centre de gravité de l'organisation vers les pays en développement et la reconnaissance de la primauté de leurs demandes dans la conduite des activités du système n'ont cependant pas eu les conséquences matérielles escomptées par les uns et redoutées par les autres. Les difficultés rencontrées par les principaux intéressés eux-mêmes, après l'euphorie initiale des années 1964-1967, lorsqu'il s'est agi de s'unir pour faire face aux résistances de plus en plus vives des pays nantis et de transformer ce dialogue en véritable négociation, furent en partie à l'origine du renversement des tendances manifestes du début des années soixante. La crise systémique qui se produisit d'abord sur le plan monétaire, pour s'étendre bientôt à l'ensemble des relations économiques internationales, l'inflation qui devint un phénomène apparemment structurel des économies de marché, et la prise de conscience du problème énergétique ont, de leur côté, arrêté brutalement la plupart des projets occidentaux visant à instaurer des relations nouvelles — qualitativement et quantitativement — avec le Tiers Monde. Enfin, dans ce contexte que certains n'hésitent pas à présenter en termes apocalyptiques, les instances multilatérales et les secrétariats de la famille des Nations Unies se sont trouvés vite dépassés par les événements et dans l'impossibilité d'assumer les responsabilités leur incombant en vertu de leurs statuts et des volontés exprimées dans le passé par leurs principaux acteurs.

Pour tout ce qui concerne l'action de maintien de la paix et de la sécurité, le système des Nations Unies avait perdu sa signification initiale quelques mois à peine après la Conférence de San Francisco. Les chapitres VI et VII de la Charte ont été soit ignorés par les puissances hégémoniques, soit utilisés comme des instruments de propagande devant les instances multilatérales transformées en champs clos idéologiques. Néanmoins, les dispositions de la Charte elles-mêmes ont résisté à l'usure du temps, et cela à l'époque même où tant d'autres normes de comportements étatiques se voyaient rejetées comme reflétant les rapports de forces entre les vainqueurs de la seconde guerre mondiale. La détente intervenue dans les relations entre les Etats-Unis et l'URSS depuis plus de dix ans, le désir partagé par ces deux grandes puissances de ne plus considérer les Nations Unies comme un lieu de prédilection des confrontations Est-Ouest, ainsi que leur crainte commune d'un certain « désordre international » résultant de la multiplication de conflits périphériques, semblent avoir conduit déjà à une réactivation du Conseil de sécurité. La « diplomatie tranquille » autour du Conseil reprend peu à peu ses droits et des résultats non négligeables ont été obtenus ces dernières années, ne fût-ce que dans l'arrêt de l'extension de certains conflits « locaux ». Reste évidemment la grande inconnue qu'est la Chine, pays possédant aussi bien le droit que la capacité de brouiller les cartes et d'empêcher le Conseil de sécurité d'exercer les fonctions prévues par la Charte. Malgré quelques vestiges de la guerre froide, il semblerait en effet que les Etats-Unis et l'Union soviétique accordent actuellement au Conseil de sécurité une importance beaucoup plus grande et restent plus attentifs à ce qui s'y passe depuis que la Chine a repris sa place en son sein. Pour le moment, toutefois, cette dernière ne semble pas intéressée ou capable de se servir des règles du jeu multilatéral pour limiter les effets de la détente. Il n'est cependant pas exclu que, dans l'avenir, elle utilise le cadre des Nations Unies pour s'attaquer à la double hégémonie des puissances « impérialistes », rendant ainsi impossible le fonctionnement du Conseil de sécurité sur la base du consensus qui s'y dégage face à plusieurs problèmes intéressant le maintien de la paix.

Dans les limites que lui impose le système international, l'action des Nations Unies dans ce domaine peut donc se poursuivre sans se heurter à des obstacles institutionnels. Mieux encore : les principaux intéressés reconnaissent que les structures de l'Organisation sont parfaitement à même de servir de cadre à la poursuite d'objectifs politiques communs, ou aux confrontations qui marquent les relations entre les deux grandes puissances. La paralysie générale des Nations Unies, loin de gêner les Etats-Unis et l'Union soviétique dans leurs actions respectives, semble au contraire leur convenir. La réélection de Kurt Waldheim confirme d'ailleurs la satisfaction des deux puissances hégémoniques face à l'évolution récente du système. Quant aux autres membres de l'Organisation — et plus particulièrement ceux qui n'appartiennent pas aux deux principales alliances — ils se trouvent mécontents de voir le Conseil de sécurité et le secrétaire général devenir des organes étroitement « contrôlés » par l'URSS et les Etats-Unis. Ils reconnaissent cependant leur impuissance à influer sur le cours des événements intéressant les grands problèmes de la paix et de la guerre à l'intérieur du monde industrialisé. En même temps, les pays du Tiers Monde exigent, et souvent obtiennent, la reconnaissance de leur droit de participer pleinement à tous les processus de recherche de solutions pacifiques aux problèmes politiques issus de la décolonisation. A la fin de 1976, la négociation sur la Rhodésie que Henry Kissinger avait voulue beaucoup plus rapide et, surtout, plus restreinte, a pris la forme d'une conférence multilatérale avec la participation de cinq Etats appartenant à la « première ligne ». Cette réunion s'est déroulée hors du cadre formel des Nations Unies, mais sa tenue au Palais des Nations, la qualité de son président et les interactions entre Genève et le siège des Nations Unies permettent de la considérer comme un prolongement de l'action de l'Organisation elle-même.

On peut donc conclure ces quelques remarques introductives en constatant que, sur le plan politique *stricto sensu,* les structures des Nations Unies et celles parallèles à l'Organisation offrent actuellement un cadre satisfaisant pour la recherche de solutions à certaines catégories de conflits. En ces matières, le multilatéralisme reprend peu à peu ses droits, après l'évanouissement du mirage de la « diplomatie à coups de baguette magique », si chère à Henry Kissinger. Dans ce nouveau contexte, les organes des Nations Unies — tels le Conseil de sécurité et le secrétaire général — pourraient regagner une partie du terrain perdu ces dernières années. Reste à savoir cependant si le secrétaire général voudra et pourra réaffirmer son rôle et si les Etats-Unis et l'Union soviétique permettront au Conseil de se réinsérer dans le cours des événements de la « grande politique » mondiale. Nonobstant ces interrogations concernant l'avenir, le retour à un certain multilatéralisme de fait — qui se situe entre la diplomatie personnelle qui a marqué les relations internationales dans la dernière décennie, et le recours aux organes des Nations Unies — est déjà une réalité. Il s'agit, toutefois, d'un multilatéralisme sectoriel dont les acteurs varient d'une négociation à l'autre, à l'exception des deux très grandes puissances dont le droit d'avoir voix au chapitre sur toute question relative au maintien de la paix est reconnu par tous, hormis la Chine. En même temps, ceux qui prônaient, il y a quelques années encore, l'amendement de la Charte pour « démocratiser » le fonctionnement du Conseil de sécurité semblent avoir abandonné leurs projets. Dans les débats actuels concernant la réforme des structures des Nations Unies, il n'est pas question de réviser la Charte. La très grande majorité des Etats membres ne tiennent pas vraiment à toucher au texte constitutif de l'Organisation, de crainte de rompre les équilibres qu'il établit et qui permettent au système de survivre. La plupart d'entre eux reconnaissent que les structures actuelles des Nations Unies leur offrent, s'ils veulent bien s'en servir, les moyens institutionnels nécessaires à la recherche de solutions multilatérales aux problèmes de la paix et de la sécurité.

Malgré cette constatation, nous considérons cependant que les Nations Unies se trouvent en crise profonde, en raison du décalage entre les aspirations à un nouvel ordre mondial et la capacité du système de contribuer effectivement à la solution des problèmes que soulèvent ces aspirations. En fait, la crise que traverse le système mondial est celle qui résulte des ruptures successives intervenues dans les relations entre puissances dominantes et pays dominés, et dont les difficultés énergétiques que rencontrent les pays industrialisés depuis 1973 ne sont que l'une des manifestations. La décolonisation étatique ayant ouvert les vannes, les courants réclamant une révision des fondements des relations Nord-Sud ont vu croître leur influence, au point de rendre possible la crise pétrolière de 1973. L'existence de la crise est reconnue par tous, mais les divergences quant aux solutions à lui apporter n'ont en rien diminué après quatre ans de débats. Pour les uns, et c'était le cas de Henry Kissinger en 1974,

> « nous en sommes à la ligne de partage des eaux. Nous nous trouvons à une époque qui apparaîtra rétrospectivement comme une phase d'extraordinaire créativité, ou bien aura marqué la défaite de l'ordre international du point de vue politique, économique et moral » [1].

Pour les autres, en revanche,

> « l'ordre existant est en train de se défaire, et c'est une bonne chose, puisqu'il a failli à satisfaire les besoins de la grande majorité des peuples et qu'il a réservé ses fruits à une minorité privilégiée. La

[1] Cité dans *Que faire ?* Rapport Dag Hammarskjöld 1975, numéro spécial de la revue *Un autre développement,* juillet 1975.

tâche est d'en créer un autre. Cela ne sera pas possible sans une claire notion des intérêts en présence, souvent divergents, sans luttes et sans, finalement, un réajustement global » [2].

Le dilemme est clair : d'une part, les nantis déplorent un certain désordre, mais les solutions qu'ils proposent vont en général en direction d'adaptations mineures permettant un *retour* à l'ordre international ancien ; d'autre part, il est réclamé ni plus ni moins que la suppression de l'ordre existant et son remplacement par un nouvel ordre mondial. Pour les uns, l'ordre existant n'a pas permis la satisfaction de tous les besoins et le dépassement des inégalités ; il est donc dans l'intérêt de ceux qui représentent les piliers de l'ordre actuel de promouvoir rapidement des réformes susceptibles de colmater les brèches. Pour les autres, toutefois, il n'est absolument pas question de toucher à des points de détails tout en laissant l'édifice ancien largement intact ; il s'agit plutôt d'abattre les vieux murs et de les remplacer par un ordre capable d'assurer la redistribution des richesses mondiales afin de compenser les effets d'une mondialisation séculaire.

Face à des positions aussi catégoriquement affirmées, il est difficile d'envisager l'avenir autrement qu'en termes de confrontation. Il n'est guère possible d'envisager des dialogues constructifs entre ceux qui déplorent le déclin de l'ordre international et craignent le chaos politique et économique qui en découle, et ceux qui constatent son décès, s'en réjouissent et œuvrent pour son remplacement par un ordre nouveau. Dans une telle situation de conflit, l'escalade vers des formes autres que verbales et économiques ne peut être évitée en l'absence d'une redéfinition des thèses soutenues par les uns et par les autres, et de l'acceptation, sinon de l'arbitrage des instances multilatérales, du moins de leur rôle en tant que cadres institutionnels habilités à organiser la confrontation et les éventuels dialogues.

La sixième session extraordinaire de l'Assemblée générale, en avril 1974, et la septième session extraordinaire, en septembre 1975, avaient précisément pour objectif de jeter les bases des processus qui allaient conduire au dialogue véritable. Les deux réunions n'ont fait cependant que souligner la gravité du conflit Nord-Sud. Lors de la sixième session extraordinaire furent adoptés la Déclaration sur l'établissement d'un nouvel ordre économique international et le Programme d'action [3], mais, aujourd'hui encore, ces textes sont loin d'être acceptés par les principaux pays industrialisés occidentaux. La septième session extraordinaire s'est déroulée dans une atmosphère plus sereine, mais ses résultats furent bien maigres, surtout si l'on tient compte de son ordre du jour et des ambitions

---

[2] *Ibid.*

[3] Résolutions 3201 (S-VI) et 3202 (S-VI).

de ceux qui avaient pris l'initiative de sa convocation. Aussi, à la fin de 1976, les travaux du Comité ad hoc de l'Assemblée générale sur la restructuration des secteurs économique et social des Nations Unies n'avaient guère fait avancer la recherche de solutions aux épineux problèmes posés avec clarté et clairvoyance dans le rapport du Groupe d'experts chargé d'examiner, avant la septième session extraordinaire, les réformes des structures de l'Organisation [4]. Il faut noter enfin que, dans l'intervalle des deux sessions extraordinaires, fut convoquée à Paris, sur l'initiative des Etats-Unis et de la France, la conférence dite Nord-Sud, comprenant quinze Etats du Tiers Monde et huit Etats occidentaux hautement industrialisés. Il s'agissait là d'une tentative d'échapper à la « tyrannie de la majorité » au sein de l'Assemblée générale et d'engager le dialogue dans un groupe plus restreint, où les marchandages entre « riches » du Nord et du Sud et les chantages des uns sur les autres pourraient avoir plus facilement libre cours que dans le cadre des Nations Unies. Le prétendu « secret » de la Conférence Nord-Sud devait assurer son succès, mais les résultats obtenus après plus d'un an de discussions ne laissent pas beaucoup d'espoirs de succès à un exercice qui avait pour principal but de court-circuiter les cadres institutionnels multilatéraux du système des Nations Unies. Le « multilatéralisme » *sans* les Nations Unies a été pendant plusieurs années l'objectif d'un certain nombre de gouvernements occidentaux, mais l'on est obligé de constater l'échec des efforts d'écarter les Nations Unies des grandes négociations Nord-Sud.

En effet, la Conférence des Nations Unies sur le commerce et le développement, tenue à Nairobi en 1976, a démontré que, malgré les formidables obstacles élevés par les adversaires de cette forme embryonnaire de coopération Nord-Sud, il était possible d'obtenir des résultats positifs, à condition de mettre à l'œuvre un secrétariat aussi compétent que convaincu et un groupe de « pays amis » prêts à collaborer avec lui. Le fait d'avoir évité la rupture à Nairobi et l'assouplissement — certes tout relatif — des thèses allemandes et américaines en matière de préférences, expliquent que la poursuite du dialogue à Genève, à l'automne 1976, ait été possible.

De l'échec de la Conférence Nord-Sud et de la poursuite des travaux de la CNUCED, il ne faut cependant pas conclure que les institutions des Nations Unies sont effectivement en mesure d'assumer les responsabilités qui devaient normalement leur incomber face à la crise du système international. De surcroît, malgré les déclarations répétées depuis 1973, on ne peut guère affirmer que le système des Nations Unies a démontré sa capacité de procéder à un examen critique de ses structures et du fonctionnement de ses propres organes appelés à agir comme catalyseurs ou cadre de négociations. Le texte remarquable issu des travaux du Groupe

[4] ONU, doc. E/AC.62/9 du 28 mai 1975.

dit des vingt-cinq [5] a été à peine discuté lors de la septième session extraordinaire ; au Comité ad hoc de l'Assemblée générale, on ne lui a certainement pas accordé l'importance qu'il mérite. Il s'agit, en effet, de l'un de ces très rares exemples où un organe issu des Nations Unies — en l'occurrence un groupe d'experts désignés par le secrétaire général sur proposition des groupes géographiques — a produit un rapport d'une bonne tenue intellectuelle, d'un courage certain et inspiré d'un sens pratique et concret, qualités qui font trop souvent défaut à ce genre de documents. De même, des initiatives d'origine privée, tel le rapport de la Fondation Dag Hammarskjöld, ou d'origine étatique, telles certaines suggestions émanant surtout de petits pays occidentaux (Pays-Bas, Suède, etc.) sont demeurées sans lendemain. Les chefs des délégations à la septième session extraordinaire ont préféré rester au niveau des généralités chères aux instances des Nations Unies, se refusant de toute évidence à prendre position sur les questions épineuses que soulève tout effort sérieux de restructuration du système.

Il ne serait donc pas exagéré d'affirmer que l'on se trouve encore au point zéro des réformes devant être entreprises pour permettre aux Nations Unies de devenir le cadre institutionnel à travers lequel seraient canalisés les projets et les courants d'idées qui conduiraient à l'établissement du nouvel ordre mondial. Ce nouvel ordre sera issu soit de la confrontation des idées et des politiques, elle-même accompagnée d'affrontements économiques, soit de la confrontation et de conflits économiques et stratégiques planétaires. Dans la première éventualité, l'existence et le fonctionnement normal des cadres multilatéraux au sein desquels peut avoir lieu la confrontation initiale, suivie de dialogues et de négociations, deviennent une condition indispensable au succès des efforts tendant à éviter l'escalade des conflits. Les tentatives faites à ce jour de substituer aux Nations Unies d'autres cadres multilatéraux plus restreints et plus maniables ont échoué ; le moment semble venu de reconnaître — que les uns ou les autres le veuillent ou non — qu'aucun règlement des conflits opposant les pays nantis au Tiers Monde ne peut se réaliser en faisant abstraction des Nations Unies. Bon nombre de pays industrialisés et la quasi-totalité des pays du Tiers Monde restent très attachés au système des Nations Unies, à son action pratique et à ce qu'il représente sur le plan idéologique. Aussi le système constitue-t-il pour un grand nombre de ces pays un ensemble de ressources qui revêtent une importance réelle pour leur développement. En 1975, les activités économiques et sociales du système ont absorbé plus de 1,2 milliard de dollars — à l'exclusion des prêts à long et à moyen terme accordés aux pays du Tiers Monde par les institutions du groupe BIRD-FMI, qui s'élevaient à plus de 5 milliards de dollars. Certes, les activités du système ne peuvent en

[5] ONU, doc. E/AC.62/9, *op. cit.*

aucun cas être considérées comme pleinement satisfaisantes d'un point de vue quantitatif ou qualitatif ; elles sont néanmoins perçues comme étant de rares exemples de « gestes » plus ou moins désintéressés de la part du monde industrialisé. Cette perception ne peut d'ailleurs pas être séparée du rôle actuel et potentiel des Nations Unies dans le processus confrontations-dialogues-négociations. Dans la mesure où le système se présente aux pays du Tiers Monde comme offrant des garanties d'impartialité qui le rendent acceptable comme cadre de négociation, il importe d'envisager l'avenir du multilatéralisme sous les auspices des Nations Unies en étroite liaison avec son action en matière d'aide au développement. Pour cette raison, nos réflexions et nos suggestions concernant les réformes indispensables du système toucheront aussi bien à ses structures opérationnelles, à ses structures de « conception » qu'à ses structures « diplomatiques », dans lesquelles devront se dérouler les confrontations, les dialogues et les négociations en vue de l'instauration d'un nouvel ordre mondial.

* * *

Le système des Nations Unies est caractérisé actuellement par l'existence de centres de décision parallèles en matière économique et sociale, tandis que ses structures d'exécution restent hautement centralisées. Les Institutions spécialisées, la CNUCED, l'ONUDI, le PNEU, le PNUD et les nombreux programmes et fonds spéciaux nous rappellent des seigneuries féodales, en permanente compétition devant les faveurs royales — le roi étant en l'occurrence la source de financement des programmes. En même temps, malgré les décisions et les recommandations du Comité administratif de coordination, de l'ECOSOC, du Conseil du PNUD et même de l'Assemblée générale, le chevauchement fonctionnel et la confusion paralysante des responsabilités conduisent trop souvent à des blocages qui rendent impossible une action coordonnée et efficace, surtout lorsque celle-ci revêt un caractère d'urgence. L'image du système est celle d'une série de pyramides, dans laquelle l'ONU elle-même est un peu plus haute que les autres, reliées entre elles par un fil ténu qui effleure leurs sommets, mais qui ne permet pas des interactions véritables entre leurs administrations et leurs organes intergouvernementaux respectifs. Dans ces conditions, il n'est guère surprenant que le système ne soit pas en mesure de trouver des solutions globales à des problèmes globaux, qui ne peuvent être enfermés dans les limites artificielles des organigrammes et des compétences institutionnelles.

En même temps, les activités opérationnelles du système en matière de développement restent, en dernière analyse, hautement centralisées. Certes, une partie des recommandations du Rapport Jackson [6] ont été

[6] *Etude de la capacité du système des Nations Unies pour le développement.* Genève, Nations Unies, doc. DP/5, 1969, 2 vol.

adoptées par les instances du PNUD et les rôles et responsabilités de ses représentants résidents ont été renforcés ; il n'en reste pas moins que leurs activités sont étroitement contrôlées par les sièges du PNUD, des agences et des programmes, et que leur marge de liberté ou de manœuvre est beaucoup plus apparente que réelle. Quant aux structures régionales du système — et plus particulièrement les Commissions économiques régionales et les bureaux régionaux de certaines agences — leur rôle en matière de conception et d'exécution des programmes est, en règle générale, réduit à la consultation et à l'information. Le système des Nations Unies n'a jamais su ou pu décentraliser et régionaliser véritablement ses activités. Il est caractérisé par un ensemble d'institutions dont les organes de direction élaborent des programmes et entreprennent des activités dans un même secteur, et dont les agents d'exécution sur le terrain ne disposent pas d'une latitude suffisante pour réaliser, ne fût-ce qu'au niveau local, les synthèses indispensables à une action cohérente du système. Les exemples de cette confusion se multiplient et les restrictions budgétaires semblent renforcer les courants « égocentriques » au sein des diverses institutions. Il n'est pas surprenant que, lorsqu'ils doivent faire face aux conséquences des réductions budgétaires, les organes responsables essaient de préserver en tout premier lieu le statu quo et de ne rien céder, cela au nom d'une meilleure coordination ou intégration des activités du système.

Le Conseil économique et social assume en principe la responsabilité de la formulation des lignes directrices de l'action des Nations Unies en matière de développement. Son Comité pour la planification du développement a été créé précisément pour servir de cadre à l'élaboration des politiques globales, compte tenu des intérêts sectoriels des agences et des politiques des Etats membres. En fait, le Comité n'a jamais rempli cette fonction. A l'image du Conseil lui-même, il est devenu un simple forum pour la confrontation d'idées et se trouve loin d'assumer le rôle d'organe où s'énoncent véritablement des projets de politique globale. Les espoirs mis en ce Comité lors de l'élaboration du Programme de la deuxième décennie pour le développement ont été largement déçus et, dans le contexte actuel, on peut même s'interroger sur sa raison d'être. Quant au Conseil, il est peu à peu devenu l'organe le plus chaotique et probablement le plus inefficace du système. Les raisons de cet état de choses sont analysées avec clairvoyance et précision dans le rapport du Groupe des vingt-cinq, comme dans le Rapport Jackson [7]. Les tendances vers le renforcement des autonomies institutionnelles et la multiplication des matières que le Conseil doit traiter donnent lieu à une situation où des sujets d'une grande importance sont abordés avec une rare superficialité, tandis que les agences et autres organes du système se préoccupent beaucoup plus de maintenir intactes leurs sphères d'activités « exclusives »

[7] ONU, doc. E/AC.62/9, *op. cit.* et ONU, doc. DP/5, 1969, *op. cit.*

que de la véritable fonction du Conseil, qui est de servir d'organe principalement responsable de l'élaboration des politiques globales. De plus en plus, le Conseil ressemble aux commissions de l'Assemblée générale (notamment les deuxième et troisième commissions) et le chevauchement de leurs activités devient de règle.

En ce qui concerne l'action opérationnelle, il n'est pas nécessaire d'insister sur l'existence de centres décisionnels parallèles, responsables pour les programmes et les engagements de dépenses en matière d'aide au développement. Le PNUD et les divers fonds qui lui sont rattachés, le PNUE, les Fonds pour l'alimentation, la population, ou encore le Fonds spécial, élaborent chacun de leur côté leurs propres priorités, n'étant pas tenus de respecter une quelconque discipline applicable à l'ensemble du système. Les seules contraintes réelles proviennent des disponibilités de ressources et de la volonté des Etats membres, ainsi que de la capacité de leurs secrétariats d'influer sur les décisions des instances intergouvernementales. Si l'on ajoute à ces fonds et programmes les Institutions spécialisées qui disposent encore de ressources propres pour l'aide au développement, le nombre de ces centres décisionnels devient impressionnant. Quant aux opérations sur le terrain, la confusion et parfois l'anarchie qui y règnent ne sont que le prolongement normal de la multiplicité de ces structures parallèles.

Les secrétariats du système n'échappent évidemment pas à ce tableau et les rivalités sont souvent à l'origine de la paralysie des efforts en vue d'une intégration, ou tout au moins d'une meilleure coordination des programmes. En l'absence d'une intégration au niveau des organes intergouvernementaux, il eût été concevable que les secrétariats la réalisent dans les faits, à travers une meilleure coordination de leurs activités. Toutefois, l'histoire des Nations Unies est marquée par l'échec répété des tentatives en vue de l'établissement d'une coordination inter-agences. Le Comité administratif de coordination, ainsi que toutes les autres structures mises sur pied, soit dans le cadre du Comité, soit indépendamment de celui-ci, n'ont pas pu atteindre leurs objectifs à ce jour. On doit se demander sérieusement — une fois encore — si la plupart de ces structures ont encore une raison d'être. Dans la mesure où le système est composé d'institutions sans rapports hiérarchiques, il n'est pas surprenant que les secrétariats agissent sans tenir compte des activités respectives des autres agences ; de plus, il n'est pas rare de constater à l'intérieur d'une même administration internationale que les divers secteurs du secrétariat s'ignorent mutuellement, leurs responsables trouvant un appui auprès d'organes intergouvernementaux qui, eux aussi, s'ignorent. Le pluralisme et la valeur intrinsèque de la diversité sont parfois présentés comme des qualités qui découlent de l'existence de structures administratives indépendantes les unes des autres. Nous ne pensons cependant pas qu'après trente ans d'existence, le système des Nations Unies peut continuer à laisser fonctionner ses secrétariats de la façon artisanale et désordonnée qui est la leur, sans tenir compte, d'une part, de l'impatience que cet état de choses provoque au niveau des gouvernements et, d'autre part, des normes généralement admises comme conditions indispensables au bon fonctionnement de toute administration.

Au-delà des tâches que le système accomplit depuis plus de deux décennies en matière de développement, il reste un domaine où ses activités revêtiront dans un très proche avenir une importance critique. Depuis 1964, en créant la CNUCED, les Nations Unies ont voulu marquer un virage stratégique signifiant que, dorénavant, les actions en faveur du développement ne pouvaient plus être isolées du contexte général des relations économiques internationales. Dans la mesure où l'accent était mis sur les injustices structurelles qui caractérisent le système économique international, il ne s'agissait plus d'augmenter tout simplement les moyens financiers mis à la disposition des pays en voie de développement. Le véritable objectif des Nations Unies devenait la restructuration des relations économiques internationales, afin d'éliminer les vices fondamentaux d'un système qui repose sur l'économie de marché et de permettre une véritable redistribution des richesses mondiales. Un ensemble de nouveaux organes (la CNUCED) devait assumer la responsabilité de l'élaboration des méthodes permettant la réalisation de cet objectif à travers la négociation et, le moment venu, servir de cadre à cette négociation. Pendant ces douze dernières années, le Secrétariat de la CNUCED a effectivement réussi à élaborer des projets de solution à certains problèmes clés des relations Nord-Sud. Il n'est cependant guère possible de soutenir que la Conférence elle-même a réussi à définir et à assumer son rôle de cadre institutionnel susceptible de permettre les négociations qui, seules, donneraient vie à ces projets. Les blocages successifs dans l'examen multilatéral de tels projets n'ont pas permis le démarrage, à Nairobi, de la grande négociation souhaitée par les dirigeants du Secrétariat, par les Etats du Tiers Monde et par quelques pays occidentaux.

C'est donc dans ce contexte que le Groupe des vingt-cinq, aussi bien que les auteurs du Rapport Dag Hammarskjöld, se sont interrogés, pendant le premier semestre de 1975 et avant la septième session extraordinaire, sur l'avenir de la CNUCED en tant que cadre institutionnel offrant encore quelque utilité [8]. Les quatre années qui se sont écoulées entre Santiago et Nairobi furent sans aucun doute la période la plus difficile pour la CNUCED. D'une part, les durcissements successifs des politiques

---

[8] Dans un document préparé pour le projet de la Fondation Dag Hammarskjöld, j'exprimais des doutes sur l'utilité du Conseil du commerce et du développement, en particulier. Dans l'optique de la concentration des fonctions de conception, de planification, de négociation et de gestion au sein de nouveaux organes ou d'organes restructurés, je proposais, en mars 1975, la suppression du Conseil et de la plupart de ses organes subsidiaires.

de certains grands pays industrialisés et, d'autre part, la cristallisation des oppositions au sein du Tiers Monde furent à l'origine des blocages qui n'ont pas permis à la CNUCED d'atteindre la plupart des objectifs qu'elle s'était fixés en 1972. L'ouverture de la Conférence de Paris et les efforts, plus ou moins réussis, de la diplomatie américaine en vue de court-circuiter les institutions des Nations Unies comme cadre de la « grande négociation » à venir, n'ont fait que confirmer les doutes qui s'exprimaient déjà concernant la capacité de la CNUCED de dépasser sa « schizophrénie fondamentale » [9]. N'ayant pas réussi, de 1964 à 1968, à être acceptée comme cadre institutionnel pour la recherche négociée en commun des solutions aux grands problèmes que posaient les relations Nord-Sud, la CNUCED s'était progressivement engagée sur la voie d'une action franchement orientée vers la défense des intérêts des pays en voie de développement. Il est d'ailleurs légitime de s'interroger sur l'existence d'une volonté, de la part des pays industrialisés, de négocier sérieusement avec le Groupe des soixante-dix-sept pendant cette période. Cet « échec » de la CNUCED peut donc expliquer les prises de position du Groupe des vingt-cinq en faveur d'une refonte de toutes les structures de négociation qui avaient vu le jour pendant les trente ans d'existence des Nations Unies.

La Conférence de Nairobi, en 1976, marque cependant un modeste tournant car, contre toute attente, au moins certains de ses objectifs ont été atteints. Le « programme intégré » sur les matières premières n'a pas été enterré et le processus de négociation, ou tout au moins de prénégociation, s'est engagé. En même temps, les difficultés de la Conférence de Paris montrent que des négociations se déroulant en dehors du cadre des Nations Unies n'avaient pas de meilleures chances de succès que celles préconisées par la CNUCED. Il s'agit là d'une « leçon » qui semble avoir été comprise par certains et d'une raison supplémentaire pour examiner sérieusement les projets de réforme des structures du système proposés par le Groupe des vingt-cinq et, en partie du moins, reprises par le Comité ad hoc de l'Assemblée générale. Il faut néanmoins souligner les effets de la Conférence de Nairobi qui ont, sans aucun doute, « revalorisé » la CNUCED. Largement grâce au succès relatif de la Conférence, mais aussi grâce à la coalition des pays du Tiers Monde qui s'est ressoudée autour de son Secrétariat, il n'est plus question de défaire les structures mises sur pied en 1964 [10].

* * *

[9] Ce terme a été utilisé par les auteurs du Rapport Dag Hammarskjöld. Voir *Que faire ?, op. cit.*, p. 118. Les auteurs de ce texte ne peuvent guère être soupçonnés d'une attitude inamicale à l'égard du Tiers Monde. Ils constataient néanmoins l'impossibilité pour la CNUCED d'être à la fois le forum du Tiers Monde et un cadre de négociation Nord-Sud.

[10] Pour une présentation des thèses du Secrétariat de la CNUCED concernant son rôle futur, voir le rapport de son secrétaire général intitulé *Le rôle de la CNUCED dans une nouvelle structure des Nations Unies pour la coopération économique internationale,* ONU, doc. TD/B/573, 30 juillet 1975.

A l'heure où sont rédigées ces lignes, les résultats des délibérations du Comité ad hoc ne semblent pas indiquer que l'on puisse s'attendre, du moins dans l'immédiat, à des conclusions susceptibles d'influer sur les processus décisionnels au sein de l'Assemblée générale. Il suffira donc d'évoquer ici les réformes prioritaires dont l'introduction s'impose à brève échéance afin que les Nations Unies soient en mesure d'aboutir à l'élaboration de nouvelles « règles du jeu », fondements futurs du nouvel ordre mondial [11].

Tout d'abord, il devient urgent de revitaliser le Conseil économique et social, en procédant simultanément à la suppression de plusieurs de ses organes subsidiaires et au renforcement de ses structures, pour lui donner la possibilité d'assumer le rôle d'organe chargé de la planification globale des activités économiques et sociales du système. Aussi, la durée des sessions du Conseil devrait-elle être prolongée, de façon qu'à brève échéance il se trouve en *session permanente* et en mesure de s'adapter à des situations difficilement prévisibles, mais nécessitant des initiatives ponctuelles et efficaces. Sans entrer dans les détails, nous voulons aussi souligner l'importance de la prise en considération par le Conseil des propositions d'action *régionale* et *globale* émanant des Commissions économiques. Cette régionalisation, au moins partielle, des premiers stades des processus décisionnels est une autre condition pour le bon fonctionnement du Conseil. Pour que son action soit efficace, il est indispensable que le Conseil s'attache exclusivement à la formulation des principes généraux et à la planification de la politique globale du système.

Quant à l'Assemblée générale, il serait temps de tirer les conclusions institutionnelles de la pratique des dernières années. La deuxième commission ne s'occupe pratiquement que des questions relatives au développement. Ne serait-il donc pas logique de lui donner une compétence générale sur toutes les matières concernant le développement, qu'elles soient économiques ou non, et de lui donner le titre de Commission pour le développement ? Parallèlement, la troisième commission, qui serait ainsi déchargée de tous les points touchant la politique sociale, pourrait se consacrer exclusivement aux questions humanitaires et s'appeler Commission des questions humanitaires.

En même temps, la CNUCED serait déchargée de toutes les tâches qui ne sont pas en relation directe avec son rôle d'organe de négociation sur les questions touchant au développement et, plus spécialement, aux structures des rapports Nord-Sud. La seule interrogation qui subsiste touche au rôle du Conseil du commerce et du développement. Autant

[11] Nous présentons ces suggestions d'une manière elliptique car la plupart d'entre elles sont contenues dans le rapport du Groupe des vingt-cinq, ONU, doc. E/AC.62/9, *op. cit.* et, à l'exception des remarques concernant la CNUCED, il n'y a pas, à notre avis, d'autre solution que de considérer ce texte comme point de départ de toute tentative de restructuration du système.

les grandes conférences périodiques et les organes subsidiaires semblent remplir des fonctions indispensables, autant nous avons des doutes concernant l'utilité des réunions d'un organe qui ne permet ni des négociations sérieuses ni des dialogues et des confrontations publiques contribuant à la sensibilisation des opinions publiques et, parfois même, des gouvernements.

Au niveau de la gestion des opérations en faveur du développement, le regroupement des organes chargés de formuler la, ou plutôt *les* politiques des Nations Unies au sein d'un nouveau comité de gestion, nous paraît une nécessité urgente. Les membres de cet organe seraient des Etats élus selon une clé de répartition par groupes qui reste à définir, les Institutions spécialisées étant étroitement associées à ses activités. Pour que la participation de ces institutions soit vraiment efficace, il faudrait envisager des procédures leur donnant un droit réel de participation aux processus décisionnels.

Aucune réforme des structures multilatérales n'aurait cependant de chances de succès si celles du Secrétariat demeuraient inchangées. En commençant par le commencement, il importe qu'au niveau le plus élevé, les activités économiques et sociales soient revalorisées par la désignation — ou l'élection — d'un secrétaire général adjoint, qui porterait aussi le titre de directeur général pour le développement et la coopération économique internationale. Il est devenu évident que le secrétaire général lui-même ne peut à la fois assumer pleinement ses responsabilités dans le domaine du maintien de la paix et dans la conduite des affaires de l'Organisation, et exercer une influence réelle sur l'action du système en matière économique et sociale. Les charges du secrétaire général ne font que s'alourdir et il est de plus en plus difficile de les assumer seul — alors que, dans les structures actuelles, le sous-secrétaire général chargé des affaires économiques et sociales n'est guère reconnu par les directeurs généraux des agences et des programmes, ni même par les autres sous-secrétaires généraux, comme habilité à exercer son autorité sur eux. La solution que nous évoquons aurait l'avantage de placer le secrétaire général adjoint dans une position de prééminence hiérarchique par rapport aux autres dirigeants des secrétariats. Il aurait aussi sous son autorité un directeur général adjoint chargé de la gestion des programmes, qui remplacerait l'administrateur du PNUD. Celui-ci serait responsable de l'administration non seulement du PNUD, mais aussi des autres secrétariats « de gestion » du système (PNUE, Programme alimentaire mondial, Fonds spécial, etc.). Il assumerait enfin la présidence d'un comité inter-agences qui viendrait remplacer l'ensemble des organes de coordination sectorielle qui existent actuellement. Un deuxième directeur général adjoint serait à la tête des services du Secrétariat chargés de la recherche et de la préparation des travaux des organes intergouvernementaux et, plus particulèrement, de ceux du Conseil économique et social. Il serait également responsable des relations avec les Commissions économiques régionales, dont les fonctions seraient étendues pour leur permettre d'agir comme premiers échelons d'élaboration de la politique globale du système. Enfin, le secrétaire général de la CNUCED — dont le titre pourrait devenir directeur général adjoint chargé des négociations multilatérales — serait également placé sous l'autorité du directeur général.

Il est évident, toutefois, qu'en procédant à une telle réforme du Secrétariat, il faudrait aussi viser un renouvellement des cadres et des méthodes de travail. Il est devenu banal de déplorer le niveau peu satisfaisant d'un grand nombre de fonctionnaires. Le principe d'un secrétariat autonome et compétent est devenu une pure fiction et la crédibilité du système dans son ensemble en souffre de plus en plus. C'est pour cette raison que le Groupe des vingt-cinq et les auteurs du Rapport Dag Hammarskjöld ont proposé une série de mesures susceptibles de rehausser le prestige et l'efficacité de la fonction publique internationale.

* * *

La discussion des questions institutionnelles que soulève le fonctionnement du système des Nations Unies ne doit pas laisser croire qu'en manipulant les institutions, on pourra supprimer les obstacles qui s'opposent à ce que le nouvel ordre mondial devienne réalité. Il importe peu que l'on se place du côté de ceux qui préfèrent des réformes du système économique international, laissant largement intactes les structures sur lesquelles il repose, ou du côté de ceux qui considèrent que ces structures doivent disparaître, si l'on veut éviter les confrontations les plus graves. Dnas les deux cas, la nécessité de cadres multilatéraux où les dialogues et les négociations seront facilités ne peut guère être mise en doute. Néanmoins, le système actuel des Nations Unies se trouve dans l'impossibilité de remplir pleinement son rôle et cela conduit certains acteurs sur la scène internationale à rechercher d'autres formes de multilatéralisme. Les tentatives faites à ce jour pour substituer aux Nations Unies d'autres cadres institutionnels ont certes échoué, mais, si le système ne se ressaisit pas à temps, il n'est pas certain qu'il gardera longtemps le préjugé favorable dont il bénéficie encore actuellement.

Tout en reconnaissant le caractère indispensable des réformes, il ne faudrait pas sous-estimer la difficulté de la tâche : un imposant faisceau d'obstacles s'oppose, en effet, à la restructuration du système. Comme toutes les administrations, celle des Nations Unies est conservatrice et craint le changement ; une conjonction d'intérêts personnels et collectifs, de droits acquis et d'habitudes bureaucratiques constitue une force d'inertie redoutable — d'autant plus grande que l'autorité politique est faible. Par ailleurs, les Etats membres eux-mêmes ont, le plus souvent, une attitude ambiguë, critiquant structures et pratiques, mais refusant une modification précise lorsque l'occasion se présente. Malgré tout, les actions préconisées par le Groupe des vingt-cinq doivent être entamées, même si un tel programme de réformes est considéré comme l'œuvre d'une génération. C'est la tâche historique des instances dirigeantes du système de comprendre la gravité de la crise qu'il traverse et d'agir avec énergie.

UNE PIERRE D'ANGLE QUI RÉSISTE AU TEMPS: AVATARS ET PÉRENNITÉ DE L'IDÉE DE SOUVERAINETÉ

Michel VIRALLY

Parmi les concepts dont fait usage le droit international, la souveraineté est, sans conteste, le plus maudit et le plus révéré. On sait les diatribes que lui adressent ceux qui voient en elle l'obstacle sur lequel viennent se briser toutes les tentatives d'organisation de la société internationale destinées à y introduire la paix et la justice. Pour cette école de pensée, tout progrès du droit passe par son élimination. Aux yeux de la plupart des hommes politiques, au contraire, et d'abord dans les Etats nouveaux, la souveraineté est le rempart de l'indépendance des peuples et il s'agit, donc, bien plutôt, d'en mieux assurer le respect. Tout ce qui vient l'affaiblir fait régresser la paix et la justice. Ici et là, cependant, on s'accorde pour voir en la souveraineté la pierre d'angle de tout l'édifice de l'ordre juridique international : d'où, selon les uns, ses insuffisances et, selon les autres, son utilité.

La souveraineté mérite-t-elle ces excès d'honneur et d'indignité ?

Et d'abord : s'agit-il d'un concept juridique indépendant ? Relève-t-il seulement de la pensée, donc des conceptions idéologiques, des orientations politiques, et sa domination sur les esprits est-elle la cause de l'état insatisfaisant des rapports internationaux ? Ou bien n'est-il que le reflet de la réalité socio-politique, du système de distribution du pouvoir parmi les sociétés humaines prévalant aujourd'hui, de telle sorte qu'il ne serait pas autre chose qu'un simple effet ?

Il n'est pas nécessaire de trancher : contrairement aux apparences, les deux affirmations ne sont pas contradictoires (et aucune n'est tout à fait vraie). Comme toutes les notions juridiques, la souveraineté est un concept destiné à rendre compte de la réalité sociale, construit, par conséquent, à partir de cette réalité, pour la rendre intelligible. Il en est une interprétation plus qu'un reflet et, par là même, il peut déformer le réel, ne pas en traduire tous les aspects et, encore moins, en suivre toutes les transformations dans le temps. Mais il est aussi destiné à servir une action sur la réalité sociale, pour la conserver ou la modifier : comme tous les concepts juridiques également, il a une valeur opératoire. Par les valeurs qu'il exprime, par la logique interne qui lui est propre, il présente un dynamisme dont l'orientation effective dépend du système juridique dans lequel il est utilisé. Le débat d'idées sur la souveraineté n'est donc pas sans importance, même s'il a été exagéré, et la doctrine, à l'opposé de ce qu'enseigne un certain positivisme, n'est pas innocente. Il vaut donc la peine de tenter de faire le point.

Or, il faut bien le reconnaître : les opinions précédemment rapportées ne se trompent pas là où elles concordent. La souveraineté reste aujourd'hui encore la pierre angulaire de l'ordre juridique international. Cela signifie, semble-t-il, que la société internationale du dernier quart du XXe siècle n'est pas aussi différente de celle du début du XIXe qu'on serait tenté de le penser. Ou plutôt, la vraie différence réside dans le mode de répartition de la souveraineté : réservée à un petit nombre de peuples, presque tous européens ou d'origine européenne, au XIXe siècle, la faculté de former un Etat souverain est aujourd'hui reconnue à tous, sur tous les continents et même sur la poussière des îles. La composition de la société internationale a connu une mutation radicale, qui va de pair, cependant, avec l'immutabilité de sa structure : elle reste composée d'entités souveraines. Le chef d'un des Etats les plus dynamiques du Tiers Monde, le Mexique, peut aujourd'hui lancer un hymne au nationalisme comme facteur de progrès, dans des termes presque identiques à ceux qu'on entendait il y a cent ans dans le « Vieux-Monde ». Au nationalisme : c'est-à-dire à la souveraineté nationale, avec tout ce qu'elle entraîne derrière elle.

Pourtant, une question ne peut être esquivée : s'agit-il toujours de la même souveraineté ? L'identité du mot garantit-elle l'identité de l'idée ou dissimule-t-elle, au contraire, un glissement de la pensée ? La souveraineté constitue-t-elle toujours le formidable obstacle au progrès de la société internationale qu'on a dénoncé ? Certes, il serait aisé de montrer que les mêmes égoïsmes nationaux et les mêmes volontés de puissance s'abritent derrière elle aujourd'hui comme hier. Mais le paravent reste-t-il aussi efficace ? La souveraineté n'apporte-t-elle pas, en même temps, une protection contre les tendances à l'hégémonie ?

Une réponse complète à ces questions et à quelques autres qu'on peut se poser à propos de la souveraineté exigerait une étude attentive et méticuleuse de l'histoire des relations internationales de ces dernières années : de la pratique des Etats dans le monde entier et dans tous les domaines. Une telle enquête déborde manifestement les dimensions de cet article et les capacités de son auteur. On s'en tiendra donc à un objectif plus modeste.

Depuis la Charte des Nations Unies, les déclarations sur la souveraineté et sur les principes du droit international qui en sont inséparables se sont multipliées : déclarations bilatérales et multilatérales, déclarations de groupes d'Etats ou d'organes réunissant l'ensemble de la société internationale. A travers ces textes, auxquels il faut ajouter celui de quelques conventions, se développe un débat et, sur plus d'un point, se dégage un *consensus,* dont la signification juridique est évidente. Accords et désaccords ainsi enregistrés modèlent la véritable physionomie de la souveraineté, telle qu'elle se présente au moment où s'annonce déjà le XXIe siècle.

A l'opposé des opinions tranchées rappelées au début de ces lignes, on peut dire que la souveraineté est marquée du signe de l'ambiguïté, pour ne pas dire de l'ambivalence, mais aussi de celui de la mobilité. Trois mots, semble-t-il, peuvent caractériser les lignes divergentes de son évolution : revalorisation, expansion, relativisation. Même en se limitant aux sources mentionnées plus haut, il ne sera pas possible d'exposer tout ce que signifie concrètement chacun de ces mots. Il faudrait passer tout le droit international en revue. On se contentera d'indiquer quelques directions.

I. *REVALORISATION*

1. *La valeur positive de la souveraineté*

Comme on l'a relevé déjà, les critiques de la souveraineté sont venues avant tout des théoriciens, les mouvements en faveur de l'Europe et du fédéralisme prenant la relève, après la Deuxième Guerre mondiale, des juristes de l'entre-deux-guerres, au premier rang desquels Georges Scelle et Nicolas Politis. Dans l'ensemble, les politiques se sont gardés de l'attaquer trop nettement et les textes juridiques internationaux sont venus plutôt garantir la souveraineté, considérée comme un élément fondamental de l'équilibre des rapports internationaux et du mécanisme de préservation de la paix. Ce fut le cas du Pacte de la SdN, comme, plus tard, de la Charte des Nations Unies.

Une exception à cette tendance générale paraît être apportée par les traités constitutifs des Communautés européennes, dans la mesure où ils ont consacré l'idée de supranationalité. L'exception reste cependant limitée, surtout si l'on tient compte des retours en arrière que la pratique a imposés. En outre, à y regarder de plus près, la souveraineté ne disparaît pas avec les Communautés européennes. Son exercice se divise et devient conjoint dans certains domaines. Il n'est pas abandonné. Il s'agit, en réalité, d'un simple changement de niveau, destiné à hisser l'Europe occidentale à la hauteur de la puissance économique atteinte par d'autres ensembles souverains, de type étatique.

Pour les critiques de la souveraineté, l'alternative est le progrès de l'organisation internationale, dont ils attendent une avancée décisive sur la voie de la paix et de la prospérité mondiales : ils pensent que sa construction passe par l'abaissement de la souveraineté.

Pour les défenseurs de la souveraineté, l'alternative est l'impérialisme (ou l'hégémonie des puissants, pour employer un langage plus neutre). Cette vision a toujours été celle des responsables politiques, on vient de le dire. Elle devient de plus en plus celle des théoriciens des relations internationales, grâce aux progrès d'une science politique inspirée par le souci d'un « réalisme » marxiste ou non marxiste. Les théoriciens d'avant-guerre raisonnaient à partir d'Etats indépendants, dont la sécurité (en Europe surtout) paraissait dépendre de la coopération internationale (ce n'est pas un hasard si les théoriciens soviétiques se faisaient à la même époque les laudateurs de la souveraineté). Les théoriciens contemporains sont marqués, au contraire, soit par la notion d'« intérêt national », soit par le mouvement de décolonisation, ce qui les conduit à des conclusions inverses.

Aujourd'hui, le problème politique fondamental reste (ou est devenu) celui de l'indépendance. Et pas seulement pour les mouvements de « libération » ou pour les jeunes Etat. La résorption de toutes les dépendances, la défense contre toutes les hégémonies (ou contre celles qui sont les plus redoutées) est une préoccupation constante de la politique étrangère : le problème des grandes puissances se pose en effet dans des termes beaucoup plus pressants dans cette seconde moitié du XXe siècle que pendant le XIXe. Or, la souveraineté se présente comme la garantie juridique essentielle de l'indépendance.

L'indépendance politique, en effet, se manifeste très concrètement par l'entrée dans le « concert des Etats » (consacrée définitivement par l'admission à l'ONU). C'est ce que les juristes traduisent par la notion d'« immédiateté », de soumission directe et sans intermédiaire au droit international. L'indépendance effective est une situation de fait, pour laquelle il n'existe pas de critère juridique : c'est le fait d'être réellement affranchi de toute dépendance à l'égard de l'extérieur et, spécialement, à l'égard d'une volonté externe. Le droit seul ne peut l'assurer. Mais la souveraineté est un instrument nécessaire (si pas toujours suffisant) pour l'atteindre et la préserver.

Sur le plan des rapports internationaux, la souveraineté recouvre deux séries complémentaires de prérogatives juridiques : le caractère exclusif de l'autorité politique (et d'abord du pouvoir de contrainte matérielle) sur le territoire étatique, et le droit pour les organes supérieurs de l'Etat de prendre leurs décisions en se fondant exclusivement sur leur propre représentation de leurs droits et de leurs intérêts. Ce noyau irréductible de la souveraineté représente donc bien la protection que le droit peut apporter contre les immixtions de l'étranger dans les affaires nationales : la protection de l'indépendance. Dans la mesure où l'indépendance est ressentie par la majeure partie des membres de la société internationale comme un bien aussi précieux que fragile et menacé, l'évolution du droit ne peut se faire que dans le sens du renforcement de la souveraineté. C'est bien ce qui s'est passé, à la fois d'un point de vue politique (ou juridico-politique) et juridique.

2. *Le renforcement politique de la souveraineté*

Bien qu'elle ait toujours eu, par la force des choses, un contenu politique, la souveraineté a été surtout analysée par les juristes au XIXe siècle et ce qu'on pourrait appeler la conception classique de la souveraineté a eu tendance à la réduire à un concept technique. La définition qui la caractérise comme la « compétence de la compétence » (Kompetenz-Kompetenz) est peut-être la meilleure expression de cette tendance. Derrière ces constructions, l'idée-force de la souveraineté nationale s'estompe. La souveraineté n'est plus que l'attribut abstrait (voire le critère) d'une construction juridique ou d'un appareil d'organes : l'Etat.

Au lendemain de la Deuxième Guerre mondiale, un principe, dont la charge révolutionnaire dépasse probablement celle de l'idée nationale, va se glisser derrière la notion de souveraineté, avec laquelle il entretient d'ailleurs des rapports équivoques.

L'égalité de droit des peuples et leur droit à disposer d'eux-mêmes (tel est le titre complet de ce nouveau principe) ont été introduits de façon un peu oblique dans la Charte des Nations Unies. Le mouvement de décolonisation va propulser le droit des peuples au premier rang des principes sur lesquels repose l'ordre juridique contemporain.

Le droit des peuples à disposer d'eux-mêmes fournit à la souveraineté un fondement politique qui lui vaut un nouveau prestige. A travers lui, en effet, elle trouve toute la force de l'idéologie démocratique, mais aussi celle des droits de l'homme. En effet, si tout pouvoir a son origine dans le peuple sur lequel il s'exerce, si l'égalité de droits exclut toute domination d'un peuple sur un autre, l'aboutissement normal du développement politique est la constitution d'un Etat souverain et la souveraineté devient elle-même un droit inaliénable.

Dans une situation historique caractérisée par l'existence de nombreux rapports coloniaux, le droit des peuples provoque la fracture des situations établies et, par conséquent, des souverainetés établies, puisque le droit international classique considérait que les colonies faisaient partie intégrante du territoire étatique, au même titre que le territoire métropolitain, et devaient être protégées comme lui contre toute intervention extérieure. C'est ici que se manifeste sa puissance révolutionnaire et l'ambivalence de ses relations avec la souveraineté. Le droit des peuples ne vient contribuer au renforcement de cette dernière qu'après une redistribution du pouvoir politique conforme à ses exigences. Il est, successivement, révolutionnaire et conservateur.

Dans une société internationale d'où les situations coloniales ont été éliminées — et nous y arrivons — le droit des peuples n'est plus que conservateur : il est tout entier derrière la souveraineté, à laquelle il insuffle sa puissance politique.

A vrai dire, il pourrait jouer aussi comme un élément permanent d'instabilité, du fait de l'absence de critère universellement admis et facilement utilisable pour déterminer ce qu'est un « peuple », dont les droits à l'autodétermination doivent être reconnus. Or, il est peu d'Etats dont la population ne soit pas composite et ne réunisse pas des groupes dont les origines ethniques sont différentes. D'où le risque que telle ou telle province, ou telle minorité, ne se déclare soudain « peuple opprimé » et rejette la souveraineté exercée, d'après elle, par une majorité oppressive.

Ce danger a été écarté par un accord implicite au sein de la majorité des membres de l'actuelle société internationale, accord qui limite le droit à l'autodétermination aux seuls peuples « coloniaux » — c'est-à-dire soumis à la domination coloniale européenne d'« outre-mer ». Dans les autres cas, le principe de l'« intégrité territoriale » l'emporte : le conflit est tranché en faveur de la souveraineté. Il faut bien admettre, cependant, que ce cantonnement pragmatique ne repose sur aucune base logique. La dynamique du droit des peuples — c'est-à-dire la logique interne du concept — est parfois la plus forte, comme l'a montré l'exemple du Bangla Desh. Néanmoins, dans l'ensemble, le barrage résiste bien.

3. *Le renforcement juridique de la souveraineté*

L'inconvénient des principes vient de ce qu'ils impliquent dans quelques mots, et parfois un seul, tout un ensemble de règles dont la portée et l'existence même peuvent être contestées les unes après les autres. D'où la tendance contemporaine à développer les principes les mieux établis, parfois sous la forme de gloses apparemment si évidentes qu'elles semblent superflues, et même à répéter ces précisions dans toute une série de documents qui innovent peu les uns par rapport aux autres.

Les déclarations de ce type sont nombreuses dans la pratique des Nations Unies (ou, pour être plus précis, de l'Assemblée générale), mais elles prolifèrent aussi dans les communiqués et autres documents plus solennels publiés à l'occasion de rencontres bilatérales ou multilatérales. Les déclarations adoptées par les conférences des « non-alignés » et l'Acte final de la Conférence sur la sécurité et la coopération en Europe méritent tout spécialement d'être mentionnés.

Ces développements ont permis de formuler toute une série de règles et de principes, rattachés expressément ou non à la souveraineté, mais qui en sont inséparables et ont pour objet d'en définir les conséquences dans les domaines où, à tort ou à raison, les craintes de la voir violer se sont manifestées avec le plus de force. Sans prétendre être exhaustif, on signalera quatre domaines où les affirmations sur les conséquences du respect dû à la souveraineté se font les plus insistantes.

a) La protection de l'intégrité territoriale et de l'indépendance politique constituait déjà l'un des objectifs premiers du Pacte de la SdN. La Charte des Nations Unies interdit tout usage de la force dirigé contre elles (art. 2, al. 4). A partir de là, toutes les déclarations de l'Assemblée générale relatives au maintien de la paix et de la sécurité internationale ou aux principes du droit international reprennent le point et, en particulier, la déclaration sur les principes du droit international touchant les relations amicales et la coopération entre les Etats conformément à la Charte des Nations Unies (rés. AG 2625 (XXV) du 24 octobre 1970). L'Acte final de la Conférence d'Helsinki y revient avec insistance sous divers intitulés (égalité souveraine, respect des droits inhérents à la souveraineté ; non-recours à la menace ou à l'emploi de la force ; inviolabilité des frontières ; intégrité territoriale des Etats).

b) Le droit de choisir librement son système politique, social et économique a paru être aussi l'un de ceux qu'il convenait de réaffirmer fréquemment dans une société internationale divisée sur le plan idéologique. On le retrouve, lui aussi, dans toutes les grandes déclarations politiques et juridiques, mais il prend place également dans des déclarations davantage tournées vers les relations économiques, telles que la Charte des droits et devoirs économiques des Etats (rés. AG 3281 (XXIX) du 12 décembre 1974, art. 1er).

c) Le principe de non-intervention est également l'un de ceux sur lesquels l'accent est mis avec le plus d'insistance. Sa formulation ne va pas d'ailleurs sans difficulté, dans la mesure où l'on prétend interdire toute forme d'intervention. Il devient alors difficile de distinguer une intervention illicite d'un comportement licite, mais qui entraîne des conséquences défavorables pour les intérêts d'un Etat tiers, non nécessairement voulues par l'Etat qui agit. Les désaccords qui subsistent sur ce point n'ont pas été écartés par les déclarations sur l'inadmissibilité de l'intervention dans les affaires intérieures des Etats et la protection de leur indépendance et de leur souveraineté (rés. AG 2131 (XX) du 21 décembre 1965), ni par la résolution 2625 (XXV). L'Acte final d'Helsinki a surtout mis l'accent sur l'intervention militaire, mais a interdit plus généralement « toute intervention, directe ou indirecte, individuelle ou collective, dans les affaires intérieures ou extérieures relevant de la compétence nationale d'un autre Etat », quelles que soient les relations mutuelles entre les Etats en cause.

d) L'accentuation de l'élément de volontarisme dans le droit international contemporain doit, enfin, être souligné. On le constate dans de nombreux domaines, dont on ne citera que quelques-uns : le système des sources (avec l'élaboration nouvelle du principe de l'autonomie de la volonté dans la Convention de Vienne sur le droit des traités, le succès de la théorie « contractuelle » en matière de coutume internationale et les réticences à l'égard de la notion de « principes généraux de droit ») ; le règlement des différends (avec l'accent mis sur les modes volontaristes, au premier rang desquels la négociation, et le discrédit des modes juridictionnels) ; la théorie de l'« Etat nouveau » (tant au point de vue des problèmes de succession qu'à celui de la soumission de l'Etat « naissant » au droit international).

II. *EXPANSION*

La découverte (ou redécouverte) du contenu économique de la souveraineté a eu d'autres conséquences. Elle a conduit, notamment, à donner la prépondérance aux considérations relatives à la souveraineté dans des domaines où celles-ci ne jouaient qu'un rôle limité dans le droit international « classique » et a amené les Etats à revendiquer des droits « souverains » sur des espaces traditionnellement libres.

Pour le droit international classique, la souveraineté est dite « territoriale », parce qu'elle désigne avant tout un pouvoir politique (comportant une puissance de contrainte) s'exerçant de façon exclusive sur un territoire déterminé. Dans cette perspective, l'importance du territoire est avant tout politique (puisque contrôle du territoire signifie contrôle des populations qui l'occupent) et militaire (puisque la capacité défensive — et offensive — dépend très directement du contrôle du territoire et, en particulier, de ses points « stratégiques »). Les ressources du sol et du sous-sol ne sont certes pas négligées, mais elles apparaissent comme un accessoire du contrôle politique. Les préoccupations d'ordre économique peuvent donc jouer un grand rôle dans les prétentions territoriales des Etats et dans les conflits territoriaux qui les opposent. Leur rôle est insignifiant dans la détermination du statut juridique du territoire en droit international.

Cette situation va changer lorsqu'une analyse plus rigoureuse des processus économiques va montrer la complexité des relations entre souveraineté politique et exploitation des richesses du sol et du sous-sol (et, plus largement, de l'appareil économique). La possession de la souveraineté ne garantit pas que cette exploitation se fera au bénéfice de la population qui occupe le territoire. Il faut donc préciser la signification économique de la souveraineté. Inversement, l'accès aux richesses naturelles (ou, plus exactement, le monopole de l'accès) passe par l'affirmation de « droits souverains » sur les espaces qui les recèlent.

1. *La souveraineté permanente sur les ressources naturelles*

L'idée de souveraineté permanente sur les ressources naturelles est évidemment liée au phénomène du sous-développement, c'est-à-dire à la coexistence de pays hautement industrialisés, à la recherche de marchés, d'approvisionnements en matières premières et d'investissements à l'extérieur, et de pays en voie de développement, ne disposant que d'un appareil économique archaïque ou déséquilibré. Cette situation a fait sentir aux pays en voie de développement que l'accession à l'indépendance politique — donc à la souveraineté — ne leur permettait pas d'acquérir du même coup la maîtrise de leur appareil économique, dont les éléments les plus productifs continuaient à être exploités par l'étranger suivant des finalités économiques orientées vers l'extérieur. D'où leur revendication d'un droit sur cet appareil économique en mains étrangères, considéré comme une « condition », une « partie intégrante » de la souveraineté, ou encore un droit « inhérent » à celle-ci (rés. AG 626 (VII) 1952). En fait, il s'agit d'un concept nouveau, ou, si l'on veut, d'une analyse nouvelle de la souveraineté, représentant une extension par rapport à la conception traditionnelle, qui s'accompagne de l'obligation de respecter les « droits acquis » et le « standard minimum » en matière de condition des étrangers, affirmée en de nombreuses occasions, notamment par des décisions arbitrales.

Très rapidement, la souveraineté permanente sur les ressources naturelles a été liée, de la façon la plus directe, aux droits des peuples, dont elle devait tirer une légitimité renforcée. L'idée apparaît dès le moment où la notion a acquis un statut juridique suffisamment solide pour que le besoin apparaisse d'en définir les contours avec quelque précision (voir par ex. la rés. AG 1314 (XIII) 1958). Elle sera finalement consacrée dans l'article premier des deux Pactes internationaux des droits de l'homme (rés. AG 2200 (XXI) 1966). La souveraineté permanente constitue ainsi le premier élément d'un véritable droit au développement, puisqu'elle exprime le droit, pour les peuples, d'utiliser les ressources existant sur le territoire où ils sont établis pour les besoins de leur propre développement et d'écarter tous les obstacles juridiques qui pourraient s'opposer à cette finalité. Cela deviendra même, dans certaines résolutions de l'Assemblée générale, l'un des buts des luttes de libération, tandis que le droit d'exploitation des mêmes ressources sera dénié à ceux qui administrent un territoire sans pouvoir invoquer à leur profit le droit des peuples (autorités coloniales ou autorités d'occupation ; voir par ex. rés. AG 3171 (XXVIII) et 3175 (XXVIII) 1973).

Si le concept même de souveraineté permanente sur les ressources naturelles bénéficie d'une acceptation générale et peut être considéré comme un principe établi du droit international, ses modalités d'exercice font, au contraire, l'objet de controverses. Un accord, assez équivoque, avait été réalisé dans la résolution AG 1803 (XVII) 1962. Depuis, les résolutions de l'Assemblée générale et de diverses autres instances internationales sont allées dans le sens d'une extension continue. Certaines d'entre elles se sont, toutefois, heurtées à la contestation et sont, par conséquent, loin d'exprimer un consensus sur l'état du droit.

Cette extension apparaît déjà dans les adjectifs utilisés : la souveraineté sur les ressources naturelles a toujours été qualifiée de « permanente », ce qui exprimait qu'elle ne pouvait être perdue ou aliénée par un acte juridique quelconque. Elle est aujourd'hui dite « permanente intégrale » (rés. AG 3201 (S-VI) 1974) ou « entière et permanente » (Charte des droits et devoirs économiques des Etats), ce qui souligne sa radicalisation.

La Charte des droits et devoirs économiques des Etats (rés. AG 3281 (XXIX) 1974), d'autre part, consacre la souveraineté permanente non seulement sur les ressources naturelles, mais encore sur les « richesses » et « activités économiques ». Ce ne sont donc plus les seules entreprises minières et pétrolières qui sont visées, mais l'ensemble de l'appareil économique. La souveraineté comprend, en particulier, le droit de réglementer et de surveiller les investissements étrangers (y compris les activités des sociétés transnationales) et le droit de nationaliser, d'exproprier et de transférer la propriété des étrangers (*ibid.,* chap. II, art. 2).

Enfin, toujours d'après la Charte précitée (et la rés. 3201 (S-VI), Déclaration concernant l'instauration d'un nouvel ordre économique international), la souveraineté permanente se traduirait par la constitution d'un nouveau domaine réservé à la compétence exclusive des Etats, excluant l'application du droit international là où sont en jeu des relations internationales, du fait de l'intérêt pris par les Etats dans le traitement appliqué à leurs nationaux et à leurs biens par les autres Etats. *A fortiori* est exclue toute intervention extérieure dans un domaine où cette intervention avait été codifiée sous la forme de la « protection diplomatique » et avait entraîné un très important développement de l'arbitrage international.

C'est là, certainement, un des nœuds les plus importants et les plus difficiles du débat actuel sur la souveraineté et sur les limites qu'y apporte le droit international. La question posée, en définitive, est celle de savoir si le droit international, qui doit garantir la souveraineté, notamment des plus faibles, ne devient pas, dans certains cas, un moyen d'y porter plus facilement atteinte, notamment par les puissants au détriment des faibles. Mais il faut se demander, en même temps, si son élimination n'entraîne pas une situation également déséquilibrée, bien qu'en sens contraire.

2. *Les nouveaux espaces*

C'est un autre problème, celui de l'extension spatiale de la souveraineté, qui se trouve posé par les progrès de la technologie, lesquels ouvrent de nouveaux espaces aux activités humaines. Le plus spectaculaire est, évidemment, la conquête des espaces extra-atmosphériques. Toutefois, dans ce domaine, les possibilités d'exploitation appartiennent encore à un avenir indéterminé. Ceci a facilité le progrès du droit international, qui a exclu toute extension de la souveraineté et permis ainsi de prévenir les conflits qui auraient pu résulter de la solution contraire (Traité sur les principes régissant les activités des Etats en matière d'exploitation et d'utilisation de l'espace extra-atmosphérique, rés. AG 2222 (XXI) 1966).

Il en est allé tout autrement pour les espaces marins et le lit des mers. Dès le lendemain de la Deuxième Guerre mondiale (qui avait provoqué un bond en avant de la technique), une première et remarquable extension de la souveraineté a été réalisée par l'établissement de droits souverains sur le plateau continental, ou, plus exactement, sur les parties du lit des mers ainsi désignées par le droit international. La consécration de cette extension fut réalisée par la 2e Conférence sur le droit de la mer en 1958.

Comme on sait, la Conférence de 1958 n'a pas réussi, en revanche, à fixer des règles pour la revendication d'une autre extension de la souveraineté des Etats au détriment de la haute mer, c'est-à-dire d'un élargissement de la mer territoriale.

Quelques années plus tard, la perspective d'une exploitation des richesses des fonds des mers au-delà des limites du plateau continental allait donner naissance à un nouveau concept aux antipodes de l'idée de souveraineté : celui de patrimoine commun de l'humanité. Malheureusement, ce nouveau concept, solennellement proclamé par l'Assemblée générale (rés. 2749 (XXV) 1970) allait mal résister aux appétits nationaux qui se firent jour dans le cadre de la 3e Conférence sur le droit de la mer. Celle-ci a d'ores et déjà mis fin à toute contestation sur l'extension de la mer territoriale à 12 milles et amorcé une nouvelle définition du plateau continental étendant les droits souverains des Etats très au-delà de ce que laissait prévoir la Convention de 1958. Elle a surtout consacré l'idée d'une zone économique exclusive de 200 milles, qui réalise un élargissement considérable des espaces sur lesquels s'étendent les droits souverains des Etats riverains et réduit du même coup les zones constituant le « patrimoine commun ». Avec la zone économique, qui englobe des étendues marines (et sous-marines) évidemment non susceptibles de faire l'objet d'un établissement humain et dépourvues d'intérêt militaire pour beaucoup d'Etats, l'aspect patrimonial de la souveraineté l'emporte définitivement sur son contenu politique traditionnel.

III. *RELATIVISATION*

Les indications qui précèdent montrent l'avance considérable de l'idée de souveraineté (et de ses conséquences juridiques) dans le droit international contemporain, par rapport à un droit « classique » supposé manifester déjà son triomphe. Il s'en faut, cependant, que l'évolution ait été univoque. La souveraineté, qui a tant gagné dans certains domaines et sur certains plans, se voit aussi opposer des limitations qu'elle ne connaissait pas au XIXe siècle. Par là aussi, elle change de visage, ce qui ne va pas sans poser un problème théorique, indépendamment même des conséquences pratiques qui en résultent, c'est-à-dire des modifications dans les rapports internationaux qui y sont liées.

1. *Le problème théorique*

La souveraineté, a-t-on déjà remarqué, désigne le caractère suprême du pouvoir politique. Il faut prendre ce qualificatif dans un double sens : superlatif, car il s'agit du pouvoir politique le plus étendu, qui en englobe toutes les manifestations et tous les attributs, et supérieur, car il n'en admet aucun autre au-dessus de lui. Il semble, en conséquence, qu'il s'agisse nécessairement d'un pouvoir absolu et illimité. N'est-il pas, dès lors, contradictoire de parler d'une souveraineté relative ou limitée ?

En réalité, malgré leur ton catégorique, les affirmations précédentes sont pleines d'ambiguïtés, qui interdisent d'en tirer des conséquences trop tranchées.

a) La première ambiguïté vient de ce que la souveraineté est, en fait, toujours relative lorsqu'il y a pluralité de souverains, comme c'est le cas de la société internationale. Elle peut encore être considérée comme absolue et illimitée dans l'ordre interne (quitte à voir ce que cela signifie concrètement). Dès lors qu'elle a une face extérieure, elle ne mérite plus ces qualificatifs, puisqu'elle se heurte à des groupes sociaux qui ne lui sont pas soumis : à l'égard desquels elle ne se présente pas comme un pouvoir suprême, mais seulement comme un pouvoir extérieur, étranger. La définition même est remise en cause. La seule conception cohérente de la souveraineté absolue dans l'ordre international est celle de l'Empire — qui semble avoir été celle de la Chine à certaines époques — pour lequel le monde extérieur n'est composé que de barbares dépourvus de droits ou de vassaux virtuels.

La souveraineté internationale, ou extérieure, n'est pas du tout un pouvoir (et encore moins un pouvoir suprême) sur l'extérieur. Elle se définit, en réalité, par une double prérogative :

— l'indépendance juridique, c'est-à-dire le pouvoir de se déterminer librement sans interférences étrangères ;
— le pouvoir d'entrer en relations avec l'étranger et d'établir ces relations sur des bases régulières.

Sous le premier aspect, la souveraineté n'a de réalité que par l'intermédiaire de règles imposant aux autres de la respecter. La souveraineté internationale n'existe, en définitive, que par le droit international, qui la consacre. Sans lui, on ne rencontre que des pouvoirs de fait, qui ne peuvent assurer que par la force le respect auquel ils prétendent.

Sous le second aspect, la souveraineté implique une soumission à des règles sans lesquelles ses relations avec le monde extérieur ne pourraient pas trouver de stabilité.

b) Une seconde ambiguïté apparaît lorsqu'on examine de plus près ce second aspect de la souveraineté et qu'on s'interroge sur la nature des règles qui peuvent la limiter.

La souveraineté est pouvoir de se lier, mais aussi, corrélativement, de lier les autres, en créant, avec eux, les règles qui vont gouverner leurs relations mutuelles. La doctrine allemande du XIXe siècle a parlé, à ce propos, d'autolimitation, mais un tel concept est incapable d'expliquer la force juridique de l'accord international : celui-ci devrait cesser de produire ses effets dès qu'il est détruit, c'est-à-dire dès le moment où l'une des parties cesse d'y adhérer. Qu'est-ce donc qui noue les volontés lorsqu'elles se rencontrent et s'oppose à ce qu'elles se dénouent lorsqu'elles s'écartent l'une de l'autre ?

L'explication qu'on vient de rappeler repose, en définitive, sur le postulat selon lequel la souveraineté serait un pouvoir absolument libre d'entrer ou de ne pas entrer en contact avec le monde extérieur et de revenir à tout moment à l'isolement après en être sorti. Un tel présupposé est contraire à la réalité. L'existence d'une pluralité d'Etats souverains soulève des problèmes de sécurité et d'échanges auxquels n'échappe aucun d'entre eux, même les plus puissants, et impose l'établissement de relations extérieures par nécessité et non par choix. Le flux continu de ces relations engendre à chaque époque et suivant les besoins qui lui sont propres un corps de règle, dont le développement résulte de la pratique et qui constitue pour chaque Etat une donnée dont il n'est pas libre de ne pas tenir compte, s'il veut tenir sa place dans la société internationale.

La formation et l'évolution continue de ces règles coutumières s'opèrent, en fait, malgré l'inorganisation des rapports internationaux, suivant un processus qu'il n'est pas possible de qualifier autrement que social, ou sociologique. L'observation de ce processus permet de donner une réponse à la question maintes fois posée de savoir s'il est permis de parler d'une société internationale à propos du système de relations existant entre les Etats. Quelle que soit l'influence exercée par quelques Etats individuellement, en raison de leur puissance, sur le déroulement de ce processus, la même observation fait apparaître le caractère artificiel de toute explication purement volontariste de la formation du droit coutumier.

La nécessité à laquelle se heurte la prétention de l'Etat souverain à n'être limité que par le droit qu'il a accepté porte un nom: c'est l'interdépendance, qui n'a cessé de se renforcer pendant les dernières décennies. A ce propos, il convient de relever que si la souveraineté internationale se définit aussi comme indépendance juridique, le contraire de l'indépendance n'est pas l'interdépendance, mais bien la dépendance. Souveraineté et interdépendance ne s'excluent pas mutuellement.

c) Une dernière ambiguïté vient précisément de l'assimilation entre souveraineté et indépendance juridique. Si la souveraineté est limitée par le droit, elle continue d'exclure toute autorité supérieure, même toute autorité sociale, c'est-à-dire compétente pour l'ensemble de la société et en exprimant les intérêts collectifs. Dès lors, il appartient à chacun d'apprécier ce que le droit lui commande et de se comporter en fonction de cette représentation, sans que celle-ci puisse être réformée par le jugement d'un tiers.

Ceci n'équivaut pas à la récupération d'un pouvoir juridiquement illimité au niveau de l'application du droit, mais laisse subsister, néanmoins, un pouvoir de fait : celui, pour chaque Etat, de s'en tenir à une interprétation unilatérale de ses droits et obligations, sans même exclure la possibilité de franchir les limites de la bonne foi. L'exercice de ce pouvoir dépend de la puissance (qui peut être celle de la force économique ou militaire, mais aussi d'une communauté d'intérêts avec le plus grand nombre). Toutefois, sa portée exacte dépend aussi de la capacité de chacun de se faire justice à soi-même, c'est-à-dire d'imposer aux autres sa propre représentation du droit et de les contraindre éventuellement à s'y conformer ; d'où il apparaît à nouveau que le respect de la souveraineté dépend du progrès du droit international. En effet, la faculté d'imposer sa volonté aux autres limite *de facto* les avantages de la souveraineté aux plus puissants. Elle n'est pas elle-même donnée par le droit, mais résulte, au contraire, de l'absence de règles limitatives de l'emploi de la contrainte dans les rapports internationaux. Le concept de souveraineté, tel que nous l'avons analysé jusqu'à présent, n'implique nullement que de telles règles ne puissent pas se former et s'imposer.

L'apparition de règles limitatives de l'emploi de la contrainte par les souverains signifie, à son tour, la nécessité soit d'accepter la constitution d'autorités de caractère social, juridictionnelles ou politiques, pour réduire les différences et les conflits qui ne peuvent plus être tranchés par la force — voire pour les prévenir — soit d'accepter de procéder par voie de compromis, c'est-à-dire de tenir compte du point de vue de l'autre, pour sortir des impasses où s'enliseraient autrement les rapports internationaux.

En d'autres termes, si les progrès de l'interdépendance ne vont pas à l'encontre de la souveraineté, ainsi qu'on l'a déjà relevé (aussi longtemps qu'elle n'entraîne pas d'inégalités trop fortes dans les dépendances mutuelles qui en résultent, ou ne crée qu'une dépendance générale à l'égard de l'extérieur, dont ne profite pas, de façon prépondérante, tel ou tel Etat), ils n'en suscitent pas moins une pression de caractère social, obligeant les Etats à réduire progressivement leur prétention à ne définir leur comportement qu'en fonction de leurs intérêts égoïstes, et à accepter des engagements de plus en plus contraignants : sur le plan de la concertation, mais aussi sur celui de la constitution d'autorités investies du pouvoir de définir des orientations d'ensemble, dont l'application peut même faire l'objet de contrôles. On glisse ainsi vers une situation nouvelle : celle d'un exercice concerté, ou commun, de la souveraineté, se substituant au traditionnel exercice solitaire, sans qu'elle ait véritablement changé de mains ou ait été amoindrie.

Toutes ces ambiguïtés, sur le plan théorique, expliquent l'évolution équivoque, ou ambivalente, de la pratique, où les facteurs de relativisation de la souveraineté viennent contrebalancer les facteurs d'expansion et de renforcement, ce qui rend le bilan finalement très incertain.

2. *La relativisation dans la pratique*

Faute de place, on s'en tiendra à quelques indications très générales et très schématiques, sur les trois plans qui apparaissent les plus significatifs.

a) *Au point de vue de la structure de l'ordre juridique international*

On assiste, sur ce plan, à un phénomène nouveau et surprenant : le succès d'une notion apparemment antinomique de la notion de souveraineté (et surtout du volontarisme juridique) : celle de *jus cogens*. Tel qu'il a été défini par la Convention de Vienne sur le droit des traités, le *jus cogens* désigne, en effet, un droit qui échappe complètement à la volonté individuelle des Etats et ne peut se former (et évoluer) que par un processus collectif. Il exprime, par conséquent, des valeurs sociales supérieures à celles que représentent les Etats individuellement, susceptibles de conférer à des intérêts non étatiques (ceux de la personne humaine, par exemple) un statut supérieur aux intérêts étatiques.

La signification exacte de l'acceptation de cette notion est encore ambiguë. Elle est, en effet, d'abord le fait des Etats qui se montrent autrement les plus fermement décidés à préserver le principe de la souveraineté. Quelques-uns peuvent s'y être résolus par confiance en leur propre puissance, qui devrait les garantir contre l'adoption de règles de droit impératif inacceptables pour eux (ce qui est peut-être une illusion). Le plus grand nombre est, d'autre part, convaincu que la communauté d'intérêts et de convictions entre eux les met tout autant à l'abri de dangers de cette nature.

Il n'en reste pas moins qu'il s'agit là d'une étape remarquable sur la voie de la socialisation (au sens premier, non idéologique, du terme) des rapports internationaux. L'affirmation de valeurs supérieures pose d'ailleurs, à terme, la question de la répression des violations de ces valeurs, qui ne peut être elle-même que sociale. La souveraineté pourrait-elle survivre à une telle évolution ? La question est posée. La réponse risque de se faire attendre encore longtemps.

b) *Sur le plan des principes*

Malgré son caractère central, la souveraineté n'est que l'un des principes du droit international. Un certain nombre d'autres viennent la renforcer, mais en même temps la relativisent : en obligeant les souverains à respecter mutuellement leurs souverainetés respectives, ils limitent chacun d'entre eux. On a vu déjà ce qu'il en est du principe de non-intervention. Parmi beaucoup d'autres, trois sont particulièrement significatifs.

L'égalité, en premier lieu. Dans tous les textes récents, la souveraineté n'est plus jamais citée seule. On parle seulement de l'égalité souveraine. Cette liaison désormais indissoluble est de grande portée : l'accent sur l'égalité est dirigé contre l'hégémonie (ou l'impérialisme). La souveraineté ne peut pas être le moyen juridique d'imposer sa volonté aux autres souverains. L'exploitation est tout autant exclue : les relations réciproques doivent être orientées vers l'avantage mutuel.

L'interdiction du recours à la force va plus loin encore. Elle opère une véritable novation de l'idée de souveraineté, dans la mesure où le droit de faire la guerre en était considéré comme un attribut essentiel dans le droit international classique. Elle implique, d'autre part, la mise en place de systèmes de sécurité compensatoires, dont la mise en œuvre exige l'intervention d'autorités sociales. Ce n'est pas un hasard si le Conseil de sécurité a été doté de pouvoirs qui, s'ils étaient exercés, empiéteraient sérieusement sur la souveraineté des Etats.

La protection internationale des droits de l'homme et des libertés fondamentales constitue enfin une intrusion du droit international dans les relations entre l'Etat et ses propres ressortissants et atteint donc le cœur même de la souveraineté interne. D'où la difficulté de la faire accepter, d'autant plus qu'elle appelle l'intervention d'autorités internationales, donc étrangères, opérant un contrôle. Celui-ci n'a encore pu être établi de façon efficace que sur le plan régional.

c) Souveraineté et coopération

L'organisation de la coopération transforme l'interdépendance en solidarité. C'est donc elle qui, à la longue, provoque la plus grande érosion de la souveraineté : elle crée des dépendances à l'égard de l'extérieur ; elle suscite des habitudes de concertation, de négociation continue et d'action collective, dont il est difficile de se déprendre ; elle provoque la constitution d'organes internationaux que leur dynamisme interne tend à transformer en autorités sociales. Or, il n'est pas nécessaire ici de rappeler l'extraordinaire foisonnement d'organisations qui s'est produit au cours des dernières décennies. La faiblesse de la plupart d'entre elles ne doit pas, à cet égard, faire illusion : on est en présence d'un phénomène irréversible.

* * *

Ces quelques brèves indications suffisent à montrer que la souveraineté reste aujourd'hui encore la pierre d'angle de la société internationale et du droit international. Il en est ainsi parce qu'elle continue d'être l'expression juridique d'une distribution du pouvoir politique à l'intérieur de l'humanité vivante, dont le renversement et le remplacement par une structure différente ne sont ni prévisibles ni annoncés. Mais la souveraineté n'est pas immuable. Elle se transforme sous nos yeux. Elle n'est plus la notion apparemment simple et rigoureuse du droit international classique. Elle est emportée par une évolution qui, pour être équivoque ou ambivalente, n'en est pas moins considérable. Le rôle du juriste n'est sans doute pas de crier haro sur la souveraineté (qui s'est toujours très bien accommodée de ce genre de malédiction), mais plutôt d'aider cette évolution en en clarifiant la signification. La souveraineté est prise aujourd'hui entre l'indépendance et l'interdépendance. Aucun des deux termes ne doit et ne peut être sacrifié. Dans l'intérêt de la paix et de la justice internationales, tous les deux doivent, au contraire, être renforcés et, en même temps, conciliés l'un avec l'autre. On a essayé de montrer, par les analyses qui précèdent, que ce n'était pas, contrairement aux apparences, la quadrature du cercle.

THE DOCTRINE OF «MARE CLAUSUM» AND THE THIRD UNITED NATIONS CONFERENCE ON THE LAW ON THE SEA

Lucius C. CAFLISCH

I. *INTRODUCTION*

In 1927, at a time when the doctrine of the freedom of the seas was at its zenith, the League of Nations was preparing a conference destined to attempt a codification of the law of the territorial sea. [1] This attempt failed. On 29 April 1958, the (First) UN Conference on the Law of the Sea, which met at Geneva, adopted four Conventions which embodied a comprehensive régime of the seas [2] and which confirmed the general principle of the freedom of the seas to a large extent. [3] Today, fifty years after the first abortive attempt at codification by the League of Nations and nineteen years after the conclusion of the Geneva Conventions, the Law of the Sea is in a turmoil. The cherished concept of the freedom of the seas is under heavy attack on the part of many coastal States which demand that vast parts of the oceans and of their natural resources be submitted to their jurisdiction instead of being open to all nations. This

[1] See League of Nations, Committee of Experts for the Progressive Codification of International Law, Report of the Council of the League of Nations, Document C. 196. M. 70. 1927. V ; League of Nations Conference for the Codification of International Law, Bases of Discussion, vol. II : Territorial Waters, Document C. 74. M. 39. 1929. V ; League of Nations, Acts of the Conference for the Codification of International Law, vol. III : Territorial Waters, Minutes of the Second Committee, Document C. 351 (b). M. 145 (6). V.

[2] Convention on the Territorial Sea and the Contiguous Zone, United Nations Treaty Series (UNTS), vol. 516, p. 205 ; Convention on the High Seas, UNTS, vol. 450, p. 82 ; Convention on the Continental Shelf, UNTS, vol. 499, p. 311 ; Convention on Fishing and on Conservation of the Living Resources of the High Seas, UNTS, vol. 559, p. 285. For the work of the 1958 Conference, see (First) United Nations Conference on the Law of the the Sea, Official Documents, 7 vols. (Documents A/CONF. 13/37 to 43). A second Conference, which was convened at Geneva in 1960, failed to solve the two main issues left open in 1958, *i.e.*, the breadth of the territorial sea and the limits of coastal State fisheries zones.

[3] Except inasmuch as the creation of a contiguous zone and of a continental shelf was concerned. On these issues, see below, pp. 205-206 and 209-212.

demand is at present being examined by a Third UN Conference on the Law of the Sea which has been meeting since 1974 and which aims at drawing up a universal new treaty covering the Law of the Sea in all its aspects. It is the purpose of this contribution to examine the possible historical precedents of the claims made by coastal States and to compare these precedents with contemporary developments, particularly with those occurring within the framework of the Third UN Conference on the Law of the Sea. [4] To this end, it will be necessary to begin by briefly describing the development of the classical principle of the freedom of the seas between the sixteenth and the eighteenth centuries as well as the concurrent emergence of the concept of a territorial sea.

II. *THE CONTROVERSY BETWEEN THE PROTAGONISTS OF THE DOCTRINES OF* MARE LIBERUM *AND* MARE CLAUSUM

There is a widespread belief that the principle of the freedom of the seas did not exist until its "invention" by Hugo Grotius (1583-1645). It is also thought that once this "invention" had been made, it was generally accepted by the international community and remained an immovable rule until very recently. Both these beliefs are erroneous. The doctrine of the freedom of the seas had entered into State practice prior to its popularization by Grotius. [5] In addition, this principle had its ups and downs ; it did not crystallize into rules of international law until the end of the eighteenth century, and even then it continued to be opposed occasionally. [6] In fact, there seems to have been no period in history during which the freedom of the seas went entirely unchallenged.

The counterpart to this concept is the idea that the sea is susceptible of appropriation by individual coastal States. This idea, known as the doctrine of *Mare clausum,* goes back at least to the Middle Ages. [7] Its best-known application is undoubtedly the wholesale attribution of ocean and land space which took place when Spain and Portugal, through con-

---

[4] The idea of such a comparison was suggested to the author by W. Friedmann, "Selden *Redivivus* — Towards a Partition of the Seas ?", *American Journal of International Law,* vol. 65, 1971, pp. 757-770 (hereafter *American Journal).*

[5] *Cf.* the attitude of Queen Elizabeth I of England described by G. Gidel, *Le droit international public de la mer,* 3 vols., Paris, Sirey, 1932-1934, vol. I, pp. 133-136 ; see also the earlier precedents mentioned *ibid.,* pp. 137-138.

[6] In particular by Britain (Hovering Acts of the eighteenth and nineteenth centuries) and by the United States (customs legislation).

[7] See G. Gidel, *op. cit.,* vol. I, pp. 128-133.

ventional instruments and with the interested complicity of the Papacy, [8] set out to divide among themselves the Western hemisphere, including its undiscovered territories. This unilateral action undertaken by two world powers with the benediction of the Church purported to grant to these powers exclusive rights in the areas usurped by them and, hence, to prevent free navigation and communication therein. Strong objections were raised by England and, later on, by the Dutch. The firm attitude taken in the matter by Queen Elizabeth I of England may well have been the starting point of the modern freedom of the seas, and the defeat of the Spanish Armada in 1588 could be considered its first victory.

As far as the writers of that period are concerned, Grotius was naturally the main, though not the first, apologist of the freedom of the seas. [9] His ideas, which are too well-known to be repeated here, were formulated in his celebrated essay *Mare liberum.* This essay, which had been written in 1604, was not published until 1609, when the Dutch were negotiating a peace treaty with Spain ; the agenda of these negotiations included the question of Dutch trade in the East Indies. In fact, *Mare liberum,* which had originally formed the twelfth chapter of *De jure praedae* (1604), was the work of a legal consultant as much as that of a scholar. In 1604, some shareholders of the Great United Company of the East Indies (usually referred to as the Dutch East India Company) had raised doubts as to the legality of Portuguese prizes taken by the Company in reprisal against Portugal's refusal to allow the Company's vessels to trade with the Portuguese Indies. Grotius appears to have been consulted by the Company in an attempt to allay the doubts of these shareholders. *De jure praedae* was the fruit of this consultation. [10]

In England the Stuarts, who were Scots, had in the meanwhile replaced the Tudors. Mindful of Scotland's interest in protecting its coastal fisheries and perhaps preoccupied as well by the rise of the Dutch as a

---

[8] *Cf.* in particular the Bull *"Inter Caetera"* of Pope Alexander VI (1493) and the Treaty concluded between Spain and Portugal at Tordesillas on 7 June 1494. Both texts are reprinted in *Annals of International Studies,* vol. 4, 1973, pp. 309 ff.

[9] Grotius's theory is largely based on the ideas of Vitoria and Vazquez. See F. de Vitoria, *De Indiis...* (1557), Section III, Proposition I, Proof 10, translation by J. P. Bate, Washington, Carnegie Institution, 1917, p. 152 (J. B. Scott (ed.), The Classics of International Law, No. 7) ; F. Vazquez, *Illustrium controversiarum aliarumque usu frequentium libri tres,* quoted by H. Grotius, *De jure praedae commentarius,* Chapter XII, translation of the original manuscript of 1604 by G. L. Williams, Oxford, Clarendon Press, 1950, pp. 250-251 (J. B. Scott (ed.), The Classics of International Law, No. 22).

[10] The *Mare liberum* was published separately and in a revised form in 1609, probably in connection with the ongoing peace negotiations with Spain. *De jure praedae* was first published in 1868 (ed. by H. G. Hamaker, The Hague, Nijhoff, 1868). For the publishing history of this work and for the circumstances which lead to its elaboration, see R. Fruin, "An Unpublished Work of Hugo Grotius's", *Bibliotheca Visseriana,* vol. V, pp. 3-74.

maritime and trading power, James I and his successors—including even Cromwell—turned away from England's liberal policy and began to lay claim to the seas surrounding the British Isles. [11] The main apologist of this claim was the jurist John Selden (1584-1654), whose work *Mare clausum* was written in 1618 although it was not published until 1635. [12] Selden's thesis was based on two main propositions : (1) contrary to the assertions of Grotius, the sea is not common to all by the laws of nature and hence is capable of appropriation by States ; and (2) the King of Britain is sovereign over the seas surrounding his realm, and these seas are perpetual attributes of his sovereignty.

The first manifestation of Britain's new policy, as justified *ex post* by Selden, was a proclamation made by King James I on 6 May 1609. By this proclamation, foreigners who were desirous of fishing within eyesight of the British coast, fixed at fourteen nautical miles, had to obtain a licence. The Dutch objected to the proclamation by invoking the cannon-shot rule, by observing that they were entitled to fish in British coastal waters by virtue of treaties, and by asserting that there was freedom of fishing outside these waters. They also pointed out that the eyesight was in fact less than fourteen miles. [13] The protracted negotiations between the two nations, which later on were to include a conflict between the Dutch and the London East India companies as well, led to no result.

The nationalistic policy of Britain reached its peak under the reigns of Charles I and II Stuart, when Britain asserted sovereignty over all the seas surrounding the British Isles. The areas thus claimed sometimes covered hundreds of miles of maritime space. Moreover, the jurisdiction asserted in these areas was no longer limited to exclusive fishing rights ; acts of war were equally forbidden, and foreign ships were to extend a submissive salute to British vessels by hauling down their flag and striking their topsail. It was this question of maritime ceremonial, which was naturally connected with the claim for maritime sovereignty, that provoked three successive wars between Britain and Holland. These conflicts came to an end with the conclusion of the Treaty of Westminster in 1674. [14] Article IV of that Treaty provided that the striking of the topsail and the lowering of their flag by Dutch vessels "in any of the seas from Cape Finisteere to the middle point of land in Norway, called Van Staten"—no mention was made of "British seas"—was to be viewed as a testimony of respect and not of submission or of recognition of sovereignty over the seas in question.

---

[11] G. Gidel, *op. cit.,* vol. I, pp. 151-160, 171-194.

[12] *Mare clausum* (1635), translation by M. Nedham, London, W. du Gard, 1652 ; facsimile reproduction by Arno Press, New York, 1972.

[13] G. Gidel, *op. cit.,* vol. I, p. 158. See the observations on the line-of-sight criterion made below, pp. 202-203.

[14] C. Parry, *The Consolidated Treaty Series,* vol. 13, 1673-1675, p. 133.

With the accession of William of Orange to the British throne in 1689 and the ensuing alliance between the Dutch and the British, the latters' claims based on the doctrine of *Mare clausum* lost their importance. From the reign of Queen Anne (1702-1714) onwards, Britain's naval supremacy became so evident that Britain was in a position to show moderation and to renounce formal acts of submission by foreign vessels. The philosophy of *Mare clausum* thus fell into disuse as soon as its main protagonist, Britain, had achieved naval supremacy. [15]

III. *THE EMERGENCE OF THE CONCEPT OF A TERRITORIAL SEA* [16]

The controversy described above between the advocates of the *Mare liberum* and those of a *Mare clausum* had a considerable bearing on the question of whether and to what extent coastal States should exercise rights, jurisdiction, and control over maritime spaces adjacent to their land territory. Those who favoured the doctrine of *Mare clausum* contended that the sea was susceptible of being appropriated by individual States and hence that the latters' jurisdiction depended on their will and on the effectiveness of their domination, as was the case of land territory. [17] The doctrine of the freedom of the seas, on the other hand, was based on the proposition that, being a space of free communication by the laws of nature, the sea was a *res communis,* belonging to all nations. The doctrine was not, of course, carried to its extreme logical conclusion, namely, that *no* part whatever of the sea is susceptible of being placed under coastal State jurisdiction. Such a conclusion would have been a practical absurdity, for States have a vital interest in the protection of their laws, their security and, possibly, their neutrality within a strip of the seas adjacent to their coasts.

In fact, the idea of an adjacent sea placed under coastal State jurisdiction in matters of piracy and of offences committed in that area can be

---

[15] G. Gidel, *op. cit.,* vol. I, p. 197.

[16] On this matter, see in particular P. C. Fenn, Jr., "Origins of the Theory of Territorial Waters", *American Journal,* vol. 20, 1926, pp. 465-482 ; T. W. Fulton, *The Sovereignty of the Sea,* Edinburgh and London, W. Blackwood, 1911 ; J. K. Oudendijk, *Status and Extent of Adjacent Waters,* Leiden, A. W. Sijthoff, 1970 ; S. A. Swarztrauber, *The Three-Mile Limit of Territorial Seas,* Annapolis, Md., Naval Institute Press, 1972.

[17] On the criteria of effective domination and of discovery in connection with the acquisition of land territory between the sixteenth and nineteenth centuries, see the arbitral award of M. Huber, of April 1928, in the *Island of Palmas Case* (Netherlands v. United States), United Nations, *Reports of International Arbitral Awards,* vol. II, p. 829, at pp. 843-846.

traced back to Bartolus (1314-1357) and Baldus (1327-1400), as well as to Jean Bodin (1530-1596). Bartolus suggested that the breadth of that zone should be one hundred miles, while Baldus and Bodin appear to have favoured a sixty-mile limit. [18] Alberico Gentili (1552-1608) was the first scholar to use the label *"territorium"* for this area; [19] and in Gentili's mind this expression may have implied full territorial jurisdiction of the coastal State. [20] Subsequently, however, the breadth of the zone was fixed at cannon-range, and coastal State jurisdiction limited to matters of capture at sea and of neutrality. The zone in question, which seems to have made its first appearance in the Anglo-Dutch negotiations of 1610 and which became part of French practice in 1685, [21] was not, however, conceived as a belt of uniform breadth following the coastline of a State. Originally, it existed *"sous les canons des forteresses"* only, *i.e.*, in those waters which fell within the range of guns effectively placed on the coast: [22] *"imperium terrae finiri, ubi finitur armorum vis"*. It follows that contrary to a widespread belief, the cannon-shot rule originated in the practice of States rather than in Cornelius van Bynkershoek's (1673-1743) work *De dominio maris dissertatio* (1702). [23] This author can only be credited with the popularization of the rule. It must be stressed, moreover, that Bynkershoek never stated expressly that the zone established under the cannon-shot rule should be a continuous belt of maritime space. [24]

The cannon-shot criterion had however the drawback of being imprecise, because the range of cannons varied greatly. [25] A similar drawback beset another criterion developed by the practice of certain States (Spain, England, Denmark/Norway): the line of sight. As it is contingent on several factors (height of the viewer, height of the object

[18] See S. A. Swarztrauber, *op. cit.*, p. 11, citing both original and secondary sources.

[19] *De jure belli libri tres* (1598), Book III, Chapter XVII, translation of the 1612 edition by C. Rolfe, Oxford, Clarendon Press, 1933, p. 384 (J. B. Scott (ed.), The Classics of International Law, No. 16): "The adjacent part of a sea belongs to one's dominion, and the term 'territory' *(territorium)* is used both of land and water."

[20] S. A. Swarztrauber, *op. cit.*, p. 24.

[21] *Cf.* W. L. Walker, "Territorial Waters: The Cannon Shot Rule", *British Year Book of International Law*, vol. 22, 1945, pp. 210-231, at p. 215.

[22] S. A. Swarztauber, *op. cit.*, p. 27. See also J. K. Oudendijk, *op. cit.*, pp. 55-57.

[23] *De dominio maris dissertatio* (1702), Chapter II, translation by R. van D. Magoffin, New York, Oxford University Press, 1923, pp. 42-44 (J. B. Scott (ed.), The Classics of International Law, No. 11). See also C. van Bynkershoek, *Quaestiones juris publici libri duo* (1737), Book I, Chapter VIII, translation by T. Frank, Oxford, Clarendon Press, 1930, p. 54 (J. B. Scott (ed.), The Classics of International Law, No. 14).

[24] S. A. Swarztrauber, *op. cit.*, p. 30; W. L. Walker, *op. cit.*, p. 230. For a different view, see J. K. Oudendijk, *op. cit.*, p. 109 n. 7.

[25] S. A. Swarztrauber, *op. cit.*, pp. 34-35, citing several manuals of artillery.

viewed on the horizon, weather conditions), that line could, as pointed out by one author,[26] justify any breadth ranging from three to at least twenty miles. What is important, in connection with the line-of-sight rule, is that its application implied that coastal States asserted jurisdiction over a *continuous* and uniform belt of maritime space. It must be noted, moreover, that the powers of coastal States in that belt differed from those exercised by States in areas claimed under the cannon-shot rule : they concerned the security of the coastal State and the application of the latter's customs regulations as well as the protection of the coastal population and of its economic interests, especially in matters of fisheries.[27]

Concurrently with these two rules for the delimitation of coastal State jurisdiction, yet another criterion had emerged mainly from Scandinavian practice : the marine-league (= three nautical miles) rule. This method of delimitation differed from the criterion of the cannon range in three respects. First, the area attributed to the coastal State in accordance with this method was larger than that which would have resulted from an application of the cannon-shot rule, because prior to the nineteenth century the range of cannons appears to have been inferior to three miles.[28] Second, the criterion of the marine league, unlike that of the cannon shot, led to the establishment of a *continuous* belt of coastal waters, as was also the case under the line-of-sight doctrine. Third, in this continuous belt the coastal State was to exercise jurisdiction, not merely in matters of neutrality and capture at sea, but also in order to protect its coastal fisheries and to prevent smuggling. The fact, however, that in the zones claimed under the one league (or three-mile) rule, coastal States asserted the rights which they had formerly enjoyed in the areas covered by the cannon-shot rule, namely, jurisdiction in matters of neutrality and of capture at sea, led to a gradual equation between that criterion and the marine-league (three-mile) rule. This process of amalgamation originated in the practice of States[29] and in the writings of Abbé Galiani (1728-1787), an Italian clergyman, economist, and diplomat.[30] The amalgamation continued during the nineteenth century and had the following results : (1) coastal State jurisdiction now extended to a continuous belt of coastal waters the uniform breadth of which was generally set at three nautical miles, although it may be doubted that that limit ever hardened into a universally binding rule of international law ;

[26] S. A. Swarztrauber, *op. cit.*, pp. 40-41.

[27] *Ibid.*, pp. 42-43.

[28] *Ibid.*, pp. 34-35.

[29] See the cases of the *"Ellen"* and of the *"Squirrel"* (1761) described by S. A. Swarztrauber, *op. cit.*, pp. 53-54.

[30] F. Galiani, *De' doveri di' principi neutrali verso i principi guerreggianti, e di questi verso i neutrali,* Naples, 1782, pp. 421, 422.

(2) the various zones which had been created in application of different criteria of delimitation, together with the varying attributions hitherto exercised by States in the said areas (security, neutrality, fishing, smuggling, etc.), gradually coalesced into one single multi-jurisdictional zone placed under the territorial sovereignty of the coastal State ; and (3) foreign vessels however retained a right of innocent passage through the waters of the new single zone.

At the close of the nineteenth century, it was possible to conclude —and this conclusion was still valid in the 1930's—that the coastal State exercised complete territorial jurisdiction over a continuous belt of waters, the only exception to such jurisdiction being the right of innocent passage of foreign vessels. The establishment of a territorial sea, the outer limit of which was generally though not universally set at three miles, was the fruit of a slow process of amalgamation and consolidation, over several centuries, of various functional zones with varying outer limits. Hence it is not exaggerated to assert that the territorial sea was created neither in one day nor from one piece. In today's language, one would probably say that the territorial sea was the fruit of a slow process of creeping jurisdiction in the course of which coastal State jurisdiction grew from modest beginnings to near-complete sovereignty over a maritime belt of uniform breadth. From an extremist viewpoint, it could of course be argued that the establishment of such a belt, though no doubt necessary for practical reasons, constituted a limitation of the principle of absolute freedom of the seas and hence was a step towards the doctrine of *Mare clausum*. On the other hand, one could object with considerable justification that the existence of a territorial sea of a moderate and uniform breadth in reality served to *protect* the freedom of the seas, for coastal State jurisdiction was in principle strictly confined to that belt. In this sense it is possible to conclude, therefore, that towards the end of the nineteenth and during the first half of the twentieth centuries the principle of the freedom of the seas had reached its peak, protected as it was by a fairly uniform practice regarding the establishment of a territorial sea of moderate and uniform breadth. Even then this protection was unfortunately not absolute. There remained some States which refused to abide by the three-mile rule, [31] and there were other States which agreed that that rule was the law but either claimed special zones and types of jurisdiction or control outside the three-mile limit or demanded that the territorial sea be extended beyond that limit *de lege ferenda*. These claims, which are aimed at restricting the freedom of the seas, will now be examined.

---

[31] In particular the Scandinavian countries, which claimed a territorial sea of one Scandinavian league or four nautical miles. This claim has successfully withstood the test of time, *cf.* the *Fisheries Case* (United Kingdom v. Norway), judgment of 18 December 1951, *ICJ Reports 1951*, p. 116, at p. 126.

IV. *RIGHTS AND JURISDICTION CLAIMED BY COASTAL STATES BEYOND THE THREE-MILE LIMIT*

1. *Claims to Zones of Functional Jurisdiction*

As has just been indicated, there are coastal States which have never been content with the near-exclusive jurisdiction attributed to them over their territorial sea. Accordingly, they have also laid claim to additional maritime areas, which are often referred to as zones of functional jurisdiction. The claims made relate mainly to the following categories of functions :

(*a*) customs, fiscal, immigration, and sanitary jurisdiction ;

(*b*) maintenance of neutrality and protection of national security ;

(*c*) protection of coastal fisheries and conservation of fish stock ; and

(*d*) protection of the coastal marine environment.

(*a*) *Zones of Customs, Fiscal, Immigration, and Sanitary Jurisdiction* [32]

Although Great Britain was known to be one of the outstanding champions of a three-mile territorial sea, it also belonged to those countries which claimed zones of functional jurisdiction beyond the three-mile limit. In the early nineteenth century, Britain even asserted customs jurisdiction to a distance of 300 miles from its shores. [33] The United States, another protagonist of the three-mile limit, has consistently claimed exclusive customs jurisdiction inside a twelve-mile limit. [34] The Anti-Smuggling Act of 1935 goes even farther and empowers the President to decree a customs enforcement area up to a distance of sixty-two miles. [35]

In the course of the 1930 Hague Codification Conference it was proposed to take these tendencies into account by creating a "contiguous zone" beyond the territorial sea. In this zone, the coastal State was to receive the power to prevent or to punish infringements by foreign vessels,

[32] See W. E. Masterson, *Jurisdiction in Marginal Seas with Special Reference to Smuggling,* New York, Macmillan, 1929.

[33] *Cf.* W. E. Masterson, *op. cit.,* pp. 75-86 and, in particular, the Act for the More Effectual Prevention of Smuggling, of 12 July 1805, 45 Geo. III, c. 121, and the Act of 13 August 1807, 47 Geo. III (sess. 2), c. 66.

[34] Act to Regulate the Collection of Duties on Imports and Tonnage, of 2 March 1799, Sections 27, 54, US Statutes at Large, vol. 1, p. 627 ; Tariff Act of 21 September 1922, Section 581, US Statutes at Large, vol. 42, p. 858.

[35] Anti-Smuggling Act of 5 August 1935, Section I (a), US Statutes at Large, vol 49, p. 517.

in its territorial sea, of coastal State regulations regarding customs, sanitary matters, and national security.[36] The Hague Conference having failed, the idea of a contiguous zone was taken up again and enlarged upon in 1958 by the (First) UN Conference on the Law of the Sea and was finally embodied in Article 24 of the Geneva Convention on the Territorial Sea and the Contiguous Zone.[37]

While it is based on the proposal which was discussed at The Hague in 1930, Article 24 is no longer limited to customs and sanitary legislation but also covers fiscal and immigration regulations of the coastal State ; the reference to national security, on the contrary, was omitted. Paradoxically, the inclusion of a provision on the contiguous zone in the relevant Geneva Convention was opposed by the United Kingdom, which had originally contributed so much to the creation of that zone.[38]

(*b*) *Neutrality and Security Jurisdiction Outside the Territorial Sea*

Another category of claims to functionally limited jurisdiction outside the territorial sea relates to neutrality. A good illustration of this type of claims is provided by the neutrality zone decreed by the American States in a declaration made at Panama on 3 October 1939. By that declaration the belligerents were requested to refrain from acts of war within a maritime belt which was drawn around the American continent

---

[36] Basis of Discussion No. 5 drawn up by the Preparatory Committee read as follows :

> « On the high seas adjacent to its territorial waters, the coastal State may exercise the control necessary to prevent, within its territory or territorial waters, the infringement of its customs or sanitary regulations or interference with its security by foreign ships.
>
> » Such control may not be exercised more than twelve miles from the coast. »

League of Nations Conference for the Codification of International Law, Bases of Discussion, vol. II : Territorial Waters, Document C. 74. M. 39. 1929. V, p. 34.

See also Article 12 of a draft resolution of the Institut de droit international on the territorial sea in time of peace, *Annuaire de l'Institut de droit international* 1928, p. 755, and Harvard Law School, "Research in International Law", Draft of Convention on Territorial Waters, Article 20, *American Journal,* vol. 23, 1929, Supplement, p. 333.

[37] Article 24 (1) and (2) of the Geneva Convention on the Territorial Sea and the Contiguous Zone provides :

> « 1. In a zone of the high seas contiguous to its territorial sea, the coastal State may exercise the control necessary to : (*a*) Prevent infringements of its customs, fiscal, immigration or sanitary regulations within its territory or territorial sea ; (*b*) Punish infringements of the above regulation committed within its territory or territorial sea.
>
> » 2. The contiguous zone may not extend beyond twelve miles from the baseline from which the breadth of the territorial sea is measured. »

[38] Great Britain had already opposed this idea at the 1930 Hague Codification Conference, *cf.* League of Nations, Acts of the Conference for the Codification of International Law, vol. III : Territorial Waters, Minutes of the Second Committee, Document C. 351 (b). M. 145 (6). 1930. V, p. 126.

and whose breadth varied between 300 and 1,200 nautical miles.[39] It is of course questionable whether the very establishment of such extensive neutrality zones is permitted by international law. A further question relates to the effectiveness of such zones, for the creation of the latter will imply rights as well as duties for the neutral coastal State, in particular the obligation to effectively maintain its neutrality by preventing acts of war in the zones in question.[40] It is doubtful, to say the least, whether at the time of the adoption of the Panama declaration all its authors were able to meet this obligation.

A further type of claims to be mentioned here relates to the protection of national security. The attributions claimed in this field are either temporary or permanent.

As far as claims to temporary jurisdiction in security matters are concerned, mention should be made of the danger zone regulations enacted by States on the high seas for the purpose of carrying out naval manœuvres, target practice, or nuclear tests.[41] As the establishment of such danger zones encroaches upon the freedom of the high seas, their legality is open to much doubt, as is indeed the case for most functional zones or measures unilaterally decreed by States beyond the limits of their territorial sea (measures based on self-defence or necessity, and "quarantines"[42]).

Among the security zones of a permanent nature claimed by coastal States, the Air Defence Identification Zones instituted by the United States (ADIZ) and Canada (CADIZ) should be briefly mentioned. Both States require foreign aircraft approaching certain parts of their territory to file position reports when they enter the Identification Zone or when they are at a distance of no less than one hour or no more than two hours average cruising distance from that territory by the most direct route. The failure to abide by these rules entails imprisonment or a fine. Contrary to the Canadian legislation, the law of the United States does not, however, provide for enforcement outside the national territory.[43]

---

[39] See M. S. McDougal and W. T. Burke, *The Public Order of the Oceans,* New Haven, Yale University Press, 1962, pp. 590-591 ; R. W. Tucker, *The Laws of War and Neutrality at Sea,* Washington, Government Printing Office, 1957, pp. 225-226.

[40] R. W. Tucker, *op. cit.,* p. 226.

[41] M. S. McDougal and W. T. Burke, *op. cit.,* pp. 592-593, 768-773.

[42] S. Vollmar, *Das Durchsuchungsrecht im Frieden aus Gründen des Selbstschutzes,* Diss., Bonn, 1966 ; A. van Zwanenberg, "Interference with Ships on the High Seas", *International and Comparative Law Quarterly,* vol. 10, 1961, pp. 785-817. On the "quarantine" imposed by the United States during the Cuban Missile Crisis, see C. Q. Christol and C. R. Davis, " Maritime Quarantine : The Naval Interdiction of Offensive Weapons and Associated Matériel to Cuba, 1962", *American Journal,* vol. 57, 1963, pp. 525-545 ; Q. Wright, "The Cuban Quarantine", *ibid.,* pp. 546-565.

[43] K. Hailbronner, *Der Schutz der Luftgrenzen im Frieden,* Cologne/Bonn, C. Heymanns Verlag, 1972, pp. 73-97 ; M. S. McDougal and W. T. Burke, *op. cit.,* pp. 593, 626 n. 194 a.

(*c*) *Fisheries and Fisheries Conservation Zones*

Prior to 1958, fishing outside the territorial sea was free. It follows that, apart from the case of historical fishing rights, no State was entitled to claim exclusive fisheries on the high seas. In the course of the UN Conferences on the Law of the Sea of 1958 and 1960, an attempt was made to establish exclusive fisheries zones adjacent to the territorial sea on a universal level, but this attempt was unsuccessful. There are, however, countries which have instituted such zones, [44] but the latter do not seem to be opposable to third States. In two recent decisions, the International Court of Justice (ICJ) moreover admitted that the coastal State may under certain conditions claim preferential, but not exclusive, fisheries jurisdiction in areas adjacent to its territorial sea. [45] In addition, Article 7 of the 1958 Geneva Convention on Fishing and Conservation of the Living Resources on the High Seas provides that, given certain circumstances, coastal States may take unilateral conservation measures in such areas. Finally, some countries have recently enacted legislation by which exclusive national fisheries zones are created beyond the territorial sea, but these unilateral actions seem to be contrary to the existing law. [46]

(*d*) *Zones for the Protection of the Coastal Marine Environment*

The growing threat to the marine environment through pollution from various sources, the existence of which had barely been acknowledged by the 1958 Geneva Conventions on the Law of the Sea, [47] has been the object of a considerable number of recent multilateral treaties.

---

[44] See, for instance, the European Fisheries Convention of 9 March 1964, UNTS, vol. 581, p. 57, and the Exchange of Notes Constituting a General Agreement on Fisheries between France and Spain, of 20 March 1967, reprinted in R. Churchill *et al.* (eds.), *New Directions in the Law of the Sea,* 4 vols., Dobbs Ferry, New York, Oceana Publications, 1973-1975, vol. I, p. 60.

[45] *Fisheries Jurisdiction Cases (Merits)* (United Kingdom v. Iceland ; Federal Republic of Germany v. Iceland), judgments of 25 July 1974, *ICJ Reports 1974,* pp. 3 and 175, at pp. 23 ff. and 191 ff.

[46] See, for example, the Mexican Law on the Exclusive Economic Zone, of 10 February 1976, *International Legal Materials,* vol. 15, 1976, p. 382 ; the United States Fishery Conservation and Management Act of 13 April 1976, *ibid.,* p. 635 ; and the Icelandic Regulations Concerning the Fisheries Limits Off Iceland, of 15 July 1975, *ibid.,* vol. 14, 1975, p. 1282. An earlier extension, by Iceland, of its exclusive fisheries jurisdiction to 50 miles had been examined by the ICJ, which found that the extension was not opposable the United Kingdom and the Federal Republic of Germany. See the *Fisheries Jurisdiction Cases (Merits)* cited in the preceding note, *ICJ Reports 1974,* at pp. 34 and 205.

[47] Articles 24 and 25 of the High Seas Convention ; Article 5 (2) of the Continental Shelf Convention.

These international measures to combat marine pollution have not, however, proved overly successful thus far. For this reason some States have resorted to unilateral measures even in areas beyond the territorial sea. In this connection, mention should be made of the Canadian Arctic Waters Pollution Prevention Act of 1970 which institutes a 100-mile zone of exclusive coastal State jurisdiction along Canada's Arctic coast. Although it must be admitted that the marine environment in the Arctic is particularly vulnerable, the legality of Canada's unilateral action is debatable. [48]

(*e*) *Conclusion*

It can be stated in conclusion that as soon as the concepts of a narrow belt of territorial sea and of the freedom of the seas outside that belt had begun to take shape in the eighteenth century, some coastal States sought to reach beyond the territorial sea by attempting, mostly through unilateral action, to establish functionally limited zones of national jurisdiction. This tendency of coastal States to extend their powers beyond the territorial sea is partly reflected in the 1958 Geneva Conventions on the Law of the Sea, which institute a contiguous zone and allow coastal States to take fisheries conservation measures in parts of the high seas, as well as in the recent admission, by the ICJ, that under certain conditions coastal States may claim preferential fishing rights in areas beyond their territorial sea. The creation and recognition of such functional zones entails a limitation of the freedom of the seas and thus constitutes a step towards the creation of a *Mare clausum*.

2. *Coastal State Jurisdiction Over Parts of the Seabed and Subsoil Beyond the Limits of the Territorial Sea*

By a proclamation issued on 28 September 1945, President Truman asserted that the United States had exclusive jurisdiction and rights over the natural resources of its continental shelf, *i.e.*, of the seabed and subsoil adjacent to the territory of the United States. This unilateral claim was founded on the assertion that the continental shelf "may be regarded as an extension of the land-mass of the coastal nation and thus naturally appurtenant to it". [49] The Truman Proclamation did not, however, determine the outer limit of the shelf, although the White House press

[48] The 1970 Act is reprinted in *International Legal Materials,* vol. 9, 1970, p. 543. For the controversy to which it gave rise, see *ibid.*, pp. 600-615.

[49] Proclamation No. 2667 reprinted in R. Churchill *et al.* (eds.), *op. cit.*, vol. I, p. 106.

release accompanying it [50] mentioned a depth of 200 fathoms or 600 feet, which is roughly equivalent to the 200-metre isobath.

The precedent set by the Truman Proclamation was soon followed by other States. Some of them went even farther and extended their claim to the "epicontinental sea", *i.e.,* to the water column above the continental shelf. [51]

The 1958 Geneva Convention on the Continental Shelf legitimized these claims inasmuch as they were limited to the exploration and exploitation of the natural resources of the adjacent seabed and its subsoil. According to the ICJ, the continental shelf concept as recognized by the 1958 Convention has blossomed into an institution of customary law. [52] Accordingly, this new institution can even be invoked by and against those States which are not parties to the 1958 Convention. The recognition of the continental shelf doctrine, which was prompted by the realization of the economic potential of the continental shelf and by the increasing exploitability of that potential, has turned out to be nefarious in many ways. It has constituted the first major step towards an increasing "nationalization" of maritime space and thus has dealt a heavy blow to the philosophy of the freedom of the seas.

Indeed, prior to 1945 the maritime areas situated beyond the territorial sea, including the seabed and its subsoil, had been generally regarded as *res communes omnium, i.e.,* as areas accessible to and exploitable by all States, be they coastal or not. This conception implied that there was freedom of exploration and of exploitation with respect to the natural resources of the seabed and its subsoil beyond the territorial sea. As far as the newly created continental shelf was concerned, this freedom was now to disappear and to be replaced by exclusive coastal State rights. The same was to happen to the freedom of marine scientific research on the continental shelf. [53] Although Article 3 of the relevant Geneva Convention states that the new régime does not affect the legal status of the waters and the air space above the continental shelf, Article 5 reveals that in fact the régime in question also entails restric-

---

[50] *Ibid.,* vol. I, pp. 107-108.

[51] *Cf.* for instance Argentina, Decree No. 14708 of 11 October 1946, United Nations Legislative Series, Laws and Regulations on the Regime of the High Seas, vol. I, p. 4 (ST/LEG/SER.B/1, 11 January 1951).

[52] *North Sea Continental Shelf Cases* (Denmark/Netherlands v. Federal Republic of Germany), judgment of 20 February 1969, *ICJ Reports 1969,* p. 3. The Court further pointed out that this conclusion did not apply to Article 6 of the Convention, which relates to the boundaries between the shelves of States whose coasts are adjoining or located opposite each other.

[53] Under Article 5 (8) of the Geneva Convention on the Continental Shelf of 1958, research concerning the continental shelf and undertaken there is in principle subject to the consent of the coastal State. For the régime of fundamental scientific research in the superjacent water column, see below, note 54.

tions to the freedoms of navigation, of fishing, and of laying submarine cables and pipelines.[54] The implantation of an oil rig on the continental shelf, for instance, may seriously hamper navigation, fishing, and the laying or maintenance of submarine cables and pipelines in the area.

The incorporation of the continental shelf doctrine into customary international law moreover proved to be a source of iniquity. The most obvious victims of the acceptance of that doctrine were the land-locked States. It will be remembered that prior to 1958, the seabed and its subsoil beyond the territorial sea were generally regarded as *res communes omnium,* that is, as spaces belonging to all members of the international community, including the land-locked countries. The 1958 Geneva Convention on the Continental Shelf now set out to deprive these countries of part of their share in the *res communis* in favour of the coastal States and without offering them any compensatory rights. The doctrine of the continental shelf claimed other victims as well. Under Article 1 of the 1958 Convention, the outer limits of the continental shelf adjacent to the coast are to be determined, not on the basis of a criterion of distance from the shore, but by reference to the 200-metre isobath or the criterion of exploitability.[55] When the continental shelf is adjacent to the territories of two or more States whose coasts are adjoining or located opposite each other, the rule of thumb for the delimitation is that of equidistance or of the median line.[56] These provisions of the Convention entail that the continental shelf of some

[54] According to Article 5 (1) of the Continental Shelf Convention, the exploration of the continental shelf and the exploitation of its natural resources "must not result in any *unjustifiable interference* with navigation, fishing or the conservation of the living resources of the sea, nor result in *any interference* with fundamental oceanographic or other scientific research carried out with the intention of open publication" (emphasis added) ; the implication is that *some* interference is justifiable, except where marine scientific research is concerned. Article 4 of the Convention furthermore provides that the coastal State may not impede the laying or maintenance of submarine cables or pipelines on the continental shelf, but this prohibition is *"[s]ubject to [the coastal State's] right to take reasonable measures* for the exploration of the continental shelf and the exploitation of its natural resources" (emphasis added) ; this provision raises the question of what is meant by "reasonable measures". Apart from the rule of Article 5 (1) relating to marine scientific research, the only flat prohibition for coastal States results from Article 5 (6) of the Convention, which provides : "Neither the installations or devices [constructed by the coastal State on its continental shelf pursuant to Article 5 (2)], nor the safety zones around them [Article 5 (2) and (3)], may be established where interference may be caused to the use of recognized sea lanes essential to international navigation."

[55] Article 1 runs as follows : "For the purpose of these articles, the term 'continental shelf' is used as referring (*a*) to the seabed and subsoil of the submarine areas adjacent to the coast but outside the area of the territorial sea, to a depth of 200 metres or, beyond that limit, to where the depth of the superjacent waters admits of the exploitation of the natural resources of the said areas ; (*b*) to the seabed and subsoil of similar submarine areas adjacent to the coasts of islands."

[56] Article 6 of the Convention.

coastal nations—the so-called "shelf-locked" States[57]—is small and enclaved in the shelves of other States because of the close vicinity of the latters' coasts and of the concavity of the coastline. Finally, there are countries which were partly or totally deprived of a legal continental shelf because they lack a substantial geological shelf, *i.e.,* because their coasts plunge abruptly and steeply into the sea to depths at which the seabed and its subsoil were not exploitable until recently. This last group of countries opposed the continental shelf concept from its very inception. As early as 1952, some of its members had suggested replacing it by a 200-mile territorial sea.[58] In support of this proposal, it was argued that the attribution of such a maritime belt of uniform breadth to coastal States would have the double advantage of protecting the latters' fisheries over a distance of 200 miles from shore and of correcting the injustices resulting from the depth and exploitability criteria set by the Convention of 1958. While it is true that the creation of a 200-mile territorial sea would accommodate the interests of some States which lack an extensive geological continental shelf, it would be of no help to those countries which would be prevented for geographical reasons from claiming a full 200-mile belt.

3. *Claims for an Extension of the Territorial Sea*

It is frequently asserted that the three-mile limit of the territorial sea has never been a universally binding rule of international law. Whether this is true or not will be mainly for legal historians to decide. The results of the 1958 and 1960 Geneva Conferences on the Law of the Sea,[59] the contemporary trends towards a maximum limit of twelve

[57] The situation of shelf-locked States has been thus described : "The continental shelf of a shelf-locked State is cut off from the seabed and subsoil beyond national jurisdiction. Thus, the latter cannot be reached from the continental shelf of a shelf-locked State except if one proceeds via the water column or the surface of the sea. The continental shelves of such States have no boundary with the seabed beyond national jurisdiction, the area where no individual sovereignty exists." V. Ibler, "The Interests of Shelf-Locked States and the Proposed Development of the Law of the Sea", *Indian Journal of International Law,* vol. 11, 1971, pp. 389-410, at p. 390. A perfect example of a shelf-locked State is the Federal Republic of Germany, see the *North Sea Continental Shelf Cases* cited above, note 52.

[58] See the Declaration on the Maritime Zone made by Chile, Ecuador, and Peru at Santiago on 18 August 1952, United Nations, Laws and Regulations on the Regime of the Territorial Sea, p. 723 (ST/LEG/SER. B/6, December 1956).

[59] Article 24 (2) of the 1958 Geneva Convention on the Territorial Sea and the Contiguous Zone, reprinted in note 37, might be taken to suggest that, as the maximum combined breadth of the territorial sea and of the contiguous zone is set at

miles, [60] and additional claims of some States ranging from 18 to 200 miles [61] show that at any rate the three-mile limit is no longer the governing rule.

The acceptance of claims for an extension of the territorial sea, even if that extension were limited to twelve miles and *a fortiori* if it were in excess of this figure, would have far-reaching implications for the freedoms of the high seas, for the latter would be replaced by coastal State jurisdiction in the spaces added to the territorial sea. These implications become particularly evident when one considers straits used for international navigation. At present there would seem to be over 100 natural maritime passages the breadth of which is between six and twenty-four nautical miles at their natural entrance points. If one were to assume that *de lege lata* the maximum breadth of the territorial sea is three miles, there would be a strip of high seas running through the middle of all these passages and, consequently, freedom of navigation and of overflight within or above this strip. An extension of the maximum breadth of the territorial sea to twelve miles would imply the disappearance of the freedoms of navigation and of overflight in the middle of the passages in question and, hence, deal a severe blow to the interests of merchant navigation and civil aviation as well as to the strategic interests of the great powers. [62]

Considering the changes which will be brought about by an extension of the breadth of the territorial sea to twelve miles, it is easy to imagine to what extent the introduction of a 200-mile territorial sea would affect the existing freedoms of the sea.

---

twelve miles, and as the individual breadth of neither area is specified by Article 24, the maximum breadth of the territorial sea is twelve miles (in which case there would be no contiguous zone). From the fact that it was thought necessary, in 1958, to hold a (Second) UN Conference on the Law of the Sea in 1960 and to put the question of the breadth of the territorial sea on the agenda, it must be inferred, however, that the framers of the 1958 Convention did not have such an interpretation in mind.

[60] Fifty-eight out of 159 States are presently claiming a twelve-mile territorial sea, *cf.* the table and lists found in *National Claims to Maritime Jurisdiction,* 3rd rev. ed., Washington, Department of State, Bureau of Intelligence and Research, Office of the Geographer, 23 December 1975, pp. 3-11 (Limits in the Seas, No. 36). Article 2 of Part II of the Revised Single Negotiating Text prepared by Mr. A. Aguilar, Chairman of the Second Committee of the Conference (Document A/CONF. 62/WP. 8/REV. 1/Part II, in Third UN Conference on the Law of the Sea, Official Records—hereinafter referred to as UNCLOS, Official Records—, vol. V, p. 151), also embodies the twelve-mile rule.

[61] See the table and lists mentioned in the preceding note.

[62] For these reasons, Articles 36-42 of Part II of the Revised Single Negotiating Text, by introducing a new concept of transit passage which is more liberal than that of innocent passage, propose a special régime of navigation in all straits, including those passages whose water and air space were partly governed by the high seas régime under the three-mile principle.

4. *The Proposed Establishment of Archipelagic Waters*

There is yet another category of claims which aim at reducing the freedoms of the seas. Archipelagic States and continental States provided with outlying archipelagos assert that their territorial sea and other zones of national jurisdiction should be measured, not from the coastline of each component unit of the archipelago, [63] but from straight baselines connecting the outlying islands of the group. According to the claimant States, the "archipelagic waters" thus enclosed should be considered as either internal or territorial waters or, still better, as something in between these categories. Whichever be the status eventually attributed to these waters, it is evident that the acceptance of the claims under consideration will lead to another important curtailment of the freedoms of the sea, particularly in situations where the archipelagic waters are crossed by sealanes or air corridors which are essential for international maritime or aerial navigation, [64] as is for instance the case in the Indonesian archipelago. This curtailment will also manifest itself in connection with the freedoms of fishing, of exploration and exploitation of the natural resources of the archipelagic seabed, and of marine scientific research, for all these freedoms will be replaced by the exclusive jurisdiction of the archipelagic State.

5. *The Proposal to Create an Exclusive Economic Zone or Patrimonial Sea*

As has been pointed out, the acceptance of the claim to a 200-mile territorial sea which has been put forward by some States since 1952 would result in severe restrictions to, and possibly in the disappearance of, most of the freedoms of the seas in vast maritime areas. For this reason, the claim in question has met with the opposition, not only of the major maritime nations of the world, but also of the land-locked countries and of some other States. To meet this opposition half-way, certain African and Latin American States have suggested the creation of an "exclusive economic zone" or "patrimonial sea" of a breadth of 200 miles from the baselines used for measuring the breadth of the territorial sea. [65] In this zone the coastal State would exercise sovereign or

---

[63] This is the solution resulting from Articles 10 and 4 of the 1958 Geneva Convention on the Territorial Sea and from Article 1 (*b*) of the 1958 Geneva Convention on the Continental Shelf.

[64] Unless a special solution is found, such as that suggested by Articles 125 and 126 of Part II of the Revised Single Negotiating Text.

[65] The concept of the economic zone emerged from the Conclusions in the General Report of the African States Regional Seminar on the Law of the Sea, held

exclusive rights and jurisdiction for the purpose of exploring and exploiting, conserving and managing the living and non-living resources, as well as in respect to the establishment and use of artificial islands, installations, and structures. The coastal State would also have exclusive jurisdiction in connection with marine scientific research and with other activities relating to the economic exploitation and exploration of the zone, jurisdiction with regard to the preservation of the marine environment, and "other rights and duties". The freedoms of navigation, of overflight and of the laying of submarine cables and pipelines, as well as "other internationally lawful uses of the sea related to navigation and communication" would, however, be upheld in the exclusive economic zone (or patrimonial sea), provided that in exercising them, States have "due regard" to the rights granted to the coastal State. [66]

The idea of instituting a 200-mile zone of exclusive coastal State jurisdiction in economic matters has found widespread support and has accordingly been embodied in Part II of the Single Negotiating Texts which serve as a basis for negotiations at the Third UN Conference on the Law of the Sea. [67] One of the key issues that remain to be solved by the Conference is that of defining the precise legal régime of such a zone. In the context of this issue, two points merit particular attention :

(*a*) the exclusive character of the future economic zone ;

(*b*) the question of whether that zone should or should not absorb the régime of the continental shelf.

(*a*) *The Exclusive Character of the Proposed Economic Zone*

The question to be examined here can be subdivided into two issues : (1) Should the economic rights within the zone be attributed exclusively to the coastal State, or should the latter have to share them with other countries, in particular with land-locked or geographically disadvantaged countries ? (2) To what extent should the traditional freedoms and rights of other States in general be preserved in the zone ?

(1) The Exclusive Nature of the Proposed Economic Zone

One of the most controversial issues to be faced by the Third UN Conference on the Law of the Sea is the question of whether countries other

in Yaoundé from 20 to 30 June 1972, see R. Churchill *et al.* (eds.), *op. cit.*, vol. I, p. 250. For the idea of a patrimonial sea, see the Declaration of Santo Domingo Approved by the Meeting of Ministers on 7 June 1972, *ibid.*, p. 247. The differences between the two concepts appear to be minimal.

[66] This is a summary of the provisions contained in Articles 44-46 of Part II of the Revised Single Negotiating Text.

[67] See Articles 44-63 of Part II of the Revised Single Negotiating Text.

than the coastal State, in particular the land-locked and geographically disadvantaged States [68] of the region or subregion, should be entitled to participate in the exploration and exploitation of the zone's natural resources. The arguments put forward in support of such a participation are based on the fact that the resources of the proposed zone, being a *res communis omnium* according to the existing law, have hitherto been accessible to all nations, including the land-locked and geographically disadvantaged States. Being unable to secure a substantial economic zone for themselves on account of their geographical situation, these States would now be deprived of their part in the *res communis* by the establishment of a 200-mile economic zone. This loss would call for some compensation which could take the form of a right granted to these countries to participate in the exploration and exploitation of the natural resources of the economic zone on a regional or subregional level. [69] Accordingly, the land-locked and the geographically disadvantaged States have claimed an equitable share of both the living and non-living resources of the economic zones located in their region or subregion. [70]

While the coastal States which would mainly benefit from the creation of a 200-mile economic zone appear to be ready to concede some participatory rights over the living resources of the zone to the land-locked and geographically disadvantaged States of the region or subregion, they reject any participation of these States in the exploration and exploitation of the zone's mineral resources. In doing so, they contend that by virtue of the exploitability test established by Article 1 of the 1958 Geneva Convention on the Continental Shelf, they already do enjoy exclusive vested rights to the resources of the ocean floor out to the 200-mile line

[68] According to Article 110 (1) (*a*) of Part II of the Revised Single Negotiating Text, " '[l]and-locked State' means a State which has no sea-coast". The Third UN Conference on the Law of the Sea has so far been unable to agree on a definition of what constitutes a "geographically disadvantaged State". Generally speaking, that term would seem to include States which, owing to their geographical position, would be unable to benefit, or to benefit fully, from the proposed extension of coastal State resource jurisdiction through the establishment of a 200-mile economic zone. Hence, the term in question could apply to most if not all shelf-locked States as defined in note 57, as well as to States which could claim no economic zone at all or a zone of very small proportions only, and, possibly, to countries whose 200-mile economic zone could contain few or no natural resources.

[69] Such a solution would raise the question of how to define and delimit the world's regions and subregions.

[70] See the Draft Articles submitted by the Group of Land-Locked and Geographically Disadvantaged States to the Chairman of the Second Committee of the Conference on 2 May 1975, R. Platzöder (ed.), *Third United Nations Conference on the Law of the Sea.* Documents of the Geneva Session 1975, Frankfurt, A. Metzner, pp. 285-287 (Institut für internationale Angelegenheiten der Universität Hamburg, Werkheft 27).

and even beyond that line.[71] While paying lip service to the idea that land-locked and certain developing geographically disadvantaged States should enjoy participatory rights within the economic zones of the region or subregion,[72] Part II of the Single Negotiating Texts referred to above in principle reflects the position adopted by the main beneficiaries of a 200-mile exclusive zone.

Regardless of the final solutions to be reached in these matters, and even if the economic zone were not eventually considered as "exclusive", the rights and freedoms which are related to the resources of that zone and which have so far belonged to all nations will disappear for the principal benefit of a limited number of coastal States.

(2) The Traditional Rights and Freedoms of Other States in the Proposed Economic Zone

According to Article 44 of Part II of the Revised Single Negotiating Text, the coastal State is to exercise exclusive rights and jurisdiction over the exploration, exploitation, management, and conservation of the natural resources of the economic zone, as well as in respect of other economic activities in that zone. In addition, the coastal State would be vested with exclusive jurisdiction in matters of marine scientific research and of the establishment and use of artificial islands, installations, and structures. It is finally provided that the coastal State shall enjoy pollution jurisdiction and "other rights" in the area.

Article 46 of Part II makes it clear, however, that in the exclusive economic zone all States shall continue to enjoy

> « the freedoms of navigation and overflight and of the laying of submarine cables and pipelines and other internationally lawful uses of the sea related to navigation and communication ».

Part II of this Text further states that, although large parts of the provisions of the future convention governing the high seas will be applicable to the economic zone as well, that zone no longer forms part of the high seas (Articles 46 (2) and 75).

Finally, Article 46 of Part II provides that in exercising their rights or freedoms, both the coastal and the other States "shall have due regard" to the rights of each other.

---

[71] See, for instance, the statement made on 29 July 1974 by the representative of Argentina in the Second Committee, UNCLOS, Officials Records, vol. II, pp. 150-151.

[72] *Cf.* Articles 58 to 60 of Part II of the Revised Single Negotiating Text. These provisions do not mention non-living resources.

Neither Article 44 nor Article 46 is exhaustive, even if the partial applicability to the zone of the rules concerning the high seas is taken into account. There remains a "grey area" of unattributed or residual rights, such as the freedom of conducting military activities or the right to enact customs, immigration, fiscal, or sanitary measures in the area.[73] To deal with this problem of residual rights, two basic approaches have been advocated : (1) The economic zone remains part of the high seas, with the practical effect that the residual rights are withheld from the coastal State ; (2) The economic zone is partly assimilated to the territorial sea in the sense that all the residual rights are attributed to the coastal State. Article 47 of Part II of the Revised Single Negotiating Text attempts to reconcile these irreconcilable tendencies by stating that :

> « In cases where the present Convention does not attribute rights or jurisdiction to the coastal State or to other States within the exclusive economic zone, and a conflict arises between the interests of the coastal State and any other State or States, the conflict should be resolved *on the basis of equity and in the light of all the relevant circumstances, taking into account the respective importance of the interests involved to the parties as well as to the international community as a whole.* » (Emphasis added.)

It is obvious that owing to its vagueness, this provision would be of no help in concrete disputes relating to residual rights. No one knows, for instance, what "all the relevant circumstances" might be in such disputes. Article 47 also fails to indicate by what criteria "the respective importance of the interests involved to the parties and to the international community" can be evaluated. One wonders, furthermore, why the concept of "equity" is mentioned here and what its significance is supposed to be. The legal notion of equity—if that is what is meant and if there is such a notion in international law[74]—would appear to apply in the realm of

---

[73] In this connection, attention should however be drawn to Article 32 of Part II of the Revised Single Negotiating Text. The content of this provision is identical with that of Article 24 (1) and (2) of the 1958 Geneva Convention on the Territorial Sea (see above, note 37), except for the breadth of the contiguous zone, which is increased to 24 miles from the baselines used to measure the breadth of the territorial sea. If Article 32 were to be retained in the future convention, and if the coastal State were thus entitled to prevent or to punish, in a 24-mile contiguous zone, infringements of its customs, fiscal, immigration or sanitary regulations to be committed or already committed within its territory or territorial sea, it would seem to follow, *a contrario,* that such powers of prevention and of punishment in the matters mentioned above are withheld from the coastal State in that part of its economic zone which is located beyond the 24-mile contiguous zone.

[74] According to the judgment of the International Court of Justice in the *North Sea Continental Shelf Cases* (see above, note 52), the concept of equity forms part of the customary international law relating to the delimitation of the continental shelf between States whose coasts are adjoining or located opposite each other. *Cf. ICJ Reports 1969,* at pp. 46 ff. See further the *Fisheries Jurisdiction Cases (Merits)* cited above, note 45, *ICJ Reports 1974,* at pp. 33, 202.

distributive justice [75] (*e.g.*, the delimitation of maritime areas, or the attribution of resources or assets) rather than to the questions of attribution of jurisdiction to States which are being discussed here. To all these shortcomings, which are in themselves sufficient to deprive Article 47 of most if not all its normative force, one must add the fact that Article 17(1) of Part IV of the Single Negotiating Text, which deals with dispute settlement procedures, excludes the question of the attribution of residual rights in the economic zone from the compulsory dispute-settlement machinery. [76] The combined effect of Articles 47 of Part II and 17(1) of Part IV might therefore amount to allotting the residual rights in the economic zone to the coastal State. Such a solution would greatly contribute to the erosion of the principle of the freedom of the seas and, hence, further the cause of the doctrine of *Mare clausum*. It is for this motive, and not for reasons of semantic obstinacy or of blind opposition to demands formulated by certain coastal countries, that many States continue to insist that the economic zone should remain part of the high seas, except inasmuch as the exploration and exploitation of its resources are concerned.

This is not to say, however, that the reasons which induced some coastal nations to lay claim to the residual rights in the economic zone are entirely unfounded. Among these residual rights are the military uses of the zone, and one may sympathize with the desire of coastal States to remove possible threats to their security. This objective could, however, be achieved easily by excluding third States from the military uses of the economic zone, instead of attributing *every* residual right to the coastal State. In addition, the coastal countries claiming residual rights comprise States whose national legislation already provides for a 200-mile *territorial sea*. Evidently these States are anxious to maintain this legislation to the greatest extent possible. One way of doing this is to make the future economic zone resemble the territorial sea as much as possible, particularly by attributing all residual rights to the coastal State. The

[75] See the Separate Opinion of Judge Dillard in the *Fisheries Jurisdiction Cases (Merits)* (United Kingdom v. Iceland), *ibid.*, p. 3, at pp. 70-71.

[76] Document A/CONF. 62/WP. 9/Rev. 2, of 23 November 1976. The provision in question excludes from the compulsory settlement procedures—unless the coastal State concerned expressly gives its consent (Article 17 (2))—disputes pertaining to the exercise of sovereign rights, exclusive rights or exclusive jurisdiction by that coastal State, except "[w]hen it is claimed that a coastal State has acted in contravention of the provisions of the present Convention in regard to the freedom of navigation or overflight or of the laying of submarine cables and pipe-lines and other internationally lawful uses of the sea related to navigation or communication" (letter (a)), or "[w]hen it is claimed that a coastal State has manifestly failed to comply with specified conditions established by the present Convention relating to the exercise of its rights or performance of its duties in respect of living resources, provided that in no case shall the sovereign rights of the coastal State be called in question" (letter (d)). At first glance, neither provision would appear to cover the residual rights discussed here.

mere fact, however, that some States have unilaterally extended their territorial sea to 200 miles in defiance of the existing rules of international law hardly constitutes a valid reason for advocating the acceptance of such an extension in a new Law of the Sea convention.

(b) *Should the Proposed Economic Zone Coexist with a Continental Shelf Regime?*

It had been hoped originally that the "nationalization" of up to one-third of the world's ocean surface through the creation of national economic zones of 200 miles would satisfy the appetites of even the hungriest coastal States. Unfortunately this hope has proved to be vain. Those coastal States which are endowed with very extensive geological continental shelves (the so-called "broad-shelf" States) point out that the existing international law, in particular the 1958 Geneva Convention on the Continental Shelf, grants them exclusive rights and jurisdiction over the natural resources of the continental shelf out to the point at which that shelf ceases to be exploitable. According to these States, exploitability now goes beyond the 200-mile limit and has reached the point at which the continental margin [77] meets with the deep ocean floor. In some areas this point is located at distances of up to 600 miles from the shore. [78] It follows, according to the broad-shelf States, that by virtue of the existing law, coastal States enjoy as of now inherent and vested rights over the ocean floor extending from their coastlines to the outer edge of the continental margin, even if the latter is situated outside the 200-mile limit. Being, therefore, inherent and vested, the rights in question cannot be cancelled. Hence, the continental shelf régime is to survive in areas located beyond the 200-mile line.

The fallacies of this argumentation are too numerous to be discussed fully at this time. Only two observations will be made here. The first is that, as has been pointed out already, [79] the establishment of a 200-mile zone was partly motivated by the desire to correct some of the iniquities inherent in the continental shelf régime set up in 1958. This zone was meant to replace that régime and not to complement it, for a coexistence of the two institutions would reintroduce, beyond the 200-mile limit, the inequalities which the concept of a zone of uniform breadth was supposed to remove. The second observation is that the argument of the broad-

[77] The "continental margin", originally a geomorphological concept, comprises the (geological) continental shelf, the continental slope, and the continental rise. See E. D. Brown, *The Legal Regime of Hydrospace,* London, Stevens, 1971, p. 77.

[78] Wolfgang Graf Vitzthum, *Der Rechtsstatus des Meeresbodens,* Berlin, Duncker and Humblot, 1972, p. 70.

[79] See above, p. 212.

shelf States is contradictory. While these States advocate the establishment of an economic zone of 200 miles *de lege ferenda* because the creation of such a zone would be to their advantage, they show a great attachment to the *lex lata* as soon as the latter is in their favour, as is the case, in their opinion, in the matter of the continental shelf. Countries other than the broad-shelf States could imitate this example and begin to insist on the *lex lata* wherever it suits their interests. Thus the land-locked and geographically disadvantaged States could, for instance, invoke their *vested* fishing rights in the areas of high seas which are to fall within the future economic zone. Using a reasoning analogous to that followed by the broad-shelf States, they could insist that the existence of such *vested* rights makes the creation of economic zones legally impossible and hence justifies the maintenance of the *status quo*. It must be remembered, finally, that the Third UN Conference on the Law of the Sea is not, in essence, a codification conference but is entrusted with making new law ; hence arguments based on the existing law are not necessarily decisive.

The claim made by the broad-shelf States, whatever its shortcomings, cannot, however, be overlooked, because it carries considerable political weight. It has been stressed time and again that any comprehensive future convention on the Law of the Sea will have to consist of a well-balanced package giving partial satisfaction to everyone, and the interests of the broad-shelf States will obviously have to be included in that package. Part II of the Revised Single Negotiating Text takes this political factor into account by providing that coastal States shall enjoy sovereign rights over the natural resources of the seabed and its subsoil beyond their territorial sea up to the 200-mile limit or to the outer edge of the continental margin, whichever solution is more favourable to them. [80] The Text however adds that a percentage of the benefits derived by the coastal State from the exploitation of the mineral resources of the continental shelf beyond the 200-mile line must be turned over to the International Seabed Authority. [81] The latter would distribute these contributions among all its member States, taking into special consideration the interests and needs of the developing countries.

Despite this ingenious redistribution scheme, the fairness of which will essentially depend on the size of the contributions to be made to the Authority, the fact remains that the maintenance of a continental shelf régime outside the 200-mile limit for the benefit of the broad-shelf States entails an excessive extension of coastal State resource jurisdiction. Apart from the fact that it would unduly limit the seabed area belonging to the international community as a whole, such extended jurisdiction would

[80] Articles 64 and 65.
[81] Article 70.

inevitably come into conflict with the traditional rights and freedoms enjoyed by the other States on the high seas and could hence be viewed as a further contribution towards the establishment of a *Mare clausum.*

V. *THE ESTABLISHMENT OF AN INTERNATIONAL SEABED REGIME*

A similar view could be expressed, albeit for different reasons, in respect of the régime proposed for the international seabed area. If this régime were to be adopted, the existing freedom to exploit the non-living resources of the deep seabed and its subsoil [82] would disappear and be replaced, not by rights of exclusive exploitation of individual States but by a system of direct or indirect exploitation through a new intergovernmental agency, the International Seabed Authority. [83]

While the other freedoms of the high seas would in principle subsist in the international seabed area, their exercise could well be hampered by this "collectivization" of the deep seabed's non-living resources. Installations implanted on the international seabed by the Authority for the purpose of exploiting mineral resources, for instance, could interfere with the exercise of the freedoms of navigation or of fishing and with the military uses of the high seas or of the deep seabed. It is arguable, therefore, that in this sense even the proposed collective exploitation of the deep seabed by the international community as a whole would represent a contribution towards the creation of a *Mare clausum.* This contribution would be due, not only to the removal of the traditional freedom of States to explore and exploit the natural resources of the deep

---

[82] It has been argued, however, that even *de lege lata,* this freedom is in the process of disappearing. Indeed, the existing law—Article 1 of the 1958 Geneva Convention on the Continental Shelf—fixes the outer limit of the shelf by reference to either the 200-metre isobath or the criterion of exploitability. Owing to the progress of technology, virtually the entire ocean floor is now becoming exploitable regardless of its depth. Accordingly—so runs the argument—the limits of the continental shelf are rapidly expanding towards the middle of the oceans. Even *de lege lata,* the entire seabed and subsoil would thus be on the verge of being divided up among the coastal States by means of median lines and lines of equidistance (for the result of such a division of the ocean floor, see the map reproduced in *Annals of International Studies,* vol. 4, 1973, pp. 344-345). This argumentation is however open to criticism because it is based exclusively on the criterion of exploitability and thus fails to take into account the notion of *adjacency,* another criterion mentioned by Article 1 of the 1958 Convention.

[83] This system is provided for by Part I of the Revised Single Negotiating Text prepared by Mr. P. B. Engo, Chairman of the First Committee of the Conference (Document A/CONF. 62/WP. 8/REV. 1, 6 May 1976, reprinted in UNCLOS, Official Records, vol. V, p. 125).

seabed, but also to the practical limitations to be established by the new system for the exercise of the other traditional rights and freedoms on the high seas.

VI. *CONCLUSION*

It will be recalled that it is the purpose of this contribution to examine some contemporary trends of the international Law of the Sea and to compare them with the historical doctrine and practice of *Mare clausum*. Our historical analysis and study of the contemporary tendencies of the Law of the Sea having been completed, there remains the task of ascertaining if and to what degree the modern trend towards a "nationalization" of large parts of the oceans can be compared to the claims formulated by certain States between the fifteenth and the seventeenth centuries.

A first similarity between the two periods results, of course, from the substance of the claims made : at the time when the doctrine of *Mare clausum* was at its peak as well as in recent times, States have tried to grab for themselves as much ocean space and jurisdiction as possible. A further similarity resides in the motives for such expansionism, for it can safely be asserted that in both periods, the claimant nations were essentially moved by egoism. It should be added, though, that our predecessors may have acted more openly than some modern governments which conceal their nationalistic aspirations behind altruistic motives : instead of making an outright move to obtain exclusive fishing rights in a coastal area, for instance, they might pretend that their claim is prompted by the desire of furthering the conservation of fisheries resources in the interest of mankind in general. Finally, there is yet another interesting parallel which can be drawn between the two periods under consideration. In Grotius's time as well as today, unilateral action played an important role. Both the pretensions to maritime sovereignty formulated at the end of the fifteenth century by Spain and Portugal and the Ordinance issued by King James I in 1609 [84] were unilateral in character. The same can be said, for instance, of the Canadian Arctic Waters Pollution Prevention Act of 1970 or of the creation, by the Government of Iceland, in 1975, of a 200-mile exclusive fisheries zone. [85] It is true that, contrary to what happened from the fifteenth to the seventeenth centuries, the international community is at present attempting to formulate a new Law of the Sea by resorting to multilateral negotiation, but this process is heavily influenced by concurrent unilateral

[84] See above, p. 200.

[85] See above, notes 46 and 48.

action on the part of some States. In addition, the eventual transformation of a new Law of the Sea convention into customary international law will again depend on the practice of States, and more particularly on the behaviour of those countries which refuse to become parties to the new convention. On the other hand, if the Third UN Conference on the Law of the Sea were to fail—and this possibility cannot be ruled out entirely—the new customary Law of the Sea which might emerge from the ashes of the Conference would have to be the result of convergent unilateral actions of the members of the international community.

The similarities between the claims which were put forward on the basis of the *Mare clausum* doctrine and contemporary pretensions seem to end here. It now remains for us to examine the differences between them. These differences, which are significant, are due to the obvious fact that since Grotius's days, the political and economic conditions have changed, and to the technological revolution which has accompanied this change.

The fifteenth to the seventeenth centuries were an era of explorers, adventurers, and pirates, of discoveries, colonization, and incessant naval warfare. The main actors—Spain, Portugal, and, subsequently, Britain—attempted to secure naval supremacy as well as monopolies over discoveries, colonization, and trade, while their challengers—England and, later on, the Dutch—tried to break these monopolies. Thus the struggle mainly opposed established maritime and colonial powers to those States which still had to establish themselves as such powers. As the oceans were considered to be mainly a means of communication, the question of the riches of the sea remained marginal. Moreover, the seabed's mineral resources were neither known nor accessible, and the living resources of the sea were plentiful. [86] Problems such as the marine environment or the conflicting uses of the sea were of no consideration.

By contrast, the present-day struggle for or against greater domination of the seas by individual States takes place in the aftermath of decolonization, in a period marked by a resurgence of nationalism, and at a time when the countries of the Third World are pushing for the establishment of a New International Economic Order. Another important element is that the technological revolution has spread to the oceans and to the exploitation of its resources. The fishing activities of some States near the coasts of other countries have reached an industrial level,

---

[86] It is true that the Proclamation made by King James I in 1609 and the ensuing Anglo-Dutch dispute (see above, p. 200) originated in Great Britain's desire to protect its coastal fisheries against the incursions of foreign fishermen and hence involved the living resources of the sea. The British claim to exclusive coastal State fisheries jurisdiction was not, however, motivated by a general shortage of fish, but by the desire of British fishermen to be able to fish in the vicinity of their coasts instead of having to travel long distances.

and as a result the coastal fisheries of developing States, in particular, are being depleted rapidly. The capacity of some industrialized States to explore and exploit the resources of the seabed and its subsoil is becoming virtually unlimited, while the developing countries lack the technology and know-how required for the exploitation even of the submarine areas near their coasts. Modern technology has also revolutionized maritime transportation and strategy. Most of these developments mainly benefit industrialized States and hence threaten the interests of the developing countries. The latters' coastal fisheries are menaced by large foreign distant-water fishing fleets and, hence, by over-fishing, and the mineral resources of their continental shelves lie unprotected. Sophisticated foreign military technology is threatening their national security, and their marine environment is endangered by the use of modern seabed mining equipment and of new means of maritime transportation (supertankers and nuclear-propelled vessels).

It is for these reasons that the Third World countries whose adjacent waters or seabed are rich in natural resources advocate the creation of extensive maritime zones submitted to their jurisdiction and control. In this, they are supported by developed broad-shelf States. Furthermore, in order to prevent some technologically advanced countries from being the sole beneficiaries of the resources of the deep ocean floor, they advocate the establishment of an international régime for the exploitation of the non-living resources located beyond the limits of national jurisdiction and the creation of an International Seabed Authority. Through this new intergovernmental agency and through its "operational arm"—the Seabed Enterprise [87]—the international community as such would engage in the direct exploitation of the mineral resources of the deep ocean floor. The benefits accruing from this activity would be distributed among the members of the international community, taking into particular consideration the interests and needs of the developing countries.

These proposals are being challenged, at least in part, by the traditional maritime nations and by the land-locked and geographically disadvantaged States. For the maritime nations, the establishment of exclusive areas of national jurisdiction and of an international seabed régime as described above would be a mixed blessing. In the first place, the creation of such national areas would restrict the traditional freedoms of the sea in which the maritime countries have a special interest, in particular the freedoms of navigation, of overflight, and of scientific research. In addition, the nearly unlimited ability of some maritime nations to mine the seabed irrespective of its depth would be severely curtailed both

[87] On the Enterprise, see Part I of the Revised Single Negotiating Text, Articles 21, 41-46, and Annex II.

through the creation of zones of exclusive jurisdiction for other States and the establishment of an international seabed régime favouring mainly the developing countries.

The position of the land-locked and geographically disadvantaged States, which make up more than one-third of the countries participating in the Third UN Conference on the Law of the Sea, is even more critical. As noted earlier, the maritime spaces beyond the territorial sea have, at least until recently, been regarded as *res communes omnium* belonging to all members of the international community, including the land-locked and the geographically disadvantaged countries. These countries have no interest in agreeing to a partial division of the *res communis* among some coastal States, unless they are offered some kind of compensation. Therefore, the consent of the land-locked and geographically disadvantaged States to such a division will depend on the maintenance, to the fullest extent possible, of the traditional freedoms of the seas and on the grant of compensatory rights, in particular of the right to participate, on an equitable basis, in the exploration and exploitation of the resources of the economic zones located in their region or subregion.

The above considerations reveal that the main opponents of large-scale extensions of national maritime jurisdiction are to be found, not only among the traditional maritime nations, but also among those States which have little or no access to the sea.

It may thus be concluded that while the contemporary trends to restrict the existing freedoms of the seas by extending national maritime jurisdiction have some features in common with the historical doctrine and practice of *Mare clausum,* the two periods considered in this contribution are dissimilar in many respects. The first important difference relates to the *uses* of the sea. Owing to the evolution of technology, the population explosion, and the ensuing need for additional resources, the sea, which used to be mainly an area of communications, has now become a major resource potential, and this potential cannot be governed simply by a free-for-all rule. The second important difference concerns the *users* of the sea. The competition for the use of the sea is no longer limited to a few maritime and colonial powers ; it now includes, not only a large number of newly independent countries, but also the land-locked countries which have at long last discovered that they, too, should take an interest in the sea and its natural resources.

It remains to be examined whether the present trend towards a "nationalization" of part of the seas and the "collectivization" of the international seabed is objectively justified, whether this trend will eventually prevail, and if so, for how long.

The tendency towards national appropriation of parts of the sea has been explained and justified by the existing imbalance in the international economic situation, by the ensuing need to safeguard the interests of the developing countries, and by the necessity to protect the world's fishery resources as well as the coastal States' national security and marine environment. In order to justify the proposal to establish an international seabed régime, it is argued that what may well be the world's last large and untapped resource potential should be administered by the international community as a whole. Only such a collective management, it is asserted, will prevent that potential from being monopolized by the few technologically advanced States.

It is questionable whether these arguments are objectively well-founded. First, the new powers to be attributed to the coastal State through the proposed extension of national maritime jurisdiction will inevitably curtail the existing freedoms of communication and of marine scientific research, despite the fact that the international community as a whole would seem to have an objective interest in maintaining these freedoms to the widest extent possible. Second, while the extension in question might be beneficial to a number of coastal States, it would accentuate rather than eliminate the existing economic imbalance. On the one hand, the proposed "nationalization" of parts of the oceans will be detrimental to those countries which for geographical reasons will derive little or no benefit from it, and these countries include a large number of developing States. On the other hand, the States which would profit most from such an extension of national maritime jurisdiction comprise quite a few States which are highly developed. Hence, the gap which already separates some very rich countries from some of the least developed nations would be widened instead of being narrowed down. Third, while no one denies that internationally agreed measures for the protection of maritime fisheries and of the coastal marine environment may so far have been lacking in effectiveness, it is by no means demonstrated that protective measures taken by the coastal States would be more effective. Finally, while everyone agrees that the riches of the international seabed area should not be monopolized by the few nations endowed with sophisticated marine technology, it remains to be proved that a system of direct exploitation, administration, and marketing through a new and cumbersome international bureaucracy will guarantee the optimal use of the resources of the area and their equitable distribution among States.

These objections show that the proposed extension of national maritime jurisdiction and the creation of new international agencies are not necessarily the best cures for the problems which beset the existing Law of the Sea. There is no doubt, however, that the trend to "nationalize" large parts of the sea will eventually prevail, be it in a future Law of the Sea Convention or in the new customary rules which could emerge gradually from the practice of States.

It is much more difficult to predict how long such a new régime will last. Those who believe that history repeats itself might be tempted to invoke the victory of the doctrine of *Mare liberum* which marked the end of the controversies of the seventeenth century and point out that at some future time the pendulum will have to swing back once more towards that doctrine. Whether one agrees with this view or not, one point appears to be reasonably certain : never again will the world's oceans be as free as they were under the *laissez-faire* régime of post-Grotian times. The possibilities and dangers engendered by modern technology no longer allow for a system under which each State enjoys complete freedom to use or abuse the sea. It thus seems unavoidable that the existing freedom to exploit the natural resources of the deep seabed will be replaced by an international régime, although one may doubt whether such a régime should provide for the direct exploitation of these resources by an international agency or whether it should be confined to a licensing system. It may be doubted, furthermore, whether a massive extension of coastal State jurisdiction would not simply imply that one evil is being replaced by another, for in the areas concerned, the freedom of exploitation which has hitherto belonged to all States is merely being substituted by the right of a single State—the coastal State—to do as it pleases. It would follow that neither during the seventeenth century nor today could the problems faced by the users of the sea be solved in a satisfactory manner simply by extending the maritime jurisdiction of coastal States.

Aspects régionaux
Regional Aspects

LES AMBIGUITÉS JURIDIQUES DE LA COEXISTENCE PACIFIQUE ET DE L'INTERNATIONALISME SOCIALISTE

Rudolf BYSTRICKÝ

I. *COEXISTENCE PACIFIQUE*

1. *Les équivoques sémantiques*

Dans son étude polémique *Critique de la philosophie du droit de Hegel,* Karl Marx dénonce la couverture idéologique de l'Etat bourgeois et affirme que celui-ci est *au-dessous* de la critique, tout en restant un objet pour cette critique, comme le criminel, qui se trouve au-dessous du niveau de l'humanité, reste un objet pour l'*exécuteur des hautes œuvres.* Quant à la critique,

> « elle n'est pas un scalpel, elle est une arme. Son objet est son *ennemi,* qu'elle veut non pas réfuter, mais *anéantir* » [1].

Il désigne son ennemi, l'Etat bourgeois, qu'il faut anéantir. Le problème d'une coexistence entre un Etat socialiste et un Etat bourgeois ne se posait pas à l'époque. Sur le plan théorique Marx et Engels n'avaient guère envisagé la possibilité de l'existence côte à côte de deux types d'Etat, ni la victoire de la révolution socialiste dans un seul pays. Selon leur pensée, il faut *supprimer* l'Etat bourgeois par la révolution prolétarienne, puis instaurer pour une période de transition la dictature du prolétariat. Cette forme d'Etat va « s'éteindre », toutes ces fonctions perdant leur caractère politique et se transformant en de simples fonctions administratives [2].

---

[1] K. Marx, *Critique de la philosophie du droit de Hegel,* Paris, Aubier Montaigne, 1971, p. 61. Les mots sont soulignés par Marx.

[2] Voir V. J. Lénine, *L'Etat et la Révolution,* Paris, Denoël-Gauthier, 1971, pp. 19-21, 102, 115 (Bibliothèque « Médiations »). Cette brochure contient les extraits de l'œuvre de Marx et Engels concernant notre problème.

Les analyses de Marx et d'Engels aboutissent toujours à la même conclusion : arrivées à un certain stade, les contradictions internes et externes du régime capitaliste provoquent son déchirement par un renversement violent de tout ordre social [3]. C'est cette violence qui est « l'accoucheuse de toute vieille société qui en porte une nouvelle dans ses flancs » [4]. Pour eux, une coexistence, et encore moins une coexistence pacifique entre les Etats, est impensable, car tout leur enseignement a pour objectif la démonstration de l'avènement d'une société sans Etat et sans droit.

Et, pourtant, il y a un passage remarquable dans la célèbre Adresse inaugurale de l'Association internationale des travailleurs (Ire Internationale), écrite en 1864 par Marx, qui pourrait constituer la base juridique de la coexistence. Cependant, les auteurs socialistes ne se réfèrent pas à ce texte pour en déduire les règles de la coexistence pacifique ou, s'ils le citent, suppriment tout simplement certains mots. Selon les mots de Marx, les travailleurs ont le *devoir* de

> « percer les mystères de la politique internationale, surveiller les agissements diplomatiques de leurs gouvernements respectifs, les contrecarrer au besoin, par tous les moyens qui sont en leur pouvoir ; et s'ils ne peuvent les empêcher, s'entendre pour les dénoncer en même temps, et pour *revendiquer les lois élémentaires de la morale et de la justice qui doivent régir les relations entre particuliers, comme règle souveraine des rapports entre les nations* » [5].

La question se pose de savoir pourquoi les représentants de la science soviétique n'insistent pas sur les paroles de Marx. Pourtant, ce si beau texte indique les moyens et le but d'une coexistence entre les Etats basée sur les lois morales et juridiques [6].

On peut partiellement trouver une réponse dans une lettre de Marx à Engels, où il écrivait :

> « J'ai été obligé d'accepter dans le préambule des Statuts deux phrases où il est question de «devoir » et de « droit », de même que

[3] K. Marx et F. Engels, *Manifeste du Parti communiste,* Paris, Editions sociales, 1972, p. 119.

[4] F. Engels, *Le rôle de la violence dans l'Histoire,* Paris, Editions sociales, 1971, p. 38.

[5] K. Marx, *Œuvres I,* Paris, Gallimard, 1965, p. 468 (« Bibliothèque de la Pléiade »). Les mots sont soulignés par nous.

[6] Ainsi Dimitry Tomachevski, chef de la section des relations internationales de l'Institut d'économie mondiale et des relations internationales à Moscou cite seulement les paroles de Marx sur le devoir de combattre les gouvernements au besoin par tous les moyens, mais supprime entièrement la deuxième partie du passage cité. Voir son œuvre, *Les idées de Lénine et les relations internationales contemporaines,* Moscou, Editions Progrès, 1974, p. 17.

de « vérité, moralité et justice », mais je les ai placées de manière qu'elles ne fassent pas de dégâts. Dans la séance du comité général, mon adresse, etc. a été accueillie avec un grand enthousiasme (à l'unanimité). » [7]

Dans une préface au Manifeste communiste, Engels confirme cette attitude de Marx. Il écrit qu'il « fallait que l'Internationale eût un programme assez large pour être accepté par les *trade unions* anglais, par les disciples de Proudhon en France, en Belgique, en Italie et en Espagne et par les Lassalliens en Allemagne » [8].

En effet, nulle part dans son œuvre — à part dans ces citations — Marx n'a employé le mot justice ou juste. Le droit n'a pas, selon lui, une autonomie. Il fait partie d'une superstructure qui repose sur une infrastructure. Il faut placer la justice dans l'économie politique et non dans le droit. Le droit est, par sa nature, injuste, car il ne représente que la volonté d'une classe dominante, qui l'utilise comme un moyen d'oppression de la classe exploitée.

Cependant, on peut se demander si une telle conception sociologique, qui n'est pas partagée par tout le monde, peut être transposée au niveau du droit international. De nombreux documents contemporains contiennent des termes tels que « justice », « progrès social », « libertés fondamentales », « institutions démocratiques », « humanité », etc. (par exemple le Préambule de la Charte de l'ONU, les articles premier, 2, 73, 76 ainsi que maintes dispositions de la Déclaration universelle des droits de l'homme et des pactes relatifs aux Droits de l'homme, l'Acte final d'Helsinki, etc.).

Le professeur G. Tunkin de Moscou écrit à ce sujet :

> « Il importe aussi de souligner que lorsque le droit international contient des normes semblables, il est entendu que ces normes au contenu général seront infléchies par le droit interne des Etats concernés, par conséquent par leurs régime social. » [9]

La question se pose de savoir jusqu'où peut aller cet « infléchissement » des normes internationales sans que leur contenu ne soit pour autant contourné. La pratique des Etats ne cesse de démontrer que ce qui est considéré comme juste dans un pays est souvent considéré comme une injustice dans d'autres. Comment sortir de cette impasse ?

---

[7] K. Marx, *Œuvres I, op. cit.,* p. 456.

[8] *Op. cit.,* ad. 3, p. 135.

[9] G. Tunkin, « Le droit international et la lutte idéologique », *La Vie internationale,* No 11, 1971, p. 29.

Lors d'une conférence de presse, J. Dulles déclarait :

> « Un accord est une convergence de points de vue, mais, jusqu'à présent, je ne connais aucun accord conclu avec l'Union soviétique qui reflète effectivement une telle convergence. Il nous est sans doute arrivé de nous entendre sur la forme des mots, mais il n'y a jamais eu de convergence des points de vue. » [10]

D'une manière plus générale, H. Kissinger écrit que si les administrations intérieures des Etats se fondent sur une notion analogue du « juste », il y a dès le départ accord de fait sur les buts et les méthodes admis en politique étrangère. Les hommes d'Etat appliquent alors les mêmes critères et ils ont les mêmes conceptions en ce qui concerne les exigences « raisonnables ». Ce n'est pas une garantie d'accord, mais la condition d'un dialogue efficace. C'est également le cadre de la diplomatie traditionnelle. Cependant,

> « l'administration des affaires internationales est bien plus complexe quand les parties ont des structures différentes à l'origine. La difficulté porte alors sur la définition de la nature même du conflit, car ce qui semble à l'un évidence absolue paraît à l'autre des plus douteux. D'où le dilemme politique que pose l'équilibre apparent des arguments contradictoires » [11].

Il est donc évident que derrière l'identité linguistique de certains termes se cachent de profondes équivoques. C'est la conséquence logique d'une super-idéologisation de certaines notions. La doctrine soviétique s'élève avec indignation contre toute tentative d'une « désidéologisation » du droit international. Mais quelle sera alors l'utilité des normes de droit international si chaque Etat peut les interpréter et les appliquer selon des conceptions qui sont diamétralement opposées à leur sens ordinaire ?

Selon la règle générale, consacrée par la Convention de Vienne sur le droit des traités (art. 31),

> « un traité doit être interprété de bonne foi suivant *le sens ordinaire* à attribuer aux termes du traité dans leur contexte et à la lumière de son objet et de son but ».

Deux documents récents sont considérés comme une codification ou au moins comme une interprétation authentique des règles juridiques de la coexistence pacifique : la « Déclaration de l'ONU relative aux principes du droit international touchant les relations amicales et la coopé-

---

[10] *The Department of State Bulletin,* November 1957, pp. 711-712, cité dans l'article du professeur Tunkin, *op. cit.*

[11] H. A. Kissinger, *Pour une nouvelle politique étrangère américaine,* Paris, Fayard, 1970 (traduction du livre américain *Foreign Policy*), pp. 15-16.

ration entre les Etats conformément à la Charte des Nations Unies », adoptée le 24 octobre 1970 (2625/XXV) et la « Déclaration sur les principes régissant les relations mutuelles des Etats participant à la Conférence d'Helsinki », adoptée le 1er août 1975.

Deux remarques s'imposent quant à leur contenu :

Premièrement, les Etats se sont engagés à exécuter de *bonne foi* les obligations assumées, ce qui doit rendre impossible toute tentative de contourner le sens des mots.

Deuxièmement, les deux Déclarations sont désignées non seulement aux Etats, mais en premier lieu aux peuples du monde entier. C'est pourquoi les auteurs du texte se sont efforcés de trouver des mots et des formulations qui ont un sens clair et ne se prêtent pas à une idéologisation. Ainsi, tout le monde comprend ce que signifie « l'inviolabilité des frontières », mais il est difficile de comprendre comment l'on peut considérer comme une « aide fraternelle » l'entrée des troupes d'un pays sur le territoire d'un autre, sans le consentement de ses autorités compétentes.

Or, tout le monde comprend la signification que les Etats attribuent à « respecter la liberté de l'individu de professer et pratiquer une religion ou une conviction en agissant selon les impératifs de sa propre conscience ». Il est toutefois incompréhensible qu'un Etat puisse priver de sa nationalité un citoyen qui a chanté et écrit selon ses convictions.

Certes, chaque Etat a le droit de se donner des lois et règlements, mais il n'a pas le droit d'abuser de cette possibilité d'une manière qui viole ses engagements internationaux.

L'intérêt et le mérite de ces deux Déclarations, élaborées après d'âpres discussions qui durèrent plusieurs années et qui furent finalement adoptées par consensus, réside dans le fait qu'elles donnent un contenu plus concret aux principes très généraux de la Charte de l'ONU. Ce serait cependant être aveugle que de croire que les ambiguïtés ont disparu et que la réalité internationale se trouvera modifiée du jour au lendemain.

La question fondamentale qui se pose est de savoir s'il y a, derrière la formulation de ces deux Déclarations, vraiment une volonté d'organiser le monde d'une manière plus pacifique et humaine ou si elles ne sont qu'un écran de fumée derrière lequel se cachent des aspirations qui sont en contradiction avec le sens ordinaire des expressions.

Pour répondre à cette question, il faut rappeler que la diplomatie est en premier lieu une activité écrite : « *littera scripta manet, verba volant* » est l'ancien adage de la diplomatie.

Si, après de très longues négociations, les représentants des Etats ont réussi à trouver des formulations et expressions *écrites communes,* il est évident que celles-ci doivent avoir une signification sans équivoque et un contenu objectif, compréhensible aux peuples de tous les pays. Il est évident que si l'on admet des réserves mentales et des interprétations ultérieures selon des critères subjectifs, les deux Déclarations ne peuvent pas — comme elles le prétendent — « surmonter la méfiance et accroître la confiance ». La coexistence pacifique serait alors fondée sur le sable des mots creux et équivoques.

2. *Coexistence, coopération et lutte idéologique*

Nous n'allons pas revenir ici sur toutes les discussions et conceptions juridiques de la coexistence pacifique. De nombreuses organisations internationales et des centaines d'auteurs ont publié des études à ce sujet. [12]

Nous rappelons toutefois que tant la diplomatie que la science juridique des pays socialistes sont unanimes pour dire que c'est à Lénine que revient le mérite d'avoir élaboré les principes de cette notion. M. Brejnev, dans son allocution du 24 avril 1976, disait que déjà les premières initiatives du pouvoir soviétique étaient fondées sur la coexistence pacifique, car Lénine y voyait « l'unique issue juste aux difficultés, au chaos et au danger de guerre » [13]. Cependant, pour Lénine, il ne s'agissait nullement d'une analyse théorique et d'autant moins d'une conception juridique, mais d'une politique extérieure dictée par les circonstances. Ses idées à ce sujet sont éparpillées dans différents articles et allocutions, qu'il faut apprécier selon leur contexte historique [14].

---

[12] Nous nous bornons ici à rappeler que l'*International Law Association* a consacré quatre de ses conférences à ce sujet, de sa 47e conférence à Dubrovnik en 1956 jusqu'à la 51e conférence en 1964 à Tokyo. Dans les Rapports, le lecteur peut trouver les opinions exprimées par les juristes de presque tous les pays du monde et une référence à la littérature. Nous attirons aussi l'attention sur l'ouvrage d'un auteur suisse, le professeur Bernard Dutoit, *Coexistence et droit international à la lumière de la doctrine soviétique,* Paris, Pedone, 1966, avec une bibliographie riche, ainsi que sur la *Revue Tiers Monde,* dont le tome 9, 1968, est consacré aux différents aspects de la coexistence pacifique.

[13] Rapport d'activité au XXVe Congrès du PCUS, partie I/3 ; les mots de Lénine sont cités d'après ses œuvres, t. 33, 4e éd., Paris, Editions sociales / Moscou, Editions en langues étrangères, 1963, p. 364.

[14] L'originalité et le point de départ de Lénine dans ce domaine étaient sa « théorie du maillon le plus faible », qui, à son tour, découle de l'enseignement léniniste sur l'impérialisme et la loi du développement inégal du capitalisme. Si la révolution a été possible en Russie, c'est parce qu'elle était le maillon le plus faible de tous les pays capitalistes. Partant de cette conception, il réalisa que la révolution ne pouvait s'accomplir simultanément dans tous les pays, mais qu'elle aurait lieu d'abord en Russie, ce qui rendrait inévitable une période de transition, pendant laquelle la Russie existerait à côté des pays capitalistes. Cependant, il ne croyait pas en une paix durable et estimait, en 1919, que « l'existence de la République soviétique à côté d'Etats impérialistes est *impensable pendant une longue période* ». (*Œuvres,* t. 29, 4e éd., Paris, Editions sociales / Moscou, Editions en langues étrangères, 1962, p. 151.) Il n'a pas cessé de répéter que « ou eux, ou nous » et qu'aussi longtemps que capitalisme et socialisme demeurent, les deux systèmes ne pourront

Les vicissitudes relatives à la conception juridique de la coexistence pacifique sont bien connues [15]. Force est de constater que la théorie soviétique du droit international s'est bornée plus ou moins à donner une terminologie juridique aux conceptions politiques élaborées par le Parti communiste ou par des conférences internationales des partis communistes de plusieurs pays. Elle considère la coexistence pacifique comme le principe central du droit international moderne qui influence le contenu de tous les autres principes et normes. Elle admet que l'Histoire a connu, même dans le passé, des rapports entre Etats aux systèmes sociaux différents, mais il s'agissait, selon cette doctrine, toujours de rapports entre Etats exploiteurs, tandis qu'aujourd'hui il s'agit d'une coexistence entre Etats aux systèmes sociaux non simplement différents, « *mais encore opposés* » [16]. Dans les rapports entre ces Etats, la coexistence pacifique « *est une forme spécifique de la lutte de classes entre le capitalisme et le socialisme à l'échelle internationale* » [17].

Il ne s'agit en effet que de la répétition d'une déclaration de la conférence des 81 partis communistes de 1960, réaffirmée lors d'une autre conférence de 75 partis, en 1969 à Moscou. Selon ces déclarations, la politique de la coexistence pacifique

> « ne signifie ni le maintien du statu quo social et politique ni l'affaiblissement de la lutte idéologique. Elle favorise le développement de la lutte des classes contre l'impérialisme à l'échelle nationale *et internationale*. ... Les communistes du monde entier sont solidaires de ce juste combat » [18].

---

vivre en paix. L'un ou l'autre doit vaincre à la fin et l'absoute sera chantée, soit sur la République soviétique, soit sur le capitalisme mondial. La coexistence (cohabitation) était pour lui une pause dans la guerre. Mais, après la fin de la guerre civile et après l'intervention, il estimait que cette pause peut se prolonger, et il a commencé de plaider en faveur de l'établissement de relations commerciales et diplomatiques avec les pays capitalistes. (*Œuvres,* t. 33, 4e éd., Paris, Editions sociales / Moscou, Editions en langues étrangères, 1963, p. 151.)

Sur le plan théorique, il a démontré son approche pragmatique par une certaine révision de la théorie d'Engels sur l'extinction des Etats. Il a condamné comme un galimatias le mot d'ordre « à bas les frontières » et a affirmé que « les distinctions nationales et politiques entre les peuples et les pays subsisteront très longtemps, même après l'établissement de la dictature du prolétariat à l'échelle mondiale ». (*Œuvres,* t. 31, 4e éd., Paris, Editions sociales / Moscou, Editions en langues étrangères, 1961, p. 88.)

[15] Voir les travaux cités ci-dessus, dans la note 12, ainsi que G. Tunkin, « Coexistence and International Law », *Recueil des Cours de l'Académie de La Haye,* vol. 95, 1958.

[16] *Ibid.,* p. 6.

[17] *Programme du Parti communiste de l'Union soviétique,* Moscou, Editions en langues étrangères, 1961, p. 67 ; cette définition est reprise par G. Tunkin dans « Coexistence pacifique et droit international » in *Droit international contemporain,* recueil d'articles sous la direction du professeur G. Tunkin, Moscou, Editions du Progrès, 1972, p. 23.

[18] *La Conférence des partis communistes et ouvriers,* Moscou, Editions Novosti, 1969, p. 54.

De même M. Brejnev, dans son rapport présenté à l'occasion du cinquantenaire de l'URSS, a souligné le fait que

> « *la lutte* des classes entre les deux systèmes capitaliste et socialiste *se poursuivra* dans la sphère économique, politique et, bien entendu, idéologique. Il ne peut en être autrement, car la conception du monde et les objectifs de classe du socialisme et du capitalisme sont opposés et inconciliables » [19].

Il est sous-entendu qu'un changement du statu quo ne peut s'effectuer que dans un sens unique, c'est-à-dire dans les pays occidentaux. Il est toutefois exclu que les peuples des pays socialistes aient la possibilité un jour de réclamer un changement du statu quo, ou des réformes de structures. Cela irait à l'encontre de l'internationalisme socialiste et pourrait entraîner une intervention militaire, comme nous le démontrerons ci-dessous. La question d'une *réciprocité ne se pose* donc pas. Toute proposition visant au changement du modèle soviétique est considérée comme contraire à la coexistence pacifique, comme une tentative de subversion impérialiste, comme une démonstration d'antisoviétisme assimilée à de l'anticommunisme.

De telles conceptions transposées dans le domaine juridique n'ont jamais pu être acceptées par la doctrine occidentale du droit international. La vocation du droit international est de régir les relations entre les Etats et non des rapports entre les classes. Le droit est une discipline normative et non une analyse sociologique.

Il faut cependant constater que, dans les pays socialistes, les partis communistes sont confondus avec les Etats. Dans la pratique, un Etat socialiste trouve sa seule justification dans la poursuite des objectifs fixés par l'appareil du parti. De ce fait, si un tel Parti-Etat favorise la lutte des classes à l'échelle internationale il s'agit alors d'une *ingérence* dans les affaires internes des Etats souverains.

A partir des années soixante, les pays socialistes ont proposé à l'ONU la codification des règles de la coexistence pacifique. Pour les pays occidentaux, le terme « coexistence » n'était qu'un slogan politique exprimant avant tout les aspirations de la politique soviétique.

Comme nous l'avons mentionné ci-dessus, le 24 octobre 1970 fut adoptée la Déclaration (2625/XXV) qui n'utilisait pas la notion de coexistence pacifique [20].

---

[19] D. Tomachewski, *De la coexistence pacifique entre les Etats des deux systèmes,* Moscou, Editions Novosti, 1973, p. 43. L. I. Brejnev, *Le cinquantenaire de l'URSS,* Moscou, Editions Novosti, 1972, p. 64. On retrouve les mêmes arguments dans le rapport de L. I. Brejnev, lors du XXVe Congrès du PCUS, le 24 février 1976, Ire partie, al. 5.

[20] Il s'agit d'une codification de sept principes du droit international : le principe selon lequel les Etats s'abstiennent de recourir à la menace ou à l'emploi de la

Les partisans du terme « coexistence pacifique » déclarèrent qu'il s'agissait d'un changement de pure forme, d'un changement terminologique qui ne réduisait en rien l'importance de cette déclaration, alors qu'elle représentait en réalité une codification des principes de la coexistence pacifique [21].

De même, les partisans du terme « coexistence pacifique » considèrent l'Acte final de la Conférence de la sécurité et de la coopération en Europe, signé à Helsinki le 1er août 1975, comme une autre source de la codification des principes de la coexistence pacifique, notamment la « Déclaration sur les principes régissant les relations mutuelles des Etats participants » [22].

Ces documents multilatéraux écartent ainsi la notion de « coexistence pacifique ». Cependant, ce terme a été utilisé dans un document bilatéral intitulé « Fondement des relations mutuelles entre l'URSS et les Etats-Unis », signé à Moscou le 29 mai 1972, par MM. Brejnev et Nixon [23]. Les deux parties contractantes déclarent qu'elles

> « sont d'accord pour souligner qu'à l'âge nucléaire la coexistence pacifique est la seule base sur laquelle il est possible de mener leurs relations mutuelles ; les différents systèmes sociaux ne sont pas des obstacles au développement bilatéral de relations normales. ... »

Les deux Etats se sont engagés à maintenir toujours « une certaine modération dans leurs relations mutuelles » et les discussions « seront menées dans un esprit de réciprocité, d'arrangement et d'avantages mutuels ».

La notion de lutte des classes à l'échelle internationale, qui doit faire avancer la révolution mondiale, comme l'affirment les représentants de l'URSS, n'apparaît pas dans le texte. Il est évident que nous sommes à nouveau confrontés avec une situation où deux Etats utilisent les mêmes mots tout en leur donnant des définitions différentes.

---

force ; le principe selon lequel les Etats règlent leurs différends internationaux par des moyens pacifiques ; le devoir de ne pas intervenir dans les affaires relevant de la compétence nationale ; le devoir des Etats de coopérer les uns avec les autres ; le principe de l'égalité de droits des peuples et de leur droit à disposer d'eux-mêmes ; le principe de l'égalité souveraine des Etats ; le principe selon lequel les Etats remplissent de bonne foi les obligations qu'ils ont assumées.

[21] Voir M. Sahovic, « Codification des principes du droit international des relations amicales et de la coopération entre les Etats », *Recueil des Cours de l'Académie de La Haye,* vol. 137, 1972, pp. 243-310.

[22] Cette Déclaration contient dix principes qui sont au fond identiques avec ceux de la Déclaration de l'ONU 2625 (XXV), mentionnée ci-dessus dans la note 20. Aux sept principes sont ajoutés trois autres principes concernant l'inviolabilité des frontières (principe III) ; l'intégrité territoriale des Etats (principe IV) ; le respect des droits de l'homme (principe VII).

[23] Voir *Le Monde* du 31 mai 1972, p. 5.

Mais revenons aux deux Déclarations multilatérales, qui ont déjà suscité pas mal d'équivoques :

D'abord, en ce qui concerne leur nature, on a affirmé qu'elles n'ont aucune valeur juridique, aucune force obligatoire [24]. A notre avis, cette opinion n'est pas fondée. Les deux Déclarations se réfèrent à la Charte de l'ONU et réaffirment expressément que les principes énoncés sont conformes aux principes de cette Charte. Adoptées à l'unanimité, le moins qu'on puisse dire est qu'elles représentent, du point de vue formel, *des actes juridiques d'interprétation authentique et obligatoire de la Charte de l'ONU*. Dans les pays socialistes, on désigne couramment les actes d'Helsinki comme étant des accords internationaux [25]. Leur force juridique découle de l'identité de leurs principes avec les principes fondamentaux du droit international, énoncés dans la Charte de l'ONU. Leur faiblesse est toutefois la même que celle du droit international, c'est-à-dire que les textes élaborés vaudront ce que les Etats sauront en faire.

Une autre question importante est de savoir si les principes de la coexistence pacifique sont appelés à régir les relations entre tous les Etats ou exclusivement entre les Etats à systèmes sociaux opposés. Le professeur Tunkin écrit :

> « *Au sens large* du terme, la coexistence pacifique signifie celle entre tous les Etats, indépendamment de leurs régimes sociaux ; *sans oublier* pourtant que le système mondial du socialisme répond à un type nouveau, supérieur, des relations internationales dans le cadre duquel les rapports entre Etats, conformes aux exigences de la coexistence pacifique, s'établissent sur la base des principes supérieurs que sont ceux de l'internationalisme prolétarien. » [26]

Si l'on dépouille ce langage diplomatique de toutes les équivoques, on arrive à la conclusion — ouvertement admise par plusieurs auteurs soviétiques — que les principes de la coexistence pacifique ne sont pas valables entre les pays socialistes, mais uniquement entre des pays à systèmes sociaux différents. C'est le principe de l'internationalisme socialiste qui s'applique aux relations entre pays socialistes [27]. Toutefois, en ce

[24] Voir, par exemple, l'éditorial du *Journal de Genève* du 31 juillet 1975, ou, dans ce même journal, les articles de A. Bosshard, du 24 juillet et des jours suivants. Selon ces articles, le professeur A. Bindschedler aurait déclaré qu'il s'agit « d'un engagement politique, ni plus ni moins ». Il nous paraît difficile de faire une nette distinction entre un engagement politique et un engagement juridique.

[25] Par exemple l'allocution de M. Koulakov à l'occasion du 59e anniversaire de la révolution ; voir *Le Monde* du 7-8 novembre 1976, p. 3. Voir aussi l'étude de M. Sahovic, *op. cit.*, p. 307.

[26] « Coexistence pacifique et droit international », *op. cit.*, pp. 25-26.

[27] C'est déjà N. Chruscov qui a déclaré que « si nous parlons de coexistence, nous entendons la coexistence des Etats socialistes et capitalistes. Ces forces s'opposent, il existe des contradictions antagonistes entre elles. ... En ce qui concerne les

qui concerne la Chine populaire, les deux Etats ont proposé de fonder leurs relations sur le principe de la coexistence pacifique [28].

A notre avis, cette opinion n'est pas acceptable, car, comme nous allons le démontrer ci-dessous, le principe de l'internationalisme n'est ni conforme ni supérieur à la Charte de l'ONU. La Déclaration 2625 (XXV) de l'ONU stipule expressément que « *rien* ne doit être interprété comme affectant *de quelque manière que ce soit* les dispositions de la Charte ». Les principes inscrits dans cette Déclaration constituent « des principes fondamentaux du droit international et demandent en conséquence *à tous les Etats* de s'inspirer de ces principes ».

Il est utile de rappeler que, selon l'article 103 de la Charte de l'ONU, en cas de conflit entre les obligations en vertu de la Charte et des obligations en vertu de tout autre accord international, les premières prévaudront.

L'équivoque la plus sérieuse est toutefois suscitée par l'affirmation des hommes d'Etat socialistes, ainsi que par les spécialistes soviétiques du droit international, que la coexistence signifie *à la fois coopération et lutte* dans tous les domaines. Ils soulignent que dans le domaine de l'idéologie, la lutte est incompatible avec tout compromis, toute concession, toute tolérance [29].

Il nous faut de nouveau recourir à la sémantique. Est-il possible de concilier la coopération avec une lutte intolérante, le feu avec l'eau ? Coopération, suivant le sens ordinaire, signifie des actions conjointes en vue d'intérêts et de buts communs ; par contre, la lutte est un combat pour se vaincre mutuellement, agir en sens contraire. Il va de soi que, pendant une coopération, des différends peuvent surgir ; le droit international oblige à les résoudre par voie pacifique. Mais un différend est tout autre chose qu'une lutte irréductible.

Il n'y a jamais eu dans l'histoire humaine un courant idéologique (religieux, philosophique, politique) qui n'ait provoqué un contre-courant. Mais cela signifie-t-il qu'il faille provoquer une lutte intolérante entre les différents courants ?

---

pays socialistes, il n'y a pas de contradictions antagonistes entre eux, pas de lutte et pas d'hostilité. C'est le principe de l'internationalisme prolétarien qui est valable entre eux » (voir traduction allemande de son allocution *Für dauerhaften Frieden und Koexistenz,* Berlin-Est, 1959, pp. 124 sq.

[28] *La Pravda* du 21 mars 1972. Voir aussi A. Sovietov, « La coexistence pacifique, facteur tangible des relations internationales », *La Vie internationale,* N° 9, 1972, p. 18.

[29] G. Tunkin, « Le droit international et la lutte idéologique », *op. cit.,* p. 20 ; voir aussi l'article de M. Chnoupek dans la revue soviétique *La vie internationale,* N° 9, 1976, p. 15. L'auteur, le ministre des Affaires étrangères de la Tchécoslovaquie, est connu notamment en raison de ses activités en faveur de l'invasion de son pays par les troupes soviétiques en août 1968.

D'ailleurs, que signifie cette notion nébuleuse de « lutte idéologique » ? A notre connaissance il n'existe aucune définition unanimement adoptée. Les deux Déclarations et le droit international ne connaissent pas cette notion. Selon un auteur soviétique, on entend par ce terme

> « une propagande honnête et véridique des avantages du régime socialiste, de l'expérience et des acquis du socialisme, l'explication aux larges masses de l'essence du capitalisme, cette activité ne pouvant aucunement contredire ni le principe de la coexistence pacifique, ni le droit international (tout comme la compétition économique n'empêche pas le développement des rapports de paix et de coopération entre les pays concurrents, à condition de ne pas recourir à des procédés malhonnêtes) » [30].

La comparaison avec la compétition économique n'est pas persuasive : dans ce domaine, les compétiteurs offrent leurs marchandises aux consommateurs qui ont un libre choix entre elles. La « lutte idéologique » selon la pratique soviétique exclut toute possibilité de choix des idéologies.

Selon M. Boris Ponomarev, membre du Bureau politique du PCUS, le combat idéologique prend toujours une place plus importante, car la lutte pour la conquête des esprits est un des champs d'action où se décide le sort de la compétition des deux systèmes. Il écrit :

> « Il n'est pas question, pour les pays socialistes, de chercher à se mesurer au capitalisme sur des critères où s'expriment la spécificité de ce régime d'exploitation, les limites qui lui sont imposées par l'Histoire. Dans une mise en parallèle du socialisme et du capitalisme, sont appelés à jouer un rôle de plus en plus considérable des critères tels que la sollicitude pour le travailleur, la satisfaction assurée et de plus en plus complète de ses besoins matériels, la création de conditions favorisant un développement spirituel complet et équilibré. » [31]

A notre avis, s'il s'agit d'une *compétition honnête,* le choix de critères doit être égal ; cependant, s'il s'agit d'une *lutte,* chacun choisit arbitrairement ses critères et la comparaison ne peut servir aucun but utile.

Admettons cependant qu'il n'y ait pas d'objections aux critères énoncés par M. Ponomarev. Les différences entre les mots et les choses apparaîtront néanmoins à nouveau. Un exemple typique de la situation réelle nous a été fourni par la réaction soviétique au discours télévisé du président de la République française, retransmis par la télévision de Moscou

---

[30] Y. Nicolaiev, « La coopération des Etats dans les conditions de la lutte idéologique », *La Vie internationale,* No 4, 1973, p. 20.

[31] B. Ponomarev, *Quelques problèmes du mouvement révolutionnaire,* Prague, Les Editions internationales Paix et Socialisme, 1975, pp. 271, 273.

le 12 octobre 1976. Il s'agissait d'une contrepartie normale de la déclaration de M. Brejnev sur la 1re chaîne française. Les autorités et la presse soviétiques ont ressenti une profonde irritation en voyant et écoutant les quelques propos de M. Giscard d'Estaing, assortis de précisions chiffrées, sur les principes de base de la société française et notamment sur la vie des travailleurs. Cela a été considéré comme une *ingérence* dans les affaires intérieures soviétiques. Trois passages de son allocution ont été omis dans la traduction. Contrairement aux vœux français et aussi à la règle de réciprocité, l'heure de la transmission a été fixée unilatéralement et la traduction a été faite par les services soviétiques, ce qui a permis la suppression de certains passages [32].

Mais revenons à la doctrine. Le professeur G. Tunkin écrit :

> « Le droit international n'est pas fondé sur la communauté des idéologies et ne les traduit point. ... Les questions de l'idéologie ne font pas l'objet d'accords ... la concertation porte non sur des questions idéologiques, mais sur le comportement des Etats. » [33]

C'est juste, mais le problème est ailleurs. Il réside dans le fait que dans les pays socialistes toute idéologie qui n'est pas conforme à l'interprétation soviétique du marxisme-léninisme apparaît non seulement comme erronée, mais constitue une menace de subversion, un crime.

Chaque Etat a le droit de se défendre contre une subversion. Cependant, au cas où l'on qualifie de subversion la distribution des journaux et des livres qui exposent une opinion différente de la doctrine officielle — sans pour autant inciter à la haine ou à la subversion — il s'agit d'un *abus de droit* et non d'une légitime défense. Si l'on réclame pour soi la liberté de distribuer toutes sortes de publications qui attaquent ouvertement le système d'une démocratie libérale, tout en érigeant des obstacles pour que celle-ci ne puisse exposer son point de vue, on assiste à une intolérance et à un manque de réciprocité effective, réciprocité qui est pourtant essentielle à la coexistence pacifique.

Il est vrai que c'est le comportement des Etats et non l'idéologie qui est décisif au point de vue du droit international. Mais, si l'on préconise sans scrupule et sans fard une « lutte idéologique » dans un esprit *d'intolérance et d'absence de réciprocité,* il s'agit d'une violation du droit international. Une telle lutte peut créer des tensions et une atmosphère défavorable aux relations amicales entre les peuples et les nations.

---

[32] Voir *Le Monde* du 14 octobre 1976, p. 7, ainsi que du 17-18 octobre, p. 3. Voir aussi l'article de A. Bosshard, *Journal de Genève* du 20 octobre 1976.

[33] « Le droit international et la lutte idéologique », *op. cit.,* p. 28.

La doctrine soviétique admet que la base juridique de la coexistence pacifique est la Charte de l'ONU, dont le préambule exige entre autres de

> « pratiquer la tolérance, de vivre en paix l'un avec l'autre dans un esprit de bon voisinage » [34]

Il y a une grande *différence* entre une *conviction* profonde *en une idée,* qui fait progresser l'humanité, et l'intolérance, qui ne peut qu'aboutir à une méfiance et à une hostilité, ce qui est contraire aux deux Déclarations.

L'Union soviétique est la première grande puissance à avoir ratifié en 1973 les pactes internationaux relatifs aux Droits de l'homme [35]. L'article 19 du pacte relatif aux droits civils et politiques dispose entre autres :

> « 1. Nul ne peut être inquiété pour ses opinions.
> 2. Toute personne a droit à la liberté de rechercher, de recevoir et de répandre des informations et des idées de toute espèce, sans considération de frontières, sous une forme orale, écrite, imprimée ou artistique, ou par tout autre moyen de son choix. »

L'intolérance et le manque de réciprocité au nom de la « lutte idéologique » rendent impossible aux citoyens des pays socialistes la jouissance de ces droits.

L'idée de Voltaire, « je ne suis pas d'accord avec ce que vous dites, mais je me battrai jusqu'au bout pour que vous puissiez le dire », correspond beaucoup mieux à la coexistence pacifique que le *cujus regio eius religio.*

La confrontation des idées est une nécessité, car c'est de la discussion que jaillit la lumière. Cependant, la « lutte idéologique » menée dans un esprit d'intolérance va exactement dans un sens inverse. Certains auteurs soviétiques affirment que les auteurs occidentaux du droit international sont les serviteurs des intérêts des monopoles capitalistes. La vérité est ailleurs : en Occident, les auteurs du droit international expriment les opinions les plus variées. Le monopole du pouvoir dans les pays socialistes veut éliminer toute discussion et confrontation et imposer ses « vérités uniques et éternelles » au monde entier. Une telle approche est contraire, non seulement à la coexistence pacifique, mais davantage à la méthodologie marxiste elle-même.

---

[34] Voir G. Tunkin, « Le non-recours à la force, loi de la vie internationale », *La Vie internationale,* N° 4, 1973, p. 15.

[35] L'URSS s'est abstenue de voter en 1948 en faveur de la Déclaration universelle des droits de l'homme, ainsi que la Pologne, la Tchécoslovaquie, la Yougoslavie, l'Arabie séoudite et la République de l'Afrique du Sud.

II. *L'INTERNATIONALISME SOCIALISTE*

1. *Terminologie — Le concept soviétique*

Abstraction faite d'un internationalisme sentimental, humaniste, religieux, qui se trouve au cœur de tous les grands courants idéologiques du passé, au sens moderne l'internationalisme est lié à l'essor du mouvement socialiste. Une association que les émigrés allemands ont fondée à Paris, la Ligue des Justes, avait pour devise « Tous les hommes sont frères ». Marx et Engels ont substitué à cette devise, dans le Manifeste du Parti communiste, le mot d'ordre « Prolétaires de tous les pays, unissez-vous ! ». C'est le résultat de leur analyse selon laquelle, la bourgeoisie ayant démontré son incapacité à résoudre les contradictions entre les classes et les nations, cette tâche incombe désormais à la classe ouvrière. Les deux premières « Internationales » sont devenues la concrétisation de cette idée. Ainsi a pris naissance l'internationalisme prolétarien comme principe politique et moral du mouvement ouvrier, principe exprimant la solidarité internationale des ouvriers du monde entier [36].

Alors que Marx a vu l'essence de l'internationalisme dans la solidarité internationale de la classe ouvrière, Lénine a mis l'accent sur la solidarité des partis communistes. Il a fait ériger, comme critère d'une participation à la IIIe Internationale, la défense de la Russie soviétique en tant que centre du mouvement communiste mondial.

La doctrine juridique soviétique distingue trois étapes dans l'évolution de ce principe : la première a commencé avec l'apparition du marxisme et s'est étendue jusqu'à la fin de la révolution russe de 1917 ; la deuxième étape est marquée par la formation de l'Etat soviétique et elle est caractérisée par les relations entre les différentes nationalités de cet Etat (certains auteurs mentionnent également la Mongolie) et la formation de la IIIe Internationale (Komintern) ; la troisième étape a débuté après la victoire sur le nazisme et la formation de la communauté des pays socialistes [37].

Selon cette doctrine, l'internationalisme prolétarien, tout en gardant sa qualité de principe politique du mouvement communiste international,

---

[36] Dans le *Manifeste du Parti communiste, op. cit.*, p. 67, nous pouvons lire : « Les communistes ne se distinguent des autres partis ouvriers que sur deux points. D'une part, dans les différentes luttes nationales des prolétaires, ils mettent en avant et font valoir les intérêts indépendants de la nationalité et communs à tout le prolétariat. D'autre part, dans les différentes phases de développement que traverse la lutte entre prolétariat et bourgeoisie, ils représentent toujours les intérêts du mouvement dans sa totalité. »

[37] E. A. Korovine, *Soviet Yearbook of International Law,* vol. 1, 1958, p. 70 ; voir aussi E. Oussenko, « Les principes du droit international et les relations entre pays socialistes », *La Vie internationale,* N° 8, 1973, pp. 48-49.

est devenu alors un principe juridique régissant les relations *entre les Etats* socialistes, comme *principe de l'internationalisme socialiste.*

Quel est le contenu de ce principe qui a trouvé une consécration juridique dans plusieurs documents multilatéraux et bilatéraux, ainsi que dans les constitutions les plus récentes de certains pays socialistes ? [38]

L'internationalisme socialiste a été invoqué dans la pratique comme la justification juridique de certains actes : ainsi, lors de la répression de la révolte en Hongrie, en 1956, et lors de l'intervention à la suite du « Printemps de Prague », en 1968.

Selon la doctrine soviétique, l'internationalisme socialiste n'est que la transposition de l'internationalisme prolétarien dans les relations entre les Etats socialistes. Il est donc hors de notre propos de traiter la question de « l'eurocommunisme », car cette notion ne concerne pas les rapports entre les Etats, mais ceux entre les partis communistes, notamment ceux de l'Europe occidentale [39].

Dans une déclaration des partis communistes des pays socialistes, publiée immédiatement après la répression de la révolte hongroise, on peut lire :

> « L'entraide fraternelle des pays socialistes est partie intégrante de leurs rapports. *Cette entraide est l'expression effective du principe de l'internationalisme socialiste.* » [40]

L'éditorialiste de la *Pravda* de Moscou, du 23 novembre 1956, écrivait :

> « Nous estimons qu'il est de notre devoir international de porter secours à la classe ouvrière hongroise dans sa lutte contre les intrigues de la contre-révolution. » [41]

La situation était beaucoup plus compliquée du point de vue juridique en Tchécoslovaquie, en 1968. Tandis qu'en Hongrie, les Soviétiques se trouvaient devant une situation insurrectionnelle, cela n'était pas le cas en Tchécoslovaquie. Ce pays n'avait remis en question ni le

---

[38] Ainsi la Constitution de la Bulgarie de 1972 (art. 5), de la RDA de 1974 (art. 6). Dans l'arène politico-économique, les « Principes fondamentaux de la division internationale socialiste » (1962) ainsi que le « Programme complexe de l'intégration économique socialiste » (1971) se réfèrent à ce principe. Dans le domaine politique, plusieurs déclarations des partis, qui sont les vrais détenteurs du pouvoir, ainsi que des traités bilatéraux contiennent cette notion.

[39] Voir par exemple le recueil *Les PC espagnol, français et italien face au pouvoir,* Paris, Christian Bourgeois, 1976. Voir aussi les déclarations de S. Carrillo, dans *Le Monde* du 17 décembre 1975, ainsi que les discussions à la Conférence des partis communistes à Berlin-Est, des 29-30 juin 1976, les discours de M. Souslov et E. Berlinguer, dans *Le Monde* du 19 mars 1976 et du 1er juillet 1976.

[40] Cité par le professeur G. Tunkin, *Temps nouveaux,* No 57, 1957, p. 11.

[41] Voir le Rapport du Comité spécial de l'ONU pour la question de la Hongrie, A. G. doc. 11e session, supplément No 18 (A 13598), p. 18, où est reproduit l'article cité de la *Pravda.*

Pacte de Varsovie ni son adhésion au COMECON. Cependant, l'argumentation soviétique était analogue à celle concernant la Hongrie. M. Brejnev a déclaré :

> « Prenant en considération les appels lancés par des personnalités du Parti et de l'Etat, des communistes et des travailleurs de Tchécoslovaquie, et tenant compte du danger qui menaçait les conquêtes du socialisme dans ce pays, nous avons décidé, de concert avec les pays socialistes frères, d'apporter à la Tchécoslovaquie une aide internationaliste, en vue de défendre le socialisme. Dans le climat extraordinaire créé par les forces de l'impérialisme et de la contre-révolution, cette mesure nous était dictée par notre devoir de classe, par la *fidélité à l'internationalisme socialiste. ...* » [42]

Le président du Parlement tchécoslovaque, M. J. Smkovsky, un vieux militant communiste, a rejeté cette argumentation comme un « bavardage naïf ... nul ne la prend au sérieux, nul n'y croit. ... Depuis quand un Etat ou un groupe d'Etats envoie-t-il des armées dans un autre pays ... à l'insu du gouvernement, du Parlement et des autres organes compétents de ce pays ? » [43]

Sur le plan juridique, un auteur soviétique, M. S. Kovalev, a invoqué les arguments suivants :

> « Les communistes des pays frères ne pouvaient naturellement pas tolérer que, au nom d'une souveraineté comprise abstraitement, les Etats socialistes assistent sans agir au spectacle d'un pays soumis au danger d'un bouleversement antisocialiste. ...
>
> » Ceux qui parlent d'illégalité à propos de l'action des pays frères socialistes en Tchécoslovaquie oublient, ce faisant, que dans une société de classe il n'y a et il ne peut y avoir de droit dégagé de classes. *Les lois et les règles du droit sont soumises aux lois de la lutte des classes, aux lois du développement social.* » [44]

Cette argumentation fut reprise par les hommes d'Etat soviétiques. Il s'agit, en effet, d'une sorte de nihilisme juridique : au moment où la raison d'Etat n'est pas en harmonie avec les principes du droit international, on peut simplement ignorer les règles de droit. Une telle interprétation machiavélique du droit international est inadmissible.

---

[42] *Le XXIVe Congrès du PCUS,* Moscou, Editions Novosti, 1971, pp. 20-21.

[43] Il disait : « Peu après le 21 août 1968, la Présidence de l'Assemblée nationale demanda à tous les membres du Parlement, à tous les députés, à tous les ministres une déclaration écrite sur l'honneur qu'aucun d'eux n'avait lancé d'appel aux envahisseurs. L'ensemble des 296 députés — tel était alors le nombre des membres du Parlement — remirent à la présidence leur déclaration écrite, affirmant qu'aucun d'entre eux n'avait appelé aucune armée à entrer en Tchécoslovaquie. » Voir *Le Monde* du 17 novembre 1971, ainsi que le recueil de documents *Ici Prague,* Paris, Seuil, 1973, p. 337.

[44] *La Pravda* du 28 septembre 1968.

Devant le Conseil de sécurité, la diplomatie soviétique a invoqué, en substance, les arguments suivants :

Premièrement, du point de vue juridique, il ne s'agissait pas d'une ingérence dans les affaires intérieures d'un autre pays, mais à la fois d'une assistance et d'une *légitime défense.* Il nous paraît inutile d'entrer en polémique, car chaque étudiant en droit international sait qu'on peut invoquer la légitime défense selon l'article 51 de la Charte seulement en cas d'agression armée. Est-ce que la Tchécoslovaquie a perpétré une telle agression ?

De même, il est superflu de rejeter l'affirmation générale selon laquelle les actes des pays du Pacte de Varsovie ne tombent pas sous les interdictions prévues à l'article 2 de la Charte. Est-ce que l'entrée des troupes armées d'un pays sur le territoire d'un autre pays ne porte pas atteinte à l'intégrité territoriale, à la souveraineté de ce pays ?

Selon un troisième argument, il s'agissait de repousser toute tentative de modifier l'ordre décidé à l'issue de la Seconde Guerre mondiale et de changer les frontières établies en Europe. De nouveau des affirmations sans la moindre preuve. Aucune alliance ni aucune frontière n'était menacée.

Et, finalement, l'argument selon lequel ces événements ne concernaient que la communauté socialiste, ce qui est insoutenable. Le droit international contemporain est basé sur la sécurité collective, dont l'URSS se fait toujours fort d'être le champion.

Sous le prétexte de l'internationalisme socialiste, la diplomatie et la doctrine soviétiques ont affirmé que les pays du Pacte de Varsovie avaient non seulement le droit, mais aussi le devoir d'intervenir.

En ce qui concerne le prétendu « droit à l'intervention », il est utile de rappeler à ce sujet la jurisprudence bien connue de la Cour internationale de justice [45].

Les Traités d'amitié, de coopération et d'assistance mutuelle entre l'URSS, d'une part, et la Tchécoslovaquie (6 mai 1970) et la RDA (7 octobre 1975), d'autre part, sont des documents révélateurs quant au sens de l'internationalisme socialiste [46].

---

[45] Dans l'affaire du détroit de Corfou, la Cour a déclaré que « le prétendu droit d'intervention ne peut être envisagé par elle [Grande-Bretagne] que comme la manifestation d'une politique de force, politique qui, dans le passé, a donné lieu aux abus les plus graves et qui ne saurait, quelles que soient les déficiences présentes de l'organisation internationale, trouver *aucune place dans le droit international* (Rec. 1949, p. 35, arrêt du 9 avril 1949). Quant à l'intervention des Etats-Unis contre la République dominicaine, l'ONU a déclaré qu'aucun Etat n'a le droit d'intervenir directement ou indirectement pour quelque raison que ce soit dans les affaires d'un autre Etat. Toute forme d'ingérence est condamnée (Rés. 2131/XX).

[46] Traduction française du Traité avec la Tchécoslovaquie dans le supplément No 5 de juin 1970 de la revue *Etudes soviétiques ;* du Traité avec la RDA dans *La Correspondance de politique étrangère de la RDA,* No 34, 1975.

Le Traité avec la Tchécoslovaquie fut conclu deux ans après l'intervention et treize ans *avant l'expiration* d'un traité d'amitié de 1963. Laissons de côté la question de savoir si l'abrogation d'un traité treize ans avant son échéance et la conclusion d'un nouveau traité pendant la présence de l'armée étrangère sont des actes juridiquement valides ou s'il faut les considérer comme nuls et non avenus. La question qui nous intéresse est de savoir quelle est, selon ce traité, la signification de l'expression « internationalisme socialiste ».

Le préambule du Traité stipule que les principes de l'internationalisme socialiste sont « intangibles » et que *« la défense des conquêtes socialistes ... est l'obligation internationale commune des pays socialistes »*. Cette obligation est répétée à l'article premier, selon lequel, conformément aux principes de l'internationalisme socialiste, les parties contractantes continueront à consolider « l'éternelle et indestructible amitié » et expriment (art. 5) leur *« résolution* inébranlable » à aller de l'avant et « continueront *à prendre toutes les mesures nécessaires pour la défense des conquêtes socialistes* des peuples ». Les parties contractantes « se consulteront sur toutes les principales questions internationales concernant leurs intérêts et *agiront* en s'inspirant d'une position commune concertée, conforme aux intérêts des deux Etats » (art. 11).

Le Traité avec la RDA contient les mêmes dispositions. Le secrétaire général du Parti et chef de l'Etat, M. Honecker, a précisé à propos de l'armée que

> « sa mission de classe consiste, côte à côte avec nos frères d'armes de la glorieuse armée soviétique et des pays socialistes frères, à défendre efficacement le système socialiste et la vie pacifique des citoyens de la RDA et de tous les Etats de la communauté socialiste contre toutes les attaques des forces agressives de l'impérialisme et de la réaction » [47].

Il paraît utile de prendre note du fait que les deux traités se réfèrent à la défense, non seulement des pays du Pacte de Varsovie, mais également de la « communauté socialiste ». Cette communauté n'est pas définie. Qui est compétent pour décider quels pays appartiennent à cette communauté ? Tout indique que c'est aussi Cuba, la Mongolie et même l'Angola. Et qui est compétent pour désigner quelles sont les forces de la « réaction » ?

La doctrine soviétique du droit international donne cette définition de l'internationalisme socialiste :

> « Le principe de l'internationalisme socialiste signifie la coordination des efforts de chaque pays frère pour développer son écono-

[47] Voir *Le Monde* du 20 mai 1976.

mie, son organisation étatique nationale, sa défense, avec des efforts communs visant à consolider le système mondial dans son ensemble. »[48]

La pratique a toutefois démontré qu'il s'agit non seulement d'une coordination des efforts, mais aussi de l'imposition de certaines mesures aux Etats de la communauté socialiste, sans que les autorités compétentes de ces pays n'aient donné leur consentement. Il est vrai que les traités et les autres documents parlent du respect de la souveraineté, de l'indépendance, de la non-ingérence dans les affaires intérieures, mais l'auteur de la définition, le professeur V. Chourchalov lui-même, admet que tous ces principes et notions ont *changé de contenu.* Il écrit que

> « même dans les actes légaux conjoints des pays socialistes, *où le principe* de l'internationalisme socialiste *n'est pas explicitement mentionné,* c'est en fait lui qui détermine le contenu de ces actes, le sens des obligations juridiques internationales et concrètes qui y sont stipulées »[49].

L'internationalisme socialiste ainsi conçu signifie en effet la légitimation d'une intervention, même par la force militaire, si, selon l'opinion des Etats intervenant, « les conquêtes du socialisme sont menacées » ou s'il s'agit de lutter contre la « réaction », « déviation antisocialiste » ou « contre-révolution ». Le mot intervention est remplacé par le terme « aide fraternelle ». Les règles du droit international doivent céder le pas aux « lois générales de la construction socialiste ». La prétendue lutte des classes à l'échelle internationale doit l'emporter sur les règles juridiques.

Il ne s'agit pas ici d'ambiguïtés ou d'équivoques sémantiques, mais d'une question plus fondamentale :

L'internationalisme socialiste — dans cette acception — représente-t-il un nouveau principe juridique ou s'agit-il d'un concept de la politique soviétique qui n'a rien de commun avec le droit international universel ?

2. *L'internationalisme socialiste et le « jus cogens »*

La doctrine socialiste du droit international attache une plus grande importance aux règles impératives du droit international *(jus cogens)* que la doctrine occidentale. Tandis que plusieurs auteurs occidentaux hésitent à accorder à ces principes une force juridique en raison de leur caractère abstrait et imprécis, la doctrine socialiste affirme qu'ils repré-

---

[48] V. Chourchalov, « Le droit international dans les rapports entre Etats socialistes, in *Droit international contemporain, op. cit.,* p. 95.

[49] *Ibid.,* p. 94.

sentent une expression hautement concentrée des normes juridiques concrètes et de ce fait possèdent un caractère universel et impératif [50].

Conformément à cette attitude de la doctrine, les représentants des pays socialistes ont appuyé à fond l'article 53 de la Convention de Vienne sur le droit des traités qui dispose ainsi [51]:

> « Est nul tout traité qui, au moment de sa conclusion, est en conflit avec une norme impérative du droit international général. Aux fins de la présente convention une norme impérative du droit international est une norme acceptée et reconnue par la communauté internationale des Etats dans son ensemble en tant que norme à laquelle *aucune dérogation n'est permise* et qui ne peut être modifiée que par une nouvelle norme de droit international général ayant le même caractère. »

Comme nous l'avons exposé ci-dessus, le grand mérite de la Déclaration de l'ONU (2625/XXV), ainsi que de la Déclaration de l'Acte final d'Helsinki, réside dans le fait qu'elles ont donné une énumération de ces principes et une interprétation authentique de leur contenu. Il s'agit en effet des principes de la Charte de l'ONU que la Déclaration de l'ONU (2625/XXV) désigne *(in fine)* comme constituant « des principes fondamentaux du droit international et demande en conséquence *à tous les Etats* de s'inspirer de ces principes ». Selon l'Acte final d'Helsinki, ces principes « sont dotés d'une importance primordiale et en conséquence *ils s'appliquent* également et *sans réserve,* chacun d'entre eux s'interprétant en tenant compte des autres ».

Nous nous limitons à un seul principe du *jus cogens* pour démontrer la contradiction entre les actes et les mots. Il s'agit du principe de la souveraineté, dont le contenu est défini de manière authentique dans les deux Déclarations :

Selon le troisième principe de la Déclaration de l'ONU (2625/XXV),

> « tout Etat a le droit inaliénable de choisir son système politique, social et culturel sans aucune forme d'ingérence de la part d'un autre Etat ».

De même, selon le premier principe de la Déclaration d'Helsinki, les Etats se sont engagés à respecter

> « le droit de chacun d'entre eux de choisir et de développer librement son système politique, social, économique et culturel, ainsi que celui de déterminer ses lois et ses règlements ».

---

[50] Voir R. Bobrov, « Principes fondamentaux du droit international contemporain », in *Droit international contemporain, op. cit.,* p. 58.

[51] P. Reuter, *La Convention de Vienne,* Paris, A. Colin, 1970, p. 76. C'est nous qui soulignons.

La Déclaration d'Helsinki dispose

> « qu'aucune considération ne peut être invoquée pour servir à justifier le recours à la menace ou à l'emploi de la force en violation de ce principe ».

Ce principe fut énoncé encore avec une plus grande précision dans la Résolution A/9890 du 3 décembre 1974 sur la définition de l'agression dont l'article 5 dispose que

> « aucune considération de quelque nature que ce soit, politique, économique, militaire ou autre, ne saurait justifier une agression ».

Il aura fallu cinquante années d'efforts pour aboutir à une telle définition. Cependant en 1933 déjà une convention multilatérale, contenant la même disposition, fut conclue sur l'initiative de l'Union soviétique. La Tchécoslovaquie était un des pays à ratifier cette convention.

Comme nous l'avons rappelé, on ne peut déroger au *jus cogens* que sur la base de *la volonté unanime de la communauté internationale. (Jus cogens est quod pacta tertiis mutare non potest,* dit une ancienne règle coutumière.)

Toutefois, tandis que dans le passé les interprétations de certaines de ces règles ont varié d'un pays à l'autre, aujourd'hui elles ne peuvent plus être interprétées d'une manière différente de celle de la Déclaration de l'ONU et de celle d'Helsinki.

Comment expliquer que la doctrine soviétique admet, d'une part, le caractère impératif des principes fondamentaux du droit international, mais prétend, d'autre part, que les principes établis entre les pays socialistes sont la « *négation* de l'ancienne qualité des principes équivalents du droit international général » ? [52] Elle justifie cette attitude en affirmant qu'entre les pays socialistes s'appliquent « qualitativement de nouveaux principes qui se rattachent à un type nouveau et supérieur de droit international » [53].

C'est en effet le principe de l'internationalisme socialiste qui exerce *un effet transformateur sur toutes les règles du droit international général.*

Nous avons cité ci-dessus l'opinion du professeur Chourchalov. Un autre auteur soviétique, le professeur E. Oussenko, est encore plus explicite. Il écrit :

> « L'internationalisme socialiste, en sa qualité de principe le plus général de la coopération des Etats socialistes dans leur lutte contre l'impérialisme et pour l'édification du socialisme et du communisme,

---

[52] G. Tunkin, *Droit international public.* Problèmes théoriques, Paris, Pedone, 1965, p. 237.

[53] *Ibid.*

réunit en un tout les principes fondamentaux des relations entre les pays socialistes, *en les remplissant d'un contenu de classe,* grâce à quoi ils apparaissent déjà comme des principes socialistes, comme ceux de l'internationalisme socialiste. Aucun de ces principes, que ce soit l'égalité des droits, la souveraineté, ne saurait être envisagé séparément *ni interprété comme un principe démocratique général* et, d'autant moins, comme un principe démocratique bourgeois, puisqu'ils obéissent tous, dans leur ensemble, aux tâches de l'édification du socialisme et du communisme. » [54]

En d'autres mots, les règles impératives de la Charte ne doivent être, dans les relations entre les Etats socialistes, interprétées ni selon la Déclaration de l'ONU (2625/XXV), ni selon la Déclaration d'Helsinki. Tandis que, selon ces documents, ainsi que suivant le sens ordinaire à attribuer à la souveraineté [55], ce principe doit garantir le règne du droit et servir pour tous les Etats du monde comme moyen juridique de défense contre toute ingérence extérieure, l'internationalisme socialiste, dans l'acception soviétique, donne une conception entièrement différente : les lois dites de construction socialiste se substituent au règne du droit international. Sous le prétexte de la défense des conquêtes du socialisme, on peut interdire — sous peine d'une intervention — toutes les réformes substantielles dans un des pays socialistes, et d'autant plus toute tentative, de la part de ces derniers, de choisir librement leur système, ce qui est pourtant garanti dans les deux Déclarations.

Si une telle interprétation de l'internationalisme socialiste était acceptée, la portée du droit international universel serait réduite à des normes de caractère technique, tandis que les principes fondamentaux *(jus cogens)* se transformeraient en de simples fictions et aspirations.

CONCLUSION

La coexistence pacifique, qui est une nécessité de la vie internationale, doit conduire à une coopération dans tous les domaines et à l'élimination, ou au moins à la diminution des tensions. La confrontation des idées et des idéologies qui laisse aux peuples la liberté d'un choix est un phénomène naturel et un élément du progrès de la vie sociale.

Cependant, si elle est considérée comme une arme dans une lutte idéologique, menée dans un esprit d'intolérance et avec pour but avoué

[54] « Les principes du droit international et les relations entre pays socialistes », *op. cit.,* p. 50. C'est nous qui soulignons.

[55] Art. 31 de la Convention de Vienne. Voir P. Reuter, *op. cit.*

de l'emporter sur les pays avec lesquels on veut coexister et coopérer, cette confrontation ne peut conduire à une « solidarité entre les peuples », ni « parvenir à une meilleure compréhension mutuelle ». Cela d'autant moins si les pays d'un groupe réclament pour eux le droit d'utiliser toutes les possibilités offertes par le système d'une démocratie libérale, tout en refusant aux pays de ce système des droits réciproques. Ce n'est pas la voie qui permettra de « faire de la détente un processus tout à la fois continu, de plus en plus viable et global, de portée universelle » [56].

L'intolérance, dans n'importe quel domaine, ne peut pas « accroître la confiance » [57], mais au contraire, elle nourrit la méfiance, envenime les relations entre les peuples et les nations, et accroît les tensions. Une telle attitude est contraire à la notion même de coexistence pacifique, conçue selon les principes de la Conférence d'Helsinki et de la Déclaration de l'ONU sur les relations amicales.

L'internationalisme socialiste, conçu comme une possibilité de donner aux règles impératives de la Charte de l'ONU une autre interprétation entre les pays socialistes que celle contenue dans la Déclaration de l'ONU (2625/XXV) et dans celle de l'Acte final d'Helsinki, est *inadmissible*. On ne peut invoquer comme prétexte une idéologie considérée par un groupe d'Etats comme *supérieure* pour changer le contenu des règles du *jus cogens* du droit international contemporain.

Le fait que les chefs d'Etat et les représentants des gouvernements ont accepté et reconnu, par ces deux documents, une précision et une interprétation des normes impératives de la Charte de l'ONU, conduit à la conclusion logique que seule la communauté internationale d'Etats *dans son ensemble* [58] — et non un groupe d'Etats — peut procéder à une modification quelconque.

---

[56] Préambule de l'Acte de la Conférence d'Helsinki.

[57] *Ibid.*

[58] Voir l'article 53 de la Convention de Vienne sur le droit des traités, cité ci-dessus à la page 234.

PRICING AND SOCIALISM

Harriet MATEJKA

In 1927, Ludwig von Mises, who was shortly [1] to be appointed professor at the newly-created Graduate Institute of International Studies in Geneva, repeated his prediction that, because the socialist economy meant the exclusion of the market and market prices, it thereby meant the end of economic calculation, and so of rational economic activity. [2] In 1976, not quite fifty years later, riots broke out in socialist and centrally-planned Poland, as the authorities attempted to raise the administratively-set prices of certain consumption goods. [3] It was not the first time that rioting had broken out for this reason. [4] Nor was Poland the only socialist, centrally-planned economy in which attempts at price adjustment had led to violence. [5] It is thus tempting to relate the East European price riots to von Mises's thesis and to see in them a confirmation of his prediction. But they cannot be interpreted as such, for von Mises's prediction has proved to be false. The price riots, moreover, point to the

---

[1] In 1934.

[2] L. von Mises, *Liberalismus,* Jena, Gustav Fischer, 1927, pp. 62-67. He went even further and stated "dass in einer sozialistischen Gesellschaft in der Wirtschaft überhaupt nicht gerechnet werden kann, das macht jeden Sozialismus undurchführbar". *Op. cit.,* p. 62. His ideas on the socialist economy had, however, appeared earlier in "Die Wirtschaftsrechnung im sozialistichen Gemeinwesen", *Archiv für Sozialwissenschaft und Sozialpolitik,* vol. XLII, 1920-1921, pp. 86-121.

[3] The riots broke out in the industrial centres of Ursus and Radom, near Warsaw. The proposed price increases were, respectively, meat 60, butter 50, poultry 30, and sugar 100 per cent. They were withdrawn after the riots. But sugar, and also coal, were rationed from then on.

[4] In 1970, because of a proposed rise of 20 per cent in food prices, which was also withdrawn, rioting broke out in Poland's Baltic ports.

[5] The immediate cause of the uprising in East Berlin in June 1953 was an increase in work norms which were equivalent to a 10 per cent cut in nominal wages.

The cause of the uprising in Novocherkassk on the Don in June 1962 was a rise in the price of meat and butter and a cut of 30 per cent in the wages of the workers employed in the local locomotive factory. This is described in A. Solschenizyn, *Goulag Archipelago,* vol. III, Bern, Scherz, 1976, pp. 532-547.

need to pursue decentralization, that is the introduction of market relations, within the socialist economy.

I

Von Mises's thesis is one argument, which has had wide acceptance, in the discussion of the economic implications of socialism.[6] This developed in the second half of the nineteenth century, was pursued until World War II, and was resumed in the 1950's, first Yougoslavia, and then the other East European countries emerged from war and revolution and attempted to improve the efficiency of their resource allocation.

At the close of the nineteenth century, it was generally acknowledged that the substitution of public for the private ownership of resources would abolish the market, and hence exchange, which determined the prices, or values, of commodities in terms of each other. Thus, many socialists believed, the problem of value would vanish. Friedrich Engels reflected this view when he wrote in a much-quoted passage :

> « From the moment when society enters into possession of the means of production . . . [it] can simply calculate how many hours of labour are contained in a steam-engine, a bushel of wheat of the last harvest, or a hundred square yards of cloth of a certain quality. . . . Hence, . . . , society will not assign values to products. . . . The useful effects of the various articles of consumption compared with one another and with the quantities of labour required for their production will in the end determine the plan. People will be able to manage everything very simply, without the intervention of much-vaunted value. »[7]

Engels, it may be seen, and this was also true of others, was not challenging the need to measure the cost of production or, in his case,[8] to do so in terms of labour. But as measurement was to be achieved without exchange, it was not considered evaluation. The question of foreign trade, that is of the international exchange of goods and services, which would have reintroduced the question of "value", was neglected

[6] Defined throughout as state ownership of economic resources.

[7] F. Engels, *Anti-Dühring.* Herr Eugen Dühring's Revolution in Science, 2nd ed., translated from the third German edition of 1894. Moscow, Foreign Languages Publishing House, 1959, pp. 426-427. From the absence of exchange it followed that the socialist economy would dispense with money, the commodity into which all other commodities could be exchanged, and with money prices.

[8] For there were other suggestions, such as that production should be measured in units of energy.

because, for Marx and Engels at least, the socialist revolution was to be worldwide.

There were two reactions to this "liquidationist" position. The first was to assert, as occurred very soon, that the determination of value, in the general sense of "worth" and not in the particular sense of "worth through exchange" which the nineteenth-century socialists had attributed to it, would be as essential to a socialist, as it was to a capitalist, economy. For it was the consequence not of the ownership, but of the scarcity, of economic resources. Further, it was argued, except in the case in which the conditions were met under which the labour theory of value was true and in which there was no foreign trade, direct calculation in terms of labour cost would be no substitute for the determination of value in this general sense. [9] Finally, Enrico Barone showed, the values consistent with the optimal allocation of resources would be the same in a socialist as in a capitalist economy. [10]

The second reaction to the "liquidationist" position was that of von Mises. He also stated that the determination of value would be as essential to a socialist, as it would be to a capitalist economy, but went on to conclude, as may be seen below, that in a socialist economy it would be impossible owing to the absence of a market and market, or money, prices : [11]

> « The socialist social order in which the means of production are collective and in which, for this reason, there are neither market relations nor an exchange of productive goods and services, cannot either determine a money price for producers' goods or for labour. In such a society, the instrument for rational enterprise management, that is economic calculation, is lacking. For economic calculation cannot exist without a common denominator to which all the different kinds of goods and services can be referred. » [12]

---

[9] N. G. Pierson, "Het waardeproblem in een socialistische Maatschappij", *De Economist,* vol. 41, 1902, pp. 423-456, reprinted as "The Problem of Value in the Socialist Community", *Collectivist Economic Planning,* F. A. von Hayek (ed.), London, Routledge, 1935, pp. 44, 75-77.

[10] E. Barone, "Il ministerio della produzione nello stato colletivista", *Giornale degli economisti,* 1908, pp. 267-293 and 391-414, reprinted as "The Ministry of Production in a Collectivist State", *Collectivist Economic Planning, op. cit.,* pp. 245-290.

[11] Markets may be barter markets, and market prices, barter prices. But for von Mises, market and money prices were synonymous.

[12] "Die sozialistische Gesellschaftsordnung, bei der alle Produktionsmittel in dem Eigentum der Gesamtheit stehen, die demgemäss keinen Marktverkehr und keinen Austausch von Produktivgütern und -diensten kennt, kann auch keinen Geldpreis für Güter höherer Ordnung und für die Arbeitsleistung kennen. In ihr müsste daher das Mittel der rationellen Betriebsführung, die Wirtschaftsrechnung, fehlen. Denn die Wirtschaftsrechnung kann ohne einen gemeinsamen Nenner, auf den alle verschiedenartigen Güter und Dienstleistungen zurückgeführt werden, nicht bestehen." L: von Mises, *op. cit.,* p. 63.

For von Mises, in sum, socialism meant the elimination of the market. The elimination of the market, in turn, meant the inability to determine prices and to undertake economic calculation. Socialism, therefore, meant economic miscalculation and the misallocation of resources.

II

Fifty years on, von Mises's first proposition, that is the identification of socialism with the elimination of the market, has been shown to be false. The most famous theoretical demonstration, written in answer to his assertion, is Oskar Lange's. [13] He imagines a socialist economy in which the choice of consumption and occupation remain free and in which consumer preferences determine the production pattern. The state-owned enterprises are required to take prices as given and to operate according to two rules. The first is to minimize average cost, the second to equate marginal cost to price. Prices in the markets for consumption goods and for labour are free market prices and those in the rest of the economy are adjusted and set by a Central Planning Board in response to the conditions of supply and demand : given excess supply, the Board lowers prices, given excess demand, it raises them. In addition to setting and adjusting prices in the socialized sector, the Board determines the rate of investment and then sets the rate of interest so as to equate the socialist enterprises' demand for, to the supply of, capital. It also determines the distribution of income by granting a social dividend to reduce the inequalities resulting from market-determined remuneration.

Lange's therefore is a socialist market system with two limitations. These are the Central Planning Board's determination of investment, and its control of distribution. The Board's adjustment of prices in the socialized sector is incidental. For in this area it acts simply as the market's agent. The rules to which the socialist enterprises are subject only ensure that the system functions like a perfectly competitive market.

Another classic which includes market socialism as a possible alternative is Abba Lerner's. [14] He imagines a competitive market system and requires enterprises to equate marginal cost to price. [15] As a result, his

[13] O. Lange, "On the Economic Theory of Socialism", *Review of Economic Studies,* October 1936, pp. 60-66. Reprinted in B. E. Lippincott (ed.), *On the Economic Theory of Socialism,* Minneapolis, University of Minnesota Press, 1938, pp. 72-86.

[14] A. P. Lerner, *The Economics of Control,* New York, Macmillan, 1944. A third treatise devoted to the socialist economy is H. D. Dickinson, *Economics of Socialism,* Oxford, Oxford University Press, 1939.

[15] A requirement which has since become known as Lerner's Rule and is necessary, but not sufficient, for the optimal allocation of resources.

own and Lange's proposals are often loosely referred to as the Lange-Lerner model although, in fact, they are quite distinct. For while Lange is concerned with the demonstration of a socialist market system, Lerner considers the achievement, through central control, of full employment and optimal resource allocation and income distribution. His interest in ownership is secondary, and he assumes that the state resorts to private or collective ownership according to what best suits the public interest.

The demonstration that socialism does not imply the abolition of the market has not only been theoretical, however. In the period since 1950, two market systems have emerged in European socialist states : the first in Yugoslavia, and the second in Hungary.

In Yugoslavia, all but the smallest enterprises are state-owned. The choice of consumption and occupation is free and consumers' are associated with planners' preferences in determining the allocation of resources. The socialist enterprises, which are managed by their workers organized in workers' councils, attempt to maximize "net income". [16] It is intended that prices should be market prices and there is no equivalent to Lange's Board to adjust and set the prices of transactions between enterprises. But, as in all market economies although more than in some, the operation of the market is limited. The central authority intervenes in the price-setting process by taxation and, where necessary, price controls. It influences the rate and pattern of investment. It also takes part in determining the distribution of income which depends on the market, central decisions with respect to social transfers, and the decisions of the workers' councils concerning the division of part of net income between the workers of each enterprise. Finally, it regulates foreign trade and payments.

In Hungary, state ownership is the rule. The choice of consumption and occupation is free and consumers' and planners' preferences determine the allocation of resources. The socialist enterprises which, in contrast to their Yugoslav counterparts, are managed by state-appointed managers, seek to maximize profits. Prices, except for the prices of essentials which are set by the central authority, are either free to vary between limits or are completely free. They can thus be described as market prices subject to central intervention and control. The operation of the market is further limited by the centre's determination of some three-quarters of investment, much of it financed outside the market by budgetary allocation. The centre, which determines wage norms as well as social transfers, also has an important influence on the distribution of income. Moreover, it controls foreign trade and payments. As

[16] That is the difference between total receipts and total costs excluding labour costs.

may be seen, the Hungarian market system is more restricted than Yugoslavia's. But it is also newer, having been introduced in 1968.

These two cases of socialist market, or incipient market, systems and the preceding theoretical analyses have shown that socialism does not exclude the market but is compatible with it. The identification of a form of ownership with a system of resource allocation [17] which led von Mises, like most of his contemporaries, to believe that a change of ownership meant a change in the system of allocation, has been proved false. It is now acknowledged that there is no necessary connection between socialism and central planning or between capitalism and the market. Moreover, the history of both capitalist and socialist states suggests that the association of either with central planning or the market depends rather on political, economic, and social circumstance than on the characteristics of a given form of ownership. [18]

III

To refute von Mises's first proposition means rejecting his thesis as a whole. For if socialism does not mean the abolition of the market, if the public ownership of resources is compatible with a market system, then exchange can determine prices, economic calculation can take place, and economic activity can be conducted efficiently under socialism, as under capitalism. Nevertheless, it is worth briefly considering von Mises's second proposition that, without a market, economic calculation and rational resource allocation are impossible, to see how it has fared since he advanced it fifty years ago.

Before he wrote, the opposite notion, that computation can replace the market and the efficient allocation of resources be achieved by computation instead of the market, had already been put forward. It was briefly considered by Vilfredo Pareto at the end of the nineteenth century and, a little later, was taken up by Barone, who acknowledged his debt to Pareto. [19] But both rejected it. Pareto's grounds were the impossibility

[17] The distinction between ownership models and allocation models has been made most clearly and completely by P. J. D. Wiles, *The Political Economy of Communism,* Oxford, Blackwell, 1963, chap. 1 and 4.

[18] Thus twentieth-century capitalist states have adopted central planning in preparation for and during war, and have been drawn towards it in times of crisis as, in 1976, Britain's temptation to turn itself into a 'siege economy' bears witness. And the socialist states of Eastern Europe have decentralized as war, revolution, and the Western embargo have receded into the distance.

[19] E. Barone, *op. cit.,* pp. 287-290.

of collecting the information required for computation and, above all, of solving the necessary number of equations.[20] Barone's reason was not that computation would be impossible, although it would be tedious, but that the linear equations resorted to would not permit the variations of factor combinations required to minimize cost and so to achieve the optimal allocation of resources.[21]

After von Mises had published his theories, the practical need to compute the allocation of resources, instead of relying on the market, arose in the Soviet Union. Having introduced central planning,[22] the planners found themselves faced with problems such as "the least wasteful allocation of work to machines . . . and the distribution of loads over several different means of transport ».[23] The mathematical expression given to these questions by L. V. Kantorovich[24] in 1938-1939 is recognized to have been the first formulation of a problem of linear programming, the techniques of which were then progressively developed. In 1947, George Dantzig,[25] with whose name linear programming is especially associated in the West, announced the frequently used simplex method of solution.

Linear programming seemed to meet the planners' needs in two ways. First, given technology, it allowed the calculation of the optimal output of a range of products subject to limitations on the supply of inputs. And output having been determined, the allocation of the scarce inputs between processes followed. In other words, under certain conditions, linear programming provided an answer to the central economic problem of allocating resources optimally between a variety of outputs, given tastes, technology, and factor endowments. Second, programming

[20] "Cela dépasse pratiquement la puissance de l'analyse algébrique, et cela la dépasserait encore davantage si l'on prenait en considération le nombre fabuleux d'équations que donnerait une population de 40 millions d'individus, et quelques milliers de marchandises. Dans ce cas, les rôles seraient changés : et ce ne seraient plus les mathématiques qui viendraient en aide à l'économie politique, mais l'économie politique qui viendrait en aide aux mathématiques. En d'autres termes, si on pouvait vraiment connaître toutes ces équations, le seul moyen accessible aux forces humaines pour les résoudre, ce serait d'observer la solution pratique que donne le marché." V. Pareto, *Manuel d'économie politique,* Paris, V. Girard & E. Brière, 1909, pp. 233-234.

[21] Barone also seems to have been conscious of the administrative cost of centralization although he does not use this argument specifically against computation. E. Barone, *op. cit.,* p. 290.

[22] The first five-year plan covered the period 1928-1932.

[23] L. V. Kantorovich, *The Best Use of Economic Resources,* London, Pergamon Press, 1965, p. xvii.

[24] *Mathematical Methods of Organizing and Planning,* Leningrad, Leningrad University, 1939.

[25] G. B. Dantzig, "Maximization of a Linear Function of Variables Subject to Linear Inequalities", in T. C. Koopmans (ed.), *Activity Analysis of Production and Allocation,* New York, Wiley, 1951, pp. 339-347.

assigned prices to scarce resources.[26] Thus with linear programming techniques and computers, planners seemed equipped to compute optimal outputs, and then to issue directives to ensure the appropriate rates of production and allocation of resources, or to compute prices, publish them, and then require enterprises to respond to them in accordance with certain rules of behaviour designed to ensure optimal resource allocation.[27] In short, programming promised to enable planners to compute the optimal plan and then to realize it either directly by issuing instructions, or indirectly by publishing prices.

Or it did so in principle. For, in practice, a number of obstacles have meant that linear programming cannot be applied to, and so the optimal allocation of resources computed for, an entire economy. The first obstacle is the impossibility of collecting all the necessary information, the second the unavailability of the computer capacity needed to process the information if it could be collected, and to calculate the optimal solution. The third consists of the complications introduced by non-linear processes of production resulting, for instance, from the presence of externalities. In short, the application of linear programming to the calculation of the optimal allocation of resources for an entire economy has foundered on the difficulties which Pareto and Barone had already drawn attention to at the turn of the century.[28]

But this does not mean that programming has been relegated to the sphere of obsolete theory. It is used for operations analysis within the

---

[26] Hence, it again demonstrated that the optimal allocation of resources involved the valuation of scarce resources and implied that, for a given problem, the solution would be the same whether economic resources were privately owned, as under capitalism, or publicly owned, as under socialism.

[27] In other words, planners in this case have something like the functions of Lange's Central Planning Board in the sphere of prices. But there is a signal difference. The planners compute the optimal solution and then publish the corresponding prices. Lange's Board, by contrast, adjusts and readjusts market prices, until it finds the optimum.

[28] Compare the following passage on the computation of the foreign trade plan to Pareto's assessment of the possibility of calculation: "In principle the task of finding the optimal solution of that linear problem could be fulfilled at the Ministerial level by direct calculation. This, however, is not possible since the system has too many decision variables. As a realistically formulated overall optimization problem would involve approximatively 100,000 commodities to be allocated to approximately 3-100 currency areas, it may give rise to a linear program with several millions of possible variables subjected to hundreds of thousands of constraints. Such a problem is outside the possibilities of solution of any existing linear programming computing code, the solution time for which increases approximately by the cube of the number of linear constraints. For these reasons, we confined research to the derivation of general rules of optimization that would enable individual foreign trade enterprises to take up their decisions at executive levels in a way consistent with overall effectiveness." W. Trzeciakowski, *Systems of Indirect Management in a Planned Economy;* Effectiveness Models and their Applications in Poland. Lodz, Uniwersytet Lodzki, 1973, p. 43.

enterprise, the firm or, in Eastern Europe, the association of enterprises. It is applied, using the aggregation principle, [29] at the level of the economic sector in the developing countries to try and correct the misallocation due to distorted prices. It is applied, using the principle of decomposition, [30] to the analysis of the foreign trade sector in Poland and to the elaboration of rules of behaviour for decentralized decision-making by foreign trade enterprises. Finally, in Eastern Europe especially it is used at the initial stages of the planning process to analyse the broad implications of alternative overall plans and, at later stages, the consistency of the overall plan. In other words, linear programming serves as an instrument of economic calculation.

Nevertheless, it has not been, and cannot be, as comprehensive as was originally envisaged by Kantorovich, for instance. This being so, where computation is impossible, either economic calculation must be foregone, or reliance placed on the only other means of assigning values to resources, [31] that is the market. Thus, although von Mises's thesis as a whole is not tenable, his second proposition that economic calculation and rational resource allocation are impossible without a market, remains true. It would, indeed, be conceded in practice by most socialist planners today. But where they and von Mises would part company would be on the extent to which the market should be relied on. Von Mises would give it the dominant role. The planners, on the contrary, would subordinate the market to the planned and computed development of the economy.

The past fifty years may therefore be considered as having shown not only that the market is compatible with socialism but also, despite the intervening progress in mathematical computation, that market relations are necessary for the efficient allocation of resources in a socialist economy. What, in turn, the East European price disturbances seem to show is the need to increase the part played by market relations within the framework of the plan in the East European socialist economies.

---

[29] That is aggregation of commodities and activities.

[30] The decomposition theorem, which seems to have been proved independently and virtually simultaneously by Dantzig and Wolfe in the United States, Kantorovich in the Soviet Union, and Mycielski, Rey, and Trzeciakowski in Poland, shows that, under certain conditions, the optimal solution for a partial system is the optimal solution for the system as a whole. It can therefore be used to determine the optimum for the foreign trade sector compatible with the optimum for the economy as a whole, even though this cannot be computed separately, and to formulate rules for the decentralization of the foreign trade sector which are consistent with the optimal solution for the economy as a whole.

[31] Input-output analysis, for instance, can be used to examine and predict the structure of production, but not to choose the optimal structure or to assign values to scarce resources.

IV

In Eastern Europe at the end of the 1940's and during the early 1950's, the market system was eliminated and the planners attempted to determine the allocation of resources for the entire economy. They decided and issued instructions concerning product assortment, rates of output, technology and factor combinations. As money and money prices were retained as well as directives for control purposes in the production sector, the planners also set wholesale prices. In addition, they set prices for consumer goods and they fixed wages. But, as has just been shown, they had no means of calculating the optimal allocation of resources before issuing their instructions and setting their prices. Nor were they even in a position to ensure the consistency of their decisions. [32] As a result, there was a gross misallocation of resources that is well-known and has been abundantly documented by the Eastern Europeans themselves. [33]

Since the middle of the 1950's, however, a very gradual, sometimes interrupted, process of decentralization has been in train in Eastern Europe. In the smaller countries, in particular, it has meant the progressive devolution of decision-making to peripheral units on the basis of prices which are being related to world prices. Centralization remains excessive, nevertheless, in the sense that central decisions continue to be taken which cannot be founded on scarcity considerations [34] and are not justified on other grounds such as security, health, or income distribution. As a result, the misallocation associated with such decisions persists. This being so, the social product and standards of living are lower, the reduction in real income resulting from price rises is proportionately higher, and the reactions to such rises are more violent, than if the misallocation associated with excessive centralization were eliminated. One general economic lesson to be drawn from the East European price riots, therefore, is the need to raise real income by eliminating such misallocation, [35] and hence to pursue the process of gradual decentralization within a planned framework which has already begun.

---

[32] Their chief planning instrument, the material balance, was a very incomplete input-output relation for a product or group of products and was established only for priority sectors.

[33] See, for instance, the many examples of misallocation in L. V. Kantorovich, *The Best Use of Economic Resources, op. cit.*

[34] Either present or future.

[35] Another would be to accelerate the growth of the social product, yet another to change the structure of production in favour of consumer goods, as the Polish authorities have decided to do.

But there may also be a more specific lesson to be learnt. As already indicated, and despite some decentralization, the East European authorities still generally set the prices of consumer goods.[36] This being so, they are held responsible for changes in these prices : if they lower them, consumers feel grateful towards the authorities ; if they raise them, consumers feel and—as the Polish riots illustrate—may express, resentment towards the authorities. If it is a market which sets prices, by contrast, market prices fall and rise, but there is no body of people which consumers can call to account for the changes : it is "market forces" which cause bliss or consternation.[37] Prices, however, must change and rise, whatever the regime, and may do so for reasons which are beyond the control of a central authority. There is thus a case for the centre's relinquishing the pricing of consumer goods to the market, and thereby avoiding the opprobrium and the violence administrative price rises may cause, unless market disequilibria are such and price fluctuations so great as to threaten the economic existence of the State. A specific economic lesson to be drawn from the East European price disturbances would thus seem to be that the authorities, in pursuing their general policy of decentralization within a planned framework, should gradually relinquish the pricing of consumer goods, within limits where necessary, and allow the market pricing of consumption products.

[36] The exception, as already noted, is Hungary where the prices of consumer goods are substantially market-determined.

[37] Assuming the market is fairly competitive : if it includes a monopolist or a monopsonist, or some other price-making group, then disturbances may be directed against the price-maker.

TRADITIONS ASIATIQUES ET DÉVELOPPEMENT ÉCONOMIQUE

Gilbert ETIENNE

Existe-t-il une opposition radicale entre traditions et développement, entre les valeurs d'une civilisation non occidentale et des notions telles que le profit matériel ? La religion, certaines institutions comme les castes hindoues bloquent-elles le chemin qui mène à la modernisation de l'économie ? Malgré les abondants travaux dont nous disposons aujourd'hui sur les sociétés asiatiques, le débat ouvert à la fin du XVIIIe siècle reste loin d'être clos.

Après des rappels historiques, forcément très succincts dans le cadre d'un tel article, nous prendrons deux champs d'activité fondamentaux : l'évolution récente de l'agriculture et de l'industrie dans quelques pays asiatiques de tradition hindoue ou musulmane.

I. *DES PRÉJUGÉS ANCIENS AUX PRÉJUGÉS MODERNES*

Le décalage entre l'Orient et l'Occident devient évident au XVIIIe siècle. Face au dynamisme de l'Europe, les grands empires asiatiques entrent en perte de vitesse : l'Inde et l'Iran dès le début du siècle, la Chine à la fin du XVIIIe. Peu à peu apparaissent préjugés et complexes de supériorité chez les Occidentaux ... faits trop connus pour que l'on s'y arrête. En revanche, la longévité de ces opinions laisse perplexe.

De nombreux missionnaires, sans parler des laïques, donnent le ton aux Indes. Charles Grant évoque en 1792 « les peuples de l'Hindoustan, race d'hommes lamentablement dégénérés ». Un peu plus tard (1820), William Ward accuse « l'abominable système des castes » d'avoir « paralysé l'ensemble de la nation » [1].

---

[1] Voir M. Singer and B. S. Cohn (eds.) *Structure and Change,* Chicago, Aldine, 1968, pp. 8-9.

Echos en gros similaires chez Karl Marx qui, tout en dénonçant les abus du système colonial britannique, constate qu'en Inde, « les conditions sociales sont restées invariables depuis les temps les plus reculés . . . ». Il parle ensuite de « la vie sans dignité, stagnante, végétative » des Hindous, des « castes indiennes, ces obstacles décisifs au progrès » [2].

Max Weber est certes beaucoup plus nuancé. Il traite de l'Asie à une époque où la documentation disponible devient plus abondante. Il consacre à ces questions plus de temps et d'attention que Marx. Il n'empêche que, dans plusieurs de ses ouvrages, il insiste sur les obstacles d'ordre religieux au développement et à la modernisation des pays asiatiques. « L'Islam avec son éthique profondément traditionaliste dirigeait la vie des hommes sur des chemins qui sont en complète opposition avec l'emprise méthodique sur la vie que l'on rencontre chez les Puritains. » [3] L'hindouisme provoque des blocages non moins sérieux. « Au lieu de susciter un mouvement vers l'accumulation rationnelle de la propriété et l'évaluation du capital, il a créé une accumulation irrationnelle de chances pour les magiciens... de prébendes pour les mystagogues. » Plus loin, Max Weber souligne l'« opposition précise » de l'hindouisme à la constitution d'une intelligentsia moderne. Ou encore, il évoque « la peur des innovations magiques et diaboliques » qui empêche les paysans « de fertiliser leurs champs parce que c'est contraire à la coutume » [4].

Auteurs et citations se recoupent autour des notions de sociétés figées, d'opposition radicale entre valeurs traditionnelles et modernisation. Où en sommes-nous aujourd'hui ?

A côté d'analyses pertinentes, entre autres sur la planification, Gunnar Myrdal s'en prend, dans son *Asian Drama...,* aux attitudes et aux institutions traditionnelles, à « l'inertie liée à la religion ». Cette dernière fait partie de « l'ensemble des croyances et des valeurs populaires... Des réformes sont nécessaires pour briser les obstacles au développement ». Ailleurs, l'économiste suédois déplore « le haut degré de rigidité sociale dans les villages indiens face aux stimulants extérieurs ». Ces éléments se combinent à d'autres pour aboutir à « l'inefficacité et à une paresse considérable, à des travaux agricoles menés de manière relâchée » [5].

---

[2] Extraits de deux articles de K. Marx (10 juin et 28 juillet 1853, *New York, Daily Tribune)* cités in H. Carrère d'Encausse et S. Schram, *Le Marxisme et l'Asie 1853-1964,* Paris, A. Colin, 1965, pp. 141-145. Voir aussi l'ethnocentrisme de Marx, M. Molnar, *Marx, Engels et la politique internationale,* Paris, Gallimard, 1975, (collection « Idées »).

[3] M. Weber, *The Sociology of Religion,* Boston, Beacon Press, 1963, p. 265.

[4] M. Weber, *The Religion of India,* New York, Free Press, 1958, pp. 328 et 122.

[5] G. Myrdal, *Asian Drama,* an Enquiry into the Poverty of Nations, New York, Pantheon, 1968, pp. 103-106, 465, 1081.

Bien des exemples analogues pourraient être cités sous la plume d'universitaires [6], d'experts, de journalistes, voire de missionnaires. L'un de ces derniers, R. Dumartheray, qui a passé plusieurs années en Inde, écrit : « Ce sont des raisons socio-culturelles et religieuses qui favorisent ou freinent le développement... Les hautes religions telles que l'hindouisme, par exemple, font obstacle au développement (castes, conscience de l'existence des règles du karma qui tue dans l'œuf toute initiative)... ». L'auteur en tire argument pour justifier la contribution des Eglises chrétiennes au développement du tiers monde [7].

Ce type d'opinion déteint sur les élites asiatiques, en particulier à propos du monde rural dont les capacités d'innovation sont sous-estimées. Ainsi, les auteurs du IIIe plan quinquennal du Maharashtra (1961-1966) remarquent : « L'éducation générale est la clé du progrès. ... Elle est spécialement nécessaire dans les campagnes où rampent l'ignorance et l'analphabétisme. » [8] *The Kabul Times* du 29 août 1970 écrit : « Ce dont nos paysans ont besoin c'est d'un complet lavage de cerveau ... car avec leurs moyens primitifs, ces hommes traditionalistes ne font que répéter ce qu'ont fait leurs pères et leurs grands-pères. »

II. *LES RÉALITÉS ANCIENNES*

Le caractère figé attribué aux sociétés asiatiques ne résiste pas à l'examen attentif de leur histoire et cela depuis les temps les plus anciens, pas plus que l'incompatibilité entre progrès économique et valeurs spirituelles. Il suffit pour s'en convaincre de voir l'importance accordée, dans les traditions hindoues, à la gestion de l'Etat, à l'administration, à la bonne marche de l'économie. Exemple typique : l'*Artha Shastra*, de Kautilya, sorte de traité de science politique qui remonte aux derniers siècles avant J.-C. ou aux premiers siècles de notre ère. Il donne le reflet d'un Etat bien organisé, d'une économie active couvrant des sujets aussi variés que la recherche agronomique, les systèmes d'irrigation, les voies de communications et le commerce, de même que l'industrie. Des principes analogues se retrouvent dans les grands empires musulmans, qu'il s'agisse de l'Iran ou des Grands Moghols en Inde.

---

[6] Par exemple, K. W. Kapp, *Hindu Culture, Economic Development and Economic Planning in India,* Bombay, Asia Publishing House, 1963, ou D. C. Mc Clelland, *The Achieving Society,* Princeton, NJ, van Nostrand, 1961.

[7] R. Dumartheray, « Evangélisation et développement », *Bulletin de la vente des missions,* Chêne-Bougeries (Genève), 1970.

[8] Third Five-Year Plan, Bombay, Maharashtra State, 1961, p. 87.

Classes et castes ne restent pas non plus immobiles au gré des siècles, des phases d'expansion économique ou de régression, pas plus que les régions. Grandeur et destruction des systèmes hydrauliques en Afghanistan. Désordres et affaiblissement du monde gangétique entre le VIIIe et le XVIe siècle, considérable mouvement économique et essor des grandes métropoles urbaines de la fin du XVIe siècle au début du XVIIIe.

Les techniques agricoles et industrielles finissent certes par atteindre un plafond, mais, ici aussi, il est excessif de parler d'immobilisme. On peut en dire autant de l'introduction de nouvelles plantes : arachide, maïs, patates, tabac se propagent en Asie entre le XVIe et le XVIIIe siècle, terminant dans les plateaux iraniens, les plaines de l'Inde et de la Chine, le périple commencé à partir des Amériques.

En bref, comme l'écrit l'ethnologue indien M. N. Srinivas : « Il est faux d'assimiler au facteur traditionnel les notions de stagnation, d'absence de changement, comme on le fait d'habitude. » [9] Pour la période coloniale, plusieurs travaux récents d'historiens indiens et étrangers démontrent que les valeurs spirituelles ne sont pas responsables du faible développement survenu. A. K. Bagchi qualifie ce genre d'explications de « mythologiques » [10]. D'une part, divers groupes de la société indienne ont fort bien pu s'intégrer dans les courants de développement agricole et industriel. D'autre part, les obstacles relèvent très souvent de facteurs politiques et socio-économiques qui n'ont guère de rapport avec les pratiques religieuses et les valeurs spirituelles.

III. *LES RÉALITÉS CONTEMPORAINES - LE MONDE RURAL*

Commençons par l'Afghanistan, pays encore peu modernisé et profondément musulman. Comme dans plusieurs autres régions d'Asie, le monde paysan n'est pas homogène : l'intensité des techniques, les soins donnés à la terre varient sans que le critère religieux nous aide beaucoup à expliquer ces différences.

Le bagage technique n'a guère changé depuis plusieurs siècles. Il constitue un tout rationnel qui n'a rien de primitif et donne des rendements fort respectables pour une agriculture traditionnelle. Quant à l'éventail des cultures, il s'élargit depuis deux ou trois cents ans. Nous

---

[9] Foreword, p. IX, in M. Singer, *When a Great Tradition Modernizes,* an Anthropological Approach to Indian Civilization, New York, Praeger, 1972.

[10] A. K. Bagchi, « European and Indian Entrepreneurship in India, 1900-1930 », in E. Leach and S. N. Mukherjee (eds.), *Elites in South Asia,* Cambridge, University Press, 1970, p. 223.

ignorons quand le maïs fait son apparition. En revanche, la pomme de terre est introduite à Caboul par un certain capitaine Wade (1836) qui vient du Panjab [11]. Plus tard elle se propage en plein cœur de l'Hindukush, aux pieds des fameux Bouddhas de Bamyan. Elle joue maintenant un rôle important et alimente essentiellement les marchés urbains.

Autre exemple, le coton, plante cultivée depuis probablement quelques millénaires. La production passe de 10 000 tonnes (coton-graine) en 1934 à 108 000 tonnes en 1963-1964, progression qui n'est pas due seulement à l'esprit d'entreprise des paysans, mais aussi aux directives du gouvernement. Le paysan a beau être illettré, il sait compter. Par la suite, les prix trop faibles du coton par rapport à ceux du blé l'incitent à ralentir la culture du premier au profit du second.

Vers la fin des années soixante apparaissent les nouvelles semences de blé à haut rendement et les engrais chimiques. En dépit de très faibles services de vulgarisation agricole, nombre de Musulmans illettrés, ne possédant que quelques hectares, se lancent dans ces innovations. Si le succès n'est pas aussi spectaculaire que prévu, il ne faut pas incriminer les paysans, mais les insuffisances des services administratifs, qu'il s'agisse de la qualité des semences, de leur multiplication, des livraisons d'engrais à temps et en quantités adéquates, des faiblesses des systèmes hydrauliques...

Souvent le paysan ne se borne pas à améliorer son agriculture, il sait aussi jouer, quand il le peut, sur d'autres tableaux. Ainsi, les habitants des vallées autour de Caboul sont toujours plus à l'étroit sur leurs terres, du fait de la pression démographique. On y trouve de nombreux exemples de débrouillardise, de sens de l'économie, de recours à des activités diverses : petit commerce, taxi en ville, location d'un séraï (sorte d'auberge) à Caboul qui, s'ajoutant à la culture d'un ou deux hectares irrigués, permettent à bien des familles de nouer les deux bouts.

« Fatalisme » des Musulmans et autres clichés, nous les cherchons en vain au nord, dans l'ancienne Bastriane des Grecs, dans le bassin de la Caboul ; à Bamyan ; dans l'oasis de Hérat au passé prestigieux que nous rappellent les minarets roses au milieu des pins et les mosaïques polychromes des mosquées [12].

Autre exemple du monde islamique, les plaines de Jordanie, beaucoup plus ouvertes aux courants modernistes que l'Afghanistan.

Prenant plusieurs critères, C. R. Sutcliffe interviewe 278 paysans qu'il classe en différentes catégories, selon le degré de leur fidélité à l'Islam.

---

[11] G. T. Vigne, *A Personal Narrative of a Visit to Ghazni, Kabul and Afghanistan,* Londres, Routledge, Ryder's Court, 1843.

[12] Pour plus de détails, voir notre ouvrage *L'Afghanistan ou les aléas de la coopération,* Paris, Presses Universitaires de France, 1972, (collection IEDES).

Il analyse ensuite leurs exploitations agricoles et les rendements des cultures, la réponse aux innovations techniques. Il en ressort que « la ferveur religieuse n'a pas d'effet statistique évident sur l'adoption des techniques modernes et sur la productivité ». L'auteur en conclut : « Ces conclusions négatives (sur l'influence de la religion) ne devraient pas être surprenantes, mais elles auraient pu être prévisibles si ce que nous « savons » de l'Islam et des Musulmans — ou de toute autre culture — s'appuyait moins sur des stéréotypes et plus sur les sciences sociales. » [13]

Ces exemples, qui vont à l'encontre des thèses d'un Max Weber ou, plus récemment, d'un Gunnar Myrdal, ne doivent pas nous conduire d'un extrême à l'autre. Complexes mais aussi révélatrices sont les situations des districts occidentaux et orientaux de l'Uttar Pradesh (bassin du Gange).

Entre le Gange et la Jamna, les districts de l'ouest connaissent un fort mouvement économique qui, par étapes, va en crescendo depuis la fin du XIXe siècle : progression de l'irrigation par canaux et par puits, essor de la canne à sucre puis, après l'indépendance de l'Inde en 1947 et surtout à partir de 1965, innovations techniques adoptées sur une grande échelle : électrification et puits à pompe, nouveaux blés à haut rendement, engrais chimiques... Progrès plus limités mais substantiels dans l'infrastructure routière. Les services agricoles jouent un rôle, malgré des défaillances nombreuses et répétées, mais ce qui frappe avant tout, c'est le dynamisme des paysans, rares notables possédant 10 à 15 hectares et nombreux propriétaires de quelques hectares irrigués. Comme le Panjab et l'Haryana plus à l'ouest, cette région comporte des castes agricoles connues de longue date pour leur ténacité, leur intelligence pratique, notamment les Jats. La plupart d'entre eux sont illettrés ou n'ont qu'un mince vernis scolaire. Ils ont su adopter les innovations vraiment essentielles : pompe électrique, semences à haut rendement, engrais chimiques, parfois batteuses et moulins à moteur. Dans l'ouest Uttar Pradesh, les tracteurs sont rares, l'outillage ancien demeure en usage : araire en bois renforcé d'une tige métallique, semoir local, planche traînante... ce qui est rationnel et n'empêche pas nos paysans de dépasser avec 2500 kg/ha. de blé (ou parfois plus) les rendements moyens des Etats-Unis.

Ainsi, dans le village de Khandoï (district de Bulandshahr), il a fallu vivre depuis un siècle sur la même surface cultivée. La population a beau tripler, l'agriculture avance plus vite, l'économie se diversifie. Et, chaque automne, se répète le pèlerinage au Gange, à la fois dévotion et fête. Une note nouvelle en 1975 : dans les files de chars à bœufs pétaradent quelques tracteurs, remorque chargée de femmes chantant à la déesse Ganga

[13] C. R. Sutcliffe, « Is Islam an Obstacle to Development ? Ideal Patterns of Belief versus Actual Patterns of Behaviour. » *Journal of Developing Areas,* N° 10, oct. 1975.

(le Gange). De même, lorsqu'un paysan plante des manguiers, source d'argent, il continue à répéter les rites et offrandes à la déesse-mère.

Le cas du district de Bénarès (Varanasi), à l'extrémité orientale de l'Uttar Pradesh, se révèle beaucoup plus délicat. Retard économique, outillage traditionnel moins avancé, soins peu assidus donnés à la terre, d'où, avant les innovations des années 1965-1970, des rendements médiocres par rapport à l'ouest : 700-900 kg/ha. de blé contre 1200-1300 ; sucre brut environ 3 t/ha. contre 5... Pour le paddy (absent dans l'ouest) faible niveau de 1300-1500 kg/ha. En 1964, lors de notre première enquête, la société et son économie paraissaient quasi bloquées, ce qui se traduisait par une pauvreté amère entre toutes. Comment expliquer de telles différences ?

Solides et goguenards, nos amis jats de Bulandshahr répondent : « Purbi log dhile hein » (les gens de l'est sont ramollis), remarque sommaire, mais point dépourvue de tout fondement. Deux types de facteurs interviennent : l'ouest de l'Uttar Pradesh se met en marche à la fin du XIXe siècle, sous l'impulsion des canaux d'irrigation construits par les Britanniques. Dans l'est, rien de semblable. La pluviosité rend l'irrigation moins indispensable à cette époque, où la population n'est pas encore trop lourde, mais peu à peu celle-ci se multiplie dangereusement. Les hommes réagissent avec du retard. Comme il ne reste plus guère de terre à gagner, il faut augmenter les rendements. Or, c'est ici qu'intervient le profil des castes. Dans l'ouest, les principales castes sont agricoles par vocation et par tradition, dans l'est une grande partie des terres appartiennent à des castes non agricoles. Leurs membres, même petits propriétaires, travaillent peu de leurs mains, observent le tabou qui les empêche de toucher la charrue [14]. Partiellement au moins, ces hommes correspondent aux descriptions de Gunnar Myrdal, même si les coutumes et habitudes sociales jouent un plus grand rôle que les croyances religieuses. Dans ce dernier domaine, les deux régions ne présentent pas de différences sensibles.

De nombreux exemples pourraient être donnés, en Inde et dans d'autres pays du tiers monde, sur ces différences de comportement qui s'insèrent dans un ensemble de facteurs historiques, géographiques, économiques et sociaux, mais, même dans les régions « molles », les freins au développement peuvent se desserrer. En 1975, nous revisitons la région de Bénarès. Plusieurs paysans aisés et moyens ont remplacé la traction bovine sur leurs puits par une pompe. Les nouveaux blés se propagent, l'outillage s'améliore (charrue métallique légère faite par les forgerons du

[14] Voir notre ouvrage, *L'agriculture indienne ou l'art du possible.* Paris, Presses Universitaires de France, 1966 (collection IEDES).

village), la consommation des engrais chimiques s'accroît. Le mouvement est frappant, même s'il n'a pas encore l'ampleur de celui de l'ouest Uttar Pradesh. Enfin, dans toute la région, les membres des hautes castes ont renoncé au tabou de la charrue, ils se mettent à labourer de leurs mains.

IV. *LA GRANDE INDUSTRIE*

Que n'a-t-on dit et écrit sur l'esprit d'entreprise, apanage des sociétés industrielles d'Occident. Son absence expliquerait, entre autres, le sous-développement du tiers monde d'aujourd'hui. Max Weber a certes reconnu des courants capitalistes dans les sociétés asiatiques, mais ce qui distinguerait le capitalisme occidental, et plus spécifiquement l'action des Puritains, ce serait sa rationalité.

Déjà au sujet de l'éthique protestante, la thèse de Max Weber appelle de sérieuses réserves [15]. Quant à l'opposition plus générale entre rationalité occidentale et irrationalité asiatique, elle pèche par excès dans les deux sens. Comme le rappelle Pierre Gourou, non sans humour : « Paris compte 5000 astrologues, chiromanciens et autres devins, et fait la part si belle à la rêverie horoscopique et aux radiesthésistes. » [16]

Depuis plus d'un siècle, le développement du grand commerce et de l'industrie en Asie déjoue, comme dans le monde rural, les schémas trop étroits.

Au moment où le Pakistan se détache de l'Empire des Indes (1947), il ne comporte qu'un nombre infime d'entreprises industrielles. De plus, l'écrasante majorité du grand commerce et des banques se trouvent décapités par le départ en Inde de leurs propriétaires et cadres hindous. Ceux-ci sont incomplètement remplacés par des marchands et banquiers musulmans qui abandonnent Bombay et Calcutta. Très rapidement, prennent pied de nombreuses industries, des réseaux commerciaux et bancaires concentrés, au début surtout, à Karachi, le grand port du Sind.

---

[15] Voir entre autres M. Weber, *L'éthique protestante et l'esprit du capitalisme,* Paris, Plon, 1964. Comme le montre Herbert Lüthy (*Le passé présent,* combats d'idées de Calvin à Rousseau, Monaco, Editions du Rocher, 1965), la thèse de M. Weber sur les liens entre le capitalisme et l'éthique protestante appelle de sérieuses réserves et nuances.

[16] P. Gourou, *L'Afrique,* Paris, Hachette, 1970, p. 21.

Production industrielle

	1948-1949	1969-1970
Sucre raffiné	13 000	600 000 t.
Huile végétale	3 000	122 000 t.
Tissus de coton	44	725 millions de yards
Ciment	380 000 t.	2,6 millions de t.
Engrais chimiques	néant	283 000 t. (engrais-marchandises)
Bicyclettes	néant	161 000 unités
Produits en acier	néant	177 200 t.

(*Pakistan Economic Survey* 1972-1973, Islamabad, Govt of Pakistan, 1973, tableau N° 15.)

Taux de croissance de la grande industrie par an :

+ 18,8 % 1949-1950 à 1959-1960
+ 13,8 % 1949-1950 à 1964-1965

(S. R. Lewis, *Pakistan Industrialization and Trade Policies,* Londres, Oxford University Press, 1970, p. 139.)

Ce démenti à l'absence d'esprit d'entreprise appelle des commentaires supplémentaires. L'écrasante majorité des capitalistes pakistanais appartiennent à des quasi-castes musulmanes, à de très petites communautés : Memons, Bohras, Ismaïliens... Les principales familles se trouvaient engagées depuis plusieurs siècles dans le grand commerce, d'où elles passent dans l'industrie, selon un processus que l'on avait déjà observé en Inde dès la seconde partie du XIXe siècle [17].

Existe-t-il dans ces petites communautés un esprit analogue à celui des Puritains de Max Weber ? Cela paraît plutôt aléatoire. D'après les observations de G. F. Papanek, confirmées par d'autres : « Il est difficile d'interpréter ce qui s'est passé au Pakistan en termes de changement lent et fondamental dans les motivations ou l'idéologie, les coutumes, qui ensuite modifient le comportement économique. » [18]. L'élément moteur

[17] Les marchands parsis, marwaris et jains jouent un rôle dominant au départ de l'industrialisation. Ils continuent aujourd'hui à détenir une part très importante du secteur industriel malgré l'apparition d'entrepreneurs issus d'autres castes.

[18] G. F. Papanek, « The Development of Entrepreneurship », *The American Economic Review,* N° 2, May 1962. Voir aussi du même auteur *Pakistan's Development,* Cambridge, Harvard University Press, 1967.

consiste en un environnement économique très favorable aux investissements privés : restrictions à l'importation de biens manufacturés, débouchés intérieurs, taux de change stimulant l'importation de biens d'équipement, mesures de soutien du gouvernement, très gros profits dont une grande partie est réinvestie.

Faut-il alors supposer que nos entrepreneurs avaient un niveau élevé d'éducation moderne ? Selon G. F. Papanek : « Les industriels étaient moins instruits que les autres élites du Pakistan, hauts fonctionnaires et grands propriétaires fonciers. » Environ le quart des créateurs d'usines, détenant environ le tiers des investissements, n'avaient pas dépassé la fin de l'école primaire [19].

Pour élargir notre inventaire, passons aux Brahmanes de Madras. Dans le sud de l'Inde, les traditions hindoues, l'importance des rites religieux, les distinctions de caste demeurent très vivantes. Aussi loin que l'on remonte dans l'histoire, les membres des castes de Brahmanes possèdent une solide culture sacrée, mémorisant dès leur enfance de longues séries d'hymnes et autres récits traditionnels. Les uns veillent à la transmission des valeurs spirituelles, d'autres occupent les principaux postes dans l'administration. Au moment où, vers la fin du XIXe siècle, les Britanniques ouvrent aux Indiens les portes du célèbre Indian Civil Service (corps des hauts fonctionnaires), les Brahmanes de Madras y sont, grâce à leur talent, très largement sur-représentés par rapport à leur nombre.

Depuis quelques décennies cependant, on rencontre un nombre croissant de Brahmanes dans l'industrie. Milton Singer montre comment ces hommes mènent leurs affaires avec autant de sérieux que d'habileté, sans se couper de leurs traditions. Certes, le long et compliqué rituel qui caractérise la vie quotidienne des Brahmanes se simplifie, mais la coexistence entre modernité et traditions prend des formes multiples, depuis les modes de penser jusqu'au costume. Le *manager* qui gère avec efficacité ses affaires en pantalon et chemise de style européen retrouve à la maison son *dhoti* (pièce d'étoffe nouée à la taille) [20]. Lors de la fête en l'honneur de Lakshmi, déesse de l'abondance, le rituel de purification s'applique jusque dans les usines où les ouvriers nettoient leurs machines avec le concours d'un prêtre [21].

---

[19] W. P. Falcon and G. F. Papanek (eds.), *Development Policy II,* the Pakistan Experience, Cambridge, Harvard University Press, 1971, pp. 239-240.

[20] M. Singer, *op. cit.* (Voir la IVe partie, « Modernization and Traditionalization ».)

[21] Beaucoup d'exemples analogues pourraient être cités en Inde. Rappelons par ailleurs que de tels rites n'ont pas totalement disparu dans les sociétés occidentales. En juillet 1976, lors de l'ouverture d'un nouveau tronçon de la route du Grand-Saint-Bernard, Mgr. Lovey, prévôt du Grand-Saint-Bernard, a béni le nouvel ouvrage.

Dans sa remarquable étude, Milton Singer combine l'observation directe de l'Inde à l'analyse détaillée des thèses de Max Weber. Il nous fait part de l'étonnement des Hindous orthodoxes à l'ouïe des opinions de l'éminent sociologue allemand. « Si celles-ci étaient exactes, comment aurions-nous vécu et fait tant de choses depuis si longtemps : construire des temples, bâtir des empires, faire la guerre, organiser l'agriculture, l'artisanat, le commerce ? »

En conclusion, Milton Singer écrit :

> « La modernisation de l'Inde ne consiste pas simplement à singer l'Occident en détruisant les modes de vie traditionnels. Il s'agit plutôt d'un processus sélectif d'emprunts et d'innovations qui vise à développer et incorporer des éléments utiles et nouveaux dans une civilisation hautement organisée et qui continue à évoluer. » [22]

Ici aussi, évitons les jugements catégoriques. D'autres industriels, notamment au Gujrat, s'apparentent, dans leur mode de vie professionnel et privé, aux Brahmanes de Madras. Certains industriels jains d'Ahmedabad pourraient par ailleurs s'approcher des Puritains wéberiens. Chez d'autres hommes d'affaires, l'occidentalisation est bel et bien à peu près totale.

V. *LA PETITE INDUSTRIE*

Jusqu'à ces dernières années, la petite industrie et les ateliers de réparation n'ont pas suffisamment retenu l'attention. Or, les rares études de ce secteur révèlent un mouvement important.

L'expansion agricole qui s'amplifie au Panjab pakistanais dans les années soixante (de même que du côté indien) s'accompagne de la prolifération de petites unités industrielles : manufacture de pièces détachées pour tracteurs, batteuses, outillage pour l'irrigation. Pour équiper les puits tubés à pompe, ces entrepreneurs reproduisent un vieux modèle de moteur diesel datant de 1924, tout en l'améliorant progressivement. Cette branche occupe plus de 5000 employés et ouvriers répartis en petites usines ou ateliers dont beaucoup ne comptent que quatre ou cinq personnes : le patron et ses fils ou quelques ouvriers. Efficacité, rentabilité, esprit débrouillard caractérisent ces entreprises. Un grand nombre de patrons et d'employés sont illettrés. Aucun d'entre eux n'a passé par une des écoles techniques créées par le gouvernement. Nos gens en ignorent même l'existence !

---

[22] M. Singer, *op. cit.*, p. 366.

Ces petits fabricants sont peu soutenus par l'Etat. Ils doivent lutter durement pour trouver capital, matières premières, machines, car ils se trouvent en dehors des circuits qui favorisent la grande industrie : licences d'importation, avantages tirés de l'importation à un taux de change très favorable... [23]

Pour l'ensemble du Pakistan, la petite industrie absorbe à peu près les 85 pour cent de la main-d'œuvre employée dans le secteur industriel, dont elle assure environ 20 pour cent de la production.

Ce phénomène est non moins frappant en Inde, bien qu'il se répartisse très inégalement. Sur une quinzaine d'Etats principaux, cinq d'entre eux, Uttar Pradesh, Maharashtra, Panjab, Bengale occidental, Tamil Nadu (Madras) abritent 50 pour cent de ces entreprises. En 1961, il existe 36 000 petites entreprises industrielles dans toute l'Inde, chiffre qui passe à 408 000 en 1975, avec 5,8 millions de travailleurs. « Environ 40 pour cent de la valeur ajoutée dans le secteur de la production de biens manufacturés semblent provenir des petites entreprises. » [24]

VI. *LES CONSÉQUENCES PRATIQUES DES PRÉJUGÉS*

Les préjugés, simplifications ou erreurs de jugement évoqués dans cet article ont d'inévitables répercussions sur les politiques de développement des Etats et sur les programmes de coopération internationale.

Consciemment ou non, planificateurs nationaux et experts étrangers partaient, vers 1950, du principe que le paysan doit être éduqué, doit changer de mentalité, abandonner ses techniques « primitives », pour que l'agriculture progresse. L'accent majeur dans les premiers plans de nombreux pays asiatiques est mis sur les changements de structure, l'éducation et la formation des paysans, à travers toute une gamme de moyens : projets de développement communautaire, coopératives, écoles primaires... Simultanément, d'autres facteurs sont négligés : le recensement systématique des ressources hydrauliques pour l'irrigation, la recherche agronomique, la fourniture d'engrais chimiques, certaines modifications de l'outillage (pompes d'irrigation notamment). La politique des prix en

---

[23] F. C. Child and H. Kaneda, « Links to the Green Revolution : a Study of Small Scale Agriculturally Related Industry in the Pakistan Panjab », *Economic Development and Cultural Change,* No 2, Jan. 1975.

[24] M. Cartillier, *Petite industrie et développement agricole en Inde :* les petites industries de pompes d'irrigation à Coïmbatore, Tamil Nadu, Paris, Dactylo-Sorbonne, (thèse de doctorat de 3e cycle), 1977, pp. 192-197 et *Statesman Weekly,* June 19, 1976.

matière d'*inputs* ou de produits agricoles (voir l'exemple afghan cité plus haut) ne retient pas non plus suffisamment l'attention.

Vers 1960, la doctrine commence à évoluer. Les résultats obtenus dans l'agriculture restent très en deçà des prévisions et des espoirs. La notion de *package programme,* soit l'introduction de nouveaux facteurs techniques interdépendants, commence à se propager, grâce, entre autres, à la Fondation Ford. Quant au mythe du paysan « conservateur » il s'ébranle : le succès des nouvelles semences de blé dans le nord-ouest de l'Inde et au Pakistan, la progression des nouveaux riz aux Philippines et à Java, la hausse de la consommation des engrais chimiques, la multiplication rapide des motopompes d'irrigation démontrent combien les capacités d'innovation des paysans avaient été sous-estimées. Mais que d'années perdues, pendant lesquelles le nombre des bouches à nourrir ne cessait de s'élever ! En date du 13 avril 1953, par exemple, l'expert américain R. C. Moncure proposait de faire l'essai en Afghanistan des variétés de blé utilisées avec succès au Mexique [25]. C'est en 1966 que les blés en question sont introduits dans le pays.

Et pourtant, comme nous en avons donné des exemples, le débat sur l'attitude des paysans reste ouvert. Périodiquement, au gré de la mode et des mass media, les préjugés refont surface.

Constatations analogues en matière d'industrialisation. Divers pays asiatiques ont eu tendance à développer leur secteur public au-delà de leurs capacités de gestion, d'où des retards, l'immobilisation de gros capitaux, des pertes et gaspillages. Deux courants se combinent : une réaction explicable contre la collusion entre capitalisme et impérialisme durant la période coloniale, allant de pair avec les trop faibles encouragements de la métropole à l'industrie locale, ainsi que l'idée pour l'Etat de pallier l'absence d'esprit d'entreprise au sein de la bourgeoisie nationale.

Cette sous-estimation des capacités latentes des hommes dans la grande industrie se retrouve dans les petites entreprises. Celles-ci se développent de manière spontanée, sans guère d'appuis de l'Etat. Or celui-ci aurait pu mieux encourager et soutenir le processus, entre autres par des programmes de recherche sur les technologies intermédiaires et par une éventuelle politique de crédit. Il faut attendre le début des années soixante-dix pour que s'amorcent des mesures dans ce sens.

[25] R. C. Moncure, *Suggestions and Comments on Agricultural Production in the Helmand Valley,* Kabul, Embassy of USA, 1953.

VII. *MIEUX CONNAITRE L'HISTOIRE, MIEUX CONNAITRE LES HOMMES*

L'histoire, source d'enrichissement intellectuel, comporte aussi un aspect *utilitaire,* car bien des erreurs dans les politiques de développement auraient pu être évitées si la nature des sociétés asiatiques traditionnelles avait été mieux comprise. Quant à l'observation précise des sociétés contemporaines et du fonctionnement de leurs économies en voie de transition, elle aurait permis de corriger les à priori hérités du XIXe siècle.

Ces deux remarques nous amènent à soulever une autre question : sur quelle base d'information les responsables politiques et leurs collaborateurs prennent-ils leurs décisions ? [26] La mode et les innombrables « new approaches » exercent des effets dévastateurs, car elles mettent en relief des opinions et des analyses souvent très superficielles, en même temps qu'elles rendent difficile la diffusion des travaux du type de ceux que nous avons cités. Les responsables des politiques de dévloppement et un grand nombre d'experts internationaux se trouvent très vulnérables aux mass media et ils ont trop rarement un contact étroit avec le réel, en particulier le monde rural.

Leçons du passé et études du monde contemporain aboutissent à des conclusions désagréables, parce qu'elles ne se laissent pas enfermer dans des schémas précis. Au lieu d'un tableau aux couleurs vives et bien tranchées, il s'agit plutôt d'un lavis sur soie comme ceux de la Chine ancienne, un paysage tout en nuances, en dégradés, voire en demi-teintes. Ce que l'on peut reprocher aux thèses d'un Max Weber et à ses héritiers, c'est leur trop grande rigidité, leurs dangereuses simplifications. Dans de nombreuses situations elles ne correspondent guère à la réalité et ne font qu'entretenir les anciens préjugés.

Reste un problème majeur que le lecteur nous reprochera peut-être de ne pas avoir traité. Nous n'avons guère expliqué, sinon par des touches succinctes, les causes des différences de comportements, le temps court ou le temps long nécessaire à la pénétration des innovations. En fait, une réponse approfondie doit venir de l'historien, voire du sociologue, et non pas de celui qui s'occupe de développement économique. Pour ce dernier, l'important est de connaître les différences et d'en tenir compte, pour ne pas se limiter mécaniquement à des analyses de coût-bénéfice ou à des transferts de modèles importés.

---

[26] Question qui ne se limite pas au tiers monde !

Les formes de changement et d'adaptation qui caractérisent les techniques comme le comportement dans cette phase de coexistence des valeurs traditionnelles et de celles issues du monde occidental ont-elles un caractère transitoire ou non ? A long terme qu'adviendra-t-il de l'héritage spirituel de l'hindouisme, de l'islam et d'autres traditions ?

Les unes et les autres avaient perdu une partie de leur richesse, nous dirions même de leur sève, avant la période coloniale : tendances au dessèchement, à la rigidité, à la lettre qui prime sur l'esprit... Aujourd'hui, l'érosion prend une forme plus active, peut-être moins sous l'influence des sciences et de l'éducation occidentales que sous l'impact des biens matériels.

Pendant longtemps, le Japon a été cité comme un modèle de mariage réussi entre Orient et Occident, tradition et modernisme. Or, on oublie que la très forte expansion de l'économie depuis l'ère Meiji s'est traduite, jusque vers 1955, par une hausse modeste du revenu par tête. L'ère de la société de consommation, l'abondance croissante des biens matériels qui déferlent depuis lors sur l'archipel, sonnent peu à peu le glas des institutions et des modes de vie traditionnels.

Les conditions du développement des pays évoqués dans cet article repoussent à un avenir aussi lointain qu'hypothétique de tels niveaux de vie matériels, sauf pour de minces franges des classes aisées. C'est pourquoi, sous réserve de profonds bouleversements d'ordre politique, la période de coexistence pourrait durer fort longtemps, non sans nouvelles adaptations et ajustements sur un point ou un autre, érosion ici ou là. Les meilleurs gardiens de la tradition hindoue le sentent bien. Parlant à l'indianiste Pierre Amado, l'un d'entre eux constatait que les grands pèlerinages amènent chaque année des foules plus nombreuses, grâce aux progrès des moyens de communication. Mais, disait le sage en préparant une tasse de nescafé pour son interlocuteur : « Aujourd'hui, tout est instantané, le café comme le pèlerinage. Les pèlerins se recueillent brièvement et s'en vont ! »

Au moment de terminer, avouons un sentiment de lassitude. N'avons-nous pas enfoncé beaucoup de portes ouvertes ?

La redoutable longévité et les capacités de reproduction des préjugés prouvent qu'il n'était pas inutile de reprendre ce vieux débat. Après tout, comme l'écrit Herbert Lüthy : « C'est précisément ce que tout le monde est censé connaître qui court le risque d'être oublié. » [27]

---

[27] *Op. cit.*, p. 57.

Relations économiques internationales
International Economic Relations

INDUCED AND AUTONOMOUS FOREIGN INVESTMENTS: A QUANTITATIVE ASSESSMENT*

Gerard CURZON

I. *INTRODUCTION*

It is still a matter of considerable controversy among academic economists whether foreign direct investment (FDI) thrives, as Kindleberger suggests, on "some imperfection in markets for goods or factors" [1] or, as Fayerweather believes, "the multinational firm is essentially an institution that has been evolved to perform the function of specialization and allocation of activities according to location of resources". [2] The question is essentially whether FDI is induced, that is, the outcome of government policies or private restrictive practices, or autonomous, that is, the natural result of the economic system in an interdependent world. The main weight of economic opinion appears to lean towards the hypothesis that FDI is more induced than autonomous, thus favouring the Kindleberger view, and it is, in fact, difficult to find proponents of the opposite opinion. The purpose of this essay is to discover which view is, in practice, correct.

This is no mere intellectual exercise, but is important in terms of government policy and economic welfare, for *ex hypothesi,* it could be maintained that autonomous FDI will improve world welfare and induced FDI will reduce it unless one introduces non-static concepts such as externalities or infant-industry arguments. Thus the conclusions reached have a bearing on the question of whether or not multinational enterprises have improved or diminished world welfare in the last ten or fifteen years.

---

* This paper draws on research in progress for a book co-authored with Victoria Curzon, provisionally entitled "The Economics of the Multinational".

[1] C. P. Kindleberger, *American Business Abroad,* New Haven, Yale University Press, 1969, pp. 13-14.

[2] J. Fayerweather, "The Internationalization of Business", *The Annals of the American Academy of Political and Social Science,* September 1972, p. 6.

The paper is divided into two main parts. In Part II we discuss, briefly, the principal theories of multinational enterprise, distinguishing between those which lean heavily on governmental or private barriers and market imperfections for their underlying causes (induced FDI) and those which find the principal cause to lie in the natural workings of the economy (autonomous FDI). In Part III, an intuitive attempt to judge the relative importance of the induced and autonomous theories of FDI will be made. There is no need to estimate the explanatory value of each theory individually (this is only of interest to their respective authors), but only to achieve a distinction between the relative importance of these two broad categories or types of FDI, since the really important question in terms of economic welfare is whether FDI is, on the whole, induced or autonomous.

The term "multinational enterprise" (ME) is virtually interchangeable with the term "foreign direct investment" insofar as the theoretical discussion is concerned, and will sometimes be used in preference to the latter in Part II in order to avoid monotonous repetition of one or other of the current terms. However, the term "foreign direct investment" as a statistical concept, for instance as reported in countries' balance-of-payments data, covers a broader area than what is normally understood by the term "multinational enterprise", because it includes, *inter alia,* the purchase of real estate by individuals, the formation of holding companies, and investment in public utilities and transportation. Due caution must therefore be exercised when applying data on foreign direct investments to multinational enterprises. It is nevertheless safe to assume that multinational enterprises, broadly defined to include any company which has a controlling interest in two or more production plants abroad, account for much the greater part of foreign direct investments as reported in balance-of-payments data.

A preliminary word of warning about the difficulty of this exercise is perhaps necessary. There is no such thing as single causality in the social sciences, and this is as true of the ME phenomenon as it is of falling birth-rates in developed countries. The individual theories which are set forth below have been suggested by their respective authors as one of several possible origins of multinational enterprise—one does not catch a canny economist in the single causality trap. No single theory can therefore cover the entire range of foreign direct investments. But even more important and less recognized is the fact that several of these theories may operate simultaneously, reinforcing each other and leading to a hybrid situation where FDI is partly autonomous and partly induced. For instance, most of the recent theories of multinational enterprise look at reasons, internal to the firm, hence part of the home-country environment, which lead companies to invest abroad, but there is clearly a need for a degree of "fit" between the forces working towards the export of direct investment capital on the one hand and those in potential host countries working towards the inflow of FDI, and they may well be of different types. Some theories of foreign direct investment are equally ambiguous, drawing on both distortions and undistorted market behaviour for their intellectual building blocks. This paper, therefore cannot be other than impressionistic. One of its purposes is to suggest a new perspective from which to view multinational enterprise and its quantitative conclusions are tentative and subject to revision.

II. *INDUCED AND AUTONOMOUS FOREIGN INVESTMENT THEORIES*

1. *Induced Investments*

(*a*) *Tariff-jumping*

The oldest and simplest explanation of foreign direct investment is, of course, the tariff, which represents a tax on trade and which can be circumvented by local production. High Russian tariffs prior to World War I attracted the Singer Manufacturing Company from the United States, Bayer and Thyssen from Germany, Cockerill from Belgium, and many others. [3] The British McKenna duties of 1915 made it necessary for Ford, then General Motors, to manufacture automobiles in the United Kingdom. [4] High American tariffs in the interwar period attracted British Courtaulds, the Lever Brothers and the German I. G. Farben chemical trust to the United States, [5] to name only three. High Canadian tariffs attracted American investment in the depths of the 1930's depression years [6] and today in Latin America and other developing areas the

> « decision to produce locally at all, rather than to continue to supply local markets with exports from plants in other countries, has usually resulted from the imposition of trade barriers and/or threats to existing markets ». [7]

---

[3] M. Wilkins, *The Maturing of Multinational Enterprise:* American Business Abroad from 1914 to 1970, Cambridge, Mass., Harvard University Press, 1974, p. 40; G. Franko, *The European Multinationals,* London, Harper & Row, 1976, p. 50.

[4] M. Wilkins, *op. cit.,* p. 73.

[5] C. Tugendhat, *The Multinationals,* London, Eyre & Spottiswoode, 1971, pp. 13-14.

[6] M. Wilkins, *op. cit.,* p. 189.

[7] G. K. Helleiner, "Transnational Enterprises in the Manufacturing Sector of the Less Developed Countries", *World Development,* September 1975, pp. 641-650, at 645.

Even in developed countries, where the level of tariff protection is low, non-tariff barriers are sometimes cited as being the reason for this or that firm's presence in a foreign country : government procurement policies in power-generating equipment, for instance, have prompted Switzerland's Brown-Boveri to maintain manufacturing facilities just over the border in both France and Germany ; nationally administered technical and safety standards in the EEC have prompted European drug and agro-chemical producers to set up separate manufacturing subsidiaries in most major European markets, despite the existence of the Common Market, [8] while the US-based pharmaceutical firm Searle & Co. maintains that most of its foreign manufacturing subsidiaries are located in countries which require that patents be "worked" locally, [9] Hewlett-Packard cite British military orders as an example of the type of order which only a locally-based company could supply, [10] and the Caterpillar Tractor Co. cites the existence of exchange controls as having first motivated its direct investments in the United Kingdom. [11]

Little can be gained by multiplying such examples. A great deal more research would be needed before a global picture of the importance of tariffs and non-tariff barriers as factors in contemporary foreign direct investment decisions could be drawn. However, the ease with which a large number of examples can be accumulated suggests that even in this era of comparative freedom to trade in goods, the role of tariffs and non-tariff barriers in promoting multinational enterprise is far from negligible. Furthermore, if we add to these trade-restrictive practices the direct investment subsidies which frequently accompany them—development grants, tax privileges, investment incentives, subsidized land, low-price electricity, non-commercial loans (the list grows longer every year)—then it is difficult to escape the conclusion that government policies have had the effect (probably rather than the deliberate objective) of stimulating FDI to levels it would never otherwise have reached.

(b) Oligopoly

A newer model of the multinational enterprise, commonly referred to as the Hymer-Kindleberger-Caves model in honour of its triple parentage, is based on the premise that "Multinational corporations are typically large firms operating in imperfect markets and the question of their effi-

---

[8] V. Umbricht, "Comment", in G. and V. Curzon (eds.) *Multinational Enterprise in a Hostile World,* London, Macmillan, 1977, p. 73.

[9] Hearings Before the Committee on Ways and Means, House of Representatives, 93rd US Congress, on H. R. 6767 (Trade Reform Act of 1973), p. 4688.

[10] *Ibid.,* p. 3218.

[11] *Ibid.,* p. 991.

ciency is a question of the efficiency of oligopolistic decision-making".[12] The oligopolistic theory of foreign direct investment developed from the observation, made by many, that the multinationals one noticed most were both very large, like the oil companies, General Motors, ICI, IBM, and so forth, and happened to be making technology-intensive products, like petrochemicals, machinery, and computers.[13] According to this theory, firms in technology-intensive activities tend to be important foreign direct investors because they try to cash in on their technological advantage before it gets eroded by time and the expiration of patents. Because of the already overwhelming size of the company foreign direct investment may be preferred to expansion at home, which might attract unwanted attention from national anti-trust authorities, or upset other members of the local oligopoly and set up a series of undesirable counter-attacks. Moreover, since the time factor is important and since a foreign market can be developed more rapidly through direct investment than through exports (a point frequently made by business executives),[14] FDI is the preferred route. Clearly, the existence of tariffs and non-tariff barriers will accelerate this process, but they are not considered to be essential to the argument.

Three remarks may be made briefly here. First, as to the efficiency of oligopolistic decision-making: a great many oligopolies are extremely competitive, and while this does not necessarily show up in the form of price competition, it certainly does in the form of product innovation and technological change. Although this is not the place to develop the argument, it could be maintained, along with Schumpeter, that an oligopolistic industrial structure is necessary for rapid technical progress, and that as technical progress has been responsible for a fair proportion of our growth since the beginning of the century,[15] oligopolistic structures are conducive to the achievement of a high rate of economic growth. Secondly, although it may be true that large firms produce a great deal of technology, the causation may run equally well in the opposite direction, *i.e.*, they may have grown large because they were technologically competent. Thirdly, it is interesting to note that although the struc-

---

[12] S. Hymer, "The Efficiency (Contradictions) of Multinational Corporations", *American Economic Review*, May 1970, p. 441.

[13] S. Hymer and R. Rowthorn, "Multinational Corporations and International Oligopoly: the Non-American Challenge", in C. P. Kindleberger (ed.), *The International Corporation*, Cambridge, Mass., MIT Press, 1970, pp. 57-91 (hereafter C. P. Kindleberger, *The International Corporation*).

[14] See, for instance, the testimony supplied by Texas Instruments Inc. to the Hearings Before the Committee on Ways and Means, *op. cit.*, p. 3300.

[15] E. F. Denison, *The Sources of Economic Growth in the United States and the Alternatives before Us*, New York, Committee for Economic Development, 1962.

ture of foreign direct investment was clearly oligopolistic in the 1950's, the trend since then has been towards a much greater diffusion both in terms of the number of firms which meet any reasonable definition of the word "multinational" and in terms of the number of developed countries which have become important suppliers of direct investment capital. Everybody is free to adopt the definition of multinational enterprise which they prefer. This is not in dispute. But when multinational enterprises are defined as having at least six manufacturing subsidiaries abroad and total turnovers of several hundred million dollars a year, [16] the conclusion that they are oligopolistic follows automatically from the assumptions. One has only stated the obvious. What one needs to know is what part of the total population of multinational enterprises is accounted for by these giants, and such evidence as is available suggests that it has been diminishing steadily.

In 1957, 79 giant American firms accounted for 69 per cent of US direct investments abroad and some 50 per cent of total world direct investments. [17] In 1970, 300 giant American firms accounted for only 50 per cent of US foreign direct investments [18] and some 25 per cent of total world direct investments. In the meantime, according to a recent EEC survey, the total population of multinationals, both large and small, has probably risen from something over 5,000, based mainly in the United States, to something over 10,000 based half in the United States and half in Europe. [19] From this it can be seen than the giant multinational is by no means "typical" since it represents at the most 2-5 per cent of the total population of multinationals depending on the cut-off point chosen for the size of firm. (The Harvard Multinational Enterprise Project identified 261 giant multinationals in 1970, with sales of over $400 million each, of which 133 were based in the United States and 128 in Europe and Japan. If a $100 million bench-mark had been chosen, some 500-600 firms might have met the definition of "multinational corporation", but they would have presented weaker oligopolistic features as a group and would still not have constituted a representative sample of the total population of multinationals.) The fact is that in a liberal trading world the relevant market for most products is huge, namely the

[16] Harvard Multinational Business Enterprise Project, in J. W. Vaupel and J. P. Curhan, *The World's Multinational Enterprises,* Geneva, CEI Research Unit, 1974, p. 3.

[17] S. Hymer and R. Rowthorn, *op. cit.,* p. 75.

[18] Report to the Committee of Finance of the United States Senate and it's Subcommittee on International Trade on Investigation, no. 332-369, Committee on Finance, United States Senate, Washington, Government Printing Office, 1976, p. 87.

[19] *Euroforum,* no. 28/76, Annex 1, p. 1.

developed market economies taken as a whole, and there are very few effective oligopolies at this level of aggregation. Indeed, the far more numerous small multinational firms have escaped attention precisely because they have been eclipsed by their larger brethren, while their importance has grown visibly and will in due course outweigh that of the giant multinationals even in quantitative terms. This trend is diametrically opposed to the logical conclusion of the oligopolistic model of direct investment, namely, that multinational firms must grow ever larger and their numbers fewer or, as the late Stephen Hymer put it, "multinational corporations enlarge the domain of centrally planned world production and decrease the domain of decentralized market-directed specialization and exchange".[20] Since the oligopolistic theory of FDI does not seem to be confirmed by empirical facts one is inclined to seek further clarification in other, autonomous, models of foreign direct investment.

2. *Autonomous Foreign Direct Investment*

Instead of looking for multinational enterprise where the barriers and distortions are highest, perhaps one should look for it where they are lowest, and see it as a first step taken by firms to treat the international economy much as they would different parts of a national economy, within which capital, men, goods, and ideas are relatively free to travel, bar transportation and communication costs.

(*a*) *Capital Theory*

The oldest theory of autonomous foreign investment, which corresponds to the classical tariff-jumping argument in terms of its intellectual origin, is that of international capital movements. According to this theory capital, if it is free to move, will do so from capital-abundant areas, where its marginal return is low, to capital-scarce areas, where its marginal return is high. This natural process will have a positive impact on world welfare because capital will have a higher return where it is scarce than where it is abundant.

This theory is incomplete because it does not explain why some international capital movements nowadays take the form of direct foreign investments, in contrast to portfolio or loan capital movements, but in fact the classical theory of capital movements never descended to addressing such humdrum questions as to why one form of capital movement should be preferred to another. In point of fact, the shift in emphasis

[20] S. Hymer, *op. cit.*, p. 443.

from loan and portfolio capital movements of the nineteenth century to the direct investment flows of the latter twentieth century is probably due to a number of imperfections in the present-day international capital market.

First, credit-rating some 150 countries, many of them with unstable political regimes, is virtually impossible for any market, however well organized. Since the margin of risk exceeds what many capital-poor countries are prepared to pay for loans, in many cases the supply and demand curves for private investments through the international capital market simply do not intersect. If this is true for private loans to governments and public utilities in capital-poor countries, how much more true must it be for equity and loan capital for private enterprise in capital-poor countries. Credit-rating such firms is quite impossible and if they were to attempt to raise a loan in, say, the London capital market, they would have to pay far more for it than any well-known multinational, or even an unknown one. This is why capital moves abroad within firms with a high credit rating and easy access to capital markets in developed countries. Secondly, the fact that two-thirds of the productive investment in developed countries is financed not through the capital market but directly through reinvested corporate earnings suggests that the circumvention of the international capital market by direct investors is part of a general phenomenon common to a great deal of industrial investment both at home and abroad. This is because capital markets in developed countries are rapidly becoming machines for channelling private savings to public debts, rather than bridging the gap between the saver and the investor. As a result, the latter is increasingly forced to rely on his own cash flow or, as a last resort, on government support, rather than on the capital market, for investment finance.

Thus, the multinational enterprise, which effects long-term international capital movements without financial intermediation, not only bridges the international information gap but also reflects the distortion imposed on capital markets by excessive government borrowing. Therefore, while the direction of the flow of capital from relatively capital-abundant areas to relatively capital-scarce areas is clearly autonomous, the form it takes is induced. Since it is the direction, rather than the form, of the capital flow which is important, we have put the capital theory of FDI in the autonomous bracket, although it is clearly a hybrid.

(*b*) *Product-life-cycle*

The best-known recent theory of multinational enterprise which views it as the logical outcome of a dynamic world economy is the product-life-cycle (PLC) hypothesis. The idea that a country's pattern of trade might be determined, in part, by the "availability" of its products is to be found in Kravis.[21] The next idea, that a country's pattern of trade and, incidentally, foreign investment should be a function of the "age" of its available products, was put forward by Vernon.[22] Briefly stated, the PLC hypothesis suggests that a new product or process, because it is expensive to begin with, appeals to high-income groups. Some exports will take place to high-income groups in foreign countries, but production will be located where the product or process was first developed commercially. As the product ages it becomes cheaper, partly because of the learning curve, but mainly because rival products or processes begin to introduce more competition into the market. As it becomes cheaper, it appeals to a price-sensitive middle-income group. Exports expand rapidly. At one critical moment, competition becomes severe enough for the innovating firm to seek a lower-cost location abroad. In a final stage of the PLC, when the product is totally standardized and the technology needed to make it is in the public domain, the original inventor will probably not make it at all, foreign direct investment will disappear and the country will import it from a low-cost foreign source.

One of the keys to the PLC hypothesis, it will be noted, is the fact that while goods and capital may flow freely from country to country, technology does not. Technology remains the property of the firm which first developed it. In a way, therefore, it appears as though an inperfection in the market for technology in this model, as in the oligopolistic model, leads to FDI. However, the PLC hypothesis has its place in the theories of autonomous FDI because of the pecularities of the market for technology, while the oligopolistic model of multinational enterprise is squarely in the other camp, since its emphasis is on foreign investment as an expression of oligopolistic behaviour and barriers to the flow of technology are seen as a secondary characteristic.

The natural market for technology is highly imperfect.[23] It will tend to stifle the development of new technology because the marginal cost (and therefore price) of using existing technology is constant at zero (it is in the public domain and can be used over and over again without depleting the available stock, raising the price, or encountering diminishing returns). There is therefore no incentive for inventors to invest resources in developing new technology and society has to rely on random

---

[21] I. B. Kravis, " 'Availability' and Other Influences on the Commodity Composition of Trade", *Journal of Political Economy,* April 1956.

[22] R. Vernon, "International Investment and International Trade in the Product Cycle", *Quarterly Journal of Economics,* May 1966.

[23] H. G. Johnson, "The Efficiency and Welfare Implications of the International Corporation", in C. P. Kindleberger (ed.), *The International Corporation,* Cambridge, Mass., MIT Press, 1970, pp. 35-56.

discoveries for sporadic and uncertain progress. Barriers to the diffusion of technology, such as patents and secret knowhow, are needed to establish a positive supply curve for current technology so as to ensure the supply of future technology. An alternative would be for the State to subsidize the development of future technology directly, leading to the likely waste of resources without the help of some kind of market guidance. In other words, the barriers to the flow of technology do not distort the market ; they correct for an external diseconomy which occurs naturally in the market due to the nature of the product. Multinational enterprise which occurs as a result of a technological advantage does not therefore suggest a misallocation of resources, but rather the maximum diffusion of knowhow compatible with the generation of new technical processes and products.

(*c*) *Technology*

The trouble with the PLC hypothesis is that the decision to go abroad is taken at a time when the original innovating firm is feeling the pinch of competition and there is not much more monopoly rent to be squeezed out of the ageing product. This may have occurred historically, as far as US foreign direct investment in Europe in the 1950's and early 1960's was concerned. US exports of high-income, labour-saving products, such as refrigerators, vacuum cleaners and washing machines were gradually replaced by US direct investment, and, finally, US multinationals themselves left the highly competitive market to local European firms and concentrated on newer products instead.[24] The PLC theory can also help to explain European investment in the United States. Philips of Eindhoven in Holland, for instance, have developed a video record which they plan to launch in the United States two years before introducing it in Europe because it is aimed at high-income groups. The PLC path may be being trodden by IBM, Xerox, and Kodak, but one has one's doubts. Although these firms are feeling the pinch of competition, their technological lead was presumably much more pronounced several years ago, when they took the initial decision to invest in Europe.

It therefore seems more plausible to take the view, contained in the oligopolistic approach, but which can be usefully extended to include small, non-dominant firms as well, that firms with a technological advantage will try to cash in on their technology as quickly as possible *before* competition rears its ugly head. The trigger is not competition in the product, but in the factor market, where large monopoly rents on current technology are needed to finance the development of new tech-

[24] L. T. Wells, Jr., "Test of a Product Cycle Model of International Trade, US Exports of Consumer Durables", *Quarterly Journal of Economics,* February 1969.

nology—the only strategy for long-term survival in a business environment where the comparative advantage of firms both large and small is determined mainly by the relative value of the stock of technology and knowhow in their possession, compared with that of their competitors. This extreme competition in the development of future technology also explains Middle Eastern investments in Europe and horizontal investments within Europe, since firms may acquire a controlling stake in a foreign competitor or complementary manufacturer in order to gain access to technology they themselves do not have. Examples of such types of investment abound : Iran's investment in Krupp, Libya's investment in Fiat, Volvo's investment in DAF, GKN's investment in Sachs, to take only the best known and most recent.

The idea that firms possessing a technological edge on one kind or another will not wait until it has been eroded by imitation or competition before trying to exploit the foreign opportunities does not invalidate the PLC hypothesis—it just suggests that the step between innovation and investment abroad is very short, indeed pretty instantaneous for many well-established multinationals which already have producing plants in many parts of the world. For these firms, efficient production and low-cost location (with due allowance for all the non-market factors from political risk to governmental distortions) are essential if they are to earn the monopoly rents to finance the next generation of technological advantages which will ensure their long-term survival. There is nothing in this model to suggest that the allocation of resources by multinational corporations will be inefficient—except insofar as government action distorts the market signals and hence the decisions by private enterprise based on them.

It could be argued that excessive competition in the generation of new technology is wasteful and that we could get along quite well with the technology we already have. As to the first point, some duplication of effort is inevitable in a competitive framework and represents the "costs" of competition—usually a low most when compared to that of any other system. As to the second point, at the present stage reached in human history it can hardly be argued that we have developed "enough" technology in any absolute sense ; on the contrary, despite all the imperfections of the present system for encouraging the production of technology, it will clearly have to be maintained for many years to come. If one accepts the premise that more technology is better than less technology, or—which amounts to the same thing—that "additions to knowledge anywhere tend to benefit people everywhere", [25] then FDI motivated by the

[25] M. D. Steuer, *et al.*, *The Impact of Foreign Direct Investment on the United Kingdom,* Department of Trade and Industry, London, HM Stationery Office, 1973, p. 46.

desire to provide an additional return to technology will tend to improve welfare because it provides an additional incentive to invest in the development of more knowledge.

In short, therefore, FDI based on technology will tend to improve welfare (*a*) because firms are behaving competitively with regard to the generation of new technology and will therefore, be profit maximizers with regard to using current technology, and (*b*) because it will provide an added incentive to develop new technology by raising the return on current technology compared with alternatives available, *i. e.*, exports or licensing.

(*d*) *Economies of Scale*

Another explanation of FDI as the natural outcome of undistorted goods and factor markets has been pointed out by Vernon, [26] Caves, [27] and Hirsch, [28] namely, that as export markets reach a certain critical size, the exporting firm will have to decide whether to expand existing facilities at home or establish new ones abroad. While diseconomies of scale may make further expansion in existing locations difficult, the critical minimum efficient scale of operation may be attainable in an entirely new location. Since there are few economies of scale in transportation and certainly none in paying customs duties, this minimum efficient scale of operation may be reached quite soon for large foreign markets.

This theory of FDI is consistent with the fact that US direct investment in Europe jumped suddenly with the formation of the EEC in the early 1960's, and with its enlargement in the early 1970's. The amalgamation of formerly separate economies meant that the critical minimum efficient scale of operation was suddenly attained overnight for a large number of exporting firms.

This hypothesis suggests that there is a broad range of rather footloose manufactured products which can be produced efficiently in a great many posts of the world once the minimum efficient scale of operation is attained. In such cases, FDI will be an efficient substitute for trade and will improve welfare.

---

[26] R. Vernon, *Sovereignty at Bay,* New York, Basic Books, Inc., 1971.

[27] R. E. Caves, *International Trade, International Investment, and Imperfect Markets,* Princeton, N 5, Princeton University Press, 1974 (Special Papers in International Economics, no. 10).

[28] S. Hirsch, *Location of Industry and International Competitiveness,* Oxford, Clarendon Press, 1967.

(*e*) *Shifting Patterns of Comparative Advantage*

Finally, there is the entirely classical possibility that multinational enterprise reflects shifting patterns of comparative advantage due to changing factor-price ratios for immobile factors of production, namely, labour and land. If, for the sake of maintaining a social consensus, or because of general prosperity, the price of labour rises relative to that of capital, then certain labour-intensive operations will no longer be viable and firms with technological competence in such operations will go to where labour is cheaper. This has been the pattern of much US and European investment in Hong Kong, Taiwan, Korea, Singapore, Mexico, and the Philippines. [29] It has also been the pattern of a certain amount of intra-European investment, for instance, from northern to southern Europe and from the centre of the EEC to Ireland, Scotland, and the Italian Mezzogiorno. As for firms with technological competence in capital and skill-intensive operations, they will tend to migrate to those areas where the supply of skilled manpower and capital is relatively abundant, *i. e.,* to the United States. Much of the recent growth of European investment in the United States may be due, *inter alia,* to this factor. Finally, firms with technological competence in raw-material production will invest in countries with a comparative advantage in natural resources.

III. *RELATIVE IMPORTANCE OF INDUCED AND AUTONOMOUS INVESTMENTS*

As mentioned above, these seven explanations of multinational enterprises are neither exhaustive [30] nor mutually exclusive. Indeed, examples taken from reality suggest that two, if not more, of these various explanations often operate simultaneously and that the most common situation is a hybrid one. Thus, it is the convergence of two or more factors which together provide the necessary impetus to firms to invest abroad.

---

[29] For a series of striking examples see Nat Golfinger, "A Labor View of Foreign Investment and Trade Issues", in *United States International Economic Policies in an Interdependent World* (Williams Commission Report), Washington, Government Printing Office, 1971, pp. 913-928.

[30] Other theories of foreign investment include the ME as a currency area phenomenon (R. Z. Aliber, "A Theory of Direct Investment" in C. P. Kindleberger, *The International Corporation,* pp. 17-34 ; the ME as a vehicle for product diversification (R. E. Caves, "International Corporations : The Industrial Economics of Foreign Investment", *Economic,* vol. 38, 1971, pp. 1-27) ; MEs as an expression of an attempt to erect barriers to entry (R. Vernon, *op. cit.,* F. T. Knickerbocker,

What are the global welfare implications of the seven theories of FDI outlined above ? To recapitulate, we have :

(*a*) Tariff-jumping,

(*b*) Oligopolistic action and reaction,

(*c*) Capital theory,

(*d*) The product-life-cycle,

(*e*) The technology factor generalized,

(*f*) Economies of scale,

(*g*) Shifting patterns of comparative advantage.

Under the first heading we subsume all tariffs, non-tariff barriers, subsidies, tax-holidays, and other distortions which cause more investment to take place than would otherwise have occurred. Although a single country may derive benefit from such policies, their global welfare implication is negative unless one assumes the existence of external economies or infant-industry possibilities. While I do not deny the possible existence of such externalities, the policies actually devised in their name usually reflect either wild optimism or, more frequently, the interests of particular segments of the population in a position to make or to influence national policy for their own benefit. Taiwan, Korea, and Singapore, which have applied infant-industry policies with apparent success, remain the exception rather than the rule. Thus, multinational enterprise which develops in response to tariffs and non-tariff barriers can usually be assumed to have negative welfare implications for the world as a whole.

It is usually assumed uncritically that multinational enterprise as an expression of oligopolistic behaviour is likely to have negative welfare implications. Although this may indeed be so, especially where there are insurmontable barriers to entry, arguments nevertheless can be found to suggest that large firms do compete ferociously with one another, at least in terms of generating sufficient funds to invest in new technology, and this is a guarantee that they will allocate their resources optimally within the limits of their knowledge and the boundaries imposed upon them by government action. Thus, the welfare implications of multinational enterprise as an expression of oligopolistic behaviour are possibly more positive than negative.

Oligopolistic Reaction and the Multinational Enterprise, Boston, Harvard Business School, Harvard University Press, 1973) ; MEs as a behavioural phenomenon (Y. Aharoni, *The Foreign Investment Decision Process,* Boston, Harvard University Press, 1966) ; MEs as an attempt to diversify risk (G. V. Stevens, "The Determinants of Investment", in J. H. Dunning (ed.), *Economic Analysis and the Multinational Enterprise,* London, Allen & Unwin, 1974) ; and MEs as an expression of the internalization of international markets (P. J. Buckley and M. Casson, *The Future of the Multinational Enterprise* (London, Macmillan, 1976).

The remaining theories of multinational enterprise all imply a welfare gain for the world at large, since they reflect the response of firms to market forces in a changing environment. In the absence of such responses, there would be less capital for developing countries, a shorter range of products for consumers in developed countries, less technological innovation, certain economies of scale and transportation would not be realized, and international differences in factor prices would be even more glaring than they already are. On the whole, with the exception of the ambiguous welfare implications of the oligopolistic theory of multinational enterprise, induced foreign investments have negative welfare implications and autonomous foreign investments have positive ones.

If we now look at the actual pattern of foreign direct investment (as a recorded statistic), according to broad sectors of the economy and according to the countries of origin and destination, we can assign to each segment the type of multinational enterprise theory—autonomous or included—which we find most appropriate.

The first important distinction to be made is between FDI in primary, secondary, and tertiary sectors. FDI in the primary sector—mining and petroleum—accounts for some 25 per cent of total FDI. [31] As we have already noted, FDI in mining and petroleum treads the path of comparative advantage based on natural resource endowments and can be deemed efficient from the global economic point of view, whatever one's political reservations and whatever the distribution of gains may be. FDI in the tertiary sector—services, distribution, financial institutions, and real estate—accounts for another 30 per cent of total FDI. [32] Far from displacing exports, these investments are often designed specifically to facilitate them. They are presumably efficient in economic terms for the most part. It is therefore only FDI in the secondary (manufacturing) sector which is potentially export-displacing and inefficient in economic terms. FDI in manufacturing (FDIM) accounts for some 45 per cent of the total (see Table 1, p. 300). [33]

---

[31] A clear breakdown on a stock basis is available only for the United States, United Kingdom, and Japan, where foreign direct investment in the primary sector is 30, 15, and 32 per cent respectively. If we judge that the pattern of investment of other European countries is likely to reflect more the British than the American, the weighted average comes out at 25 per cent.

[32] This is a residual category. Table 1 shows that FDI in the secondary sector accounts for some 45 per cent of the total and since we have estimated (n. 31) that FDI in the primary sector is equal to 25 per cent of the total, FDI in the tertiary sector accounts for the remainder.

[33] Table 1 is constructed as far as possible on a stock basis. However, some countries do not publish stock figures relating to foreign direct investments, in which case accumulated net outflows have been used as a substitute. It is felt that these represent a fair approximation of the truth since most of the growth in direct investment took place in the 1960's.

Table 1

Foreign Direct Investment in Manufacturing (FDIM) 1974
(Stocks, $million) [1]

Country of destination / Country of origin	US [2] $ mn.	Canada [3] $ mn.	Japan [4] $ mn.	UK [5] $ mn.	FRG [6] $ mn.	Nether-lands [7] $ mn.	France [8] $ mn.	7-country total $ mn.	FDIM destina-tions %	Others [9] $ mn.	Total $ mn.
USA		2,658	692	1,542	804	*457*	*135*	*6,288*	7.5		
Canada	13,446		n. a.	903	*416*	n. a.	*82*	*14,847*	17.7		
Japan	1,533	n. a.		716	*63*	n. a.	n. a.	*1,603*	1.9		
UK	7,201	669	n. a.		275	*592*	*201*	*8,938*	10.6		
FRG	4,804	*95*	n. a.	629		*603*	*124*	*6,255*	7.4		
Netherlands	1,541	32	n. a.	357	*511*		*104*	*2,545*	3.0		
France	3,411	128	n. a.	350	*1,121*	*303*		*5,311*	6.3		
Belgium	1,817	*48*	n. a.	193	*1,004*	*435*	*84*	*3,726*	4.4		
Italy	1,764	*28*	n. a.	159	*427*	*112*	*73*	*2,563*	3.0		
EEC (9)	21,041	*1,078*	214	1,738	*3,338*	*2,115*	*642*	*30,165*	35.9		
Switzerland [10]	798	n. a.	n. a.	34	*317*	*30*	negl.	*1,180*	1.4		
Other DCs	4,975	*183*	n. a.	4,669	*803*	*285*	*218*	*11,133*	13.3		
LDCs	9,122	*768*	3,231	1,951	2,467	*400*	*751*	*18,690*	22.3		
of which Latin America	7,487	*419*	1,291	535	(1,059)	n. a.	*154*	*10,945*	13.0		
Far East	1,344	*74*	1,568	613	(254)	n. a.	n. a.	*4,521*	5.4		
Middle East	130	n. a.	106		(131)	n. a.	n. a.	*367*	.4		
Africa	160	*45*	51	406	(410)	n. a.	282	*1,354*	1.6		
Other	491		215		(558)	n. a.	*315*	*1,579*	1.9		
Total FDIM	50,915	4,687	4,137	10,844	*8,208*	*3,287*	*1,830*	*83,908*	100	*14,500*	*98,000*
FDIM origins %	51.9	4.8	4.2	10.8	8.2	3.3	1.8	85.6		14.4	100
Total FDI	118,613	9,307	12,666	17,017	15,258	*5,000*	*3,814*	*181,675*		*32,325*	*214,000*

Notes : See pages 303-304.

Table 1 shows the pattern of FDIM according to various countries of origin and destination. The statistical problems encountered in constructing such a matrix are daunting, as the notes to Table 1 testify, and the figures must be taken with the proverbial grain of salt. The column entitled "FDIM destinations" shows where the world stock of FDIM is located. The row entitled "FDIM origins" shows where this stock came from. The various boxes in between contain absolute figures, representing the estimated stock of FDIM in dollar terms at the end of 1974. Published figures are in normal characters, estimates in italics and guesstimates in parentheses.

The EEC, not surprisingly, is collectively the most important destination for FDIM stocks, two-thirds of which come from the United States and the rest from within the EEC itself. While tariff-jumping and oligopolistic behaviour cannot be ruled out as a moving force behind both these investments, the autonomous theories of FDI seem to be much more plausible as their principal and general cause. The next most important destination for FDIM (and by far the most important single-country destination) is Canada, which takes almost 18 per cent, of which 90 per cent originates in the United States. Virtually all of it can be assumed to be of the tariff-jumping variety and hence induced and inefficient in economic terms (unless external economies of one kind or another are captured). The United States is itself an important destination of FDIM, and takes some 7.5 per cent. Canada supplies 40 per cent of this, Japan 11 per cent, and the EEC and other developed countries the remainder. While some tariff-jumping cannot be ruled out, the low level of the US tariff and the huge size and sophistication of its market suggest that autonomous causes for FDIM are much more important. The FDIM into the United States is therefore deemed to be efficient in economic terms. According to Table 1, "other developed countries" account for 13.3 per cent of FDIM destinations. The category contains all sorts of countries, from the low-tariff Nordic group to the high-tariff developed Commonwealth countries. We shall therefore assume that autonomous and induced investments share this particular bit of FDIM equally.

Japan accounts for some 2 per cent of FDIM. Its large domestic market and net technological import position suggest that autonomous factors may offset the induced element due to relatively high tariffs and frequently alleged non-tariff barriers. The Japanese position is ambiguous and we shall split it 50 : 50. Developing countries account for some 22 per cent of FDIM destinations, half from the United States and half from Europe and Japan. Most of these investments are probably induced by a combination of high tariffs and tax incentives. However, one cannot rule out autonomous investments altogether : investments in the Far East, for instance, reflect a search for cheap, skilled labour and are clearly efficient in economic terms, as are some investments in Latin American export-processing zones. Perhaps some 5 out of the total of 22 per cent accounted for by developing countries represents autonomous, hence efficient, investment.

When all these estimates are added up, we have a rough breakdown between autonomous and induced foreign direct investment in manufacturing as follows :

Table 2

FDIM Destinations (per cent)

	Induced	*Autonomous*
United States	1	6
Canada	15	3
Japan	1	1
EEC	6	30
Other DCs	7	7
LDCs	18	5
Total	48	52

The actual percentages shown in Table 2 are not particularly important. They contain a large measure of guesswork and figures after the decimal point would be clearly meaningless. What is of value is the suggestion that about half of the world stock of FDIM is probably induced, hence inefficient, and half seems to be autonomous, hence efficient.

FDIM, however, as mentioned earlier, accounts for only 45 per cent of total foreign direct investment stocks. The other 55 per cent, made up of direct investments in primary production and services, is almost certainly autonomous rather than induced. Thus induced FDI, according to these estimates, represents some 22 per cent of total foreign investment stocks, while the remaining 78 per cent appears to be autonomous. This suggests that the foreign direct investment phenomenon, for which multinational corporations are largely responsible, has improved world welfare by a comfortable margin.

Notes of table I:

[1] All figures in this table are based on figures reported by the country of origin. Anyone who wishes to retain his sanity should not try to match these data with figures reported by the country of destination. The discrepancies are baffling. Foreign direct investment in manufacturing (FDIM), as opposed to foreign investment in agriculture, mining, quarrying, and smelting on the one hand, and distribution, banking, transport, and other services on the other, constitutes less than half total foreign direct investment (FDI). In this table total FDIM is estimated to amount to no more than 45 per cent of total FDI.

[2] Source for the US: *Survey of Current Business,* October 1975, p. 53.

[3] Source for Canada: *Statistics Canada,* 14 September 1976. Figures relating to the individual members of the EEC apart from the UK are estimated, since a breakdown for FDIM was not available at that level of area disaggregation. The ratio of FDIM to FDI for the UK was assumed to apply to other European countries, namely, 76 : 100. In Commonwealth countries the ratio of FDIM to FDI was only 32 per cent, and in "other" countries (*i. e.,* mainly LDCs) it was 39 per cent. The average for all Canadian investments was 52 per cent. The Commonwealth ratio of 32 per cent was applied to FDI in the Far East and Africa; the ratio for "other" countries was applied to Latin America, while a compound ratio of 35 per cent was applied to Canadian FDI in LDCs generally.

[4] Source for the UK: "Book values of overseas direct investments", *Trade and Industry,* November 1973. Figures relate to 1971. Calculations to incorporate net investment figures for 1972, 1973, and 1974 do not yield substantially different results in terms of dollars because of the depreciation of sterling. Figures in pounds were converted into dollars at the end-of-year exchange rate reported in the IMF at line *ag* in *International Financial Statistics.* FDIM includes food, chemicals, metal manufactures, mechanical engineering, electrical engineering, motor vehicles, textiles, paper, rubber, and "other". It accounts for 76 per cent of total UK FDI in the United States, 52 per cent in Canada, 83 per cent in the EEC and 41 per cent in LDCs.

[5] Source for Japan: Bank of Japan. Figures represent the cumulative total from 1951-1974 of net FDI outflows. 30 per cent of Japanese FDI is in mining and 33 per cent in commerce, banking, and other services. The figure for the EEC includes the rest of Europe.

[6] Source for Germany: *Runderlass Aussenwirtschaft,* no. 11/1975 (25 March 1975) and *Aktuelle Beiträge zur Wirtschafts- und Finanzpolitik,* no. 98/1975. Figures represent the cumulative value of net flows since 1952. A breakdown according to type of investment is available for only a few countries, and the customary distinction between mining and smelting, manufacturing and services is not available, in particular, no distinction is made between manufacturing and distribution. FDIM was therefore estimated, using as a starting point the available distinction between "holding companies" (judged to be in services rather than production), "financial institutions", "real estate", and "industry". The "industry" category was divided between manufacturing and distribution by using the ratio between these two orders of magnitude obtaining in the US and the UK which coincidentally, perhaps, stood at 18 per cent for both countries. In LDCs the ratio of distribution to manufacturing is higher: 22 per cent in the US and 28 per cent in the UK. It was estimated that 25 per cent of German FDI in LDCs was in distribution rather than in manufacturing. A breakdown by industry for LDCs is not available, but was estimated by using the available figures for Brazil, which alone takes 7 per cent of German FDI. At least 74 per cent of this is in industry, as opposed to mining or services, but an estimated 25 per cent of German investment in industry in LDCs is thought to be in distribution. Rough estimates for German FDIM in LDCs were built up from these bench-marks, and must be treated as educated guesses.

[7] The Netherlands do not provide a breakdown for outward investment, according to type, hence FDIM has to be estimated. Using the relationship of FDIM to FDI obtaining in the US and UK, where a clear breakdown is available, it has been estimated that FDIM is 75 per cent of FDI in all developed countries except for Switzerland, where it is judged to be only 20 per cent (see note 10), and 35 per cent in LDCs. The stock figures upon which these estimates are based are derived from the accumulation of direct investment outflows from 1957 to 1974 as reported by the Netherlands to the IMF, while the country-distribution is provided by a breakdown published in the *1974 Annual Report of the Netherlands Bank.*

[8] Source for France: IMF, *Balance of Payments Yearbooks,* various issues, *Balance des paiements (1970-1974) France et l'extérieur,* Annexes II, pp. 184-185, 218-277, and 270-335 respectively. French sources provide a breakdown by area of destination of direct investment outflows, and a breakdown according to type of FDI for certain countries and areas, but only since 1970. In order to estimate the stock of French investment abroad, net outflow figures reported to the IMF since 1961 were added up, and the industry-country distributions reported for 1970-1974 were applied to the 1961-1974 accumulated flow data to establish FDIM estimates.

[9] According to UN estimates for 1971, the seven countries on which data is presented here accounted for 85 per cent of the world stock of FDI (UN, *Multinational Corporations in World Development,* New York, 1973, p. 139). This column therefore simply represents the residual of 15 per cent, no distinction being attempted between FDIM and FDI.

[10] Switzerland does not publish any figures relating to capital exports, but the UN study cited above at no. 9 estimates Switzerland's share in total FDI stocks to be 4.1 per cent, just after Germany as a source of FDI funds. In fact, on the inflow side, the bulk of foreign investments takes the form of holding companies (in the case of Germany) or financial institutions (in the case of the United States and other developed countries), and very little is intended for manufacturing facilities in Switzerland. It stands to reason that much of the FDI inflow into Switzerland simply turns around and goes out again, contributing to the well-known high level of Swiss capital exports, without really being of Swiss origin at all. Swiss FDIM inflow as a percentage of total Swiss FDI inflows, calculated from the outflow data supplied by the respective countries was as follows in 1974:

FDIM as Percentage of FDI Inflows into Switzerland

United States	17.6
United Kingdom	24
Germany	14
France	36

INFLATION: A WORLDWIDE PHENOMENON?

Hans GENBERG
and
Alexander K. SWOBODA

I. *INTRODUCTION*

In the late 1960's and early 1970's, the industrialized world experienced inflation on a scale probably unprecedented in modern history. Apart from a temporary surge in 1951-1952, associated with the Korean War boom, and one in 1957-1958, inflation in the 1950's and 1960's remained in the 2-3 per cent range per annum until the midde of the 1960's. The acceleration which then started is apparent in Table 1, which gives a summary record of the postwar experience of inflation in ten major countries.

Table 1 [1]

1951-55	1956-60	1961-65	1966-70	1971-75
2.6	2.3	2.3	4.1	8.0

Seen in historical perspective, the recent inflation is indeed significant and, in some ways to be discussed in this paper, à "new" phenomenon. In her study of six episodes of secular price changes in the United States, and for the period 1790-1934, Anna Schwartz found that the annual average rate of change of US prices for sub-periods (of 14-35 years) of inflation and deflation ranged from — 4.1 per cent to + 4.7 per cent. [2] The highest figure is for the period 1896-1920 and thus includes the World War I years. The lowest (— 4.1 per cent) refers to the period 1920-1934. Of course, there had been bouts of higher inflation, usually associated with wars, in several countries simultaneously, or secular waves

[1] Source: see Table 2, Column (1), below.

[2] See A. J. Schwartz, "Secular Price Change in Historical Perspective", *Journal of Money, Credit and Banking,* February 1973.

of inflation such as that associated with the Spanish exploitation of American gold and silver mines in the sixteenth century or with gold discoveries and the introduction of the cyanide process in the 1890's. [3] And individual countries did experience hyperinflations—witness the German experience of 1921-1923. One may nevertheless hazard the guess that the prospect of worldwide inflation did not loom large as a concern in the minds of economists and policy-makers in 1927, when the Graduate Institute of International Studies was created.

In contrast, worldwide inflation has been the focus of much concern and research in recent years. The Institute has participated actively in that effort, particularly through a research project on "National Economic Policy and the International Monetary System" pursued under a grant from the Ford Foundation. [4] It thus seemed appropriate to us to try, in an article to appear in a volume celebrating the Institute's fiftieth anniversary, to summarize and explain, as simply as possible, those of our findings most relevant to understanding the recent worldwide inflation. It also seemed appropriate to speculate on some of the broader implications of our technical analysis.

---

[3] It is estimated that prices in Europe trebled between 1500 and 1650 with the inflation strongest between 1550 and 1600 when prices doubled. Note that a doubling of the price level over 50 years implies an annual average rate of inflation of slightly less than 1.5 per cent per annum, a modest figure by today's standards!

[4] Research under that grant (no. 740-0232) began in February 1974 and will end in mid-1977. It extends to several areas (notably the effectiveness of devaluation, policy autonomy of small countries, etc.), not reported on in this article. The project has issued a number of discussion papers to report some of its findings, under the general title: "Discussion Paper, GIIS-Ford Foundation International Monetary Research Project (Graduate Institute of International Studies)." The papers that are most relevant here and on which much of the present summary is based are:

H. Genberg, "The Concept and Measurement of the World Price Level and Rate of Inflation", Discussion Paper 1, October 1974, forthcoming in the *Journal of Monetary Economics,* vol. 3 (hereafter H. Genberg, "The Concept and Measurement").

A. K. Swoboda, "Gold, Dollars, Eurodollars and the World Money Stock. A Simplified Model of Money Supply Determination and Reserve Distribution under Fixed Exchange Rates", Discussion Paper 2, November 1974 (hereafter A. K. Swoboda, "Gold, Dollars").

A. K. Swoboda, "Monetary Approaches to the Transmission and Generation of Worldwide Inflation", Discussion Paper 4, March 1975, *in* L. Krause and W. Salant (eds.), *Worldwide Inflation: Theory and Recent Experience,* Washington, DC, The Brookings Institution, 1977 (hereafter A. K. Swoboda, "Monetary Approaches").

H. Genberg and A. K. Swoboda, "Causes and Origins of the Current Worldwide Inflation", Discussion Paper 6, November 1976, forthcoming in the proceedings of the Conference on Inflation and Anti-Inflation Policy, sponsored by the International Economics Association at Saltsjöbaden, Sweden, August 1975 (hereafter H. Genberg and A. K. Swoboda, "Causes and Origins").

H. Genberg and A. K. Swoboda, "Worldwide Inflation under the Dollar Standard", Discussion Paper 12, January 1977 (hereafter H. Genberg and A. K. Swoboda, "Worldwide Inflation").

The first task in examining worldwide inflation is to inquire into whether, to what extent, and why inflation in the past two decades has indeed been worldwide.

Our findings on this score are summarized in the next section, which also outlines our methodological stance, one that emphasizes the relevance of "world" aggregates rather than separate examination of individual country experiences. The third section introduces and explains the concept of the "world money supply" and presents evidence, first, on co-variation between that construct and our inflationary experience and, second, on patterns of temporal precedence (causality in a very limited sense) between these two series. The conclusion that is drawn from this evidence is that the growth of the world money stock can be considered as the proximate determinant of the world rate of inflation. The question of what determines the growth of the world money stock is taken up in the fourth section, which also investigates the role of the dollar standard in this context. In the final section we ask a broader question : why, when there is general agreement that inflation is a bad thing, have we had so much of it ?

II. *WORLDWIDE INFLATION*

A broad picture of the inflationary experience of ten major industrialized countries for the period 1950-1975 is given in Table 2 below.[5] The first two columns list two alternative measures of the average rate of inflation for the aggregate of these ten countries. The first column represents the yearly rate of growth of a "world" price index which we constructed by aggregating the individual consumer price indexes (CPIs) of the following ten countries : Belgium, Canada, France, Germany, Italy, Japan, the Netherlands, Switzerland, the United Kingdom, and the United States. The weights used in the aggregation were 1963 nominal GNPs. The second column simply gives an unweighted average of the ten countries' individual yearly rates of inflation. Column (3) shows the behaviour of the rate of inflation in the United States whose weight in our "world" index was some 56 per cent in 1963. The difference between the behaviour of the indexes in columns (3) and (1) thus represents the difference between the behaviour of inflation in the United States and in the rest of the world. Finally, column (4) gives one measure of the dispersion of individual countries' inflation rates from the "world" average measured in column (2).

---

[5] This table is reproduced (with the addition of figures for 1975) from H. Genberg and A. K. Swoboda, "Causes and Origins", p. 3.

Table 2

Yearly Rates of Inflation 1950-1975

Year	(1) "World" Price Index [1]	(2) Average Inflation Rate 10 countries [2]	(3) US CPI	(4) Standard Deviation [3]
1950	— 1.2	0.5	— 1.5	5.1
1951	7.9	7.5	7.9	8.4
1952	3.2	3.7	2.2	3.6
1953	0.7	0.7	0.7	2.7
1954	1.0	1.8	0.4	1.7
1955	0.4	1.0	— 0.3	1.5
1956	2.1	2.5	1.5	1.4
1957	2.9	2.7	3.4	1.8
1958	3.4	3.5	2.8	4.0
1959	1.0	1.1	0.9	1.7
1960	1.9	2.0	1.6	1.1
1961	1.6	2.2	0.9	1.3
1962	2.3	3.4	1.2	1.8
1963	2.5	3.8	1.2	2.2
1964	2.2	3.5	1.4	1.4
1965	2.7	3.8	1.6	1.5
1966	3.3	3.9	3.1	1.0
1967	2.8	3.1	2.8	0.7
1968	3.9	3.5	4.2	1.3
1969	4.9	4.5	5.4	1.7
1970	5.6	4.8	5.9	1.4
1971	5.1	5.7	4.3	1.8
1972	4.4	5.7	3.2	1.3
1973	7.3	8.4	6.2	1.7
1974	12.5	13.3	11.0	4.5
1975	10.9	12.1	9.1	5.3

[1] Change over previous year of an index of 10 countries' CPIs weighted by 1963 nominal GNP. Uncorrected for exchange-rate changes.

[2] Change over previous year of an unweighted average of the 10 countries' individual year-to-year percentage change in CPI.

[3] Standard deviation of inflation rates averaged in Column (2).

Four features of the record illustrated in Table 2 are worth noting here. First, the trend towards acceleration over the period : after a first surge associated with the Korean War boom in 1951-1952, inflation rises again from 1956 to 1958, proceeds at a fairly steady pace of some 2.3 per cent per annum in the first half of the 1960's and starts accelerating thereafter with a slowdown in 1972. [6] Second, throughout the period, the US rate of inflation is below the ten-country average with the exception of the three years 1968, 1969, 1970, where the United States takes the role of an "inflation-leader". [7] Third, column (4) indicates that, for most of the period, inflation rates in the above-mentioned ten countries tended to move in fairly close harmony. Fourth, this harmony is broken in the last two years of the period and this break corresponds to the introduction of a regime of substantial exchange-rate flexibility. It is to a further examination of these last two points that we devote much of the remainder of the present section, leaving the explanation of the broad behaviour of the overall inflation rate to subsequent sections.

The central questions from our point of view are : (1) Have the movements of inflation rates across countries over the period been similar enough to make it legitimate, for some purposes at least, to define, measure, and use the concept of a "worldwide rate of inflation" ? (2) If so, how can we explain this common inflationary experience ?

A first indication that inflation rates have moved in close harmony is given, as mentioned above, by column (4) of Table 2. With the exception of 1950-1953, 1958, and 1963, the standard deviations of inflation rates around their mean remains within the 0.7-1.8 range until 1973 ; roughly speaking, this means that 95 per cent of observed inflation rates in "normal" years fall within a band of 1.4 to 3.6 around the mean inflation rate. [8] Such a band remains within that of maximum possible variation of exchange rates in a world where margins around parity are 1 per cent (or .75 per cent under the European Monetary Agreement), yielding a total possible range of fluctuations of any two non-US currencies in terms of each other over time of 4 per cent (3 per cent under EMA). In turn, this means that observed deviations of inflation rates

---

[6] Interpretation of the slowdown and subsequent acceleration is complicated by the imposition and subsequent removal of price controls in the United States in the early 1970's.

[7] The US might have come closer to that same position in the first years of the 1970's were it not for the controls mentioned in the preceding footnote.

[8] The deviant years are not hard to explain. 1950-1953 was still a period of reconstruction and of high but changing trade and capital transactions restrictions ; furthermore, the Korean War and the associated raw-materials boom created a number of abrupt changes in relative prices. The high 1958 dispersion is due mainly to the French devaluations. The 1963 increase in dispersion, though less easy to accommodate within the theory, is mainly due to spurts of inflation in Italy and Japan.

from each other are compatible with national price levels to have moved in perfect harmony once corrected for exchange-rate changes.

Of course, we would not expect price levels to move in perfect harmony at every point in time even if exchange rates were perfectly fixed with no exchange-rate margins. Inflation rates are likely to diverge, for instance, because arbitrage in traded goods may be neither perfect nor instantaneous, because transmission of price changes from traded to non-traded goods takes time, because the price of non-traded goods relative to that of traded goods may change differently in various countries in response to different national patterns of growth of productivity and demand, and, lastly, because of errors of measurement and differences in price-index construction and recording across countries. The relevant question here is how much co-variation in price levels and rates of inflation is needed to imbue the concept of a world price level and rate of inflation with sufficient meaning to make it an analytically useful construct. Genberg has addressed this question in a number of studies.

In one study, Genberg examines the behaviour of consumer prices in 21 OECD countries over the period 1955 to 1970. [9] By means of principal component analysis and using quarterly data he is able to show that a "common element" (the first principal component) accounts for 89.6 per cent of the co-variation in national price levels—though, as expected, for only about 30 per cent of the quarterly variations in yearly rates of change (there is considerable scope for divergence of inflation rates over the very short run, much less scope for such divergence over the longer run). Taking the 1962-1966 period over which there were no devaluations, these percentages rise to 97.5 and about 40 per cent respectively. The co-variation thus seems quite strong, but is it strong enough? Two pieces of evidence strongly suggest that it is. First, the percentages given above compare quite favourably with those found by Hester in a recent study of yearly rates of change in twenty-one commodity classifications within the US consumer price index. [10] Second, in another study, Genberg [11] compared the variance of inflation rates of regions (fifteen large US cities) with that between sixteen OECD countries; on balance, the results indicated that the variation between countries was no greater than that within the United States.

---

[9] See H. Genberg, "The Concept and Measurement".

[10] See D. Hester, "Inflation and the Recent American Happening", Social Systems Research Institute, The University of Wisconsin, Workshop Series no. 7307, February 1973.

[11] See H. Genberg, "Aspects of the Monetary Approach to Balance of Payments Theory: An Empirical Study of Sweden", in J. Frenkel and H. G. Johnson (eds.), *The Monetary Approach to the Balance of Payments,* London, Allen & Unwin, 1976.

The upshot of this discussion is that empirical evidence indicates a strong enough common element in the evolution of the price levels of industrialized nations under fixed exchange rates and over the period extending from, say, 1954 to 1973, to warrant making use of the concept of a world price level and rate of inflation just as one makes use of the concept of a national price level and inflation rate.[12] The concept is most useful to analyse the *common* element in national inflation rates when that element is dominant ; there are, of course, circumstances when one may want to analyse divergences rather than the common element.

In addition to empirical evidence, there are compelling theoretical reasons why one would expect national rates of inflation to converge to one worldwide rate under fixed exchange rates. In the first place, goods arbitrage should ensure that the price of homogeneous traded commodities is equalized (up to a margin representing transport cost and impediments to trade) when converted into a common currency unit ; with given exchange rates and constant percentage transport (and other impediments) costs, rates of change of the money prices of such goods should be equalized. In the second place, the prices of non-traded goods should tend to change in parallel fashion across countries in periods where the dominant impulse to price changes is to be found in changes in aggregate demand rather than in changes in the structure of relative prices. To see this, imagine that there is an inflationary impulse in a large part of the world economy leading to a generalized increase in all money prices there ; this change will tend to be transmitted swiftly to any single relatively small country abroad. Traded goods prices will tend to rise first, creating a fall in the relative price of non-traded goods *(e. g.* services) in the small country. This will tend to cause a switch of demand towards, and a switch of supply away from, non-traded goods there. As a result the price of non-traded goods will begin to rise, the "foreign" inflation spreading eventually fully to the small country, thus becoming "worldwide". Third, monetary factors will tend to reinforce the transmission of inflation from country to country under fixed exchange rates. In the preceding example, the small country that was "importing" inflation would initially experience a balance-of-payments surplus as demand is switched away from traded to non-traded goods ; the monetary authorities accumulate international reserves in the process of preventing an appreciation of their currency and the domestic money supply expands, financing the eventual general rise in the domestic price level. Furthermore,

[12] We will not discuss here how best to measure the world price level. Our work suggests that a weighted average of national price levels similar to that shown in column (1) of Table 2 would be preferable if each national index is constructed in roughly the same manner. If, on the other hand, procedures for index construction differ significantly between countries, then the first principal component of national price levels may be superior.

integrated capital markets serve to transmit monetary impulses swiftly from country to country ; domestic monetary expansion quickly spills abroad lowering interest rates and raising aggregate demand everywhere. [13]

It is important to note that the foregoing holds only for a world of fixed exchange rates. In a world of floating rates, there is much more scope for national inflation rates to diverge ; in theory, that scope is almost complete. One could still construct a world price index and a world rate of inflation, but these concepts would be rather useless for most purposes. To see this, imagine that the world is divided into two countries (or regions) of equal size (real GNP), A and B. Suppose further that prices are stable in A while B experiences 50 per cent inflation over the year. Stating that the world rate of inflation is the average of the two rates, 25 per cent in this instance, is rather meaningless since that rate is *not* experienced by anybody. The problem cannot be solved by constructing a world price index by converting national indexes into a common currency measure. In the preceding example, the currency of B will depreciate by 50 per cent if purchasing power parity is maintained. Measured in A currency the world price level is unchanged and the rate of inflation is zero ; measured in B currency the world price level has increased by half and the world rate of inflation is 50 per cent. Column (4) of Table 1 reflects the increased dispersion in inflation rates that occurred after fairly generalized floating of currencies was introduced in the spring of 1973 and which is apparent in the widely different experiences of countries like Germany and Switzerland on one hand, like Italy and the United Kingdom on the other hand. This should serve as a warning that our analysis is not directly applicable to the post-1973 period.

In this section, we have outlined some of the main elements which, on both empirical and theoretical grounds, lead us to expect inflation to be transmitted from country to country and which lend substance to the concept of a world rate of inflation under fixed exchange rates. It remains to explain why the world rate of inflation is what it is and what determines its evolution. The way in which we have defined the concept immediately suggests a specific methodological stance in the search for such an explanation. One should focus on a common explanation of the common element in national price behaviour (the world rate of inflation) rather than on the sum of individual and particular national episodes of inflation. In other words, worldwide inflation under fixed exchange rates is not the result of the accidental coincidence of national causes but is to be explained by worldwide variables. The variable on which we focus in the next section is the world rate of monetary expansion.

---

[13] For a detailed description of the transmission mechanism, see A. K. Swoboda, "Monetary Approaches".

III. *MONEY, INFLATION, AND CAUSALITY*

Many theories have been advanced to account for the postwar simultaneous surge of inflation in the world's industrialized economies. A satisfactory theory of worldwide inflation should be able to explain both its generation and its transmission from country to country. The monetary approach, on which we have concentrated in our research, is capable of doing both within a unified framework.

The secular connection between monetary expansion and inflation is one of the best-documented regularities in economics. There has never been a sustained national inflation that has not been accompanied by a significant increase in the rate of monetary expansion. Both the mechanism (and specific dynamics) of transmission and the direction of causation, however, are somewhat controversial matters. A fairly generally accepted scenario for the closed economy runs as follows in broad outline. Suppose the monetary authorities, for whatever reason, increase the rate of monetary expansion over what it was previously. This tends, through various channels including temporarily lower interest rates, to stimulate aggregate demand. Both real production and prices will tend to rise in response, the particular timing, strength, and split of the response depending on a host of not easily predictable factors ; typically, however, real output will tend to respond first, prices somewhat later, with the increase in real output being only transitory. In this scenario, it has been assumed that the rise in the rate of monetary expansion preceded and brought about the increase in the rate of inflation. Some economists assign a more active role to the rate of inflation, a more passive one to the rate of monetary expansion. They see prices as being determined in relatively autonomous fashion with the money supply adapting subsequently, through various institutional mechanisms, to finance and validate any burst of inflation. It seems to us that, in the context of a closed economy, both evidence and analysis favour the former rather than the latter view, even though there is undeniably an endogeneous element in money-supply behaviour and even though the former view sometimes begs the question of why monetary authorities behave as they do.

In an integrated world economy under fixed exchange rates, however, these closed-economy analyses of inflation fail to provide, in our view, an adequate explanation of the dominant common element in national rates of inflation (though they may, in some cases, be quite useful in explaining deviations from the common trend). Instead, it would appear natural to look to a world money supply rather than to a national money supply concept when searching for an explanation of the world price level and rate of inflation. Together with the so-called "monetary approach to the balance of payments", such an approach provides a consistent and integrated view of the determination of world money income and of the balance-of-payments adjustment process. [14]

In this view, the world price level (among other variables) adjusts to eliminate discrepancies between world aggregate demand and supply and/or the world demand for money and the supply. Individual countries' demand and supply of national money, in turn, determine these countries' balance of payments.

How relevant this view is to the operation of the international monetary system in the short or medium run (say, six to eighteen months) depends in part on how integrated the world economy is. Integrated markets for goods and services ensure that deviations from purchasing power parity (except for those that can be accounted for by differential growth of productivity, etc.) will be neither very large nor very sustained; with fixed exchange rates, this means that national inflation rates will tend to converge to "the world rate" fairly rapidly. Integrated capital markets ensure that monetary impulses originating in any one country will rapidly spread to the rest of the world under fixed exchange rates. That is, integrated capital markets make it well nigh impossible for an individual country to try and maintain, on a sustained basis, a rate of monetary expansion that is significantly different from that compatible with equilibrium in its overall payments balance, *i. e.,* a rate that diverges sharply from that in the rest of the world (up to a margin reflecting a "structurally" different growth rate and income elasticity of the demand for money). Finally, integrated markets together with fixed exchange rates imply that the total supply of money in the world tends to get distributed fairly rapidly among countries to satisfy the demands of various economic agents for national currencies. It is, then, changes in that total world stock of money which determine, proximately, the level of world nominal income and, given real output, prices. [15]

In the remainder of this section, we summarize our findings as to whether the monetary theory sketched above is, at least broadly, consistent with empirical evidence. To this end, the behaviour over time of world income, the world price level, and the world money stock were compared. Our first task was to construct these series for our world of ten industrial

---

[14] For a detailed survey, see again A. K. Swoboda, "Monetary Approaches". Much of the pioneering work on the monetary approach to the balance of payments was provided by Robert Mundell; see, for instance, R. A. Mundell, *Monetary Theory:* Inflation, Interest, and Growth in the World Economy, Pacific Palisades, Goodyear, 1971. See also H. G. Johnson, "The Monetary Approach to Balance of Payments Theory", in M. B. Connolly and A. K. Swoboda (eds.), *International Trade and Money,* London, Allen & Unwin, 1973.

[15] The relationship between money, real output, prices, and interest rates is of course much more complicated than the sketch in the text allows for.

countries on a quarterly and annual basis. This we did by adding up national GNP and money stock data (both M_1 and M_2) converted into $US units at current spot exchange rates. [16] The world price level and inflation rate series were derived by methods similar to those underlying column (1) of Table 2, above, but using current quarter nominal GNP weights.

Looking at the evolution of the world price level and world money stock, it is immediately apparent that these two series have followed a roughly similar pattern throughout the entire postwar period. [17] After the Korean War years, both series show moderate growth rates during the remainder of the 1950's, accelerate mildly throughout the next decade, and strongly from the end of the sixties. The relationship appears very strongly if one looks at the correlation of yearly rates of change between world money and world prices, on one hand, and world money and world money income, on the other hand. The relevant data are presented in Charts 1 and 2, respectively. [18] Three features of these charts stand out quite clearly. First, the correlation between the money series and either the money income or price series is quite close (and seems at least as close as that usually observed for national data) ; the two series tend to move up and down together, though more careful examination may enable us to detect systematic lead and lag relationships—about which more shortly. Second, the correlation of the money with the money income series appears closer (or at least more contemporaneous) than that with the price series. This accords with the "monetarist" view which, on one hand, postulates the existence of a stable demand for money function which allows one to determine money income fairly accurately once the money supply is known and, on the other hand, recognizes that, even though real output is independent of the quantity of money in the long run, the short-run impact of a change in the rate of monetary expansion will fall on both real output and prices. The exact division of this impact between the two aforementioned variables and the dynamics of adjustment over time are still in need of much analysis and difficult to predict ; the closer correlation between the series in Chart 2 is therefore not surprising.

The structure of leads and lags that seems to appear in the two charts constitutes the third feature worth emphasizing. Looking at

---

[16] For a more precise definition of methods of computation and of sources, see the Data Appendix in H. Genberg and A. K. Swoboda, "Causes and Origins".

[17] For the period 1950-1974, our measure of the world money stock (M_1) grew at an average annual rate of 6.6 per cent. For sub-periods the average annual growth rates of world money are as follows. 1950-1955 : 5.0 per cent ; 1955-1960 : 2.6 per cent ; 1960-1965 : 6.2 per cent ; 1965-1970 : 7.0 per cent ; 1970-1974 : 13.2 per cent.

[18] These charts are reproduced from H. Genberg and A. K. Swoboda, "Causes and Origins", pp. 18-19.

Chart 1

World Prices and the World Money Stock: Annual rates of change

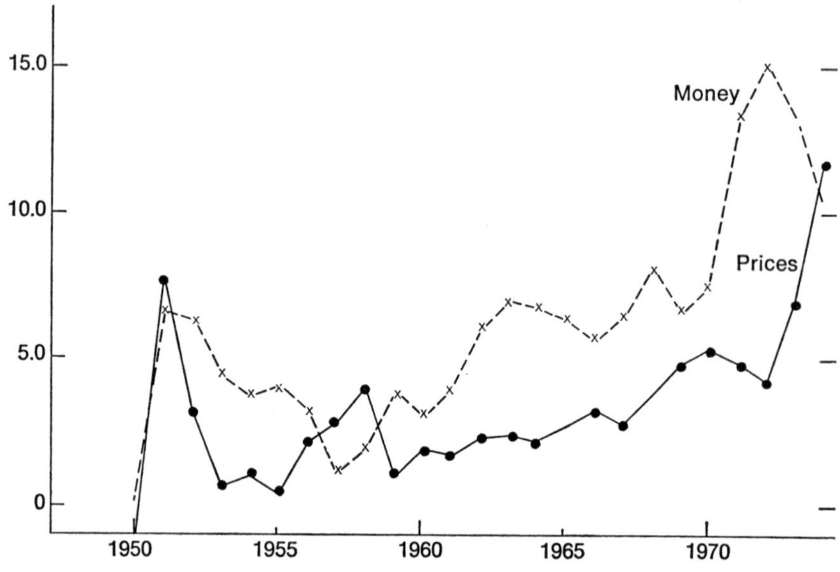

Chart 2

World Nominal Income and the World Money Stock: Annual rates of change

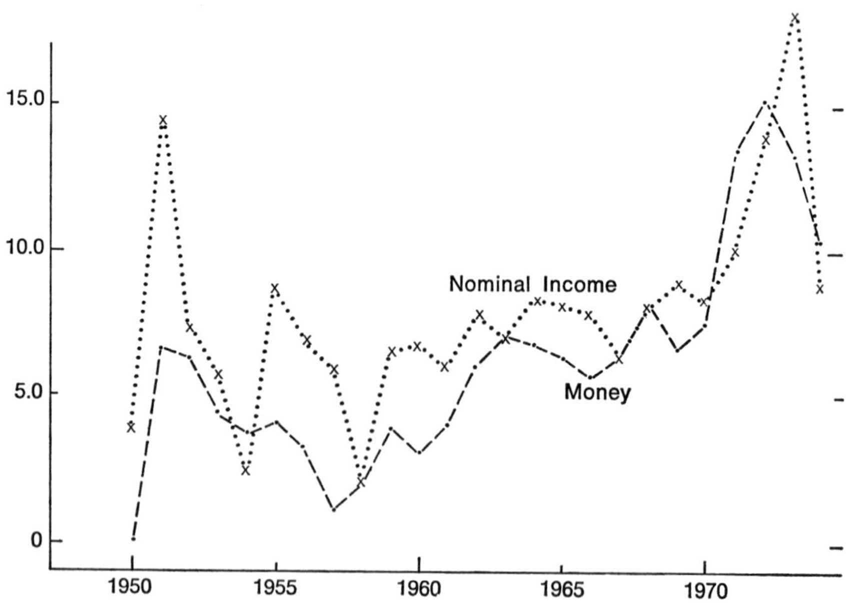

Chart 1, it appears that, starting from the mid-1950's, changes in money have preceded changes in prices by one to two years. Observe, for instance, the peaks of the money series in 1959, 1963, 1968, and 1972 to which peaks in the price series in 1960, 1966, 1970, and 1974, respectively correspond ; and similarly for troughs, 1957 v. 1959, 1960 v. 1961, 1966 v. 1967, 1969 v. 1972. [19] The relationship is of course not perfect but it is consistent with the monetary hypothesis. Turning to Chart 2, one notices that the lags between changes in the world money stock and changes in world money income seem shorter than those in the preceding chart ; they appear to lie between zero and one year. This again is consistent with the monetary hypothesis outlined above.

Casual inspection of graphs is, however, notoriously dangerous in inferring lead and lag patterns and even more dangerous when it comes to causal inferences. Fortunately, a more formal test can be applied to the hypothesis that changes in the world money stock have been the source of changes in world money income over the past two decades. This test has been developed by Sims, using a concept of causality elaborated by Granger ; in essence, it determines the temporal relationship between two variables by regressing one variable on past, current, and future values of the other variable. [20] We will not attempt to explain the technique here. Suffice it to say that it enables one to discriminate between cases where one series shows temporal precedence over the other and cases where neither series systematically precedes the other. Moreover, as Sims shows, none of the usual arguments advanced for endogeneity of the money stock (the money supply adapts to finance an essentially autonomous price level is the simplest of these arguments) is consistent with a finding of temporal precedence by the test's criterion ; such arguments imply, empirically, either that the test shows precedence of the income or price series or, at least, that it shows "causality" to be bi-directional.

Applying the Sims test to quarterly data on world money, world prices, and world money income for the period extending from the fourth quarter of 1957 to the third quarter of 1974, we found that the data support the hypothesis that causality runs from the money stock to money income and to prices. This does not deny that there may be substantial elements of endogeneity in the money stock but it does deny that those elements

[19] Remember that the 1972 rate of change of prices may be artificially low because of price controls in the United States.

[20] See C. Sims, "Money, Income and Causality", *American Economic Review,* vol. 62, 1972, pp. 540-552 ; and C. W. J. Granger, "Investigating Causal Relations by Econometric Models and Cross-Spectral Methods", *Econometrica,* vol. 37, 1969, pp. 424-438.

played an important enough role to reverse, or cancel, the dominant pattern of causation.[21]

A further check on the consistency of the theory with the data is provided by an implication of the monetary theory of the balance of payments which was mentioned above. That theory predicts that, under fixed exchange rates, the world money stock is an important determinant of the world price level but that the money stock of any individual small open country will tend to be determined by the demand for its currency. That is, for an individual small country, the causal relationship between money, income, and prices will tend to be the reverse of what it is at the world level, or at least will be bi-directional. Evidence from other studies (particularly on Canada and Sweden) and an application of the Sims test to the Netherlands and Switzerland indicate that such is the case. In contrast, as Sims's article demonstrates, causality does run from money to income and prices in the case of the United States. In our view, there are two reasons for this : first, the US is a very large economy (it represents some 50 per cent of our sample world in terms of GNP) ; second, US monetary policy played, as we shall argue in the next section, a very important role in determining the world money stock during the postwar period.

The evidence summarized in this section lends, in our view, substantial support to the hypothesis that the rate of expansion of the world money stock constitutes a major proximate determinant of the world rate of inflation. It does not provide, however, an answer to what determines the world money stock, the subject to which we now turn.

IV. *THE WORLD MONEY STOCK UNDER FIXED EXCHANGE RATES*

The world money stock has been defined as the sum of the national money stocks in the hands of the public in various countries converted, at the existing fixed exchange rates, into a common currency unit. It would thus be tempting to argue that what determines the world money stock is simply the sum of what determines national stocks of money. In the same vein, assessing the impact of monetary policy in some country on the world money stock would seem a simple matter : find what the effect is on the country's money supply and simply add that on to the

[21] Nor does it deny, of course, that many other factors besides the money stock influence money income and prices. Some of the elements of endogeneity of the money stock are emphasized in our concluding section.

figure for the world money stock. From this it would follow that various national monetary policies have a similar impact on the world money stock and, hence, on world economic activity. Such an approach to the determination of the world money stock is incorrect for at least two reasons : it neglects the implications of the balance-of-payments adjustment process and ignores the asymmetries inherent in the use of national currencies as international reserves by monetary authorities. [22]

It is possible to take these and other factors into account and to construct a model of the determination of the world money stock under fixed exchange rates on lines similar to those one would use for modelling the money-supply process in a single closed economy. Such a model has been presented elsewhere by one of us and will not be described in detail here. [23] Its main features and implications can, however, be explained in fairly simple terms.

Consider first a two-region world in which gold (or some other "outside" asset) is the only international reserve held by monetary authorities and let the world gold stock be fixed for the period of analysis. Suppose that the monetary authorities of one of the regions, say, "Europe", carry out an open-market purchase of securities of, say, 10 million currency units (for example, Deutsch marks). Three questions arise : what will the effect be on the European money supply, the other region's money stock, and the world money supply ? What is the effect on the distribution of international reserves among the two regions ? What are the "basic" determinants of the world money stock and is its reaction to changes in policy originating in one region similar to those originating in the other ?

The answer, in outline, is as follows. The creation of European money attendant on the open-market purchase creates a tendency for Europe's currency to depreciate *vis-à-vis* the currency of the other region, say, the United States. European monetary authorities (or gold arbitrage) must intervene in the foreign-exchange market to prevent this depreciation ; as a result Europe loses, and the United States gains, gold. The process ends when balance-of-payments equilibrium is restored. The end result is that both the European and the US money supply will have increased and, hence, of course, the world money stock which is the sum of the two. A region's monetary policy is generalized into a change in the world money stock by the requirement of payments equilibrium under fixed exchange rates. The share of the expansion that takes the form of an increase in one region's money stock is directly related to that coun-

[22] The theory of determination of the world money stock is developed in A. K. Swoboda, "Gold, Dollars".

[23] See A. K. Swoboda, *ibid.*

try's effective share in world income; in other words, expansionary monetary policy in a small country tends to spill mostly abroad while a major part of such expansion in a large country is retained at home. In the process gold gets redistributed from the region with an expansionary policy to the rest of the world. The total effect on the world money stock depends on the parameters of the demand for money in the two regions and will be larger, the greater the banking multipliers in the two regions.

Through formalization, it is possible to express the world money stock as being equal to the product of a multiplier and of a world monetary base equal to the sum of the domestic assets of the two regions' central banks and the world gold stock. The multiplier is a weighted average of the two regions' money multipliers. The immediate and important implication is that the final effect of national monetary policy (defined as a change in the domestic assets of either central bank) on the world money stock is the same independently of whether it originates in one region or the other. There is a basic symmetry in the international monetary system when only outside assets *(e. g.* gold) are held as international reserves and it is the payments adjustment process that brings this symmetry about.

The symmetry disappears when national currencies are held as international reserves by central banks: the monetary policy of the country whose currency is used as an international reserve has a much stronger impact on the world money stock than that of the rest of the world. Consider again our two-region example and suppose that Europe holds its international reserves in the form of US Treasury Bills (as it did, in substantial part, in the 1960's and early 1970's). The short-run impact of an expansionary open-market purchase by the European monetary authorities will be much the same as before, the long-run effect very different. For Europe's loss of international reserves no longer takes the form of a loss of gold to the United States but that of a sale of US Treasury Bills. That sale will tend to prevent the expansion of the US money supply that would have occurred under the gold standard. Europe must lose reserves until its money supply has returned to its initial level. In the end, then, and on admittedly highly simplified assumptions, European monetary policy has no lasting effect on either its own, the American or the world money stock. The one change will be the substitution of domestic assets for US Treasury Bills in the portofolio of the European Central Bank. The asymmetry impinges in reverse form on the effectiveness of US monetary policy. Under the gold standard, an open-market purchase of securities by the American authorities would have resulted in a smaller increase in the US money stock than would have been the case if the US economy were a closed economy because of the associated gold loss. Under the dollar standard postulated here the effect of such an open-market purchase is *larger* than it would have been without foreign repercussions. As the US money supply expands, foreign monetary authorities gain reserves. But this gain takes the form of purchases of US Treasury Bills which amplify the expansionary impact of the Federal Reserve's initial purchase of such bills.

In formal terms, the world money supply can no longer be expressed as the simple product of a multiplier and a world monetary base. The base must be split into its national components and a higher multiplier be applied to the US than to the European component of the base. The importance of the asymmetry is indicated by some calculations performed on the basis of not entirely unreasonable assumptions about behaviour parameters.[24] These calculations show that whereas the gold standard multiplier might be of the order of 4, that applicable to changes in the Federal Reserve's domestic assets rises to approximately 6 and that applicable to European monetary policy falls to about 3.5 in a model of the dollar standard that also allows for the Eurodollar market and for some gold holdings. The asymmetry is further reinforced, the European coefficient falling towards zero, if the US authorities neutralize the effects of variations in foreign official holdings of dollars on the money supply in the hands of the US public, a practice that was at least partially followed over the period that concerns us.

The foregoing analysis has three major implications in the present context. First, it is the domestic monetary policies of various countries that, together with the supply of outside reserves, determines the evolution of the world money stock. Second, important asymmetries exist that lend particular importance to the monetary policy of reserve-issuing countries in the process of world money stock determination. More specifically, US monetary policy is particularly important for the evolution of the world's money stock in the 1960's and early 1970's since the world was on a *de facto* dollar standard over that period. This importance is also due, in addition to the asymmetry just mentioned, to the sheer relative size of the United States (some 50 per cent of our "world") and to the fact that it did not have to face an international reserve constraint similar to that faced by other countries, its reserve losses accruing predominantly in the form of an increase in its liabilities rather than of a decrease in its owned reserves. Third, the foregoing analysis suggests that the process by which the world money stock is determined is not a simple unidirectional one going from exogenous increases in international reserves to increases in the world stock. Rather, it is the outcome of a simultaneous process over time of determination of the world price level and the distribution of the world money stock through the payments-adjustment mechanism. For, in our view, the stock of international reserves (and its dis-

[24] See *ibid.,* Table 3.

tribution) is not exogenously given but is determined by the interaction of regional monetary policies under a dollar standard.

These issues are addressed empirically in a recent study of ours.[25] As a first step in confronting the asymmetry issue with empirical evidence, we estimated a number of simple reduced-form models of the world money-supply process. The rate of change in the world money supply was related to various measures of monetary expansion in the United States and in "Europe" and to a measure of the growth of outside reserves (mainly gold and SDRs) in this two-region world.[26] Adjustment lags of up to two years were introduced in order that a distinction could be made between the short-run and long-run effects of policy originating in each region.

Two of the results that the estimation of these relationships generated are particularly relevant for the present discussion. The first is that an important asymmetry between the longer-run effects of monetary policy originating in the United States and that originating in Europe appears to have been working during the 1960's and early 1970's. This was brought out by the finding that, after a lag of about two years, the influence of European monetary policy on the world money supply died out. After this same adjustment lag only the variable measuring the impact of US policy remained a significant explanatory factor. This evidence is consistent with the theory of the determination of the world money supply which takes into account the institutional aspects of a dollar standard and in which the Federal Reserve neutralizes the effects on the US money supply of balance-of-payments surpluses and deficits.

A second result that emerged from the reduced form regressions is that in the short run, that is during a period of three to six months, European monetary policy as well as movements in outside reserves have significant effects on the world money supply. This implies that expansionary impulses emanating from either of these sources will influence world inflation in the short run. The experience with worldwide inflation which we outlined in Section 2 can therefore not be ascribed solely to the United States. Temporary accelerations or decelerations may well have had European origins. The asymmetry result just mentioned, however, indicates that for a higher rate of inflation to have been maintained for more than one or two years, a monetary expansion in the United States would have been necessary.

---

[25] See H. Genberg and A. K. Swoboda, "Worldwide Inflation".

[26] Our world in this phase of the empirical work contains what the International Monetary Fund refers to as "14 industrialized countries": Austria, Belgium, Canada, Denmark, France, Germany, Italy, Japan, the Netherlands, Norway, Sweden, Switzerland, the United Kingdom, and the United States. Here we refer to the group of countries other than the United States as Europe.

These reduced form results held up and were even strengthened when we attempted to pull together, into a simultaneous model, the determination of the world money supply with a relationship governing the emergence of generalized inflation as a result of excessive monetary expansion and a mechanism for the distribution of the world money stock between Europe and the United States. The relative success this very simple model enjoyed in terms of its ability to track the movements in the world price level, the world money stock, and the stock of international reserves held by European central banks strengthened our belief in the theory of the determination of long-run price inflation and of the sources of international reserve flows which we have proposed in this paper. Estimation results which were particularly supportive included : the finding that it is the excess supply of money in the world as a whole rather than in each individual region which influences the world rate of inflation ; the estimate of a relatively fast speed of the balance-of-payments adjustment mechanism (slightly over two-quarters), indicating that a monetary disturbance in any one country quickly gets transmitted to the world as a whole ; and the estimate of the time pattern of the response of the world money supply to a monetary expansion in Europe, which showed a positive effect in the short run but a zero effect after two years.

Taken together the evidence we have summarized in this and the previous section constitutes, in our view, a strong case in favour of an interpretation of world inflation under fixed exchange rates in terms of a theory which relies heavily on worldwide monetary factors. The latter depend under this theory on the interaction of national monetary policies and the balance-of-payments adjustment mechanism within the confines of the international monetary institutions and conventions which are in force at a particular point in time.

V. *THE CONTROL OF INFLATION*

In terms of policy implications, the obvious message of our studies is that the control of worldwide inflation requires, as a prerequisite, the control of the rate of expansion of the world money stock. Under a dollar standard, control of the US rate of monetary expansion is particularly crucial. This, again, does not mean that the United States alone has been responsible for the behaviour of the rate of world monetary expansion over the past two decades. Other countries too have been expanding in concert and have exerted an important short-run influence on the world money stock. The reserve constraint these other countries face does imply, however, that they would not be able to impart a sustained strong inflationary bias to the world money stock unless the United States was also adopting an expansionary monetary policy. The stance of US monetary policy thus imposes an upper bound on the possible sustained rate of world monetary expansion under the dollar standard. A steady rise in the multiplier applicable to monetary policy could, of course, constitute another source of world monetary expansion. Our studies suggest, however, that this need not have been a major source of expansion in the world money stock. Nor would it be impossible to counteract such a trend by moderating the rate of growth of base money.

The recipe for moderation in world monetary expansion, and hence inflation, thus seems simple enough under fixed exchange rates : moderate the growth in the domestic assets of central banks, particularly those that issue a currency used as an international reserve asset, and avoid practices (such as systematic deposits by major central banks in the Eurodollar market) which impart a systematic upward bias to the world money multiplier. A detailed discussion of the reasons why the recipe, though simple, has not been followed would take us beyond the scope of this paper but a few remarks on this theme are nevertheless offered below by way of conclusion.

Casual inspection of data on national inflation rates and rates of monetary expansion suggests that until approximately 1966, the United States had a moderating influence on world inflation. Much of the monetary stability and relatively moderate inflation of that golden era can be attributed to moderate monetary policies in the United States. That policy stance then changed in both the United States and several other countries for a number of reasons, among them, a failure to finance Vietnam-war-related expenditure through taxes, the use of monetary expansion as a means to exploit an existing (or imagined) short-run trade-off between inflation and unemployment (the Philipps curve), and increasing difficulty in maintaining reasonable budgetary balance for political reasons. That the United States played at the least a permissive role in the bout of inflation of the late 1960's and early 1970's is indicated again by the relative behaviour of rates of inflation and of monetary expansion and also by the explosion of dollar holdings by foreign official holders that took place between 1970 and 1974. The breakdown of the fixed exchange-rate system became inevitable once the world rate of inflation rose, for a sustained period, to a level unacceptable to a number of countries.

With the introduction of flexible exchange rates, control of the rate of inflation has become very much a matter for national rather than worldwide monetary policy. The relevant question has become : why do national inflation rates diverge rather than why do they converge to a common world rate ? The explanation must be sought in national characteristics rather than in the functioning of the international monetary system as a whole. It is still the rate of monetary expansion that, in the main, determines the rate of inflation, but now at a national level. The question becomes why do certain countries tend to have higher and/or more variable rates of monetary expansion than others. Answers to this question must be sought in the interplay of national political factors and economic characteristics.

There is, however, one factor that argues that the experience of inflation has been, since World War II, and is likely to be in the future, different from the experience of earlier times. As we noted in the introduction, earlier episodes of inflation were followed by subsequent episodes of deflation which tended to restore the price level to its previous value. This need not be the case in the future. For the world's monies seem to have definitely broken the link with metallic currencies that existed in the past. As noted by both Benjamin Klein and Stanley Fischer, though past experience can lead us to expect more stable inflation *rates,* it also suggests that price *levels* have lost any firm anchor. [27]

This suggests that inflation rates may differ substantially from country to country in the future and that long-term price trends will be difficult to predict. It does not change the main policy implication of monetary analysis, namely, that control of inflation requires control of the relevant, national or international, rate of monetary expansion.

[27] See B. Klein, "Our New Monetary Standard : The Measurement and Effects of Price Uncertainty, 1880-1973", *Economic Enquiry,* vol. 13, 1976, pp. 461-484 ; and S. Fischer, "Adapting to Inflation and Inflation Uncertainty in the Capital Markets", paper presented at the Fourth Conference of the International Center for Monetary and Banking Studies, December 1976.

LA NOTION DE RÉCIPROCITÉ DANS LES NÉGOCIATIONS TARIFAIRES

Jacques L'HUILLIER

Dans les négociations portant sur l'abaissement des droits de douane, ou, éventuellement, sur d'autres obstacles au commerce international, la notion de réciprocité des concessions paraît tenir une place importante. C'est ainsi que l'article XXIX de l'Accord général sur les tarifs douaniers et le commerce (GATT), qui traite des négociations tarifaires, fait allusion à ce concept. Il en va de même de la Déclaration de Tokyo qui a donné le départ, en septembre 1973, à la grande négociation multilatérale qui est en cours au GATT.

Si l'on contraste ce concept en blanc et en noir, c'est-à-dire en opposant une version négative à une version positive, il est clair. Positivement, il signifie simplement qu'un Etat obtient la réciprocité si, en échange de concessions qu'il fait, il reçoit des concessions d'un ou plusieurs partenaires commerciaux. Dans le sens négatif, on rappellera que tant lors de la précédente conférence tarifaire du GATT – *Kennedy Round* – que lors de la présente conférence – *Tokio Round* – les pays développés ont déclaré qu'ils n'attendaient pas de réciprocité des pays en développement pour les concessions dont ceux-ci bénéficieraient de leur part, soit directement, soit indirectement par le jeu de la clause de la nation la plus favorisée.

Malheureusement, le concept en cause devient beaucoup plus confus dès qu'on interprète la réciprocité comme un équilibre de la valeur des concessions réciproques. Car il devient nécessaire de disposer de critères pour apprécier cette valeur.

Il semble que les négociateurs aient, séparément ou simultanément, trois critères dans l'esprit lorsqu'ils interprètent la réciprocité dans ce sens plus précis. Il s'agit du critère du gain de l'échange international, du critère de l'emploi et du critère de la balance des paiements.

Dans les trois sections suivantes nous essaierons d'apprécier ces trois critères à la lumière d'un seul critère, celui de la rationalité économique.

I. *LE CRITERE DU GAIN DE L'ECHANGE INTERNATIONAL*

Tout négociateur bien né feint de croire qu'une concession douanière accordée par son pays est un sacrifice qui mérite récompense. A l'évidence, ce n'est qu'une position tactique. Car ce qui est sacrifié, c'est un lambeau de protection. Or, si les Etats délèguent des négociateurs aux conférences tarifaires du GATT, c'est parce qu'ils sont conscients des avantages qui peuvent découler, pour leur propre économie, d'une liberté accrue des échanges internationaux et d'une division plus prononcée des activités dans l'économie mondiale.

De ce point de vue, ce qui surprend, ce n'est pas qu'un Etat consente à faire des concessions, mais plutôt qu'il ne se décide pas à supprimer unilatéralement sa protection, sans attendre de réciprocité.

Il y a en tout cas une situation où cette initiative apparaîtrait, théoriquement, comme parfaitement judicieuse. Mettons-nous à la place d'un pays A, qui a un avantage comparatif pour le bien Y, exporté par lui, et qui importe le bien X, tout en ayant une industrie concurrente de cette importation. Dans le graphique 1 la courbe d'offre en échange de A: OA′, tient compte d'un droit de douane dont le pays A frappe l'importation de X. D'autre part, la courbe d'offre en échange du pays B (Reste du monde) est une droite: OB. L'échange entre A et B porte sur une quantité Oy′ de Y et une quantité Ox′ de X. Au point d'intersection (I′) des courbes OA′ et OB passe une courbe d'indifférence à l'échange de A, qui est tangente à la droite I′Z dont la pente représente le taux d'échange intérieur de A. Ce taux d'échange intérieur diffère du taux d'échange international (égal à la pente de la droite OB) dans la mesure du droit de douane de A.

Maintenant, si A abolit son droit de douane, sa courbe d'offre en échange se déplace de OA′ à OA. Le taux d'échange international n'est pas modifié (il reste égal à la pente de OB), mais l'échange international s'est accru: Oy de Y contre Ox de X. Au point I d'intersection de OA et OB passe une courbe collective d'indifférence à l'échange de A qui est tangente à OB, interprétée comme le taux d'échange international. En admettant qu'on prête aux courbes collectives d'indifférence de A les mêmes propriétés qu'à une famille de courbes d'indifférence d'un individu, l'utilité totale dont bénéficie le pays A est nécessairement plus élevée en I que ce qu'elle était en I′.

Mais, dans la réalité, on peut difficilement imaginer que OB soit une droite. Car cela impliquerait que le rapport des coûts de X et de Y dans le Reste du monde fût constant, quelle que soit la composition de sa production en X et en Y. Il est vrai qu'on fait généralement, à cet égard, une distinction selon que le pays A est une grande ou une petite économie. Dans le premier cas – A serait, par exemple, la Communauté économique européenne – les dimensions de A font que le point d'intersection I ou I′

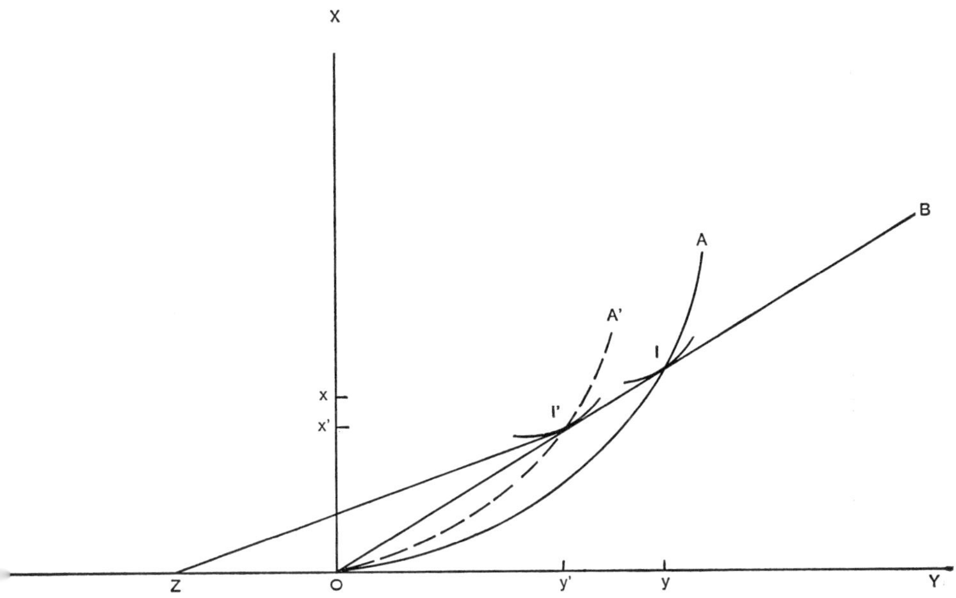

Graphique 1

est très éloigné de l'origine, de sorte qu'une incurvation même faible de OB lui serait sensible. Au contraire, si A est une petite économie, OA ou OA' intersecterait OB près de l'origine, et, aux yeux de A, la même incurvation de OB apparaîtrait très faible.

Cette interprétation du cas de la petite économie nous semble faussée par une illusion d'optique. Une petite économie est beaucoup plus spécialisée, dans sa production, qu'une grande. Dans ces conditions, le bien Y est un produit très déterminé. X, au contraire, représenterait un groupe de produits très divers importés par A du Reste du monde, car la consommation, elle, n'est évidemment pas spécialisée. Si nous nous plaçons en B, en ayant en tête ces définitions des biens Y et X, les courbes collectives d'indifférence de B se présenteraient comme il est indiqué dans le graphique 2. Le coude qui caractérise le tracé de ces courbes suffirait à expliquer une incurvation assez prononcée des courbes d'indifférence à l'échange de B, quelle que soit sa courbe de transformation mutuelle des productions X et X et, partant, l'incurvation de sa courbe d'offre en échange.

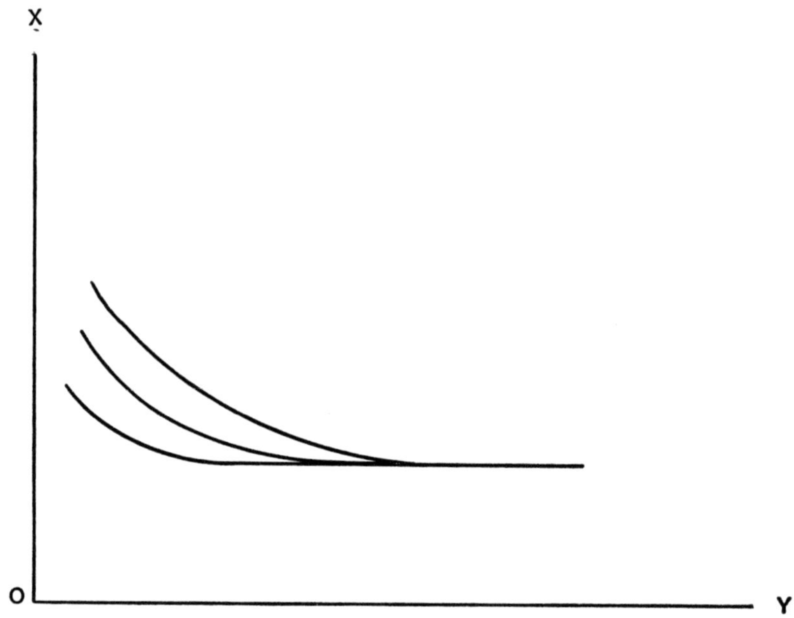

Graphique 2

Nous admettons donc maintenant que tant la courbe d'offre en échange de B que celle de A sont incurvées. Dans le graphique 3 nous représentons, pour chacun des deux pays, deux courbes d'offre en échange, l'une avec droit de douane (droit sur le bien X pour A, et droit sur le bien Y pour B), l'autre sans droit: respectivement OA′ (avec droit) et OA (libre-échange) pour A et OB′ et OB pour B.

Au départ, nous sommes en I′, les deux pays ayant un droit de douane. En I′ passent deux courbes d'indifférence à l'échange, l'une de A (CIA′) et l'autre de B (CIB′). Le taux d'échange international est indiqué par la pente de la droite t′. Nous observons que les courbes d'indifférence à l'échange susmentionnées ne sont pas tangentes à cette droite, mais l'intersectent, en raison de la présence des droits de douane.

La courbe d'indifférence CIA′ coupe OA en un point Ua, et, compte tenu de la construction d'une courbe d'offre en libre-échange, nous savons qu'en Ua la courbe CIA′ est tangente à la droite tirée de l'origine qui passe par Ua. On peut donc en déduire que si le pays A décidait de supprimer de son propre mouvement sa protection et si un taux d'échange international égal à la pente de la droite OUa se formait, A serait dans la même situation, du point de vue de l'utilité totale dont il bénéficie, qu'au départ.

Par conséquent, l'initiative prise par A de supprimer, sans réciprocité, son droit, apparaîtra justifiée ou non, du point de vue de son intérêt mesuré à la variation de son utilité totale, selon que la courbe OB′ de B – qui demeure inchangée, puisque, par hypothèse B maintient son droit – coupe OA au-dessus ou au-dessous du point Ua. Si l'intersection se situe au-dessous de Ua, on voit que l'exigence de réciprocité de A prend une signification précise: il s'agit d'obtenir de B une réduction de son droit pour déplacer sa courbe OB′ de façon qu'elle coupe OA au moins un peu au-dessus de Ua.

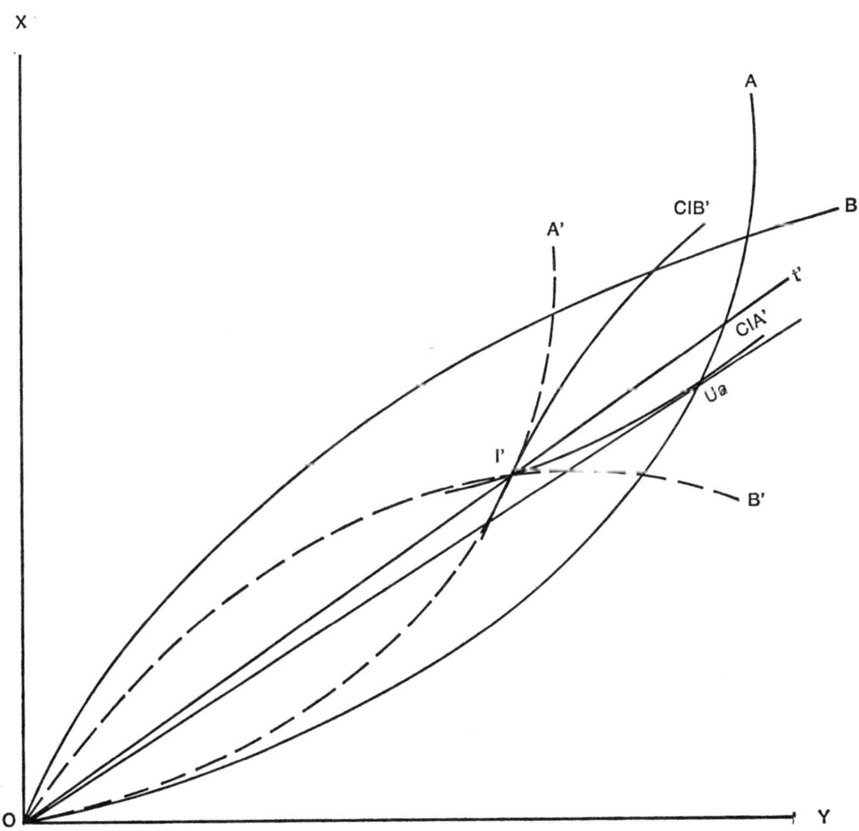

Graphique 3

Il est bien entendu que si le pays B suivait une politique de tarif optimum, la situation se présenterait différemment. Car une initiative autonome de A vers le libre-échange permettrait à B, en adaptant son tarif optimum, d'améliorer sa position. Autrement dit, pour B, dans ces conditions, entrer dans le jeu d'une négociation avec A reviendrait à l'abandon de cette politique monopolistique. Cette éventualité est cependant peu probable. La politique du tarif optimum n'existe guère que dans le cerveau fertile des créateurs de modèles théoriques, et l'on serait bien emprunté pour en trouver des applications pratiques, tout au moins du côté des pays à économie de marché.

Même en l'absence de toute politique de tarif optimum, l'analyse qui précède est fort éloignée de la réalité, pour le motif que les négociateurs sont incapables de connaître les courbes d'offre en échange, sans parler même des courbes collectives d'indifférence et des problèmes redoutables que pose, comme on le sait, leur interprétation. La conscience de cette incertitude a certainement beaucoup contribué au remplacement, dans les conférences tarifaires du GATT, depuis le *Kennedy Round*, de la méthode de négociation produit par produit, par des méthodes plus générales d'abaissement des droits de douane.

La méthode linéaire, qui consiste à réduire les droits de tous les pays dans une même proportion, a été expérimentée pendant la négociation Kennedy. Elle a marqué fortement les résultats de cette dernière, même si l'on s'en était écarté en plusieurs occasions. Cette méthode exprimait en somme un acte de foi dans les vertus du libre-échange, car l'on pensait que grâce à une réduction générale des droits de douane, tous les pays participants amélioreraient finalement leur position. A une réciprocité de détail se substituerait une réciprocité globale. Plus précisément, si l'on retourne au graphique 3, en déplaçant simultanément OA′ en direction de OA et OB′ en direction de OB, on peut légitimement penser que les deux nouvelles courbes d'offre en échange résultant de ces mouvements intersecteront à l'intérieur de l'espace compris entre les deux branches des courbes d'indifférence CIA′ et CIB′ qui se dirigent vers le Nord-Est à partir de I′.

Quelques participants à la négociation Kennedy, cependant, semblent n'avoir adhéré à cette profession de foi que du bout des lèvres. On se rappelle que, déjà pendant cette conférence, la Communauté européenne avait essayé d'amender la conception d'une réduction linéaire, en proposant que pour les droits relativement très élevés le pourcentage de réduction fût supérieur à la norme générale. La CEE a d'ailleurs manifesté clairement son intention d'avancer de nouveau cette revendication pendant l'actuel *Tokio Round*.

Dans l'optique que nous avons adoptée ici, jusqu'à présent, pour juger la réciprocité, cette exigence de la CEE semble mal fondée. Poussons à l'extrême, pour le rendre plus frappant, le cas que la CEE a dans l'esprit.

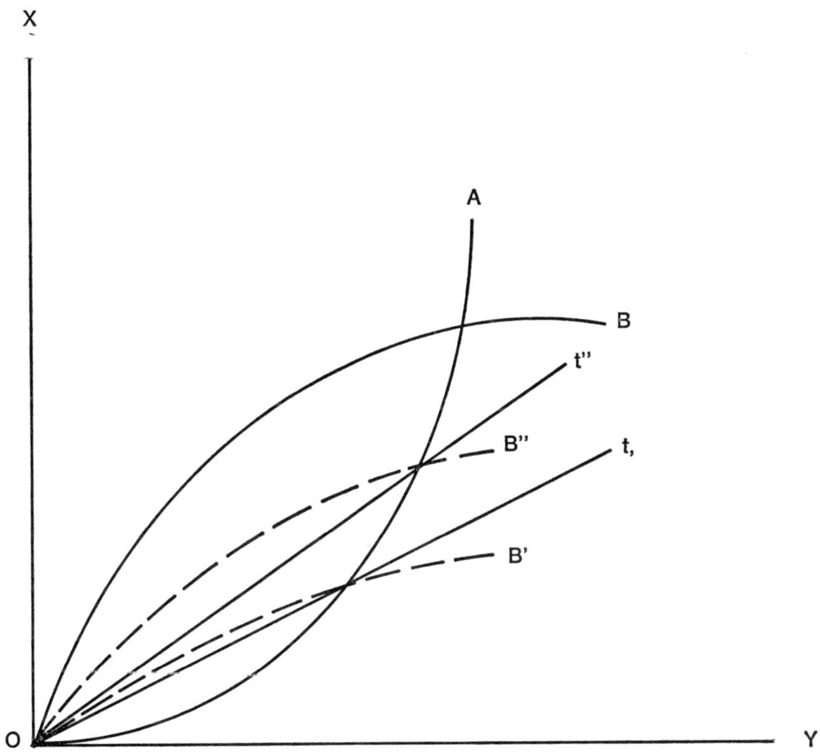

Graphique 4

Dans le graphique 4, la courbe d'offre en échange de A est OA, parce que ce pays aurait un droit nul. B, au contraire, a au départ un droit élevé: sa courbe d'offre en échange est OB′, fortement déplacée par rapport à OB. Avec une norme d'abaissement des droits de 50%, par exemple, la courbe d'offre en échange de A reste à sa place, puisque son droit est nul; OB′, pour sa part, se rapproche sensiblement de OB – disons OB″. Cela étant, A est forcément gagnant dans cette opération, puisque tant en I′ qu'en I″, sur sa courbe OA de libre-échange, une courbe d'indifférence à l'échange (non figurée dans le graphique) est tangente au taux d'échange international (respectivement t′ et t″). La courbe d'indifférence qui passe en I″ est donc nécessairement supérieure à celle qui passe en I′.

Sous un autre angle, toutefois, l'objection de la CEE paraît beaucoup plus valable. Il suffit de changer le terme de comparaison dont on use pour apprécier les résultats de la négociation. Jusqu'ici nous avions choisi la situation telle qu'elle existait à l'ouverture de la négociation. Si l'on élisait, comme terme de comparaison, une situation de libre-échange généralisé, les droits qui restent élevés après l'application d'une méthode linéaire seraient considérés comme des obstacles par lesquels certains pays empêchent d'autres de bénéficier pleinement des avantages du libre-échange. La méthode linéaire devrait donc être remplacée, dans ce cas, par une méthode d'harmonisation des tarifs. Cette conception est d'autant plus défendable que les pays à tarif relativement bas peuvent craindre, à juste titre, avec la méthode linéaire, qu'après une série de négociations, leur tarif étant devenu quasiment nul, ils n'auraient plus de moyen d'inciter les pays qui conserveraient des droits assez élevés à entrer en négociation avec eux.

Que cette vue des choses soit raisonnable ne signifie pas qu'on puisse parler proprement de réciprocité des concessions à propos de la méthode de l'harmonisation. Pour dissiper des malentendus, il conviendrait d'asseoir cette méthode sur la reconnaissance d'une responsabilité des Etats qui retiennent des droits encore fortement protecteurs envers ceux auxquels ils font subir, par là, un manque à gagner.

II. *LE CRITERE DE L'EMPLOI*

Il y a fort à parier qu'en fait ce deuxième critère tient une plus grande place dans l'esprit des négociateurs que le critère du gain de l'échange international pour apprécier la réciprocité des concessions.

Ce que visent les négociateurs, dans cette optique, c'est une augmentation comparable, sous l'effet des concessions faites et reçues, des exportations et des importations de leur pays. Cet objectif est inspiré par la version la plus sommaire du modèle keynésien standard – pour le distinguer de la pensée de Keynes lui-même – de l'équilibre du marché des biens et services en situation de sous-emploi. On considère que le niveau de production et d'emploi est entièrement déterminé par le niveau de la demande globale, soit: $Y = C + I + X - M$.

Comme un tel modèle simplifie radicalement les hypothèses, nombre de problèmes sont éliminés du même coup. C'est ainsi qu'il n'y a pas besoin de distinguer entre variation en valeur et variation en volume des exportations et des importations, puisqu'une supposition habituelle de ce modèle est que les prix sont constants en sous-emploi. Il n'y a pas lieu non plus de s'occuper des changements des combinaisons de facteurs de production dans les industries concurrentes des importations et dans les industries d'exportation, puisque les prix relatifs des biens ne changent pas, comme on vient de le rappeler, et que, d'autre part, il existe des réserves inemployées de facteurs de production.

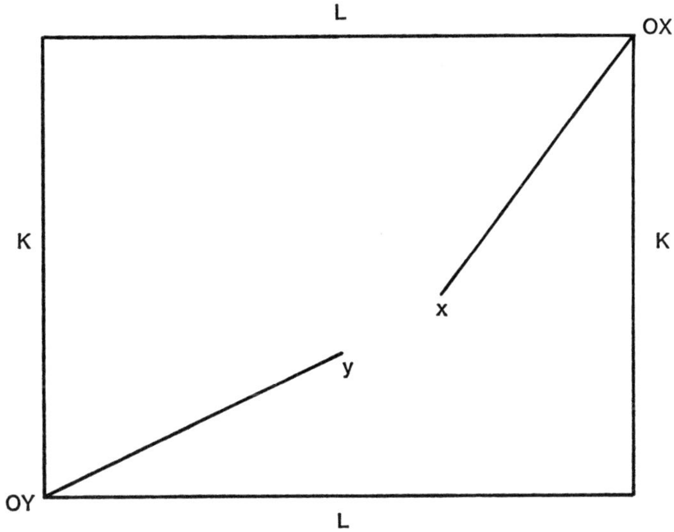

Graphique 5

En ce qui concerne ce second point, le graphique 5 représente une boîte de production d'Edgeworth-Bowley. A partir des origines Oy et Ox de la boîte, le rapport K/L existant respectivement dans l'activité d'exportation (Y) et dans l'activité concurrente de l'importation (X) est indiqué par la pente de la droite tracée. La place des extrémités de ces droites (désignées dans le graphique par y et x) montre que tout le travail et tout le capital disponibles dans l'économie en cause ne sont pas utilisés. Si, après l'échange des concessions, de nouveaux débouchés s'ouvrent à l'industrie d'exportation Y, tandis que ceux de l'industrie X, concurrente de l'importation, se resserrent, il n'y a aucune difficulté à accroître la production de Y et à réduire celle de X en conservant les mêmes rapports K/L.

Avec des fonctions de production homogènes de degré 1, si les rapports K/L sont inchangés, les prix des facteurs de production le sont aussi. A supposer que l'augmentation de l'exportation soit égale en valeur à l'accroissement de l'importation, cela implique donc que le supplément de rémunération totale des facteurs de production en Y sera égal à la diminution de la rémunération totale des mêmes facteurs en X. Etant donné, comme le montre le graphique, que le rapport K/L est moins élevé en Y qu'en X, il en découle, à prix constants des facteurs, que le sous-emploi se réduira pour le travail, mais s'aggravera pour le capital.

D'autre part, il existe, en pratique, une difficulté de taille qui est de prévoir les effets de l'abaissement des droits sur la demande, plus précisément de calculer les élasticités de la demande nationale d'importation et de la demande étrangère d'exportation aux variations des droits de douane, par exemple pour la demande nationale d'importation:

$$\frac{\frac{dQm}{Qm}}{\frac{dPm}{Pm}} \cdot \frac{\frac{dPm}{Pm}}{\frac{dt}{t}}$$

où t représente le niveau de départ du taux du droit de douane.

Ces prévisions sont d'autant plus délicates qu'il faut tenir compte des effets indirects des concessions sur les courants commerciaux, à travers le jeu de la clause de la nation la plus favorisée.

Le modèle keynésien standard simplifie donc les problèmes théoriques, mais laisse subsister des difficultés pratiques considérables. Si l'on recourt à un modèle néo-classique, c'est le contraire.

Etant donné que, selon les conclusions tirées de la première section (avec l'hypothèse implicite de plein emploi), les prix relatifs des biens ont de grandes chances de se modifier à la suite des concessions, le point d'équilibre sur la ligne des possibilités optimums de production, dans la boîte de production, est appelé à se déplacer, ce qui implique cette fois un changement des combinaisons de facteurs de production.

En revanche, d'un point de vue pratique, le modèle néo-classique conduit à des conclusions rassurantes pour l'emploi. Car son mérite essentiel est précisément de montrer comment, en dépit d'une intensité relative en facteurs de production, différente dans les diverses activités, le reclassement des facteurs de production libérés par la contraction d'une production s'opère sans difficulté grâce à une adaptation des combinaisons de facteurs dans les diverses productions. Il n'y a donc pas lieu de craindre du sous-emploi, que ce soit celui du travail ou celui du capital. Dans cette optique, l'aspect pratique important des conséquences des concessions se situe ailleurs: il s'agit du changement des prix relatifs des facteurs de production et, partant, de la distribution entre eux du revenu total de l'économie, accru par la vertu d'un échange international plus libre.

Il faut être conscient, néanmoins, que le fonctionnement de ce mécanisme d'adaptation néo-classique suppose des conditions, assez restrictives, notamment quant à la mobilité des facteurs de production et à l'existence d'une concurrence parfaite sur les marchés où ils se négocient. Divers auteurs se sont attachés à montrer dans quelle mesure l'immobilité des facteurs ou la rigidité de leur prix à la baisse, ou encore des combinaisons de l'une et de l'autre, peuvent entraver le jeu du mécanisme néo-classique [1].

---

[1] Voir notamment G. Haberler, «Some Problems in the Pure Theory of International Trade», *Economic Journal*, vol. 60, 1950, pp. 223–240.

A notre avis, le taux de chômage relativement élevé qu'on constate dans de nombreux pays développés s'explique beaucoup plus, actuellement, par des phénomènes frictionnels de ce genre que par une insuffisance de la demande globale. S'il en est ainsi, on est en droit d'estimer qu'il est assez vain de vouloir conjurer une augmentation du chômage par un dosage méticuleux des concessions et de leurs effets sur les courants commerciaux, et qu'il importe plus d'assouplir nos économies. On ne doit jamais oublier, au demeurant, que les occasions de mettre à l'épreuve les facultés d'adaptation de ces économies sont créées beaucoup plus souvent par des causes internes ou par des causes externes autres que les modifications des tarifs douaniers que par ces dernières.

III. *LE CRITERE DE LA BALANCE DES PAIEMENTS*

Pour les négociateurs, la réciprocité des concessions, selon ce dernier critère, est interprétée comme une augmentation sensiblement égale, en valeur, des exportations et des importations à la suite de l'application de ces concessions. Il semble donc que cette interprétation recouvre celle qu'ils donnent habituellement au critère de l'emploi.

Une différence surgit, cependant, aussitôt. Lorsqu'ils songent au critère de l'emploi, les négociateurs, nous l'avons vu, font volontiers l'hypothèse facile que les variations des ventes et des achats extérieurs sont proportionnelles en valeur et en volume, parce que les prix sont supposés constants. Quand ils ont en vue le critère de la balance des paiements, ils ne s'intéressent qu'aux variations en valeur.

Si les termes d'échange se modifient sous l'effet des concessions, l'équilibre en valeur de la progression des importations et des exportations n'empêche nullement que l'affectation des facteurs de production doive subir une adaptation, comme nous l'avons montré en utilisant le modèle néo-classique à la fin de la section précédente.

Mais il convient de préciser ici que même si les termes d'échange d'un pays ne sont pas affectés par les concessions réciproques, autrement dit si les variations en volume de son commerce extérieur correspondent aux variations en valeur, l'affectation de ses facteurs de production doit néanmoins subir une adaptation. En effet, dire que ses termes d'échange sont inchangés signifie seulement que le taux d'échange international entre les biens X et Y reste le même. Mais le taux d'échange intérieur, lui, se modifie nécessairement puisque, par hypothèse, le pays en question a été amené à réduire sa protection à l'issue des négociations.

Le critère de la balance des paiements ne se confond donc pas avec le critère de l'emploi. Mais il ne suffit pas d'échapper à une assimilation abusive du premier au second. Il faut encore sonder sa valeur propre. A la réflexion, on constate que ce critère de la balance des paiements, pour juger la réciprocité, est vicié par deux conceptions erronées où il trouve sa source.

Penser qu'une progression égale en valeur des importations et des exportations est assez pour sauvegarder l'équilibre de la balance des paiements, c'est isoler dans la balance des comptes la balance commerciale et nier l'interdépendance des catégories différentes de transactions qu'une balance des comptes enregistre, transactions commerciales et financières. Par exemple, l'abaissement de certains droits de douane d'un pays peut avoir pour conséquence que des sociétés étrangères, qui avaient effectué des investissements directs dans cette économie en vue de tourner les barrières douanières, constateront qu'il est désormais plus intéressant pour elles d'exporter vers ce pays au lieu d'y fabriquer leur produit sur place: les balances des capitaux, et des revenus de placement, seront donc affectées après l'octroi des concessions, et non seulement la balance commerciale.

D'autre part, faire entrer le souci de sauvegarder l'équilibre de la balance des paiements dans les décisions relatives au choix et à l'étendue des concessions douanières revient à intervenir directement au niveau des transactions pour assurer l'équilibre externe de l'économie.

Ceux qui recommandent cette conduite prétendent qu'il s'agit de prévenir, pour ne pas avoir à guérir ensuite. En effet, arguent-ils, si l'application des concessions conduit à un déséquilibre externe, la correction de ce déséquilibre aura, elle aussi, une influence sur les transactions.

Raisonner de la sorte, c'est oublier qu'il y a deux espèces différentes de mécanismes et de politiques de rééquilibre externe: d'un côté, ceux qui tendent à corriger des variables qui déforment les avantages comparatifs, parce que leur valeur est inappropriée, tel le taux de change, ou encore à rectifier des politiques économiques internes qui perturbent les relations des taux d'intérêt entre pays ou l'égalité entre la production et l'absorption nationales; d'un autre côté, les mesures de contrôle des changes, dont la caractéristique est d'intervenir arbitrairement dans les transactions elles-mêmes pour imposer un équilibre global des paiements extérieurs.

C'est bien au contrôle des changes que s'apparente l'idée de subordonner les concessions douanières à l'objectif de l'équilibre de la balance externe. Que ce contrôle soit préventif au lieu d'être correcteur ne change rien à sa nature. Après tout, cette antériorité ne serait pas un trait original car tout contrôle des changes évolue normalement vers une programmation des transactions extérieures de l'économie nationale qui le subit.

En outre, si l'on fait appel à la logique du contrôle des changes pour assurer la réciprocité des concessions, il n'y a aucune raison de limiter son influence à cet aspect des relations économiques extérieures. Dès lors, ce serait un paradoxe affligeant si des négociations qui visent à instaurer progressivement la libération des échanges internationaux aboutissaient, par le truchement de cette conception de la réciprocité, à replacer l'économie mondiale dans le carcan des restrictions de paiement qui l'étouffait dans les années qui ont précédé et suivi la Deuxième Guerre mondiale.

INTERNATIONAL TRADE AND DOMESTIC ENVIRONMENTAL POLICIES IN A GROWING WORLD ECONOMY

Richard BLACKHURST *

I. *INTRODUCTION*

There have always been individuals and small groups of people concerned with the impact of human activities on the natural environment, but it was only in the latter part of the last decade that environmental or ecological issues began to generate interest among the general public, particularly in the industrialized countries.[1] Once under way, however, interest in these issues rapidly gathered momentum, culminating in the United Nations Conference on the Human Environment held in Stockholm early in the summer of 1972.

A little more than a year later, just as many countries were getting down to the practical problems involved in dealing with environmental pollution, the first of two interruptions occurred — the oil embargo, and the subsequent fourfold increase in the price of petroleum. Then, in 1974, most industrial countries began sliding into what turned out to be the worst economic recession of the postwar period. These two events, while not totally eclipsing the concern with environmental quality, did manage to push it out of the public spotlight.

There is an obvious need, nonetheless, to continue with research work in this area. An extensive institutional infrastructure, comprising international and national governmental and private groups, is firmly in place

* General Agreement on Tariffs and Trade. Any opinions, conclusions, or recommendations expressed herein are my own and are not intended to reflect the views of GATT. I would like to acknowledge the helpful comments received when earlier versions of this paper were presented to a seminar at the Graduate Institute of International Studies (Geneva) and to the International Economics Study Group (London).

[1] The term "environmental problem" is often used to refer to a number of problem areas in addition to that concerned with the discarding of various kinds of waste into the air and water, or onto the land. For many people it now includes such disamenities as excessive noise, urban blight, poor quality housing, and poor health. In this paper, all references to pollution or environmental problems refer to those directly connected with the discarding of waste materials (gaseous, liquid, and solid) into the natural environment.

and pushing ahead with analysis and policy making at the regional, national and international levels. What is more, the current priority of concerns is likely to prove temporary. While it is true that the recovery from the recession has been less vigorous and less widespread than expected, and that economic growth rates over the coming decade are forecast to be somewhat below the postwar average, there also are reasons for believing that from a business cycle point of view the intermediate-to-longer-run outlook is reasonably optimistic.[2] And, although several of the problems associated with the higher price for oil remain largely unsolved, the nature of the situation is such that it is unlikely that the necessary adjustments can be postponed much longer. As these two events settle into the realm of the manageable, the issue of environmental quality is certain to re-emerge as one of the more durable and challenging problems facing mankind.

This paper is concerned with the implications of certain environmental policies for international economic relations. More specifically, its goal is the development of a conceptual framework for analysing the impact on international trade and capital flows of policies designed to control domestic industrial pollution in an expanding world economy.

II. *INTERNATIONAL ASPECTS OF ENVIRONMENTAL PROBLEMS AND POLICIES*

Although work on the purely domestic aspects of pollution problems has dominated research from the beginning, there was an early recognition by some that the issue of environmental pollution had a number of important international aspects. General articles on this facet were available in the late 1960's, and in 1971 articles by economists began appearing regularly.[3]

A serious shortcoming of much of the early literature, and to a lesser extent of current writings, is the failure to stress the critical importance to economic analysis of categorizing pollution on the basis of (1) the geographic area affected, and (2) the nature of the activity which generates the pollution. The four principal categories are indicated in Table 1. Beginning with problems in categories III and IV, we see that they involve "physical spillovers" between countries, in contrast to the problems in categories I and II, which are described below as involving potential "commercial spillovers".

For some purposes it is useful to carry the division of physical spillovers a step further in order to distinguish between transnational spillovers which

[2] For example, analyses of the painful experiences of the recent period seem to have been effective in convincing many governments of the crucial importance of such key factors as the rate of monetary expansion and the size of the government's budget deficit.

[3] For a survey of material available prior to 1974, see R. Blackhurst, "International Trade and the Environment: A Review of the Literature and a Suggested Approach", *Economic Notes*, May-August 1974.

affect a small number of other countries, and global spillovers in which most other countries and international common property resources (such as the oceans beyond coastal limits) are harmed by the pollutants. For example, it seems plausible to assume that transnational problems will be less severe if the countries which share a particular region of the world have similar attitudes regarding what constitutes an appropriate level of environmental quality. Because the developed countries tend to be contiguous with one another, as are the developing countries, and because there are good reasons (set out below) for assuming that environmental policies will be more homogeneous within each of these two groups than between them, it follows that in practice pollution of the transnational type will—to a degree—be "internalized" within each of these two areas,[4] leaving global pollution—basically the pollution of international common property resources—as the principal source of category III and category IV problems.

TABLE 1

Area Affected → Source ↓	Waste Remains Largely Within National Boundaries	Significant Amount of Waste Crosses National Boundaries
Production Activities	I	III
Consumption Activities	II	IV

Another important aspect of problems in categories III and IV is that they are not primarily international trade problems—that is, conventional trade theory is of little or no use in analysing these problems from the viewpoint of an economic optimum and their solutions will have only second-order effects on trade and capital flows.[5]

Alternatively, policies designed to correct problems in category II can have an indirect but noticeable impact on trade flows. The impact is "indirect" because appropriate corrective measures—for example, a require-

[4] There will, of course, be disputes over the responsibility for clean-up costs, but the complications caused by differing national standards among contiguous countries will tend to be absent.

[5] International trade theory *is* applicable to the analysis of sub-optimal solutions—defined as unilateral solutions adopted by recipients of the waste—and it is clear that such solutions may involve significant trade effects. See, for example, W. Baumol, *Environmental Protection, International Spillovers and Trade*, Stockholm, Almqvist & Wiksell, 1971, pp. 40-48; J. R. Markusen, "International Externalities and Optimal Tax Structures", *Journal of International Economics*, February 1975; and H. Grubel, "Some Effects of Environmental Controls on International Trade: the Heckscher-Ohlin Model", in I. Walter (ed.), *Studies in International Environmental Economics*, New York/London, John Wiley, 1976.

ment that automobiles be equipped with exhaust control devices—are applied equally to domestic and imported versions of the product. On the other hand, if a substantial proportion of domestic consumption is imported, the foreign suppliers will bear the brunt of any decline in consumption. Or the control measures may result in the partial substitution of one input for another, for example, of wood for plastic. In these and in other ways category II policies can produce "commercial spillovers" which affect trade patterns.

However, it is policies designed to correct category I problems that have the greatest potential for affecting trade flows. The reason is that appropriate policies for controlling pollution associated with production are applied at the production level, and since there are a variety of reasons for expecting the impact of such policies on producers' costs to vary between countries, substantial changes in trade and capital flows are possible. Unless otherwise noted, all of the analysis in this paper is directed to the "commercial spillovers" in the first category.

The question of categorization is important also from an institutional standpoint. There already exists a well developed body of regulations and procedures—the GATT—for handling disputes between countries of the kind that are likely to arise out of policies adopted to deal with problems in categories I and II. This is in sharp contrast to the uncertainty as to institutional responsibility, and the absence of accepted theory and procedures, for dealing with problems in categories III and IV.[6]

III. *INTRODUCING "ENVIRONMENT" INTO THE STANDARD TRADE MODEL*

The natural environment or "nature" supplies mankind directly with three broad categories of benefits. It is, first of all, a source of material inputs—arable and inhabitable land, water, mineral resources, and basic raw materials—and of certain natural foodstuffs, primarily fish. Second, in its more or less "unspoiled" state, it provides most of us with aesthetic and recreation services. Finally, it acts as a receptacle for various wastes generated by the production and consumption of goods and services.

International trade theory has a long history of incorporating in its models, with varying degrees of success, the first category of benefits. The Ricardian model includes natural resources (and climate) as variables which affect labour productivity. The factor proportions model, especially in its earlier versions, frequently included natural material inputs under the

[6] The analysis in this paper does not take into account what might be termed "psychological spillovers"—that is, situations in which purely domestic pollution is of concern to foreigners, for example, because it threatens cultural treasures or an endangered species.

composite heading "land", and developed the analysis with labour and land as the two factors of production. However, as interest shifted towards trade in manufactured products, capital gradually replaced land as the partner of labour in the standard two-factor version of the Heckscher-Ohlin model.[7] Currently, there are at least four alternative approaches to handling the endowment of natural material inputs: (1) combine labour and capital into a composite factor, and add land as the second factor; (2) expand the model to include more than two factors of production; (3) include land as a part of the capital endowment; or (4) seek alternatives to the factor proportions model.

In contrast to natural material inputs and certain foodstuffs, the second and third categories of nature's benefits are newcomers to trade theory.[8] As has already been mentioned, articles by economists on the implications of environmental policies for international economic relations began appearing regularly only in 1971, and although some recent articles[9] represent a considerable improvement over the first wave of publications, there is still no fully developed and generally accepted framework for analysing these issues. With the goal of contributing to the development of such a framework, the remainder of this paper will focus on the impact on international trade of developments involving the second and third categories of nature's benefits. It is nonetheless important to bear in mind that the first category interacts with the latter two categories—for example, strip mining reduces (at least for a time) the flow of aesthetic and recreation services from land, and dumping waste into a lake or into the ocean can reduce the commercial fish catch—and that a full general equilibrium analysis would include the determination of the optimum allocation of the "environment" between these three partially competing, occasionally complementary, ends.

[7] Natural resources ("land") experienced a mild renaissance as part of the effort to reconcile the results of Leontief's study of the factor intensity of US imports and exports with the factor proportion model's *a priori* prediction. See, for example, R. Caves and R. Jones, *World Trade and Payments*, Boston, Little, Brown, 1973, pp. 195-204.

[8] The fact that economists have only recently shown much interest in the environment as a supplier of aesthetic and recreation services and as a receptacle for waste is not, as some claim, the result of shortsightedness or disdain for relevant issues. As will be argued in more detail below, these two categories of benefits were until recently "free" goods (from both the private and social viewpoint) virtually everywhere and therefore had no place in the analysis of the allocation of scarce resources. Now that they are scarce, at least in some parts of the world, economics has taken an interest in them.

[9] See, for example, Grubel, *op. cit.*; H. Siebert, "Environmental Protection and International Specialization" and I. Walter, "International Trade and Resource Diversion: the Case of Environmental Management", both in *Weltwirtschaftliches Archiv*, Band 110, Heft 3, 1974; and H. Siebert, "Trade and Environment", in H. Giersch (ed.), *The International Division of Labour: Problems and Perspectives*, Tübingen, J. C. B. Mohr, 1974, pp. 108-121. For an approach built around a linear model, see A. Y. C. Koo, "Environmental Repercussions and Trade Theory", *Review of Economics and Statistics*, May 1974.

Confining our attention to the environment as a source of aesthetic and recreation services, and as a source of waste removal services, the next question concerns the most appropriate method of introducing these two environmental services into the standard factor proportions model of international trade. Two approaches are available, differing only in emphasis.

The first alternative focuses on the environment as a supplier of the final consumption good which I have labelled aesthetic and recreation (AR) services. The standard model is expanded to include a third commodity, and the demand function for this commodity is assumed—usually implicity —to be similar to demand functions for conventional goods and services, with per capita income generally monopolizing the discussion of relevant variables.

The current situation is seen as one in which the demand for AR services from the environment in the wealthy countries exceeds the supply because the public ownership of air and most water resources has allowed a divergence between private and social costs to emerge. Policies to correct this divergence (*e.g.*, effluent charges or emission standards) will restore equilibrium in the AR services "market", but at the cost of a decline in the output of conventional goods as some labour and capital is diverted into the production and operation of pollution control equipment. Unless this equipment is financed by a government subsidy, relative prices change (assuming one production process produces relatively more waste), and this will disturb, among other things, trade patterns. It follows that countries whose firms are least hit by this cost-raising change will find that they now have a new or improved comparative advantage in the product whose production process generates relatively more waste.

The second approach focuses on the environment's role as a supplier of "waste-absorptive" (WA) services. An increasing number of writers on the subject now accept the view that the natural environment can absorb many kinds of waste as long as the rate of dumping remains below a certain critical level. If the critical level is defined in purely physical terms, the limit is the maximum amount of waste (of a given composition) that could be dumped into the environment each time period without reducing the environment's waste-absorptive capacity (WAC)—a kind of maximum sustainable emission level. Alternatively, if the community wants the environment to be cleaner than it is when the only concern is the preservation of its physical WAC, the community's purity standards will determine the maximum amount of waste that can be dumped each time period; in this situation we have a social WAC, which is necessarily smaller than the physical WAC.

Next, we note that the environment's WAC provides a flow of productive services, and therefore is properly considered a part of the factor endowment. It is clear that the endowment of this factor will vary between countries because the physical endowment of lakes, rivers and coastlines, and the behaviour of air masses vary; the presumption of differing national purity standards is another reason for expecting WAC endowments to differ. Under this alternative, the current situation is seen as one in which certain countries are fully utilizing—often over-utilizing—their WAC endowment, whereas other countries are not fully utilizing their endowments. Efficiency requires that the former countries begin using capital and labour to control pollution in excess of their WAC endowment; the latter countries, however, do not (yet) have this added expenditure, from which it follows that for those industries whose production processes generate waste, the latter countries will have a new or improved comparative advantage.

Both approaches, if pursued correctly, yield the same results. And in a full general equilibrium analysis there would, of course, be no question of which approach to follow—as was noted above, these two categories of environmental services, one a final consumption good and the other an input, would be handled simultaneously (along with the material inputs and natural foodstuffs in the first of the three categories). However, in the absence of a comprehensive general equilibrium model, there are reasons for preferring an approach which, while allowing explicitly for aesthetic and recreation services, is built around the role of the environment as a supplier of waste-absorptive services and which analyses the trade and capital flow effects of environmental policies in terms of their impact on each country's endowment of waste-absorptive capacity.[10]

Two reasons for this preference may be noted. First, the factor proportions model tends to suppress differences in (pre-trade) relative prices which result from differences on the demand side, and economists working in the area of trade are more accustomed to dealing with shifts in comparative advantage caused by changes in factor endowments than with shifts caused by changes in demand.

A more important reason is the strong parallel between the demand for leisure and its effect on the flow of labour services, and the demand for aesthetic and recreation services and its effect on the flow of waste absorptive services supplied by the environment. The question of how to handle the demand for leisure within the context of the factor proportions model has been discussed in the literature, and the analysis clearly centres on the impact of this demand on the supply of the labour input.[11]

[10] This approach was outlined in a brief article which I wrote for the *Financial Times of Canada* (12 March 1973 issue), and in a paper—"Environmental Policies and Canadian Comparative Advantage"—which I delivered at the Annual Meeting of the Canadian Economics Association in June of that year. The parallel with the leisure/labour trade-off, mentioned below, was also noted in the latter paper.

[11] See V. Walsh, "Leisure and International Trade", *Economica*, August 1956, and the discussion of Walsh's paper in R. E. Caves, *Trade and Economic Structure*, Cambridge, Mass., Harvard University Press, 1963, Chapter 4 (entitled "International Trade and the Supply of Factors of Production").

Similarities in the formal treatment of the two factors include:

(i) At any point in time a country has a specific physical endowment of labour, for example, one million healthy workers between the ages of 14 and 65 years. Each of these workers has sixteen hours a day which can be consumed directly as leisure, or used to provide labour input services. Similarly, at any point in time a country has a specific physical endowment of land, lakes, rivers, coastlines, and an air mass with certain characteristics. This environmental endowment can be utilized either as a source of a consumption good called aesthetic and recreation pleasure, or as a source of a productive input called waste-absorptive services.

(ii) Each endowment is capable of providing a maximum flow of input services per time period that is determined on a purely physical basis—sixteen hours per day per worker for labour services, the maximum sustainable level of waste absorption for waste-absorptive services.

(iii) The flow of factor-input services from each endowment is generally less than this physical maximum because of the demand for a final consumption good that is neither produced nor marketed in the same way as conventional goods—leisure in the case of the labour endowment, aesthetic and recreation services in the case of the environment.[12]

Finally, it is clear that the demand for a number of other unconventional goods can be viewed in a similar way, for example, child labour standards and work safety standards.

1. *Waste-Absorbtive Capacity as a Factor Endowment*

Each country has a physical endowment of land, and of air space with certain meteorological characteristics. In addition, nearly all countries have some lakes and rivers, and most have at least one coastline. Each of these components of the physical endowment can absorb certain kinds of waste.

Assume that one or more production processes in a particular country generate a homogeneous waste by-product (W).[13] Depending on the nature of W, there is a maximum amount ($\overline{W}$) that could be discarded into the

[12] Aesthetic and recreation services are an input into the production of tourist services for foreigners. This complication is not taken into account in the subsequent analysis.

[13] In order to keep the analysis simple, waste associated with consumption activities (category II in Table 1) is not considered. A fuller analysis would involve both production and consumption waste, and a method for allocating a given flow of waste absorptive services between these two sources of demand for WA services.

environment each time period, such that the environment's capacity to absorb W in the future would not be diminished.[14]

The relationship between aggregate output (Q) per time period and the "production" of W is indicated by ray OA in Figure 1. If the amount of W per unit of output is not the same for all commodities, there will be a different ray for each possible output mix.

On the vertical axis, W_a indicates the level of waste discharge at which the populace becomes "aware" of the presence of waste in the natural environment. The point at which people are able to first perceive—visually or otherwise—the presence of waste in any given situation is assumed to be a function only of their physiology; that is, it is assumed not to be influenced by such factors as tastes and income level. As W increases above W_a, the discharge of W begins to reduce the flow of aesthetic and recreation services supplied by the environment. If we assume the country does not want to deplete the environment's physical waste-absorptive capacity, an upper limit of $\overline{W}$ will be enforced.

$\overline{W}$ can be thought of in any one of three ways: as the maximum amount of waste that *could* be discarded each period (in long-run equilibrium), as the flow of waste-absorptive services in the absence of purity standards, or as the economy's *physical* waste-absorptive capacity per period. In any particular country, the value of $\overline{W}$ (and of W_a) will be determined by the natural environmental endowment and the composition of the waste discarded into that environment.

Associated with $\overline{W}$ is a particular level of "purity" of the environment and thus a particular flow of AR services. A society may prefer, however, a more strict purity standard in order to insure a larger flow of AR services from the environment.[15]

The strictness of the purity standard in any given country is governed by the efficiency requirement that the marginal social value of the AR services equal the marginal social cost of "producing" those services. More generally, once the physical damage function is known, the purity standard will be determined by the interaction of the following factors:

[14] As a practical matter "in the future" should not be interpreted as "into perpetuity". It is likely that society will continue to permit the discharge of "limited" amounts of non-degradable waste, partly because many people appear to be not particularly concerned about the potential state of the environment beyond the next fifty years or so, and partly because of an assumption that in the future we will have the technology needed to remove and eliminate wastes that have accumulated.

[15] The maximum supply of AR services is equal to the flow forthcoming when $W \leqq W_a$, *provided* we neglect the possibility of using capital and labour (and land) to increase the flow of AR services through such means as the creation of artificial lakes. On the latter point, which could become important in the future, see, for example, C. D. Ditwiler, "The Substitution of Technology for Nature: the Case of Recreation", *American Journal of Agricultural Economics,* February 1975.

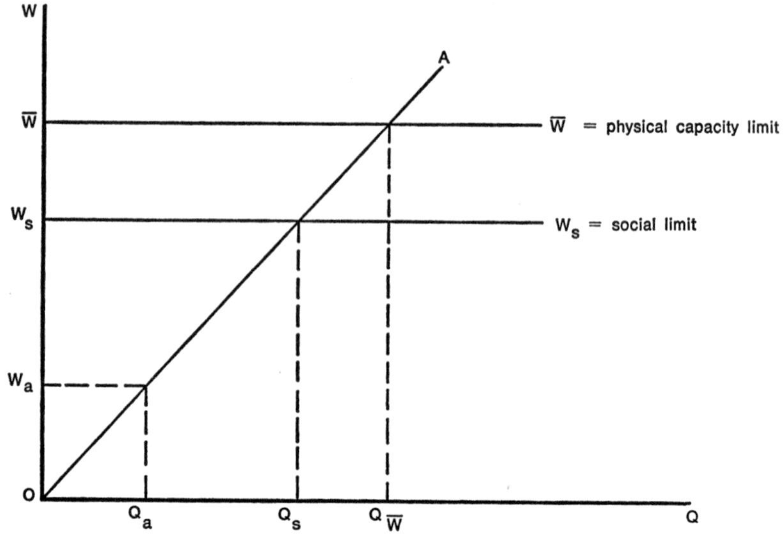

Figure 1

(*a*) The cost, measured in terms of the foregone output of conventional goods and services, of achieving any given purity standard. The major determinants of the cost are the level of technology (both pollution control technology and production technology), and the possible gains or losses due to repercussions in the tradeable goods sector.

(*b*) The level of *per capita* income. Available evidence suggests a relatively high value for the income elasticity of demand for AR services.[16]

(*c*) The prices of complements to and substitutes for AR services. For example, a decline in the price of camping equipment will increase the demand for AR services, while a decline in the price of colour television sets may be expected to reduce the demand for AR services.[17]

[16] See, for example, *Community Perception of Air Quality: An Opinion Survey in Clarkston, Washington*, Washington, DC, US Public Health Service, Pub. 999-AP 10, 1965, pp. 45-55 (referenced in D. N. Thompson, *The Economics of Environmental Protection*, Cambridge, Mass., Winthrop, 1973, p. 73); also W. Baumol and W. Oates, *The Theory of Environmental Policy*, Englewood Cliffs, NJ, Prentice-Hall, 1975, Chapter 13.

[17] Jan Tumlir has pointed out that the complementary relationship between leisure and AR services may be particularly important in explaining secular changes in the demand for AR services.

(*d*) Community tastes or preferences. There is not much to say about this factor, except that there is no reason why it should be assumed to be the same in every country.

These factors are assumed to be the principal determinants of the purity standard (S) at any point in time. The standard, in conjunction with the country's natural environmental endowment, yields a specific value for the maximum amount of waste that can be discarded each time period (W_S), such that the country's purity standard will not be violated.[18]

As long as W_S is less than $\overline{W}$, it is W_S, *not* $\overline{W}$, that measures the endowment of the factor "waste-absorptive capacity". As with $\overline{W}$, W_S may be thought of in any one of three ways: as the maximum amount of waste that *can* be discarded each period, as the flow of waste-absorptive services when purity standards are taken into account, or as the economy's *social* waste-absorptive capacity per period.

The effect of imposing a purity standard is shown in Figure 1. When output level Q_S is reached, S becomes effective and W is stabilized at W_S. As output increases above Q_S, the accompanying increments of waste must be eliminated inside the factory rather than discarded into the environment. To accomplish this, some labour and capital must be diverted from the production of final output.

Waste disposal services have a social and private cost of zero when W is less than W_a. When W exceeds W_a, waste disposal acquires a social cost; between W_a and W_S, the cost is measured by the value of the reduction in the flow of AR services; for W in excess of W_S, the cost is measured by the opportunity cost of the labour and capital required to eliminate waste inside the factory. Waste disposal services will have a private cost beginning

[18] Implicit in this analysis—as in nearly all writings by economists on the subject—is the general proposition that the optimum level of pollution is not necessarily zero. While most people will, sometimes very reluctantly, accept that this may be true "in principle", many deny that this analysis is relevant to situations in which the pollution represents a health/life hazard (which it frequently does). In economic terms, they are saying that the demand for "avoidance of health/life hazards" is (should be?) completely inelastic, with respect to price and income, at a zero hazard level.

Even the most casual examination of human behaviour suggests that nothing could be further from the truth. For example, it is widely accepted that after a certain age it is advisable to have a complete physical examination twice a year, and that by so doing one can substantially reduce the amount of illness and increase life expectancy; yet in the industrial countries, where nearly everyone has easy access to doctors, very few people follow such a programme because it is "inconvenient"—that is, the cost in monetary and or non-monetary terms is "too high". If all level railroad crossings were replaced by underpasses or overpasses, a large number of deaths and serious injuries would be avoided every year. Why are there still level crossings? Because the public would never accept the tax burden that would be required to replace them with the more expensive alternative. The list of examples could be extended almost indefinitely.

The extent of the hazard to health and to life caused by a given type of environmental pollution obviously plays an important role in the determination of the optimum or correct level of pollution, but it is by no means the only factor.

at W_a if polluting firms are required to compensate the rest of society for *all* reductions in AR services; if not, the private cost begins at W_s when further increments of W must be eliminated inside the factory, and therefore the right to discard W into the environment acquires a market value.[19]

When society reaches the point at which waste-absorptive services have a private cost, two types of incentives will be set in motion. First, the relative prices of goods whose production generates W will rise, and the composition of Q will shift towards fewer of such products; therefore, line OA in Figure 1 will rotate in a clockwise direction. Second, there will be an incentive to search for improvements in pollution control technology; assuming the search yields some positive results, the purity standard will be tightened, and the W_s line in Figure 1 will shift down.

In addition, if the growth of Q were accompanied by a change in one or more of the other variables which determine S, W_s would shift as Q increased. Experience suggests that in most countries *per capita* income increases along with aggregate output; thus, W_s will be shifting down as W is rising.

Turning to the question of inter-country comparisons, we note first that W_s is determined by the four variables which determine the purity standard (cost of pollution control, *per capita* income, prices of complements and substitutes, and tastes), *plus* the country's natural physical endowment. Since each of these factors may be expected to vary between countries, the endowment of waste-absorptive capacity will vary between countries. Furthermore, since it is the level and composition of output that determines the extent to which that capacity is actually utilized, and since output levels and compositions vary between countries, the extent of the utilization of the flow of waste-absorptive service will also vary between countries.

In a growth setting, the combination of different endowments of WAC and different utilization rates between countries creates a "three-stage" situation. In the first, the utilization rate is less than the WAC endowment in every country, and the WAC factor has a zero price everywhere. The second stage begins when one country reaches the point of full utilization of its WAC endowment, in which case the WAC factor acquires a scarcity price in that country, while continuing to carry a zero price in other countries. As growth progresses, more and more countries reach the point of full utilization of their WAC endowment, and when all countries are at that point, the third stage has been attained. Holding other relevant factors constant, we may conclude, with respect to those industries whose production processes generate waste, that (1) the pattern of comparative advantage for increments to world output will be shifting throughout the second stage, and (2) the pattern of international production and trade in the third stage will not be the same as the first stage pattern.

[19] This assumes that the government does not pay for pollution control equipment with subsidies from general revenues.

Figure 2 may be used, on a very general level, to suggest a possible explanation for the great upsurge in interest in environmental issues which began in the industrial countries near the end of the 1960's, as well as the current relative lack of interest in pollution problems within the developing countries. Assume there are two groups of countries, the developed countries (DCs) and the developing countries (LDCs), which differ in only two respects—aggregate output (Q) and *per capita* income (Q*). The difference in Q is shown on the horizontal axis, and the difference in Q* is reflected in the lower value of W_s in the DCs. The simplifying assumption that the physical (environmental) endowment is the same for each area is indicated by the common physical WAC and the common W_a.

Turning first to the DCs, assume that at the end of World War II they were at point F on OA. The amount of waste being discharged into the environment was large enough to reduce the flow of AR services ($W^{DC} > W_a$), but less than the limit implied by the demand for AR services ($W^{DC} < W_s^{DC}$). Because the public was satisfied by the flow of AR services, W_s^{DC} was implicit rather than explicit—that is, there was no "environmental policy".

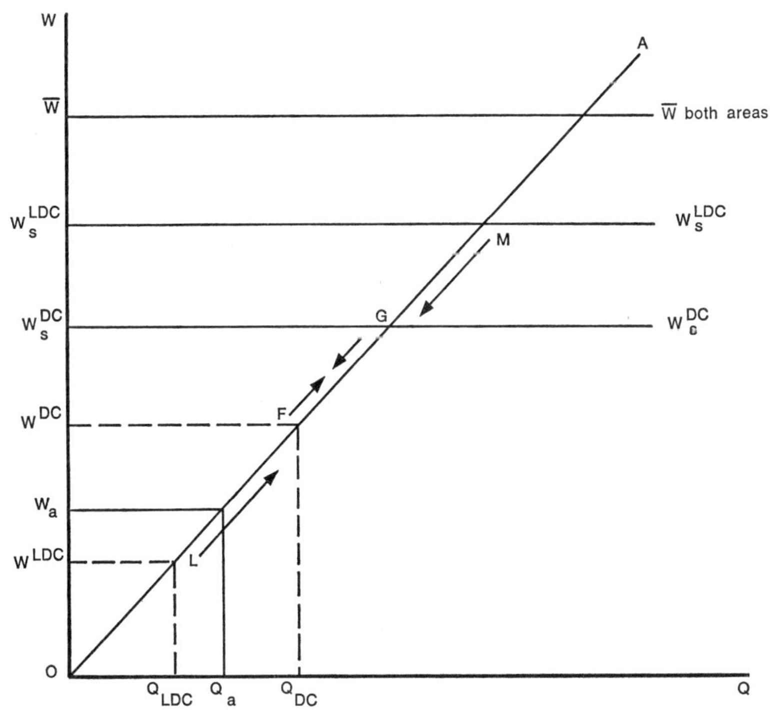

Figure 2

As Q grew during the record postwar expansion, point F began moving towards G. *Per capita* income was increasing at the same time, which caused the demand for AR services to increase; the (implicit) purity standard rose, causing W_s^{DC} to decline, and G began moving toward F. The unutilized waste-absorptive capacity (W_s^{DC} - W^{DC}), caught in a double squeeze, was progressively reduced. Sometime during the 1960s, F and G passed one another going in opposite directions.

Prior to this "passing in the night" some observers had seen what was happening and pointed out the need for an environmental policy which would make the currently implicit W_s^{DC} legally explicit. Gradually more people listened, but by the time the "environment" became an important public issue and governments began to make W_s^{DC} explicit, F was above G and the flow of AR services was less than the quantity demanded (or, which is saying the same thing, the flow of waste-absorptive services was being over-utilized).

Just as the DCs began working to bring F down to point G, the price of petroleum jumped (raising the cost of achieving any given S), and the worst business recession of the postwar period set in (causing Q* to decline in many countries). These two developments appear to have caused a short-run decline in S, and thus G may have moved up to meet F in a short-run equilibrium. "Environment" as a public issue lost, temporarily, some of its urgency.

The crucial development for the tradeable goods sector in the DCs was the arrival at the point of full utilization of the environment's waste-absorptive capacity, because waste-absorptive services acquire a value as soon as further increments must be eliminated inside the plant. Costs rise, and unless all foreign suppliers are subjected to the same cost increases, the export and import-substitute industries which produce products whose production processes generate W will find themselves in a squeeze.

Their worries are justified in the case of those products which the LDCs can produce reasonably efficiently. During the postwar expansion LDC output also increased, and L moved up OA. At the same time, the increase in LDC per capita income caused M to move down OA. However, it seems likely that M still lies well above L, and that the LDCs are not fully utilizing their flow of waste absorptive services.[20]

This has two implications. First, the LDCs are not nearly as concerned with pollution control policies as are the DCs because the current flow of

---

[20] It was recognized early on that there was a good chance of the DCs and the LDCs differing in their respective perceptions of, and responses to, the issue of environmental pollution. This awareness, in turn, produced some unfortunate side effects among writers from the developed countries. In some instances it took the form of offering gratuitous advice of a patronizing nature. More common was a tendency to use emotive and unscientific language. The early economic literature in this area abounds with references to the possibility of countries "exporting pollution" and to the possible creation of "pollution havens". For specific references, see Blackhurst, *op. cit.*

AR services satisfies their current demand for AR services, and thus there is no immediate need to make W_s^{LDC} legally explicit.[21] Second, the existence of unutilized waste-absorptive services in the LDCs means that they still carry a zero price.[22] Because this factor endowment is not yet fully utilized in the LDCs, while being fully utilized in the DCs, a shift in comparative advantage has occurred. The shift occurred because a factor of production that originally had a private price of zero began to acquire a scarcity value in some countries. When it was everywhere free, relative endowments of waste-absorptive capacity had no impact on trade. Now those endowments matter for comparative advantage.[23]

The foregoing is a very simplified view of environmental developments in the postwar period. Many exceptions to its generalities come to mind. Nonetheless, I believe it gives an accurate picture of the fundamental forces that have been at work in this area.

The discussion of postwar developments also serves to illustrate an important shortcoming of existing work in this area. The typical approach involves setting up a strictly static model, and then tracing through the repercussions of a government decision to force firms to reduce the amount of waste they discard into the environment—the basis for the decision being a desire to bring private costs into line with social costs after a period of inequality. Putting the analysis in such a setting, which involves an *inward* shift of the transformation curve, focuses attention on the mechanics of the models, and obscures not only the forces that have created the current concern with environmental issues but also the nature of the shift in the pattern of comparative advantage. One of the goals of this paper is to remedy this shortcoming by stressing the central role that economic growth plays—as the source of the increasing volume of waste, and as the source of the demand for a cleaner natural environment.

2. *A Geometric Analysis of Pollution Controls and Trade*

This section explores the implications of introducing the "waste-absorptive capacity" factor into the geometric version of the standard two-factor, two-commodity, two-country Heckscher-Ohlin model. (For the

[21] Having witnessed the "over-shooting" of W_s in the DCs, the LDCs are in a better position to anticipate the meeting of L and M, and to see to it that the necessary regulations are introduced in time.

[22] The LDCs often complain that the technology which is transferred from the DCs is inappropriate to the conditions in the LDCs. This could occur in the area of pollution control if higher cost production technology appropriate to countries which are fully utilizing their WAC endowments were transferred to countries which have unused supplies of WAC.

[23] The speed with which this shift in comparative advantage will affect trade patterns depends, in part, on the willingness of the DC governments to intervene to ease the pressure on affected industries—for example, by giving firms five or ten years to comply with existing regulations, or by granting subsidies for the purchase of control equipment. The granting of adjustment assistance would, of course, speed up the move to a more efficient pattern of world production.

purpose of analysing the impact of pollution controls on trade, the assumption that there are only two countries is less restrictive than usual. If we leave aside the centrally planned economies, there is an observable tendency for the world to divide into two broad groups as far as pollution controls are concerned—developed countries and developing countries—for the reasons suggested above in the discussion of the evolution of environmental concern during the postwar period.)

The implications of introducing WAC into the model will be analysed first for a single, closed economy. Let the two inputs be capital (K) and labour (L), and the two commodities be X and Y. Assume X is capital intensive relative to Y, and that the production of X generates waste while the production of Y does not.[24] Aggregate output is assumed to be increasing each period. To keep the analysis as simple as possible, the growth is assumed to shift the transformation curve outward uniformly as long as the WAC endowment is not fully utilized, and demand is assumed to be homothetic (i.e. the income elasticity of demand for X and Y is one).

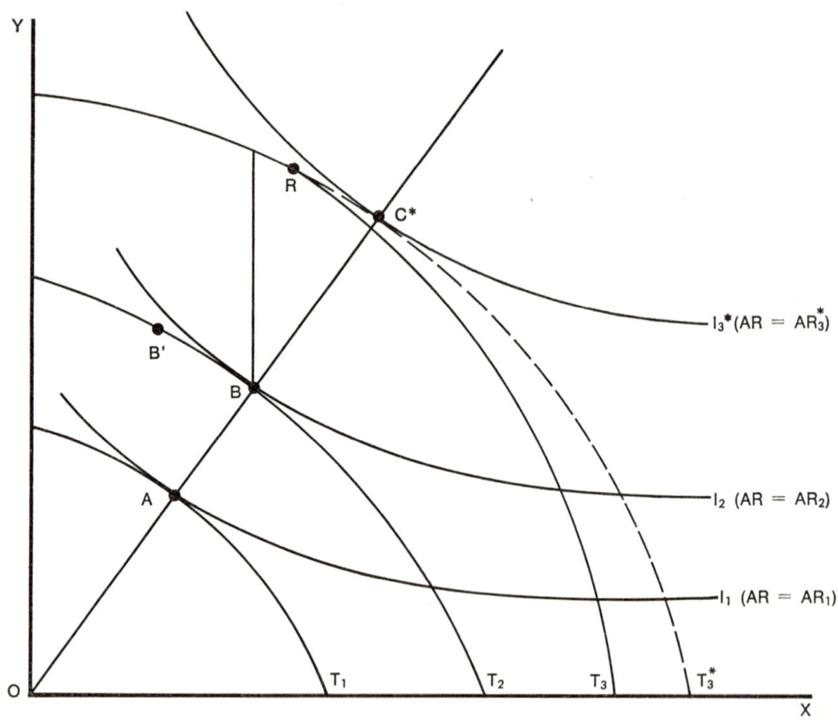

Figure 3

[24] The industries which are the principal sources of production pollution—energy production (thermo-generated electricity and petroleum refining), iron and steel production, non-ferrous metals, certain types of metal fabrication, basic chemicals, pulp and paper, leather tanning, and cement—are among the most capital intensive.

Figure 3 shows three transformation curves corresponding to three time periods. At the end of the first period, T_1 is the transformation curve. Production and consumption are given by the tangency of T_1 with community indifference curve I_1 at point A. The relative price of the two commodities is given by the common slope at A.

In addition to consuming X and Y, the public also consumes a flow of AR services provided by the natural environment. Assume that the volume of W resulting from the current volume of output is less than W_a (see Figure 1), and that the flow of AR services is equal to AR_1. This is indicated by giving indifference curve I_1 an AR dimension. Because W is so small that it has no perceptible effect on the environment, the fact that the production of X generates waste (while the production of Y does not) has no impact on relative prices, private or social.

Let the growth rate during the second period be such that at the end of the period the country's transformation curve is T_2. If the new W is still less than W_a, the new equilibrium is at B, and the new level of welfare is indicated by I_2, with the consumption of AR unchanged at AR_1.

Assume, however, that the new W exceeds W_a, but is less than W_s—that is, W is having an impact on the flow of AR services, but is less than the maximum W permitted by the purity standard. The solution then depends on society's reaction when W surpasses the W_a level. The alternatives are:

(i) The public simply accepts the decline in the flow of AR services. The private costs of production and relative prices are unchanged, and the equilibrium is at B, with indifference curve I_2 and a reduced flow of AR services equal to AR_2. This solution is inefficient because the social cost of producing X has risen while relative prices have remained unchanged, with the result that X is being over-produced/consumed relative to Y. In effect, the consumers of AR services are subsidizing the production of X.

(ii) The public has a property right to the environment and forces the X industry to fully compensate those harmed by the reduction in AR services. The price of X would rise relative to the price of Y and the solution would be at a point such as B′, on an indifference lower than I_2 but with the consumption of AR services larger than AR_2.[25] The consumption of Y and AR is larger, and the consumption of X smaller, than at B. This is the efficient solution, and therefore aggregate welfare is maximized.

(iii) The X industry has the property rights to the environment, and the public bribes them to reduce the output of X.[26] If each person

[25] The solution would occur at a point (B′) where an indifference curve cuts T_2, rather than at a point of tangency, because the new relative price line is steeper and therefore must be tangent to the indifference curve at a point above and to the left of B.

contributes an amount to the bribe fund equal to the loss he suffers from the reduction in AR flow, the solution will also occur at B′, and will be efficient.

Of the three alternatives, the third has the least practical relevance. If effluent charges are used (beginning at W_a), the solution resembles the second alternative in its price effects, although the appropriate distribution of the revenue is difficult to accomplish. The first alternative is relevant to situations in which emission standards are employed (set at W_S), and in which firms are allowed to discard W up to a point beyond W_a without compensating the public for the decline in AR services which began when W began to exceed W_a. Despite its apparent inefficiency, this appears to be the most common approach at the present time.[27] For this reason, plus the fact that space limitations preclude a full analysis of all alternatives, it will be assumed that the country follows the first alternative. The second-period equilibrium, therefore, is at B.

The level of W is assumed to reach W_S during the third period. If this had *not* happened, T_3^* would have been the new transformation curve, the new equilibrium would have been at C*, and the consumption of AR services would have been AR_3^*. However, since W_S has been reached, the new transformation curve is T_3 rather than T_3^*. Moving down T_3 from the Y axis, the two transformation curves will coincide until the output of X indicates a volume of W equal to W_S; since we assume that this did not occur until sometime in the third period, the point at which T_3 separates from T_3^* (R in Figure 3) must lie to the right of a vertical line through point B. After R, T_3 has a steeper slope than T_3^* because some capital and labour are diverted into pollution control activities. The more capital intensive are the control activities, the steeper will be T_3 relative to T_3^*.

Figure 4 represents an enlarged version of the area of Figure 3 in the vicinity of R. The equilibrium is at point C. The level of welfare is indicated by indifference curve I_3, which must represent a higher level of satisfaction than the actual I_3^*; the fact that I_3lies below I_3^* is more than compensated for by the excess of AR_3 over the actual AR_3^*.

[26] Because W is still less than W_S, any reduction in W is assumed to result from reduced output only (control equipment is not used until W exceeds W_S because the social cost of the equipment would exceed the social value of the increase in the flow of AR services).

[27] The first alternative (as well as the second) is consistent with the OECD's interpretation of the "polluter-pays principle". See J.-Ph. Barde, "National and International Policy Alternatives for Environmental Control and Their Economic Implications", in I. Walter (ed.), *Studies in International Environmental Economics*, New York/London, John Wiley, 1976.

Regarding the relative efficiencies of the three alternatives, it should be noted that once transaction costs are introduced into the model, it is no longer obvious that the first alternative is less efficient than the second and third alternatives.

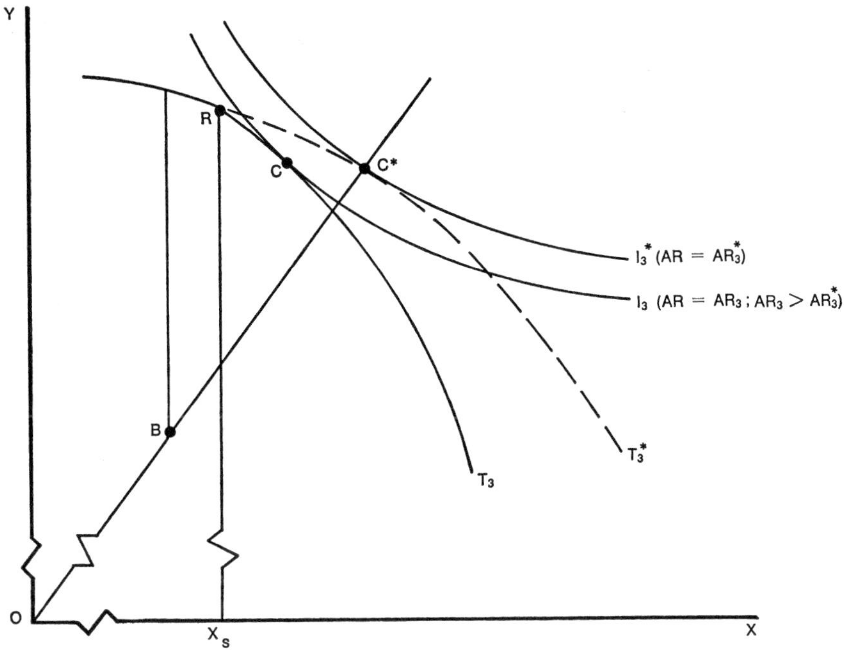

Figure 4

If society makes a mistake and finds itself at C*, there will be an adjustment period during which it moves from C* to C. In this instance, the approach stressed in the existing literature (*i.e.*, the emphasis on the implications of an inward shift of the transformation curve) would be applicable.

X_S indicates the level of X production which produces W_S of waste. Each time period the environment will absorb, at a zero private cost, the W resulting from the output of X, provided W is less than W_S. As soon as X exceeds X_S, the demand for waste-absorptive services will exceed the supply because all producers of X would rather discard W into the environment (free of charge) than purchase pollution-control equipment. The right to discard W will acquire a market value.

We now have the curious situation that something with a social cost of zero has a positive private cost—curious because environmental problems generally involve just the opposite relation between social costs and private costs. In this case, discarding W into the environment (up to a limit of W_S) imposes no cost on society (*if* we ignore the inefficiency associated with not charging firms for dumping W in excess of W_a), but from the firm's point of view the right to discard W has a value.

If firms that had been discarding W were given the right to continue doing so, while new firms were required to install control equipment, the old firms would capitalize the value of that right, and the price of *all* units of X would be equal to the cost of producing X with pollution control equipment. This would amount to a windfall gain for the old firms—they earn a rent on the right to discard waste into the environment—and a price of X in excess of its (average) opportunity cost.[28]

The efficient solution, which is assumed to be the one adopted, is for the government to auction the rights to discard W into the environment, and to distribute the revenue to producers of X in proportion to their output. The result will be that the actual cost of W disposal—*i.e.*, the cost of the pollution control equipment—will be spread over the entire output of X, and the price of each unit of X will rise by an amount equal to its share of the added (social) cost involved in purchasing the control equipment for the units in excess of X_S.

As the economy continues to grow, R will follow a path such as RR′ in Figure 5, if the growth in aggregate output increases the quantity of AR services demanded. This is the likely outcome if *per capita* income rises and/or if there are technological advances which reduce the cost of achieving any given purity standard, and if there are no fully offsetting effects due to changes in tastes or in the prices of complements and substitutes.

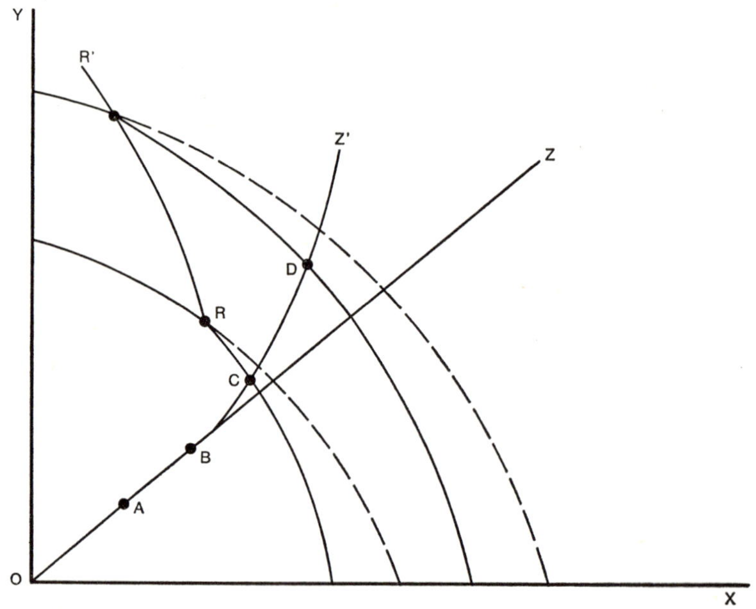

Figure 5

[28] In this discussion it is assumed that the cost of controlling pollution is the same for old and new plants; in fact, it is generally higher for existing factories than for newly designed factories.

As the amount of X produced increases, the proportion covered by "free" waste disposal services will decline, causing the price to rise.[29] This will, in turn, result in a production/consumption expansion path similar to OZ' rather than OZ; the rising relative cost of X pulls consumption in the direction of more Y and less X.

It is very difficult to generalize about the impact of economic growth because of the necessity of making assumptions about several key details of the model.[30] Even in a closed economy, the outcome of the analysis will depend, among other things, on what is assumed about

(1) the source of the growth
(2) whether the shift of the transformation curve is neutral or biased toward one of the two commodities
(3) whether consumption growth is neutral or biased
(4) the relative factor intensity of the pollution control equipment
(5) whether AR services are a substitute for or complementary to X or Y.

The appropriate approach to handling this problem depends on the purpose of the analysis. When, as now, it is the presentation of a basic model, simplicity should have a high priority. When the analysis is pursued with a particular country or group of countries in mind, knowledge of the actual situation in that country or group of countries can be used to select a plausible set of assumptions.

To open up the economy, we return to the initial transformation curve T_1, only this time country 1 is assumed to be trading with country 2. The equilibrium at the end of the first period is shown in Figure 6.

The international terms of trade are indicated by PP, production is at P_1, consumption at C_1, and country 1 is exporting AP_1 of X and importing AC_1 of Y. Indifference curve I'_1 measures social welfare; since I'_1 lies above I_1 (Figure 3) the country is, as we might expect, better off by virtue of being able to trade with country 2.

Skipping the second transformation curve, we can ask what happens when growth has shifted the T-curve out to T_3. Consider first what would have occurred if the country's waste-absorptive capacity had not reached the point of full utilization. T_3^* would be the transformation curve. Assuming linear homogeneous production functions, the new production point would be P_3^* *if* the terms of trade remained unchanged. Similarly, the new consumption point, with constant terms of trade, would be C_3^*.

[29] This would be true even if RR' were a vertical line; progressively stricter purity standards only reinforce the effect.

[30] See H. G. Johnson, "Economic Development and International Trade", in his *Money, Trade and Economic Growth*, Cambridge, Mass., Harvard University Press, 1962, reprinted in the American Economic Association's *Readings in International Economics*, 1968.

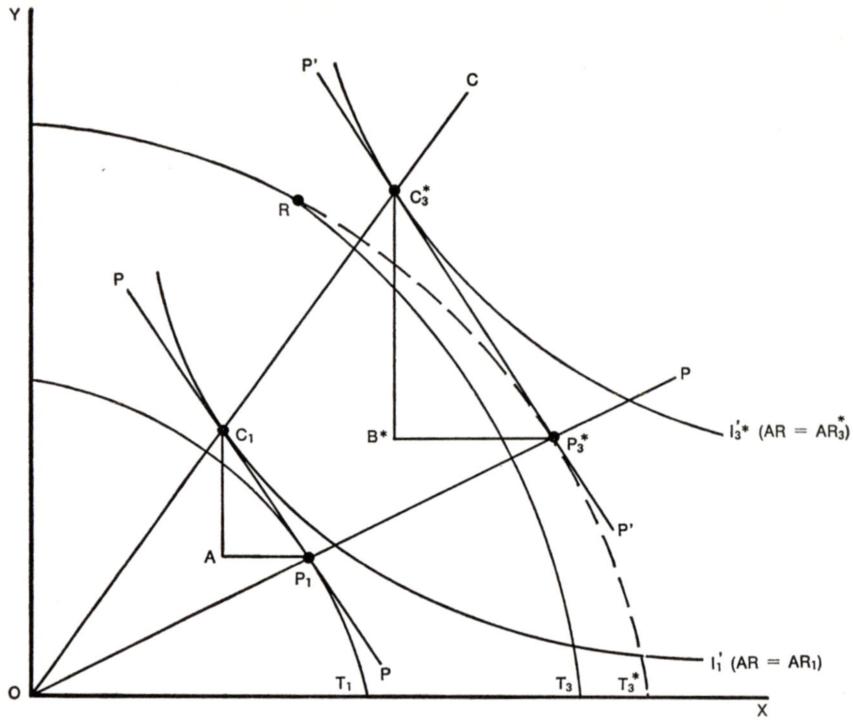

Figure 6

Since triangle $C_3^*B^*P_3^*$ is larger than C_1AP_1, country 1's offer curve will have shifted outward; unless country 1 is so small relative to country 2 that it sees 2's offer curve as a straight line, or unless there is a simultaneous and offsetting change of some kind in country 2, country 1's terms of trade will deteriorate. Some of the benefits of growth will be shared with the trading partner.

To examine what happens when T_3 is the new transformation curve, that part of Figure 6 in the vicinity of R is reproduced in Figure 7.

As in the figures for the closed economy, R indicates the level of output of X which results in W_s of waste, and therefore the point at which further increments of W must be processed by pollution control equipment. If the terms of trade are held constant, the new production point will be P_3; this point must lie above and to the left of P_3^* because T_3 lies inside T_3^* and has a steeper slope. The new consumption point is C_3, which lies below C_3^*. Community indifference curve I'_3 lies below $I'_3{}^*$, but nonetheless represents a higher level of welfare because AR_3 is greater than AR_3^*.

The impact on the terms of trade depends on the size of the new trade triangle C_3BP_3 relative to the original triangle C_1AP_1. There is a simple way to determine the relative size of the new triangle. Draw a line from P_1, parallel to ray OC, to the new transformation curve and label the inter-

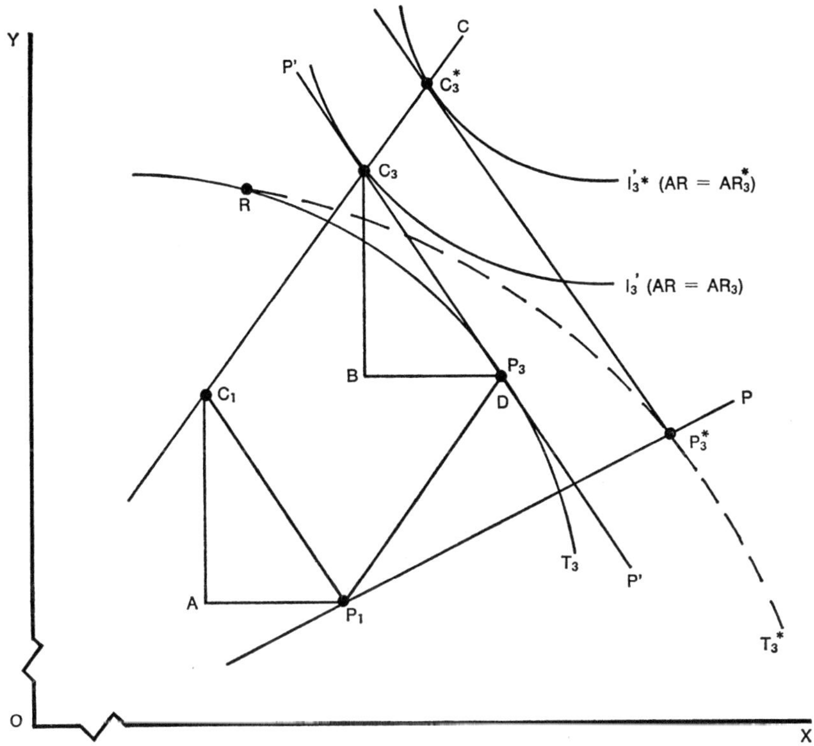

Figure 7

section D. If, as in Figure 7, the new production point happens to lie at the intersection, the new trade triangle will be the same size as C_1AP_1, and the terms of trade will not be affected. If P_3 lies above (below) D, the new trade triangle will be smaller (larger) than C_1AP_1, and the terms of trade will improve (worsen).[31]

The position of P_3 relative to D depends on how costly the pollution-control equipment is; the higher the cost of the equipment, the steeper will be T_3 relative to T_3*. This suggests that the calculation of the cost factor (see p. 350) is complex; the higher the cost of control equipment, the smaller (greater) will be the terms of trade loss (gain).

III. *CONCLUDING OBSERVATIONS*

The principal proposition advanced in this paper is that a factor input which I have called environmental waste-absorptive services, and a final

[31] The new triangle C_3BP_3 will always be smaller than triangle C_3*B*P_3*, and therefore the terms of trade effect of introducing the purity standard—the cause of the divergence between T_3 and T_3* beginning at R—will be beneficial. This gain *vis-à-vis* the foreigners will offset part of the cost—in conventional goods and services—of the pollution control equipment.

consumption good which I have called aesthetic and recreation environmental services, which were, until sometime in the postwar period, essentially free goods everywhere in the world, are no longer free in some countries, and that this change is going to affect the pattern of comparative advantage for those products whose production processes generate waste. They ceased to be free because the demands for the various services provided by the environment increased to the point where the environment could no longer simultaneously supply all of the quantities demanded at zero prices.

The analytical approach developed in the paper centres on defining waste-absorptive capacity as a factor endowment, and introducing it into the standard factor proportions model. The demand for aesthetic and recreation services is taken into account by making the endowment of waste-absorptive capacity a function of the demand for these services, as well as of the physical endowment of land, lakes, rivers, coastlines, and airspace.

The introduction of waste-absorptive capacity into the factor proportions model represents a development along the lines suggested by Harry Johnson in his paper "The State of Theory in Relation to the Empirical Analysis"; in the course of discussing a possible synthesis of the neo-factor proportions and neo-technology accounts of international trade, he notes

> «The standard concept [of the production function employed in trade theory] implies capital equipment used by homogeneous labor to produce a given product according to a given technology. A more relevant concept would envisage capital embodied in various forms—natural resources, equipment and structures, human skills, and the productive knowledge used to combine them—cooperating to produce bundles of want-satisfying characteristics embodied in products whose nature changes as knowledge accumulates and demand changes. In this framework, the theory of comparative advantage would remain neo-classical in outline, resting on international differences in capital in the extended sense per unit of population, but would have to concern itself also with the influences governing the allocation of capital among the different forms in which it may be embodied, in countries of different economic sizes and with different institutions for the education of people and the support of knowledge production.» [32]

There are a number of possible extensions of the analysis. They include (1) an analysis of the impact of growth under more realistic assumptions about the nature of the growth, (2) an analysis of alternative commercial policy responses to the disturbances caused by the arrival at the point of full utilization of the waste-absorptive capacity, and (3) an analysis of the situation in which environmental policies stimulate capital flows between countries.

---

[32] R. Vernon (ed.), *The Technology Factor in International Trade*, New York, National Bureau of Economic Research, 1970, p. 18.

Questions de droit international

Issues of International Law

REFLECTIONS ON CONTEMPORARY LAW-MAKING IN INTERNATIONAL LAW

Krystyna MAREK

« Il faut donc s'en tenir, de Nation à Nation, à des règles générales, indépendantes des circonstances, d'une application sûre et aisée. »

Vattel, Livre III, chap. IX, § 173.

« Une ... règle applicable unilatéralement seulement, porte en elle les germes de sa propre destruction. »

Paul Guggenheim, « Les principes de droit international public », *Recueil des cours de l'Académie de droit international,* 1952, vol. 1, p. 49.

I. *INTRODUCTORY*

The mass production of general rules of international law is a contemporary phenomenon which cannot but strike even the least alert observer of international affairs. It has recently reached a scale unprecedented in history. It represents a planned and deliberate effort which by-passes the customary process and relies chiefly—though not exclusively—on conventional means. The scope of this problem is too immense to be dealt with in anything more than a very general and incomplete way in the present paper.

A few preliminary remarks are in order. In the first place, it must be stressed once again that this study is concerned with *general* rules only. Secondly, only rules which purport to be universal in scope are to be taken into account, to the exclusion of all regional rules. Finally, a meaningful discussion of the phenomenon requires prior identification of the various categories of contemporary law-making. It is submitted that there are three of them: (1) codification, however intermingled with elements of "progressive development of international law"; (2) creation of admittedly new rules without any claim to codification; (3) attempts at law-making by totally unorthodox means, by-passing not only the customary but even the conventional process. These categories will now be reviewed.

II. *THE VARIOUS CATEGORIES OF LAW-MAKING*

1. *Codification*

The basis and the starting point of all present codifying activities is to be found in Article 13, 1 (a) of the UN Charter. This text introduces the concepts of "codification" and "progressive development of international law", neither of which is clear. The difficulties surrounding the concept of codification are well-known and need not be repeated here.[1] Nor is that of "development" free from ambiguity. The problem of whether it is to be understood in the quantitative sense, meaning proliferation, or in the qualitative sense, meaning usefulness and enhanced effectiveness, remains unsolved and will be considered at a later stage.[2] In an effort to provide working tools, Article 15 of the Statute of the International Law Commission (ILC) laid down pragmatic definitions to be used "for convenience", reasonably renouncing any attempt at a scientifically satisfying answer to the question raised.[3]

The ILC accordingly embarked on an intense activity, a considerable part of which was crowned with success.[4] The most important ILC drafts which stood the test of diplomatic conferences led to the adoption of the following Conventions: the 1958 Geneva Conventions on the Law of the Sea, the 1961 Vienna Convention on Diplomatic Relations, the 1963 Vienna Conventions on Consular Relations, the 1969 Vienna Convention on the Law of Treaties, and, finally, the 1975 Vienna Convention on the Representation of States in their Relations with International Organizations of a Universal Character.

In spite of the working definition of Article 15 of the ILC Statute and of laudable efforts to clarify the matter in some at least of the preambles, the elements of "codification" and of "progressive development" have become unavoidably interwoven in all those Conventions. The practical dangers of a confusion between what is old and what is new in a codifying treaty were demonstrated in a spectacular manner in the *North Sea Continental Shelf Cases* before the International Court of Justice [5] (ICJ). Less spectacular but possibly even more disturbing is the application made of

---

[1] See K. Marek, "Thoughts on Codification", *Zeitschrift für ausländisches öffentliches Recht und Völkerrecht*, Band 31, Nr. 3, 1971, pp. 489-520, and literature quoted.

[2] See below, p. 381.

[3] See United Nations, *The Work of the International Law Commission*, New York, p. 57.

[4] It is chiefly this successful part which is of interest to this study, the many unfruitful ventures of the ILC being left out of consideration. For an example of the latter kind see R. Baxter, "The Effects of Ill-Conceived Codification and Development of International Law", *Recueil d'études de droit international en hommage à Paul Guggenheim*, Geneva, 1968, pp. 146-166 (hereafter R. Baxter, "The Effects").

[5] *ICJ Reports 1967, p.* 3.

late by the ICJ, and even more freely by individual judges, of the Vienna Convention on the Law of Treaties [6] which is not in force; this is particularly serious when the Convention is invoked against the only State which voted against it at the Vienna Conference, *i.e.* France.[7] In order to proceed in such a startling manner, the Court, as well as the individual judges, must have assumed the purely codifying character of the Convention; such assumption, however, was never discussed, let alone proved. The proof, moreover, would have been impossible in view of the numerous and highly controversial innovations brought by the Convention into the customary law of treaties [8] and duly acknowledged in the relevant section of the preamble. Doubts and difficulties thus created by codifying treaties are hardly an argument in favour of legal certainty which codification is supposed to bring about.

This last point raises the fundamental problem of the relationship between customary and treaty law in the process and as a result of codification.[9] Whatever the drafters' intention, codification may represent a major threat to customary law which it may not strengthen and reaffirm but, on the contrary, "oust" or at least render problematic. Can customary international law—the only law binding on the *whole* international community—be adequately safeguarded in the process of codification, or are we to resign ourselves to its "general creeping obsolescence"? [10] The answer to this question is absolutely crucial for the very existence of international law as a universal order, and this writer fully adheres to the view of Sir Gerald Fitzmaurice, according to whom "the validity, existence and continuity of customary international law, as law binding on the whole community of nations, constitutes an inescapable premise of any useful discussion about the future of international law." [11]

The above considerations tend to show that, far from achieving its avowed aim which is to bring about greater certainty in international law, codification may in fact have the opposite result. This indeed seems

[6] *Legal Consequences for States of the Continued Presence of South Africa in Namibia (South-West Africa) notwithstanding Security Council Resolution 276 (1970), ICJ Reports 1971*, p. 16; *Fisheries Jurisdiction Cases (United Kingdom* v. *Iceland* and *Federal Republic of Germany* v. *Iceland), Jurisdiction of the Court, ICJ Reports 1973*, pp. 3 and 49 respectively; *Appeal Relating to the Jurisdiction of the ICAO Council, ICJ Reports 1972*, p. 46.

[7] *Nuclear Tests Cases (Australia* v. *France* and *New Zealand* v. *France), ICJ Reports 1974*, pp. 253 and 457 respectively.

[8] See in particular, P. Reuter, *La Convention de Vienne sur le droit des traités*, Paris, Armand Colin, 1970, pp. 19-24.

[9] For a detailed discussion of the problem, with special reference to dangers arising to customary law in connection with codification, see R. Baxter, "Treaties and Custom", *Recueil des Cours de l'Académie de Droit international*, 1970, I, p. 40 (hereafter *Recueil des Cours*), and K. Marek, *op. cit.*, pp. 496-498.

[10] Sir Gerald Fitzmaurice, The Future of Public International Law and of the International Legal System in the Circumstances of Today, Special Report, Institut de Droit international, Genève, 1973, p. 8.

[11] *Op. cit.*, p. 9.

inevitable in view of the fundamental difference between international and municipal law in this respect. In the latter, codification is undertaken and imposed by way of legislation, *i.e., ex auctoritate*, and a new code enters into force with respect to all subjects of law, at the same time and with the same contents. In the former, codification is effected by the only available instrument, namely an international treaty, which enters into force only for some subjects (however numerous they may be in particular cases), at differing dates and—in case of reservations—with different contents. What is thus achieved is not the consolidation but a considerable relativization of the normative material.

The decision to embark on a codification process on such an unprecented scale was clearly motivated by the emergence of the Third World.[12] It was thus predominantly political, as is any decision in the matter, whether in municipal or international law. As such, it may or may not be wise. The exclusive preoccupation with the Third World seems to have relegated into the background Savigny's classical query concerning the "vocation of our time to legislate",[13] in this case the question of whether periods of spectacular change and upheaval are the best time to codify, in other words to "freeze" the law, whatever other elements in favour of such an operation.

The codification achievements to date should be considered from this angle. No particular problems are raised by the two Vienna Conventions on Diplomatic and Consular Relations respectively; they come as close as possible to genuine codification, bear on no passion-arousing problems and do consequently neither much harm nor much good. As against that, the 1958 Geneva Conventions on the Law of the Sea appear to constitute a warning against codification in unstable periods, especially in view of the difficulties of revision in international law. Indeed, it became necessary not only to hold a new Conference in 1960, practically immediately after the

[12] "Une telle codification des règles coutumières s'impose du fait que la base sociologique du droit international a perdu son caractère traditionnel relativement homogène. Dans une communauté d'Etats basés sur la même civilisation, la coutume a été une procédure adéquate pour la création des règles de droit. Mais pour la communauté internationale devenue globale, qui embrasse un grand nombre d'Etats de civilisations diverses, la coutume ne suffit plus..." A. Verdross, "Discours présidentiel", *Annuaire de l'Institut de Droit international*, 1961, vol. II, p. 63. "Un rôle important dans le déclin relatif du droit international coutumier revient à la brusque accession aux rapports internationaux de nombreux Etats nouveaux, surtout asiatiques et africains, restés étrangers durant l'ère coloniale à la constitution des pratiques coutumières. Encore qu'il ne faille pas en exagérer l'importance, on ne peut rester indifférent à la propension de ces nouveaux venus à mettre en discussion certains aspects du droit coutumier qu'ils tiennent pour entachés des traditions occidentales. Cette universalisation de la société internationale rend inéluctable la conclusion d'accords exprès propres à ramener la certitude et la sécurité juridique en authentifiant l'existence d'un consensus général. C'est la tâche de la codification." Ch. De Visscher, *Théories et réalités en droit international public*, Paris, Pedone, 1970, 4e éd. p. 175. *Cf.* R. Ago, "La codification du droit international et les problèmes de sa réalisation", *Recueil en hommage à Paul Guggenheim*, p. 96.

[13] C. F. v. Savigny, *Vom Beruf unserer Zeit für Gesetzgebung und Rechtswissenschaft*, Heidelberg, 1814.

first one, but to embark in 1973 on a third Conference, the end of which is not yet in sight. The convening of a new Conference in 1973 meant that the achievements of 1958 had collapsed well before that date. In other words, an enormous effort of codification, bearing on vital matters, did not survive even fifteen years. The reader is referred for comparison to the life-span of the Swiss civil code or—better still—the French *Code civil.*

Undeterred, the codification work went on with the Vienna Convention on the Law of Treaties; this represents an attempt partly to codify and partly to amplify the customary law of treaties, *i.e.*, that part of international law which, by the very nature of things, has the deepest roots, the most solid tradition and has been for centuries functioning in a relatively satisfactory manner, as is to be expected in a legal system relying as heavily on contract as does international law. Consequently, what may *grosso modo* be called "areas of agreement" in this field (binding force, good faith, *pacta sunt servanda,* technicalities of functioning) have simply been taken over by the Convention which emphasizes the suppletive character of the relevant provisions to the point of casting doubt on their necessity. At the same time, what may be called "areas of disagreement" (validity, nullity, irregular termination) were if anything extended by the Convention which could thus be accused "[de faire] pénétrer, à titre permanent, la contestation dans le droit des traités".[14] It should be added that the Convention represents a truly unique attempt to create a treaty to govern all treaties, in other words, a source to govern other sources of the same hierarchical rank. The logical and practical problems thus raised cannot be discussed here but should not be lost sight of.

That the Convention itself remains governed by the customary law of treaties is too obvious to be emphasized; the fact may serve as an example of the impossibility of recasting the whole of international law on a conventional basis, as desired by some of the most fervent exponents of codification.

Continuing its work, the ILC has now turned its attention to new fields of international law among which international responsibility takes pride of place. This is probably the most burning single issue in the whole of international law, bearing on practically all fundamental problems of both theory and political realities. It may therefore be asked whether it is ripe for codification in our time. If not, any tampering with it may leave the fragile, but more or less effective, mechanism of international responsibility in a worse state than it already is.

> «Excessively ambitious and defectively conceived schemes for the codification and progressive development of international law are almost inevitably doomed to fail. Their failure can leave customary international law in a worse state—less certain, more controversial, and less

[14] French observations on the *jus cogens, La Documentation française, Notes et Etudes Documentaires,* 25 septembre 1969, No. 3622. This is by no means the only comment to this effect.

honored—than it was before codification was attempted. In such case codification can be law-destroying rather than a stimulus and guide to ordered conduct by nations.» [15]

Even if the danger of the law-destroying effects of codification were to be overlooked—which it cannot— the gist of the problem remains as summed up by Guggenheim:

> «Ou bien la norme considérée est si peu contestée qu'il n'est nul besoin de la codifier dans le cadre d'une convention générale, ou bien les divergences de vues au sujet du contenu de la norme juridique postulée sont telles que sa fixation déclaratoire n'est pas possible.» [16]

2. *Creation of new rules*

The second category of law-making considered in this paper concerns treaties which purport to lay down general rules in fields so far not governed by international law at all or treaties whose aim is not to codify or even revise pre-existing rules but to replace them by new ones. This category covers a very wide field of subjects, ranging from Outer Space to Human Rights.

The decision either to replace old rules by new ones or to submit a new field of human activities to legal regulation raises problems of legislative policy in the choice of subjects. The need for a new regulation may not always be manifest to the same degree and its absence may well cast doubt on the credibility of the law-making venture. But this credibility is particularly affected by attempts to produce rules which, even if adopted, stand no chance of achieving any degree of effectiveness. Law is hardly the proper field for practising art for art's sake and legal exercises in futility are bound to undermine whatever authority it may possess. It is in the light of this basic consideration that the following chosen examples in the landslide of new enactments are to be viewed.

(*a*) On 9 December 1948, the UN General Assembly adopted a Convention on the Prevention and Punishment of the Crime of Genocide.

That the prohibition of mass murder should become a subject of an express conventional enactment is in itself deeply disturbing. This must clearly have been seen by the ICJ which, in an honour-saving passage of its advisory opinion on the matter, declared "that the principles underlying

---

[15] R. Baxter, "The Effects" p. 146. Following the failure of the 1930 codification conference of The Hague, G. Gidel had this to say with regard to the three-mile rule: "La règle de 3 mille n'est aujourd'hui qu'une idole renversée; elle n'est pas remplacée. C'est le péril de tous les travaux de codification: s'ils ne parviennent pas à transformer en règle écrite universellement adoptée la coutume plus ou moins répandue dont ils ont en vue la cristallisation, ils ruinent ce qu'ils se proposaient de rendre indestructible." "La mer territoriale et la zone contigüe", *Recueil des Cours*, 1934, vol. II, p. 194.

[16] *Traité de droit international public*, Tome I, 2e éd., Genève, Georg, 1967, p. 319.

the Convention are principles which are recognized by civilized nations as *binding on States, even without any conventional obligation*".[17] That it should moreover be subjected to reservations bearing on *all* enforcement articles, was adding insult to injury. These reservations having obtained an indirect blessing of the Court, four judges (M. Guerrero, Sir Arnold McNair, as he then was, MM. Read and Hsu Mo) came forward with what will remain one of the best and most forceful dissenting opinions in the history of the present Court. The Court having adopted as the criterion of a reservation's admissibility its compatibility with the object and purpose of the Convention, the four judges retorted: "What is the 'object and purpose' of the Genocide Convention? To repress genocide? Of course; but is it more than that? Does it comprise any or all of the enforcement articles of the Convention? That is the heart of the matter".[18] And, rejecting "universality at any price", they concluded that "[it] is rather the acceptance of common obligations... in order to attain a high objective for all humanity, that is of paramount importance".[19]

The Convention entered into force on 12 January 1951, with reservations bearing on Article IV (removal of any jurisdictional immunities of constitutionally responsible rulers, public officials or private individuals), Article VI (jurisdiction of municipal courts), Article VII (extradition), Article IX (compulsory jurisdiction of the ICJ) and Article XII (the colonial clause). Needless to say, the international criminal court, envisaged by Article VI, never materialized.

(*b*) On 16 December 1966, the UN General Assembly adopted the two Covenants on Human Rights, bearing respectively on Economic, Social and Cultural, and on Civil and Political Rights, as well as an Optional Protocol to the latter, concerning the possibility of individual communications being submitted to the Committee on Human Rights provided for by the second Covenant.

Both Covenants carry an impressive list of rights to be granted to individuals. However, it would seem that every care has been taken to deprive them at the outset of any chance of effectiveness. Such implementation mechanisms as have been provided for (system of reports, without any clearly discernible consequences, for the first Covenant; for the second, a Human Rights Committee which, though deprived of any real power, cannot even embark on its inconclusive activities without a declaration of acceptance by the States concerned, ten such declarations being necessary for the system to begin operating at all, individual communications relegated to an Optional Protocol) prompted an authority on the subject to say that

[17] *Reservations to the Convention on Genocide, Advisory Opinion, ICJ Reports 1951*, p. 23. Italics mine.

[18] *Ibid.*, p. 44.

[19] *Ibid.*, p. 47.

they "appear to be designed to exclude any review of the fulfilment by individual parties of their obligations".[20] The conclusion is that "each party therefore remains the judge of the nature and extent of its obligations".[21] The late Sir Hersch Lauterpacht had occasion, in the totally different context of the French automatic reservation, to state clearly what this sort of legal situation amounts to: "...the French Government has, in this respect, undertaken an obligation to the extent it, and it alone, considers that it has done so. This means that it has undertaken no obligation." [22]

So much for the UN Covenants on Human Rights.

(*c*) On 14 March 1975, a UN Conference in Vienna adopted a Convention on the Representation of States in their Relations with International Organizations of a Universal Character. The draft articles prepared by the ILC, which a number of States found unsatisfactory from the outset, were made even more so during the Conference. Without going into details, it may be worth recalling that a convention of this sort covers what is necessarily a triangular relationship involving (1) the international organization, (2) the sending State, and (3) the host State. The latter was, however, accorded such cavalier treatment as to make the Belgian delegate declare that the Convention seems to consider the host State's territory not merely as a *res communis* but indeed as *res nullius*.[23]

The Convention, complete with a rather high sample of absurdities,[24] was eventually adopted by the Conference by fifty-seven votes to one (Belgium), with fifteen abstentions, the latter being apparently nowadays a nice way of saying "no". Those abstaining included *all* host States (USA, Switzerland, Austria, Canada, France, the United Kingdom), with the exception of Italy, which chose the best of both worlds by voting in favour while clearly hinting at a future non-ratification.[25] In other words, not one of the host States, on whose participation alone the fate of the Convention depends, was prepared to accept it.

---

[20] C. W. Jenks, "The United Nations Covenants on Human Rights Come to Life", *Recueil en hommage à Paul Guggenheim*, p. 809.

[21] *Ibid.*

[22] *Case of Certain Norwegian Loans, Judgment of July 6th, 1957 : ICJ Reports 1957*, p. 48.

[23] A/CONF. 67/SR.13, p. 4. For details and general appraisal, see J. G. Fennessy, "The 1975 Vienna Convention on the Representation of States in their Relations with International Organizations of a Universal Character", *American Journal of International Law*, vol. 70, 1976, pp. 62-82 (hereafter *American Journal*); J. Staehelin, "Die Wiener Konferenz über die Vertretung der Staaten in ihren Beziehungen zu internationalen Organisationen", *Annuaire suisse de droit international*, vol. 21, 1975, pp. 52-70; Ph. Cahier, "La Convention de Vienne de 1975 sur la représentation des Etats dans leurs relations avec les Organisations internationales de caractère universel", in Symbolae Garcia Arias, Nums. 33-36 de la *Revista "Temis"*, editada por la Facultad de derecho de la Universidad de Zaragoza, 1973-1974, pp. 447-473.

[24] For particularly savoury examples, see J. Staehelin, *op. cit.*, pp. 61, 62, 64, and 65; Ph. Cahier, *op. cit.*, p. 470.

[25] A/CONF.67/SR.13, p. 8.

Whatever the minor importance of the matter, here is a textbook example of a treaty being adopted not only in the absence of a real chance of effectiveness, but in the certainty of ineffectiveness. There remains the question of the actual utility of the whole venture, which was strongly contested.[26]

(*d*) The question of utility underlies the whole Convention on Special Missions, in other terms, on what is currently called "*ad hoc* diplomacy", which was adopted by the UN General Assembly on 8 December 1969.[27]

Ad hoc diplomacy is old as the world. It existed long before permanent diplomacy which can *grosso modo* be traced back to the fifteenth century only. It is by definition a-typical, ranging from heads of States in congress through roving ambassadors to secret agents, etc.,[28] by definition temporary and by definition taking place by mutual consent of the sending and receiving States, as an expression of their common interest at a given moment. This explains sufficiently why no customary rules on the subject ever developed.[29] It remains a mystery, in spite of all the learned arguments, why conventional rules should be adopted now, what requirements they are supposed to meet and how they can apply to a multitude of totally different situations. Does anyone seriously believe that, when Mr. Brezhnev descends on Helsinki, the Finnish Foreign Office will consult the Convention to find out about his exemption "from all national, regional or municipal dues and taxes in respect of the premises he occupies" (Article 24), or that, when Mrs. Golda Meir and King Hussein decide to meet in secret, their respective legal advisers will consult on their right to fly their national emblems (Article 19)? In short, here is an attempt to subject to legal regulation something utterly recalcitrant to such regulation and which, moreover, can safely be left to the elementary courtesy and common sense of the parties, qualities which may be wanting in the world at large but without which no *ad hoc* diplomacy is conceivable.[30]

The general pactomania of which only a few samples have been given above has apparently a by-product in the admittedly non-binding instruments. As such, they are strictly speaking outside the scope of this paper, yet sufficiently related to it to deserve a mention.

---

[26] See J. Fennessy, *op. cit.*, p. 64.

[27] For analysis and comment see M. R. Donnarumma, "La Convention sur les missions spéciales (8 décembre 1969)", *Revue belge de droit international*, vol. 1, 1972, pp. 34-79.

[28] See categories listed by M. Bartoš, "Le statut des missions spéciales de la diplomatie *ad hoc*", *Recueil des Cours*, 1963, vol. I, pp. 470-488.

[29] M. Bartoš, *op. cit.*, p. 451; *cf.* Ph. Cahier, *Le droit diplomatique contemporain*, Geneva/Paris, Droz/Minard, 1962, p. 362.

[30] Of a different opinion Ph. Cahier, *op. cit.*, p. 372; however, his "categories" of the *ad hoc* diplomacy seem both too wide, including as they do even *permanent* offices of one State in another, p. 362, and too narrow, excluding many of the categories listed by Bartoš.

Statesmen and diplomats of the nineteenth century would probably be amazed at the amount of time, effort and argument displayed to produce high-sounding sets of principles under which no one is bound to do anything, such as the 1948 Universal Declaration of Human Rights, the 1970 Declaration of Principles of Friendly Relations between States or the 1975 Final Act of Helsinki. (The Act, of course, is supposed to be regional and would thus remain beyond the scope of this paper. While it is certainly not universal, the participation of the United States and Canada make it more than just European.) The precautions taken to make sure that the Act of Helsinki is *not* a treaty are at times truly pathetic.[31] The fact that one non-binding instrument refers back to another non-binding instrument, as the Helsinki Final Act does to the Universal Declaration of Human Rights, does not add any more weight to either. The only serious attempt to lay down law, *viz.*, the Swiss project on the pacific settlement of international disputes, making such settlement both compulsory and institutionalized, failed to find favour with the Conference on Security and Co-operation in Europe.

3. *Resolutions of the UN General Assembly*

The third category to be discussed concerns the alleged creation of international law by legally unauthorized bodies. What is meant here is the mass production of resolutions by the UN General Assembly on every conceivable and inconceivable subject. These resolutions which by-pass both custom *and* treaty, claim either to be law, or to be evidence of law, or to be "instant customary law" or at least "soft" or "green" law,[32] thus representing a piece of legal surrealism.

The validity of the legislative claim of the General Assembly has been sufficiently refuted for this writer to dispense with flogging a dead horse.[33] In his much-quoted study, Sir Gerald Fitzmaurice speaks of the "complete imbalance between the realities of power within the United Nations (which is voting power), and the location of effective power (i.e., military and

---

[31] See H. S. Russell, "The Helsinki Declaration: Brobdingnag or Lilliput?", *American Journal*, vol. 70, 1976, pp. 242-272.

[32] See R. Dupuy, "Droit déclaratoire et droit programmatoire: de la coutume sauvage à la soft law", in *L'Elaboration du droit international public*, Société française pour le droit international, Colloque de Toulouse, Paris, Pedone, 1975, pp. 132-148.

[33] See *e.g.* Sir Gerald Fitzmaurice, *op. cit.*, pp. 73-74; A. Verdross, *Die Quellen des universellen Völkerrechts*, Freiburg, Rombach, 1973, pp. 137-139; Ch. De Visscher, *Théories et réalités*, pp. 180-181; Ch. De Visscher, *Les effectivités du droit international public*, Paris, Pedone, 1967, p. 38; R. L. Bindschedler, "La délimitation des compétences des Nations Unies", *Recueil des Cours*, 1963, vol. I, pp. 335-380; special attention is drawn to the *opus magnum* on the subject by G. Arangio-Ruiz, "The Normative Role of the General Assembly of the United Nations and the Declaration of Principles of Friendly Relations", *Recueil des Cours*, 1972, vol. III, more particularly pp. 444-518.

economic power) outside it" and concludes: "Given this imbalance, and the antecedents of nearly all the newly-joined States, there is inevitably a tendency for Assembly resolutions to be adopted in a highly emotional context, and accordingly to reflect political, economic or sociological aspirations rather than any responsible assessment of the relevant legal issues and consideration." [34] This is an elegant way to describe the Orwellian Newspeak which has come to prevail in the General Assembly. Thus, an anti-Jewish resolution (3379(XXX)of 18 November 1975), which would have warmed the late Adolf Hitler's heart, was presented as a resolution condemning racism. In Oceania, it will be remembered, "the Ministry of Peace concerns itself with war, the Ministry of Truth with lies, the Ministry of Love with torture and the Ministry of Plenty with starvation".[35]

The Orwellian quality of the UN pseudo-legislative activities is, as could be expected, accompanied by a supreme contempt of all intellectual rigour. Here again, a few examples will suffice. Thus, the well-known Declaration of 1960 on the granting of independence to colonial peoples and countries (1514 (XV)) proclaims the right of "all peoples" to self-determination. This, of course, is completely redundant since the Declaration admittedly deals with colonial peoples only. However, by the inclusion of the sweeping term, the document claims to express a general right; it has therefore to be remembered that, in conformity with both the Newspeak and the "double standard",[36] "all" does not mean "all" but "some". However hazy the

[34] *Op. cit.*, p. 76; *cf.* R. L. Bindschedler, *Die Schweiz in der Völkergemeinschaft von morgen*, Berne, Paul Haupt, 1969: "Die gleichmässige Verteilung des Stimmrechts in der Generalversammlung führt zu einem Übergewicht der kleinen und kleinsten Staaten. Daraus ergibt sich ein Auseinanderfallen von Verantwortung und der Verfügbarkeit über die zum Vollzug notwendigen Mittel einerseits und dem Mitspracherecht und den Einflussmöglichkeiten andererseits. So kommt es zu irrealen Beschlüssen und zu einer Praxis der Grundsatzlosigkeit." P. 14. "Man kann von einer eigentlichen Magie des Wortes sprechen, einer Berauschung durch Formeln." P. 15. Translation: "The equal attribution of the voting power in the General Assembly leads to a preponderance of the small and the smallest States. This results in a discrepancy between, on the one hand, responsibility and availability of the necessary means of implementation, and, on the other, participation and influence. Hence the unreal decisions and an absence of principles." P. 14. "There is a proper magic of the word, an intoxication with formulae." P. 15.

[35] 1984, Part Two, Chapter 9. *Cf.* Swift: ...this society hath a peculiar cant and jargon of their own, that no other mortal can understand, and wherein all their laws are written, which they take special care to multiply; whereby they have wholly confounded the very essence of truth and falsehood, of right and wrong..." *Gulliver's Travels*, Part Four.

[36] See Sir Gerald Fitzmaurice, *op. cit.*, pp. 35-40. It is gratifying and encouraging to see the condemnation of the "double standard" from African quarters. Thus, the *Daily Nation* of Nairobi, of 30 July 1976: "The Idi Amin régime has for years been systematically murdering thousands of innocent Ugandans. But the Organization of African States took no notice of these murders. It did not say a single word about the inhumanity of the Government of Uganda. The Organization gets easily indignant about murders of innocents committed by white Governments but remains silent when Africans do the same thing." Quoted by the *Neue Zürcher Zeitung* of 31 July/1 August 1976. Translation.

concept of self-determination,[37] it is quite certain that the reference is neither to the Baltic nations, nor to the Ukrainians, nor to the Kurds, not to mention the formally independent nations of Central and Eastern Europe. The reference is only and exclusively to colonial peoples and only and exclusively in relation to the former colonial powers. This alone explains the otherwise astounding reaffirmation of the territorial integrity of States as a "conclusion" of the self-determination principle in Point 6 of the Declaration. In sound logic, and assuming the principle to culminate in the claim to secession from an existing State,[38] no such conclusion can follow. However, translated from Newspeak, it means that "secession by a 'colonial' or dependent territory is admissible, but secession *from* that territory itself, once independent, is not admissible even on the part of an unquestionably distinct racial, cultural or linguistic component of it." [39] Katanga and Biafra are cases in point and it is interesting to note the Secretary-General's anathema on that sort of secession. "So far as the question of secession of a particular section of a Member State is concerned, the United Nations' attitude is unequivocable. As an international organization, the United Nations has never accepted and does not accept and I do not believe it will ever accept the principle of secession of a part of its Member State." [40] As is well-known, Bangla-Desh achieved independence in spite of the Secretary-General's prohibition and at the expense of the territorial integrity of Pakistan. The conclusion is therefore fully justified that "juridically, neither the so-called right of self-determination as proclaimed in the United Nations, nor the provisions of the resolution proclaiming it, can (politics apart) be taken seriously".[41]

The above intellectual *tour de force* was not a drafting slip. It was repeated—with a vengeance—by the Declaration of Friendly Principles, etc. of 24 October 1970 (Res. 2625 (XXV)) which states: "The General Assembly... Convinced that the principle of equal rights and self-determination of peoples constitutes a significant contribution to contemporary international

---

[37] See more particularly Ch. De Visscher, *Théories et réalités*: "Dans sa totale imprécision actuelle, elle ne représente à aucun degré un principe de droit. Appliquée sans discernement, l'auto-détermination conduirait à l'anarchie." P. 161. *Cf.* Ch. De Visscher, Effectivités, pp. 22 and 38. "...juridically, the notion of a 'legal' right of self-determination is nonsense..." Fitzmaurice, *op. cit.*, p. 38. See also Arangio-Ruiz, *op. cit.*, pp. 561-571; R. Emerson, "Self-Determination", *American Journal*, vol. 65, 1971, pp. 459-475; M. Pomerance, "The United States and Self-Determination: Perspectives on the Wilsonian Conception", *American Journal*, vol. 70, 1976, pp. 1-27.

[38] This is not necessarily the only claim that can be made in this connection; there may be less sweeping claims, ranging from a regime of autonomy for minorities to the creation of a new canton, as was the case with Jura in Switzerland. The reminder is necessary not only for the sake of order but also to illustrate the difficulty of pinpointing both the subject of the alleged right and its actual contents.

[39] Sir Gerald Fitzmaurice, *op. cit.*, p. 40.

[40] Quoted by R. Emerson, *op. cit.*, p. 464.

[41] Sir Gerald Fitzmaurice, *ibid.*

law, and that its effective application is of paramount importance for the promotion of friendly relations among States, based on respect for the principle of sovereign equality, Convinced *in consequence* that any attempt aimed at the partial or total disruption of the national unity and territorial integrity of a State or country or at its political independence is incompatible with the purposes and principles of the Charter...".[42]

It may be added that Article I of both Human Rights Covenants discussed in the preceding section similarly proclaims the right of self-determination of "all" peoples. Here is a further case of intellectual confusion. In the words of Charles De Visscher," [i]l semble difficile de confondre plus complètement les valeurs et de s'éloigner davantage de l'esprit dans lequel a été envisagée la défense des droits de l'homme. La Charte a situé ceux-ci dans les rapports entre l'individu et l'autorité publique interne; elle les conçoit comme une limitation morale et juridique à l'action politique des gouvernants. Le droit des peuples à disposer d'eux-mêmes, mentionné aux articles 1er, § 2 et 55 de la Charte, est une notion qui appartient à un ordre d'idées absolument différent. L'aspiration à l'existence politique indépendante affecte directement les rapports des Etats entre eux...".[43]

The 1966 Declaration of Inadmissibility on Intervention in the Domestic Affairs of States (Res. 2131 (XX)) proclaims in Point 1 that "[n]o State has the right to intervene directly or indirectly, for any reason whatever, in the internal or external affairs of any other State", and in Point 6, that "all States shall contribute to the complete elimination of racial discrimination and colonialism in all its forms and manifestations". Again, this is not just careless drafting, as borne out by subsequent texts. Thus, a further resolution (2649 (XXV)) "1. Affirms the legitimacy of the struggle of peoples under colonial and alien domination recognized as being entitled to the right of self-determination to restore to themselves that right by any means at their disposal; 2. Recognizes the right of peoples under colonial and alien domination in the legitimate exercise of their right to self-determination to seek and receive all kinds of moral and material assistance, in accordance with the resolutions of the United Nations and the spirit of the Charter of the United Nations..." The resolution on the integral application of the Declaration on granting independence to colonial peoples (2621 (XXV)) finally becomes fully explicit in the following peremptory passage: "Member States shall render all necessary moral and material assistance to the peoples of colonial territories in their struggle to attain freedom and independence". Intervention is thus either good or bad, according to the views of the actual majority in the General Assembly. The point is finally made clear beyond any doubt in the Declaration of Friendly Relations, under the heading of self-determination, which reaffirms the right of the peoples concerned,

[42] Italics mine.

[43] *Théories et réalités*, p. 161.

acting in resistance to repressive actions and "in pursuit of the exercise of their right", "to seek and receive support in accordance with the purposes and principles of the Charter of the United Nations". Writing quite a while before the Cuban intervention in Angola, Arangio-Ruiz commented: "One cannot fail to see how far this might take third States on the road to resort to force." [44]

A last instance of the "double-think" may be quoted: the resolution of 18 December 1972 (3034 (XXVII)) on Measures to Prevent International Terrorism is adopted by a General Assembly" [d]eeply perturbed over acts of international terrorism which are occurring with increasing frequency and which take a toll of innocent human lives"; it therefore duly "expresses deep concern over increasing acts of violence which endanger or take innocent human lives or jeopardize fundamental freedoms." What it "condemns", however, are—curiously enough—not such acts, but something entirely different, namely "the continuation of repressive and terrorist acts by colonial, racist and alien régimes in denying peoples their legitimate right to self-determination and independence and other human rights and fundamental freedoms", the "legitimacy" of the struggle of the "national liberation movements" having been reaffirmed before.

To prolong the quotations would be sterile. The claim of law-making by the General Assembly founders both on its lack of competence and on the quality of its normative output which, far from qualifying as general rules,[45] constitutes at best a collection of declamatory statements. But the proper business of law is to lay down rules of conduct, not to produce ideological articles of faith.

The only instance in which that sort of exercise was indulged in the past seems to be the treaty of the Holy Alliance. Practically all European countries adhered to it, tongue in cheek, in order to humour Alexander. To all of them, however, it was what, in Castlereagh's words, it was to England who stood aloof, "a piece of sublime mysticism and nonsense". The United Nations nonsense could hardly be called sublime.

III. *LAW-MAKING IN TIMES OF CRISIS*

These then seem to be the three main categories of present-day genuine or alleged law-making on a universal scale. They certainly differ in some aspects; thus, the General Assembly output is not to be compared in terms of legal technique and intellectual standards with the great codifying treaties or some of the new conventions creating new rules emanating from the ILC. At the same time, they have one striking feature in common: while prolific

[44] *Op. cit.*, p. 569.

[45] See below, p. 383.

in rules of substance, they contain no, or practically no, enforcement mechanisms.[46] Even the great codifying treaties relegate provisions on the settlement of disputes to optional protocols, the solution adopted by the Vienna Convention on the Law of Treaties being even less satisfactory.

Yet, a flourishing development of international law is today being affirmed and given enthusiastic reception from many quarters. The question asked at the beginning of this paper [47] bore on the meaning of the term: does "development" carry a quantitative meaning, easily measured by numbers of new treaties, declarations, resolutions, etc.—or does it bear on quality, to be appreciated in terms of usefulness and high technical standard of the rules enacted, of genuine efforts at their implementation and of adequate enforcement mechanisms? If the whole above analysis is correct, then it has to be regretfully concluded that the term "development" is being generally used in the former sense, and if that is so, then the general satisfaction would seem badly out of place.

It has often been said that an unbounded legislative production is a sure sign of decay of a given legal system. On the eve of the Revolution, there apparently existed in Tsarist Russia such quantities of laws, decrees, ukases, etc. as to make it practically impossible for anyone to master the whole. On the other hand, Heinrich Triepel marvelled at a great country—the United States—being successfully governed on the basis of a constitution about half the length of St. Paul's first epistle to the Corinthians.[48]

With particular regard to codification, Savigny claimed a century and a half ago, in a passionate plea, that in the period of the greatest glory of Roman law, it did not occur to anyone to have it codified. "So lange das Recht in lebendigem Fortschreiten war, wurde kein Gesetzbuch nöthig gefunden." [49] And he continued with reference to the *Corpus juris*: "Und als im sechsten Jahrhundert alles geistige Leben erstorben war, suchte man Trümmer aus besseren Zeiten zusammen um dem Bedürfnis des Augenblicks abzuhelfen".[50] "Der Gedanke zu diesen Gesetzbüchern aber ist augenscheinlich nur durch den äussersten Verfall des Rechts herbeygeführt worden." [51]

[46] With regard more particularly to the General Assembly resolutions, Arangio-Ruiz speaks of "the contrast between the reluctance to accept commitments in the field of peaceful settlement and enthusiasm for law-declaring." *Op. cit.*, p. 460.

[47] See above, p. 368.

[48] H. Triepel, *Die Kompetenzen des Bundesstaates und die geschriebene Verfassung,* Festgabe für Paul Laband, Tübingen, Mohr-Siebeck, 1908. "...ein Gesetz, ungefähr halb so lang wie der erste Korintherbrief," p. 249 (quoting Bryce, *The American Commonwealth*, 1905).

[49] *Op. cit.*, p. 34. Translation: "As long as law was in living progress, no code was thought necessary."

[50] *Ibid.* Translation: "And when, in the sixth century, all spiritual life was dead, débris were sought from the past to respond to the needs of the present."

[51] *Op. cit.*, p. 35. Translation: "But it was obviously the utter decay of law which generated these codes."

Allowing for the "special pleading" character of Savigny's *credo* in 1814 Germany, this is too serious a warning to be ignored at any time. Are we then witnessing a decay of international law?

The question relates to the overall crisis of civilization of which law is but a part. It may be useful—albeit unfashionable—to recall that international law as we know it is a European heritage.[52] It grew out of a social infrastructure which there is no reason unduly to glorify but which, for all its weaknesses and divisions, possessed the minimum of homogeneity indispensable both to generate a common legal system and to maintain it in a condition of reasonable effectiveness. The emphasis is on the word "reasonable", since no one can be unmindful of innumerable violations of international law in history. However, it is obvious—even to non-Kelsenians —that law is not destroyed by violations, assuming they remain within certain limits; it may however be destroyed either by an overall challenge to its validity [53] or by the gulf opening between the normative superstructure, especially one inflated beyond reasonable limits, and the social substratum, with the law ceasing to be a serious proposition.

Great authors have seen the need of this homogeneity as bearing not only on international law but equally on common legal concepts in municipal law.[54] This situation no longer obtains. [55] It is therefore difficult to see how any serious law-making is to succeed in the absence of both, a minimum of common legal concepts and a minimum of common intellectual maturity.

---

[52] Sir Gerald Fitzmaurice, *op. cit.*, pp. 14-17.

[53] *Op. cit.*, p. 42.

[54] "Die Völkerrechtsgemeinschaft beruht in erster Linie auf dem Bewusstsein kultureller Zusammengehörigkeit bestimmter Völker; dieses Bewusstsein hat dieselben Ursachen wie der Umstand, dass die rechtlichen Beziehungen unter diesen Staaten ähnliche oder identische, weil auf übereinstimmenden Rechtsvorstellungen beruhende sind." M. Huber, *Die soziologischen Grundlagen des Völkerrechts*, Berlin 1928, p. 54. Translation: "The international law community is based mainly on the consciousness of a cultural community of the nations concerned; this consciousness results from the same causes as the fact that the legal relations between these States are similar or identical, founded as they are on common concepts of law." *Cf.* M. Huber, "Prolegomena und Probleme eines internationalen Ethos," *Friedens-Warte*, 1956, Band 53, No. 4, p. 314. *Cf.* P. Guggenheim: "Il ne suffit pas qu'il y ait un commerce contractuel et régulier; il faut qu'il y ait un minimum d'homogénéité et un certain nombre de conceptions et de principes de droit étatique qui soient communs à tous." "Contribution au problème des bases sociologiques du droit international", *Recueil d'études en l'honneur d'Edouard Lambert*, Paris, Sirey, 1938, p. 121.

[55] ...the dominant bent of mind today and the one most likely to prevail in the future ... inclines rather to a refutation of international law and ... constitutionalism ...on the ground that these are Western inventions not meeting African and Asian needs. ...there are few, if any ...convincing equivalencies between the inner normative orders of the vast majority of African and Asian States on the one hand, and the substantive concepts of established international law and organizations on the other." A. Bozeman, *The Future of Law in a Multicultural World*, quoted by Sir Gerald Fitzmaurice, *op. cit.*, p. 57.

IV. *THE FUNDAMENTALS OF LAW-MAKING*

At this point it may be recalled that law-making—in any legal system—consists in the creation of abstract and general rules, capable of general, not unilateral, application and valid *caeteris paribus* for an unlimited number of future situations. The essential intellectual qualities of a law-maker are consequently a high degree of objectivity, the capacity of reasoning in abstract terms and a minimum of foresight and imagination. Whoever attempts to legislate for today, with a view of settling one given case or even a number of given cases, confuses a general rule with an individual decision and is therefore unfit for the job.

What seems to have weighed most heavily on some of the present-day law-making processes—apart from the "emotional context" and the "intoxication with formulae" [56]—is precisely the lacking capacity to make this fundamental distinction between a general rule and an individual decision. This would explain a number of instruments—whether or not genuine law—which represent no more than attempts at individual decisions or solutions of individual problems, formally disguised as general rules, and therefore of unilateral applicability. It would explain why "all peoples" do not mean "all peoples" but merely some remaining decolonization problems [57] or why intervention is both prohibited and desirable.[58] It would appear that present majorities simply fail to imagine that the rules they are proclaiming could one day apply to themselves,—though the experience with self-determination and the prohibition of secession [59] should have set some of them thinking. Thus, it has been observed that the Third World countries acted as they did at the Vienna Conference on the Representation of States etc., because their claims on the host States bore on the *present* host States and it did not occur to them that they themselves might become host States one day.[60] What they were actually seeking was a set of rules valid for today, being of unilateral applicability and imposing obligations on others.

It is a far cry from the representation of States with international organizations to the definition of aggression; but precisely because the latter bears on far more important issues, it is particularly disturbing to find the unilaterality of obligations embodied in the Draft Convention on the Definition of Aggression, adopted by the General Assembly on 14 December 1974 (Res. 3314 (XXIX)). After having, in Article 3, enumerated acts of aggression (non-exhaustively), the Draft Convention goes on to say in Article 7:

---

[56] See above, p. 377 and n. 34.

[57] See above, pp. 377-378.

[58] See above, pp. 379-380.

[59] See above, p. 378.

[60] See J. G. Fennessy, *op. cit.*, pp. 65 and 71, and J. Staehelin, *op. cit.*, p. 70.

"Nothing in this definition, and in particular article 3, could in any way prejudice the right to self-determination, freedom and independence, as derived from the Charter, of peoples forcibly deprived of that right and referred to in the Declaration on Principles of International Law concerning Friendly Relations and Co-operation among States in accordance with the Charter of the United Nations, particularly peoples under colonial and racist regimes or other form of alien domination; nor the right of these peoples to struggle to that end and to seek and receive support, in accordance with the principles of the Charter and in conformity with the above-mentioned Declaration."

This is a nullifying clause; the prohibition of aggression is thus to apply to some but not to others, recalling once again the Orwellian principle of all animals being equal but some being more equal than others.

This situation gives rise to particular anxiety in the field of international humanitarian law where a subjective, unimaginative and immature approach may work unprecedented havoc. While the final outcome of the Diplomatic Conference for the Re-affirmation and Development of International Humanitarian Law—which has now been dragging on for years—should not be anticipated, certain trends ought to be noted. Thus, there are attempts to introduce into positive law the notion of "just war", it being obvious that the just war will always be "ours" and not "theirs"; [61] to raise the "wars of national liberation" to the full status of an inter-State conflict, the relevant draft article bearing clearly on a limited number of easily identifiable cases and not representing a general rule; [62] to discriminate between belligerents to the point of depriving in unclear circumstances enemy combatants of their legal status and consequent protection while granting such status and such protection to guerrillas, "liberation movements", "resistance movements", etc., provided they fight on the "right" side; [63] to withdraw legal protection from "mercenaries" whose definition remains uncertain and is not easy to produce if some such individuals are to be shot and others extolled.[64]

The tendency thus seems to provide protection to one's own side, not to the enemy. But this is precisely what international humanitarian law is *not* about; it is all about the enemy, an enemy who is sick, who is wounded, who is in captivity, etc. If the present trend were to succeed, this would wipe out centuries of progress and civilization. Besides, it will remain one of the major paradoxes of history that a period boasting of an alleged prohibition of the *jus ad bellum* should precisely drastically widen the

---

[61] See *e.g.* the declaration of the President of Mauritania, CDDH/SR.1.

[62] See draft article I of Draft Protocol I, as adopted at the first session of the Conference. CICR, D 1395.

[63] See *e.g.* the draft amendments submitted by Viet-Nam, CDDH/41.

[64] See the draft article submitted by Nigeria, CDDH/GT/82.

categories of those endowed with the *facultas bellandi*, to the point of a reprivatization of war. Were that to succeed, St. Thomas and Vattel would have lived in vain.[65]

V. *CONCLUSIONS*

This, then, is a very general and necessarily incomplete picture of law-making on a universal level in a society lacking cultural homogeneity. It becomes particularly glaring when contrasted with what happens on the regional level, within restricted communities which share a common language and a common heritage, such as the European Communities or the Council of Europe, and where law-making—perfect or imperfect, quick or slow, successful or unsuccessful—remains a serious and business-like activity. Suffice it to compare the protection of human rights under the 1950 European Convention, with its very complete and highly sophisticated enforcement mechanism,[66] with the hollow provisions of similar ventures on a universal scale.

The rupture of the social substratum is here and had better be faced squarely. There are no easy remedies in sight, nor is there even a certainty that it will one day be overcome. There is merely the reflection that there have been such crises and such ruptures before—though probably on a lesser scale—and that they have been healed. There is nothing in historical experience to exclude such healing again. But it can come about only by an organic recreation of the necessary minimum of cultural community of nations, and not by a proliferation of rules upon a disintegrated infrastructure.

Should the present crisis be one day overcome, classical international law—with all the necessary additions and modifications—will reassert itself, not because of any "natural law" qualities, not because of any inborn conservatism, but simply because of its basic constants which cannot be done away with

[65] This is to contest *not* the need for the protection of the human person in all circumstances, but the fallacy that such protection is possible only by way of granting belligerent status to all and sundry.

[66] This writer is inclined to scepticism in matters of international legal protection of human rights, believing that it is inevitably bound to function only where it is the least necessary. *Cf.* Charles De Visscher as far back as 1947: "Quelque souhaitable que puisse paraître la conclusion d'une convention générale relative à la protection internationale des droits de l'homme, il est certain qu'une telle convention ne recevra d'application effective qu'entre Etats déjà ralliés aux idées incorporées dans la Déclaration proposée." *Annuaire de l'Institut de droit international*, Session de Lausanne, 1947, p. 10. However, the fact remains that the Strasbourg solution is the only one endowed with a high degree of seriousness and credibility.

as long as there are independent States at all; States which must be able to negotiate, to exchange diplomatic and consular envoys, to conclude treaties, to protect nationals, to bring claims, and, incidentally, to make law, a law subject to imperfections common to all human endeavour but genuine, abstract in formulation, general in application, equal for all and reasonably equipped to ensure its maximum effectiveness.

SUR LA CONTRIBUTION DE L'ARBITRAGE AU DEVELOPPEMENT D'UN DROIT DU COMMERCE INTERNATIONAL

Pierre LALIVE

Malgré la prudence de son libellé – il ne s'agit pas de «développement *par* l'arbitrage» mais d'une simple «contribution» – le sujet que nous nous proposons d'évoquer ici peut, ou devrait frapper, au moins le lecteur non spécialiste, par son caractère sinon provocateur, en tout cas paradoxal. En effet, à supposer même (ce que nient nombre de traditionalistes) qu'il existe ou puisse exister, en dehors ou en marge du droit des gens, un «droit du commerce international», ce droit ne pourrait en aucune manière, et pour une série de raisons, être créé ou développé autrement que par l'action conjointe ou parallèle des législateurs étatiques, et non point par le moyen de l'arbitrage international, lequel serait en quelque sorte inapte par essence à contribuer à sa création ou à son développement, fût-il «progressif».

A défaut de l'analyse approfondie que justifierait un thème de cette ampleur, et d'une évidente actualité, les quelques réflexions qui suivent, pour partielles qu'elles soient, inciteront peut-être les internationalistes, juristes et non-juristes, à s'interroger utilement à nouveau sur nos schémas traditionnels de pensée, sur les rapports du droit international et du droit interne, et sur la notion même de droit, ainsi que sur les moyens d'instaurer le nouvel ordre économique international que tous appellent ou disent appeler de leurs vœux.

On commencera par poser deux postulats suivis par une constatation. Le premier postulat, c'est que le commerce international (au sens le plus large du terme) et la coopération internationale ne peuvent se développer par la seule action des Etats ou la seule voie des accords interétatiques; ils exigent l'intervention d'autres acteurs encore et d'autres formes d'accords. Second postulat: aucun commerce international ne peut se maintenir et surtout fleurir, et partant aucun ordre s'établir, dans l'insécurité et l'imprévisibilité juridiques.

Et c'est ici qu'il faut rappeler – point de départ obligé de tout examen du sujet – une constatation, aussi peu originale qu'elle est essentielle: celle de l'inadaptation flagrante des structures et des instruments juridiques hérités du XIXe siècle. Citons ici René David [1]:

> «La manière dont est réglementé aujourd'hui le commerce international, en rapport avec la nationalisation du droit qui s'est produite au dix-neuvième siècle, est aussi peu satisfaisante que possible; elle choque la raison et constitue une vergogne pour les juristes, même si elle n'est pas parvenue à freiner le développement du commerce international...»

On ne peut qu'approuver le grand comparatiste français – avec, peut-être, deux nuances mineures: d'une part, l'inadaptation et l'insécurité du droit ont ralenti, compliqué et rendu plus coûteux, sans toutefois l'empêcher, le développement du commerce international; d'autre part, on observera, *pro domo sua*, que la honte du maintien d'un état de choses anachronique repose sans doute très largement sur d'autres épaules que celles des juristes, et que le nationalisme des politiques, imbus de souveraineté étatique, ne le cède en rien, parmi les causes du morcellement et de la complexité législatifs du monde contemporain, à l'étroitesse d'esprit ou l'absence d'imagination des juristes! Récemment encore, un nouvel Etat ne refusait-il pas d'adopter le code des sociétés, pourtant ultra-moderne, d'un Etat voisin, lui aussi nouvellement indépendant, pour le motif qu'il tenait à se doter d'institutions autonomes?

Le contraste est manifeste, en effet, entre la vie internationale d'aujourd'hui, faite d'échanges multiples, de biens et de services, et de déplacements rapides des personnes, entre les besoins du commerce international d'un côté et, de l'autre, la structure juridique d'un monde morcelé, divisé en des centaines de souverainetés jalouses de leur autonomie. Au risque de sembler rappeler des évidences et accumuler les truismes, il faut esquisser ici très sommairement les traits principaux de ce «cadre juridique», indiquer quelques données de base de cette discipline complexe qu'est le droit international privé – dont l'existence même semble attester, à certains égards, un échec de la communauté internationale. Ceci afin de situer notre sujet, d'en comprendre les termes, de mieux cerner les contours de ces notions floues que sont le droit du commerce international et (peut-être à un moindre degré) l'arbitrage international.

Prenons un exemple simple, quotidien – dans un domaine central du droit du commerce international, celui de la vente internationale; prenons le cas d'une vente à distance comme il s'en conclut des milliers ou des dizaines de milliers chaque jour, par téléphone, par échange de lettres, télégrammes ou télex, entre les représentants de sociétés de «nationalités» et de sièges différents – disons des sociétés américaine et suisse –, pour la

---

[1] «Le Droit du Commerce international: une nouvelle tâche pour les législateurs nationaux ou une nouvelle «lex mercatoria»? », *Rapport général au 2e Congrès international de droit privé*, Rome, Institut UNIDROIT, septembre 1976, à paraître.

livraison d'une marchandise quelconque, de New York à Genève (pour ne pas considérer l'hypothèse, moins simple, encore que courante, où la marchandise, entreposée en un pays tiers, comme l'Angleterre, devrait être livrée en France à la succursale de la maison suisse, contre paiement par accréditif confirmé irrévocable sur la filiale à Londres d'une banque américaine).

On est ici en présence d'une *situation «internationale»* typique, au sens du droit international privé, c'est-à-dire d'une donnée ou d'une relation, ici économique, comportant plusieurs facteurs d'extranéité (siège ou nationalité des parties, situation de la marchandise, lieu d'exécution de la vente – pour ne pas parler de son lieu de conclusion, difficile a priori à saisir, s'agissant d'un contrat à distance). Cette situation a pour première caractéristique, d'un point de vue «négatif», de ne pas relever, ou pas directement, du droit international public puisque les parties à cette relation ne sont ni l'une ni l'autre des sujets de droit des gens (encore qu'elles puissent agir «dans le cadre de» ou en exécution par exemple d'un traité de commerce). Il ne s'agit donc pas dans cet exemple de ces autres relations de commerce international auxquelles peuvent être partie soit un Etat, directement, soit un organisme public de commerce extérieur, avec un cocontractant étranger, soit privé, soit même public (cette dernière hypothèse ne relève pas toujours et nécessairement de la seule intervention d'un traité et de la seule compétence du droit international public). Deuxième caractéristique, elle «positive», cette «situation internationale» présente à des degrés divers des contacts substantiels avec plusieurs pays, qui tous paraissent dès lors en droit de prétendre exercer à son égard, selon le droit des gens, leur compétence juridique, qu'elle soit législative ou juridictionnelle.

D'un point de vue théorique, on rappellera qu'aucune *relation*, notamment économique, entre des personnes ne peut être «obligatoire», qu'aucune transaction ou affaire, aucun échange de promesses, ne peut avoir valeur de «contrat» en dehors ou en l'absence d'un système juridique (dont il est inutile de préciser, à ce stade, s'il doit ou non être un système *étatique* et national). Plus pratiquement, il est clair que les contractants, vendeurs ou acheteurs, ne peuvent se passer, quoi qu'ils pensent, d'un système de références extérieur à leur accord. Si détaillé et si «complet» que soit leur contrat, il peut avoir, il aura toujours, besoin d'interprétation, ce qui présuppose l'existence de règles d'interprétation (dont la nature exacte, de normes juridiques au sens usuel, ou de simples «recettes» n'a pas à être discutée ici). Et d'abord, on ne saurait affirmer qu'il y a «contrat», que l'accord est conclu, sans référence à des règles de droit: l'échange de lettres ou de télex, de propositions, contre-propositions, etc., a-t-il constitué un accord? Y a-t-il eu acceptation, tacite ou expresse, conditionnelle ou sans réserve, partielle ou totale? Les parties étaient-elles «capables» de contracter ou avaient-elles le «pouvoir» de conclure? L'objet du contrat, ou telle de ses modalités, était-il licite? Par exemple, l'exportation de la marchandise était-elle autorisée, et le mode de paiement conforme à la réglementation en vigueur (au moment du contrat ou, plus tard, au moment du paiement)?

Toutes ces questions, et bien d'autres encore, peuvent se poser et se posent quotidiennement – questions que les parties ne sont pas toujours en mesure de résoudre entre elles, à l'amiable, et qu'elles résoudront d'ailleurs d'autant plus aisément par arrangement direct que leur solution judiciaire en est connue et *prévisible.*

Et c'est ici que, si l'on peut dire, les choses se gâtent, que le tableau s'obscurcit. S'agissant de commerce *interne*, par exemple de vente à l'intérieur des frontières et entre résidents d'un seul et même pays, bien des problèmes peuvent certes surgir, on l'imagine, quant à la validité, à l'interprétation, à l'exécution du contrat; et la plupart d'entre eux trouvent leur solution dans la loi elle-même, dans les décisions publiées des tribunaux; à défaut, la solution est prévisible sans difficulté majeure ou peut être demandée à un tribunal déterminé, et proche des plaideurs.

En matière «internationale», soit dès que la donnée présente un ou plusieurs éléments substantiels d'extranéité, il en est, on le sait, tout autrement: l'incertitude existe, d'abord, sur le tribunal compétent, soit sur le pays dont les juges, ou l'un des juges, pourront être saisis d'un litige et accepteront de «dire le droit». Sera-ce le juge du domicile, ou du siège, du vendeur, ou celui de l'acheteur, ou celui du lieu d'exécution de l'obligation? Ou encore, si des agents, des représentants, des succursales ont pris part à la transaction, ou si la propriété de la marchandise est en cause, sera-ce le juge du domicile de l'intermédiaire ou celui de la succursale, ou encore celui du lieu de situation de la marchandise?

Chaque pays ayant ses propres conceptions à cet égard, et ses propres règles (de droit international privé) sur la compétence de ses tribunaux face à des litiges «internationaux», il en résulte bien entendu la possibilité, et souvent la réalité, de conflits, positifs et plus rarement négatifs, dits de juridictions. Conflits compliqués encore du fait, bien connu des spécialistes, que l'identité formelle des règles de «compétence judiciaire internationale», entre deux pays, ne suffira pas à assurer l'harmonie des solutions puisque les mêmes notions contenues dans la règle, telles celles de «domicile» ou de «lieu d'exécution» peuvent être interprétées de manière très diverse d'un pays à un autre, même voisins. Une illustration récente en est fournie par la jurisprudence de la Cour de Justice des Communautés européennes, appelée par exemple à dire si la notion de «lieu d'exécution de l'obligation», figurant dans la Convention de Bruxelles de 1968 concernant la compétence judiciaire et l'exécution des décisions, devait être définie par chaque juridiction nationale selon ses propres conceptions et son propre droit international privé, ou recevoir une interprétation uniforme et communautaire [2].

[2] Voir l'arrêt 14/76, De Bloos c. Bouyer, du 14 octobre 1976.

Il y a lieu d'indiquer, en marge de cet exemple, que rares sont encore les conventions internationales qui, comme celle de Bruxelles de la CEE ou le vieux Traité franco-suisse de 1869, posent des règles uniformes de «compétence directe»; la plupart des traités, bilatéraux ou (comme la Convention de La Haye du 1er février 1971) multilatéraux, se limitent à établir des règles de compétence dite «indirecte», soit sur la reconnaissance et l'exécution des jugements rendus, dans certaines conditions, par les tribunaux d'un Etat contractant. C'est dire que l'uniformité est loin d'être atteinte et que la diversité des règles nationales demeure dans le monde la règle plutôt que l'exception.

En d'autres termes, les contractants seront assez souvent dans le doute quant au tribunal à saisir d'une demande relative à l'exécution ou l'inexécution de leur accord. A supposer ce tribunal déterminé de façon générale, le demandeur a-t-il l'assurance que le juge se déclarera compétent en l'espèce et, surtout, que sa décision sera reconnue et exécutée en d'autres pays? Les publications juridiques sont riches de cas de litiges sur la compétence (pour ne pas parler des cas où un demandeur astucieux pratique le «forum-shopping» international), de cas d'opposition à la reconnaissance ou à l'exécution d'un jugement étranger, voire de cas de jugements contradictoires émanant dans une même affaire de pays différents. Certes, les parties ont une assez large faculté de convenir d'une «prorogation de for», mais peuvent-elles être sûres que cette clause sera bien respectée, le litige survenu, par leur cocontractant, et que la juridiction saisie, et aussi la juridiction «exclue», acceptera d'y donner effet? Le désir d'éviter toutes les complications du «conflit de juridictions» explique, pour une part appréciable (à côté d'autres facteurs sur lesquels nous reviendrons), l'extraordinaire et croissant succès de l'arbitrage international.

Le tableau n'est pas moins sombre sur le terrain des «*conflits de lois*», «confits» entre règles de droit «matériel» ou substantiel, des règles relatives (pour reprendre notre exemple) aux conditions de formation et de validité d'un contrat (par exemple quant à l'échange des consentements, à la portée du silence conservé face à une proposition, aux vices du consentement, notamment à l'erreur) ou relatives à l'interprétation des clauses du contrat ou à celle d'un comportement, à la responsabilité pour inexécution, à la faute contractuelle, à la force majeure, etc.

Sur bon nombre de questions qui surgissent à chaque instant dans la vie quotidienne des affaires, les législations des divers pays, – même proches et appartenant à la même «famille» juridique et *a fortiori* lorsqu'elles relèvent de traditions différentes – divergent et les jurisprudences nationales, même en partant d'un même principe, s'écartent les unes des autres – phénomène inévitable – en l'absence d'une instance supérieure commune et unificatrice.

Elles divergent plus ou moins fortement, assez en tout cas pour qu'il ne soit pas indifférent, en maintes situations, qu'une même affaire, une même réclamation soit jugée d'après la loi, disons anglaise, plutôt que d'après la loi espagnole. Deux parties concluent-elles un contrat international pour la fabrication et la vente d'équipement industriel, il n'est pas sans intérêt de savoir qu'une clause exonérant le fabricant de sa responsabilité sera, en cas de «faute lourde», valable en droit allemand mais nulle en droit français, et les exemples pourraient être multipliés de divergences ou «conflits» de ce genre.

On sait que, pour une large part, le droit international privé a pour but de prévenir ou de résoudre, par des règles appropriées, pareils «conflits de lois», soit d'atténuer autant que faire se peut les conséquences fâcheuses (parfois jusqu'à l'intolérable et à l'absurde) de la diversité de législations nationales s'appliquant à un même contrat, à une seule et même relation sociale, économique ou non. On prête à Voltaire un commentaire sarcastique sur la diversité et la contrariété des coutumes dans la France de l'Ancien Régime, coutumes qui variaient plus souvent, entre Paris et Genève, qu'il ne fallait changer de chevaux à la diligence! La remarque pourrait être aisément transposée à l'époque des «jets» et des télex, et rapprochée de l'observation de René David, citée plus haut, sur une réglementation qui «choque la raison».

Si cette diversité heurte en effet, ce n'est pas – peut-être l'indication n'est-elle pas superflue – qu'elle serait inadmissible ou injuste en elle-même ou qu'il faille souhaiter, au nom de l'identité et unité foncières de la nature humaine, une sorte de législation mondiale et la disparition de toutes les particularités nationales ou régionales. Ces particularités, notamment psychologiques et de mœurs, subsisteront sans doute alors même que l'uniformisation des modes de vie, dans une civilisation encore plus industrielle et urbaine, se sera accentuée bien davantage. Si la situation actuelle ne satisfait pas aux exigences d'un ordre international rationnel – qu'on nous pardonne le pléonasme – c'est que le commerce international, toujours au sens large du terme, continue à être soumis à des règles diverses, contradictoires et souvent inadaptées à son caractère international et à ses besoins spécifiques.

La démonstration peut tenir en deux propositions: 1. D'une part, chaque pays a ses propres principes de solution des «conflits de lois», comme des «conflits de juridictions» et il applique donc à des cas internationaux (comme la vente mentionnée plus haut) ses propres vues et ses propres solutions (qu'il s'agisse de l'analyse même et de la qualification du problème posé, ou des «contacts» ou rattachements de la question avec tel ou tel ordre juridique national). Le droit international privé est pour l'essentiel, même si l'idéal universaliste n'est pas mort, une partie du droit *interne*. 2. D'autre part, ce droit international privé a pour méthode principale (aujourd'hui concurrencée par d'autres mais destinée à rester dominante longtemps encore, selon toute vraisemblance) celle de la «*règle de conflit*» ou de «rattachement», qui consiste à faire régir la situation internationale par un droit étatique donné, celui du pays avec lequel les «rattachements» sont les plus étroits. On appliquera ainsi, par exemple, la loi interne du pays du domicile du vendeur, c'est-à-dire un ensemble de règles qui, dans l'immense majorité des cas, ont été élaborées en vue de relations *internes* et nullement afin de régir des situations «transfrontières». Ce procédé, par sa nature, paraît entraîner la négation même du caractère international de l'affaire et la métamorphose de cette dernière, assez artificiellement, en affaire interne. *A priori*, le procédé ne paraît guère favorable, on le voit, à l'élaboration d'un véritable «droit du commerce international». N'est-ce pas agir un peu comme le brigand Procuste que de vouloir enserrer à toutes forces un cas de vente internationale dans le carcan d'un vêtement juridique qui a été taillé pour une vente purement intérieure à un seul et même pays, c'est-à-dire une opération matériellement, psychologiquement et juridiquement fort différente?

On nous rétorquera peut-être que le reproche est moins pertinent ici, en matière de contrats, qu'ailleurs, puisque ce sont les parties elles-mêmes qui, en vertu du principe, dont nous aurons à reparler, de l'autonomie de la volonté, ont choisi, dans bien des cas, le droit applicable, c'est-à-dire ont choisi de soumettre leur «relation internationale» aux règles nationales et internes d'un Etat déterminé. L'argument ne serait guère convaincant: les parties ont pu croire qu'elles n'avaient pas le choix de soumettre le contrat à un droit autre qu'étatique, et c'est précisément à ce propos, dans ce contexte, que nous aurons à examiner plus loin ce qu'il est permis d'appeler la réponse de la pratique aux insuffisances du droit positif en matière de commerce international.

Quoi qu'il en soit, il importe peu, aux fins de l'examen du présent sujet, que ce droit étatique et national soit applicable à une vente internationale en vertu d'une «choice of law clause» des parties ou en vertu d'un «rattachement objectif», décidé par le juge saisi. Ce qu'il faut souligner c'est que, dans l'un et l'autre cas, la conséquence du mécanisme de la règle de conflit est la quasi-«nationalisation», au sens primitif du terme, d'une donnée internationale. Des correctifs existent, il est vrai, en droit international privé, comme celui de la transposition ou de l'adaptation, correctifs qu'il est superflu d'exposer. Il se peut aussi que le droit interne déclaré applicable à une «donnée internationale», bien qu'ayant été élaboré pour d'autres fins ou dans une autre perspective, se trouve convenir assez bien, ou que les parties puissent s'en accommoder. Dans de très nombreux cas, cependant, il reste que l'application d'un droit (et généralement d'un seul droit) national, – celui du pays où l'on a, intellectuellement, «localisé» la donnée ou la transaction, où l'on a fixé, le moins arbitrairement possible, le «siège» du rapport juridique et son «centre de gravité» – il reste que cette application n'est qu'un pis-aller.

Dans plusieurs pays, la législation, ou la jurisprudence témoigne de plus en plus d'une prise de conscience à cet égard, celle de la nécessité ou de l'opportunité d'une réglementation spécifique, adaptée aux besoins des relations internationales, sous la forme de ce que les spécialistes nomment des règles *matérielles* de droit international privé. Règles matérielles ou substantielles, en ce qu'elles donnent directement la norme de conduite propre à la situation au lieu de se référer simplement, par le procédé du rattachement, à l'ordre juridique interne, qu'il soit étranger ou local. Ainsi l'article 501 du Code des Obligations, sur le cautionnement, pose une règle spéciale pour la caution domiciliée en Suisse d'un débiteur domicilié à l'étranger. L'article 14 des Dispositions finales du Code des Obligations sur le transfert de siège d'une société de l'étranger en Suisse, et la «Lex Furgler» sur l'acquisition d'immeubles par des personnes domiciliées à l'étranger peuvent aussi être considérées comme des règles visant spécialement le «commerce international». Des exemples plus classiques sont, en France, les règles jurisprudentielles sur la licéité des clauses-or dans les contrats internationaux, ou les règles plus libérales dégagées pour le seul arbitrage international (faculté pour l'Etat de compromettre, admissibilité de la clause compromissoire, reconnaissance des sentences étrangères non motivées, etc.). Enfin, plus caractéristique encore est la tentative de quelques Etats de l'Est européen, comme la Tchécoslovaquie [3] et plus récemment la RDA [4], d'élaborer de véritables «codes» des relations de commerce extérieur, c'est-à-dire «international».

Ce procédé novateur paraît à première vue supérieur, et plus conforme aux besoins du commerce international. Remplaçant un législateur supranational défaillant, le législateur tchécoslovaque ou allemand – illustrant sans doute inconsciemment la théorie de Georges Scelle sur le «dédoublement fonctionnel» – paraît avoir apporté la réponse qui s'imposait, et donné l'exemple aux autres pays.

Le malheur est que cette réponse soit, par essence, inadéquate puisque – et nous revenons ici à la première proposition énoncée plus haut – elle est nationale et donc particulière, si bien que surgiront nécessairement des conflits entre codes nationaux de commerce international, éventualité qui appelle à son tour le recours à une règle de rattachement; dans quels cas, s'agissant d'une relation commerciale touchant plusieurs pays, dont la Tchécoslovaquie et la RDA, faudra-t-il appliquer le Code tchèque de 1963 plutôt qu'un autre code ou une autre loi? On retombe ici dans le domaine des règles les plus nombreuses du droit international privé, celui des «règles de conflit», qui dépendent, on l'a dit, du juge saisi et varient avec lui, d'un pays à l'autre.

La prise de conscience, évoquée plus haut, de l'inadéquation évidente du droit contemporain aux aspirations et aux besoins de la «communauté internationale des commerçants» (commerçants parmi lesquels, ne l'ou-

---

[3] Code de commerce international, Loi 101 de 1963.

[4] Gesetz über internationale Wirtschaftsverträge, du 5.2.1976.

blions pas, il faut compter aussi les Etats et les organismes publics, à côté des entreprises privées, publiques ou mixtes, «multinationales» ou nationales) ne s'est pas limitée à tel ou tel pays; elle a suscité aussi d'importants efforts de collaboration interétatique, ceci, depuis un siècle environ, sur le terrain de l'*unification internationale du droit.*

Quelques aspects du phénomène doivent être succinctement rappelés, pour en comprendre et en mesurer la portée. On sait que l'unification «internationale» du droit, régionale ou universelle, suivant l'unification nationale (tous les pays du monde n'ayant d'ailleurs pas atteint l'unité juridique sur leur territoire), se manifeste sur deux plans: celui des règles de conflits, de lois ou de juridictions, et celui du droit substantiel et qu'elle utilise comme procédé principal, mais non exclusif, le traité interétatique assorti d'une loi uniforme [5]. Ainsi qu'il est naturel, l'unification du droit matériel «suit des lignes de moindre résistance» [6] et réussit d'abord dans les domaines où, d'une part, le besoin en est le plus ressenti et où, d'autre part, une évolution sociale et psychologique parallèle a déjà préparé les esprits. Tel est le cas en matière de commerce ou, plus précisément, dans certains secteurs «commerciaux» comme ceux des transports et des «negotiable instruments». Cette unification, appelée parfois, plus pudiquement, harmonisation (ou encore rapprochement, coordination des législations, selon la terminologie du Traité de Rome [7]), emporte donc création de normes substantielles communes à plusieurs pays, et destinées à le rester pour autant, du moins, que des mécanismes appropriés (par exemple une juridiction unique) ont été établis pour assurer une interprétation uniforme. On conçoit qu'elle puisse être ressentie parfois comme un «abandon de souveraineté», alors qu'elle n'en est, bien sûr, que l'exercice, et qu'elle se heurte à des résistances, parfois, du reste, plus intellectuelles que d'intérêts.

La résistance est moindre, *ex natura rerum*, encore que pas négligeable, lorsqu'il s'agit «simplement» d'unifier les règles de conflits de lois ou de juridictions, tâche complexe à laquelle se voue une organisation internationale comme la Conférence de La Haye de droit international privé. La difficulté de la tâche, et la force des particularismes nationaux sont attestées entre autres par le nombre insuffisant de ratifications qu'obtiennent bien des conventions de La Haye, malgré une moyenne d'ensemble fort honorable.

Il en est de même, à plus forte raison, pour les conventions unifiant le droit matériel, et si les conférences internationales aboutissent presque toujours à des textes, souvent après de laborieux compromis au niveau du

[5] Voir l'exemple des Conventions de Genève du 7 juin 1930 et 27 octobre 1931, sur la lettre de change, le billet à ordre et le chèque.

[6] J. Limpens, «L'Etude du droit comparé envisagée comme moyen de rechercher les matières susceptibles d'unification sur le plan international», *Rapport général au 5e Congrès international de droit comparé,* Bruxelles 1960 pp. 193, 235.

[7] Voir P. Lalive, «Harmonisation et rapprochement des législations européennes», in *Mémoires publiés par la Faculté de Droit de Genève,* nº 17, 1963, pp. 45 sq.

plus petit dénominateur commun, les ratifications se font attendre. Un exemple significatif est celui de la Conférence diplomatique sur l'unification du droit en matière de la vente internationale, d'avril 1964 – dont l'œuvre, ratifiée par une poignée d'Etats, est aujourd'hui remise en chantier par la Commission des Nations Unies pour le Droit Commercial International (CNUDCI ou UNCITRAL).

Une complication préoccupante et nouvelle s'ajoute aux difficultés qui viennent d'être esquissées; il s'agit de la pluralité des efforts internationaux d'unification du droit. Qu'il suffise de citer, parmi d'autres organisations actives à un titre quelconque en ce domaine, le Conseil de l'Europe, la CEE, l'Institut International de Rome pour l'Unification du Droit privé (UNIDROIT), l'OCDE, le CAEM (COMECON), la Commission Economique pour l'Europe, la CNUDCI, pour ne pas parler de maintes organisations spécialisées, liées ou non à l'ONU, et de conférences internationales occasionnelles, régionales ou universelles. Le danger n'est plus théorique des doubles emplois et des entreprises concurrentes; les spécialistes s'attachent aujourd'hui à une nouvelle forme de conflits, les conflits de conventions – tandis que la prolifération des instruments internationaux déroute la majorité des utilisateurs. La tâche, politique plus encore que technique, risque d'être plus lourde encore demain qu'elle ne l'est déjà, celle de coordonner, au moins dans la mesure indispensable, les tentatives régionales et «mondiales», et d'unifier les unificateurs.

Abstraction faite de ce nouveau péril particulariste, on doit se demander si l'action des Etats et les progrès réels de l'unification du droit satisfont déjà, ou satisferont dans un avenir prévisible, aux besoins de la communauté internationale, notamment à son besoin fondamental – sur lequel on ne saurait trop insister – de sécurité juridique et de prévisibilité. Cette sécurité, on l'a souvent remarqué, est aussi indispensable au commerce que la stabilité monétaire [8]: on n'imagine guère le développement des échanges internationaux sur la base d'unités de mesure (mètres, kilos, etc.) élastiques ou fondants, de monnaies constamment fluctuantes ou de règles de droit arbitraires, contradictoires ou imprévisibles; mais tenons-nous en ici à ce dernier aspect, qui contient d'ailleurs les autres. Quelle que soit l'importance du mouvement d'unification internationale du droit en matière de commerce – qu'il s'agisse de contrats, de sociétés, de responsabilité délictuelle, etc., et que ce mouvement prenne la forme d'adhésion à un traité multilatéral ou d'adoption unilatérale d'une «loi modèle» –, on ne peut sérieusement prétendre qu'il soit à la mesure des besoins. On ne peut affirmer qu'il équilibre ou contrebalance déjà les tendances «particularistes» des législateurs nationaux, dont certains manifestent certes un souci croissant de «coexistence pacifique» sur le plan juridique (et font ainsi précéder toute

---

[8] Voir P. Lalive, «Dépréciation monétaire et contrats en droit international privé», in *Mémoires publiés par la Faculté de Droit de Genève*, nº 35, 1971, pp. 31 sq.

élaboration de loi nouvelle d'études approfondies de législation comparée), mais dont bien d'autres, et pas seulement dans les Etats nouveaux, sont pénétrés d'une conception absolutiste, «réactionnaire» et singulièrement anachronique de leur souveraineté. Parmi les manifestations de cette conception, on trouve, sans surprise, la résistance à la «législation internationale» tout comme l'hostilité au droit international, tenu ou ressenti, si ridicule que cela soit, comme une violation de la souveraineté nationale! [9]

Dans ces conditions, le jugement sévère d'un René David n'apparaît nullement excessif; il trouve d'ailleurs un écho dans l'analyse d'un autre remarquable connaisseur de la matière, le professeur roumain Tudor R. Popescu [10], pour qui «*la réglementation actuelle du commerce international est intolérable*» et «les droits nationaux ne sont pas à même de régir le commerce international», pas plus du reste, selon l'auteur, que l'uniformisation du droit au niveau simplement régional.

Face à cette situation, face aux lacunes de la «législation internationale», la pratique a réagi, principalement, en recourant, sur une échelle toujours plus large, à *l'arbitrage*. Quant aux normes applicables, elle a utilisé des procédés variés: elle a certes tenté dans une certaine mesure de s'adapter au morcellement juridique du monde en tirant parti d'un principe de droit international privé quasi universellement reconnu (encore que dans des limites et avec des modalités diverses selon les pays [11]), et reconnu aussi bien par les Etats à économie planifiée, pour les besoins du commerce international, que par les Etats à économie de marché: le principe de *l'autonomie de la volonté*, ou de la liberté contractuelle, qui permet aux contractants de convenir, très largement, du droit (au moins étatique) applicable à leur contrat et du tribunal, étatique, compétent, de façon à éviter ou résoudre le conflit de lois comme le conflit de juridictions. Toutefois, lors même que les parties seraient assurées, ce qui ne peut être toujours le cas, de voir respecter et reconnaître partout une telle convention, elles n'échapperaient en aucune façon par là à ce que la communauté internationale des commerçants considère généralement comme l'inadaptation et du droit interne, et de la procédure judiciaire. D'où une fuite fréquente loin de tout droit interne, pour ne pas dire loin de tout droit. C'est à ce phénomène significatif et complexe qu'il faut s'arrêter un instant – avant de souligner

[9] On en trouve de récents exemples dans les débats des Nations Unies sur la Charte des droits et devoirs économiques des Etats ou sur les entreprises multinationales; voir à ce sujet S. Rubin, «Developments in the Law and Institutions of International Economic Relations», *American Journal of International Law*, vol. 70, 1976, pp. 73 sq., et T. Scharf, «An Emerging Legal Framework for Trilateral Cooperation with Arab Involvement», note to the UNIDROIT Congress mentionné ci-dessus, note 1.

[10] *Rapport général au 2e Congrès international de Droit privé*, Rome, septembre 1976, même titre que celui de R. David, cité note 1.

[11] Voir C. Schmitthoff, dans l'excellent ouvrage collectif qu'il a publié sous le titre *Sources of the Law of International Trade*, London, Stevens & Sons, 1964, pp. 29 sq.

combien l'arbitrage lui est étroitement lié –, phénomène caractéristique de l'élaboration et du développement d'un droit du commerce international.

On se méprendrait sur sa portée en négligeant certaines correspondances ou analogies de droit interne. Dans les limites d'un seul pays aussi, les commerçants aiment à recourir à l'arbitrage et tentent de modeler eux-mêmes, par des usages corporatifs, des conditions générales ou des clauses contractuelles adaptées à leurs besoins, une réglementation moins rigide, plus nuancée que celle de la législation, au demeurant souvent plus dispositive qu'impérative. En outre, c'est un lieu commun d'observer que, à notre époque de production et de distribution de masse, le contrat est devenu lui-même un article de grande consommation, qu'il n'est plus question de «fabriquer» ou négocier de manière artisanale; d'où la multiplication de ce que R. Saleilles a, le premier, baptisé «contrats d'adhésion». On retrouve certes tout cela sur le terrain international. Mais le contexte y est profondément différent et les données juridiques tout autres.

L'infinie diversité des rapports commerciaux internationaux, fût-ce dans le seul domaine de la «vente», appelle la création et l'utilisation de multiples formes juridiques, plus ou moins éloignées des schémas classiques et relativement stricts du droit interne; les développements scientifiques et techniques, la facilité des communications, la nécessité de décisions rapides ont contraint et contraignent la pratique à l'invention de formules neuves, qui se transforment, à l'expérience, en usages professionnels, en standards, contrats-type ou formulaires modèles, en coutumes d'une branche d'activité, avant d'être un jour «codifiés» par telle ou telle association ou fédération, voire par un organisme «international» privé, comme la Chambre de Commerce Internationale, ou public, comme la Commission Economique pour l'Europe. Les célèbres «INCOTERMS» de la CCI, définitions uniformes de certains termes d'usage courant comme les clauses f.o.b. ou c.i.f., ou les «Conditions générales de vente» de la CEE/ONU constituent autant de clauses contractuelles préexistantes, que les contractants n'ont plus qu'à incorporer à leur accord par référence, expresse ou même tacite. Une remarque analogue peut être faite pour les «règles et usages» de multiples associations professionnelles comme la Fédération internationale du Commerce des Semences, l'Union européenne du Commerce de gros de pommes de terre, la London Corn Trade Association, le Marché du Coton de Gand, et bien d'autres, et la force de ces «usages» ou de ces «règles», d'origine pourtant privée, est telle qu'ils s'imposent à tout commerçant de la branche considérée, avec une effectivité comparable ou supérieure à celle des législations nationales. D'innombrables contrats du commerce international sont ainsi conclus, d'une part d'une manière qui ne ressemble en rien à la négociation d'un contrat interne, surtout *inter praesentes* et, d'autre part, sans aucune référence à un droit étatique quelconque.

Qu'il y ait là un véritable *droit*, et un droit du commerce international, voire un «droit international du commerce», paraît malaisément contestable, même à ceux pour qui la sanction étatique est le critère nécessaire de tout «droit». Les règles que se sont données les commerçants sont en effet assorties de mécanismes de sanction (dont la menace de boycottage ou d'exclusion du milieu n'est pas la moindre), également non étatiques, dont le principal est bien entendu, on l'a dit, l'arbitrage commercial international.

N'en déplaise à certains dogmatiques pour qui, en cas de contraste entre leurs théories et la réalité, c'est la réalité qui a tort, l'existence d'un *droit* du commerce international d'origine largement non étatique ne nous paraît pas discutable [12]. Or l'existence de ce droit et son développement ne se conçoivent pas sans l'arbitrage international, devenu le mode *normal* et *ordinaire* de règlement des litiges commerciaux internationaux; un mode dont bien des juristes eux-mêmes ignorent probablement encore l'extraordinaire succès, un succès qui doit se mesurer, rappelons-le, davantage qu'à la proportion, extrêmement élevée, des sentences acceptées et respectées, au nombre incalculable des clauses arbitrales et à l'influence préventive et conciliatrice de ces dernières.

Que ce succès soit dû, pour partie, au caractère confidentiel de l'arbitrage, ainsi qu'au désir d'éviter des conflits de juridictions est évident; moins évidente est l'influence d'autres «avantages» de l'arbitrage, comme son caractère plus rapide et plus économique, que célèbrent parfois, dans les congrès, certains propagandistes. Ce que nous voudrions montrer ici, c'est que, pour une part sans doute importante, la popularité de l'arbitrage dans le milieu du commerce international tient au fait que, aux yeux des utilisateurs, les arbitres connaissent, appliquent et expriment, plutôt qu'une loi étatique, le droit des commerçants, ce qu'on a appelé la nouvelle «*lex mercatoria*» ou le nouveau «jus mercatorum» [13].

Sans examiner ici, ce qui nous entraînerait à des développements exagérés et superflus, les controverses doctrinales suscitées par cette dernière notion, on se demandera seulement si et en quoi l'arbitre du commerce international se distingue du juge étatique, en ce qui concerne les règles de fond appliquées à la solution du litige (et abstraction faite de la procédure, notoirement plus souple, et largement laissée à la détermination des parties, selon une autre application du principe de l'autonomie).

Dans une conception «juridictionnelle» de l'arbitrage, répandue en droit interne et que certains transposent mécaniquement sur le terrain, tout dif-

---

[12] Voir par exemple à ce sujet l'ouvrage de Y. Loussouarn et J. D. Bredin, *Droit du Commerce international*, Paris, Sirey 1969, (notamment n° 2 et 3), et les écrits de B. Goldman, Ph. Kahn et Ph. Fouchard, ainsi que, de C. Schmitthoff, *The Export Trade*, London, 1976, et l'ouvrage cité ci-dessus note 11.

[13] Voir ici B. Goldman: «Frontières du Droit et lex mercatoria», *Archives de Philosophie du Droit*, 1964, p. 177, et les rapports de R. David et T. Popescu, cités aux notes 1 et 10.

férent, des relations internationales [14], l'arbitre n'agirait guère autrement que le juge saisi en vertu d'une prorogation de for. Lié par le droit international privé du «siège» du tribunal arbitral (bien que ce «siège» ait été choisi le plus souvent, que ce soit par les parties ou par une institution tierce, pour des raisons pratiques et sans rapport aucun avec le litige), l'arbitre international devrait suivre les règles de conflits de ce lieu, soit pour vérifier la validité du choix de droit fait par les parties, soit pour déterminer par un «rattachement objectif» lequel est applicable des droits étatiques des pays en contact avec l'affaire. A s'en tenir à cette vision des choses, la spécificité de l'arbitrage serait limitée en somme au domaine de la procédure.

Il est vrai que nombre d'arbitres recourent à des raisonnements de type conflictualiste classique pour déterminer le droit applicable, mais la pratique connue, notamment celle de la Chambre de Commerce Internationale [15] révèle que: a) ces cas ne sont pas les plus fréquents, b) le raisonnement de droit international privé est souvent utilisé à titre plus ou moins subsidiaire, à côté d'autres et *ex abundanti cautela*, et c) l'arbitre s'attribue une liberté bien plus grande que le juge dans le maniement des méthodes ou règles du droit international privé et, par exemple, ne se sent pas lié, ou de moins en moins, par le système de conflits de lois en vigueur dans le pays du «siège» [16]. En bref, même sur le terrain du droit international privé, l'arbitre agit d'une manière et dans un esprit bien différents de ceux d'un juge national.

Si l'arbitre du commerce international était obligé de s'en tenir aux techniques conflictualistes, estime l'un des meilleurs spécialistes du sujet, le professeur Fouchard [17], l'arbitrage n'aurait aux yeux des praticiens qu'une utilité assez faible. Encore qu'un peu excessive à notre avis, cette opinion met avec raison l'accent sur un fait d'expérience: pour les «usagers» de l'arbitrage, un de ses intérêts essentiels est qu'il évite *à la fois* la procédure, les mécanismes du juge étatique, et l'application d'un droit interne et étatique – ce dernier étant considéré comme doublement inadapté à la nature commerciale et à la nature internationale du rapport litigieux. A quoi

---

[14] R. David, cité avec approbation par I. Nestor, in Rapport à la CNUDCI, (p. 140; voir ci-dessous note 27), observe très justement que l'on n'a pas tenu suffisamment compte «du fait que, dans les relations du commerce international, l'arbitrage se présentait autrement, et demandait à être envisagé différemment de l'arbitrage dans les rapports de la vie civile ou même du commerce interne». On trouve la marque de ce fait même dans la conception dite «mixte» d'un Sauser-Hall, qui est à la base de la Résolution, aujourd'hui bien dépassée, d'Amsterdam de l'Institut de Droit international (*Annuaire* 1957, 47, II, pp. 479 sq).

[15] Voir les chroniques de MM. Eisemann, Derains et Thomson dans des revues comme le *Clunet* ou *Droit et Pratique du Commerce international*.

[16] Voir P. Lalive, Rapport au Colloque de Genève d'avril 1976, et «Les règles de conflit de lois appliquées au fond du litige par l'arbitre international siégeant en Suisse», *Revue de l'Arbitrage*, 1976, n° 3, p. 155.

[17] Dans son ouvrage classique: *L'Arbitrage commercial international*, Paris, Dalloz, 1965, n° 576.

s'ajoute l'esprit même de l'arbitrage, envisagé non pas comme une façon de «trancher» un litige en disant le droit, mais plutôt comme une méthode de solution acceptable pour deux partenaires momentanément en conflit mais destinés à poursuivre à l'avenir leurs relations commerciales. A la limite, on devrait se demander, avec un auteur comme René David, si l'arbitrage (qui est fréquemment d'amiable composition) ne doit pas être considéré comme un procédé *non juridique* de règlement des différends, dans une optique proche de la tradition asiatique. On pourrait même s'interroger sur la légitimité de notre terminologie qui, avec l'usage courant et doctrinal, parle d'arbitrage au singulier, comme d'une notion univoque, par une singulière mais inévitable simplification.

Quoi qu'il en soit, qu'elles le précisent ou non dans leur compromis, les parties attendent généralement de l'arbitre qu'il applique à la solution du litige, d'abord leurs stipulations contractuelles et, à côté de ou même à la place d'un droit étatique particulier, les usages du commerce, les conditions générales ou les principes généraux admis dans le milieu ou la branche considérés. Sur chacun de ces points se justifierait une démonstration (assortie d'exemples et de références doctrinales), que des raisons de place interdisent ici, et que tenteront de remplacer quelques notations synthétiques.

La première concerne le rôle de l'*équité* – notion équivoque, au contenu perpétuellement controversé. Qu'ont entendu les parties en stipulant un arbitrage «en équité»? En tous cas une justice plus personnalisée, plus proche des circonstances concrètes [18], c'est-à-dire ici de la pratique du commerce international; mais s'agit-il, plus précisément, d'une équité *praeter legem?* Y a-t-il intention des parties d'écarter non seulement l'application d'un droit étatique donné, mais de tout droit quelconque? Rien n'est moins certain. D'abord il arrive qu'une clause compromissoire stipule à la fois l'arbitrage en équité et l'applicabilité du droit d'un pays déterminé, et l'on présumera qu'une telle clause a un sens [19]. Ensuite, en l'absence de toute «choice of law clause», l'arbitre chargé de statuer en équité – situation généralement identifiée à l'«amiable composition» – ne s'estimera pas toujours, loin de là, dispensé de suivre des règles ou un raisonnement *juridiques* et, le plus souvent, il préférera appuyer sa décision soit sur des principes généraux de droit, dégagés par exemple par la méthode comparative et le processus d'abstraction et de généralisation si bien analysés, à propos de l'article 38 du Statut de la Cour internationale, par Charles De Visscher, soit aussi sur la constatation d'une coïncidence des résultats dans les diverses lois nationales potentiellement applicables. La pente naturelle de l'arbitre

[18] Sur l'équité, voir p. ex. A. Meier-Hayoz, in *Berner Kommentar ad Art. 4 ZGB*, Berne, Stämpfli, 1962, pp. 425 sq., et O. A. Germann, *Grundlagen der Rechtswissenschaft*, 2. Aufl., Berne, Stämpfli, 1968, p. 48.

[19] Voir l'exemple de la sentence CCI n° 2216, commenté par Y. Derains, in *Clunet*, 1975, p. 920.

de formation juridique ou le souci de rendre une sentence qui «soit susceptible de sanction légale» [20] l'engageront en outre à ne pas s'écarter de principes de droit, mais ces *principes*, il les dégagera souvent librement (que ce soit par une analyse juridique abstraite ou par la méthode comparative, ou par les deux conjuguées), sans se lier aux *règles* strictes d'un système national particulier. On pourrait en conclure qu'il ne s'agit pas d'une équité «a-légale», si tant est que la notion se puisse concevoir, mais d'une équité «a-nationale» en tout ou en partie, tout comme l'arbitrage lui-même.

Des observations analogues peuvent être faites en dehors même de l'amiable composition et d'une référence expresse des parties à l'équité. Tout se passe comme si les arbitres du commerce international, qu'ils en aient ou non reçu le mandat exprès, s'estimaient en droit, et en devoir, de s'élever au-dessus des particularités juridiques nationales (souvent inadaptées à la cause et susceptibles en outre, le cas échéant, de favoriser indûment l'une des parties). Reposant entièrement sur le consentement des parties, et dominé par lui, quant à la procédure comme au droit de fond (sous la réserve de quelques rares règles impératives – sur lesquelles on reviendra), l'arbitrage doit faire la plus large place, de par la nature des choses, à la volonté des parties telle qu'elle s'exprime dans le contrat ou dans la conduite subséquente des contractants. On s'explique dès lors la tendance générale des arbitres à se fonder avant tout, voire exclusivement, sur le contrat lui-même, sur les stipulations mêmes des parties (complétées éventuellement par une référence explicite ou implicite à des contrats-type ou des conditions générales), – en s'appuyant au besoin sur les principes généraux de droit [21], par exemple quant à la formation, l'interprétation ou l'exécution des contrats, ainsi que sur les usages du commerce.

L'application de ces *usages* – qui composent une part importante du droit, en formation, du commerce international, et auxquels il a été fait allusion plus haut – est caractéristique de l'arbitrage international, non seulement «corporatif» ou institutionnel mais même *ad hoc*, et ceci aussi en dehors des cas, fréquents, où la clause arbitrale elle-même en prescrit la prise en considération.

Qu'il s'agisse du commerce du grain, du pétrole, du coton, ou d'équipement industriel, par exemple, on voit mal en effet comment les arbitres pourraient s'acquitter de leur mission en négligeant un élément essentiel du contexte dans lequel les parties et leur contrat sont insérés.

---

[20] Selon le conseil de l'art. 26 du Règlement d'arbitrage de la CCI.

[21] Les théoriciens, ou certains d'entre eux, exagèrent manifestement les difficultés de détermination ou d'emploi de ces «principes généraux», plus souvent utilisés par la pratique qu'ils ne l'imaginent; voir à ce sujet les chroniques citées ci-dessus note 15 ou les monographies citées, comme celles de Fouchard et de Kahn. D'ailleurs, «les principes généraux ont l'imprécision qui caractérise obligatoirement tout ce qui est dynamique»; H. A. Schwarz-Liebermann von Wahlendorf, *Fondements et Principes d'un Ordre juridique naissant*, Paris / La Haye, Mouton, 1971, p. 309.

Du point de vue strictement juridique, on se demandera peut-être à quel titre, en quelle qualité ces usages se trouvent ainsi «appliqués» ou «pris en considération» (deux notions qui, pour les besoins de la présente discussion, peuvent être assimilées). Quoi qu'il en soit de la position des usages professionnels en tel ou tel droit *interne*, et de leur éventuelle différence avec des «coutumes», valables, elles, sans «incorporation au contrat», la pratique de l'arbitrage international démontre, à tout observateur tant soit peu libéré de préjugés doctrinaux, que ces usages sont appliqués et respectés comme *du droit;* peut-être n'est-il guère décisif que ceci soit justifié par référence à la notion d'autonomie, et par appel à un accord, tacite ou présumé des contractants, ou que ce soit, indépendamment de toute «réception contractuelle», par l'idée d'une coutume marchande [22]. Il paraît bien y avoir là, consacrée et développée par une abondante pratique arbitrale, une véritable source du droit du commerce international.

Le fait est confirmé par les développements les plus récents, qu'il s'agisse de règlements d'institutions d'arbitrage, à l'Est ou à l'Ouest ou des conventions internationales. C'est ainsi que la Convention européenne de Genève de 1961 prévoit, en son article VII, que «les arbitres tiendront compte des stipulations du contrat et des usages du commerce» (et ceci que les parties aient ou n'aient pas convenu d'un droit applicable). Plus importante encore est la place réservée aux usages dans la Convention de La Haye du 1er juillet 1964, dont il a été fait mention déjà, portant loi uniforme sur la vente internationale des objets mobiliers corporels, puisqu'un article 9 de cette loi stipule que ces usages lient même les parties qui ne s'y sont *pas* référées (au moins dans le cas où, dans la même situation, des personnes raisonnables de même qualité considéreraient ces usages comme applicables) et qu'ils l'emportent même sur ladite loi uniforme en cas de contradiction, sauf stipulation contraire!

CONCLUSION

Les lignes qui précèdent n'avaient pas pour objet d'analyser, et encore moins de trancher la question de savoir s'il existe ou non un droit «transnational», une «lex mercatoria» moderne qui serait en quelque sorte intermédiaire entre le droit des gens, traditionnel et essentiellement interétatique, et les droits internes (y compris leurs règles de droit international privé)

---

[22] Sur ce point on peut discerner une opposition doctrinale entre auteurs de l'Ouest et auteurs de l'Est, ces derniers paraissant, assez naturellement, hostiles à l'admission de tout droit spontané et d'origine non étatique; voir à ce sujet T. Popescu, rapport cité, *passim*.

des Etats. Un nouveau droit commun du commerce international, en tout état de cause, ne pourrait se former aujourd'hui dans des conditions comparables à celles du moyen âge, où «aucune autorité publique ne se reconnaissait alors compétente pour élaborer un droit nouveau, et cette tâche a été prise en charge par la communauté nouvelle, que constituaient les «marchands», dotés de privilèges par les pouvoirs publics» [23].

Peut-être importe-t-il assez peu, après tout, que ce droit du commerce international, tel qu'effectivement appliqué par les intéressés eux-mêmes, qu'ils soient de l'Est ou de l'Ouest, du Nord ou du Sud, soit classé dans telle ou telle catégorie, dans tel casier de nos structures mentales? La réalité paraît ne guère se soucier des théories les plus sacrées et ce qui compte, en définitive, c'est plutôt de savoir si le comportement des acteurs du commerce international (acteurs privés et publics, et contractants ou arbitres) fait preuve d'une pratique générale – universelle ou régionale – «acceptée comme étant le droit», pour paraphraser ici l'article 38 du Statut de la CIJ, ou, si l'on veut, si ces normes de comportement bénéficient de l'effectivité. Qu'on aborde la question en partant du droit interne ou en partant du droit international public, une réponse affirmative nous paraît s'imposer.

Au développement des règles d'un droit, plus ou moins autonome, du commerce international, sous la «pression autonormative de la catégorie professionnelle des commerçants» [24], les Etats ont répondu en somme par un double mouvement, de *tolérance* tempérée par des velléités de *contrôle*. Tolérance, d'aucuns disent même «démission», qu'atteste surtout la reconnaissance quasi-universelle de l'autonomie des parties, soit de la liberté contractuelle en matière internationale (sans qu'il y ait lieu ici d'en rechercher les limites exactes) – autonomie très large sur les deux terrains de la sanction, soit de la solution des litiges, et des règles applicables. Conscients de l'inadaptation des législations internes (en particulier dans les pays socialistes, dont les lois internes, promulguées dans le cadre du Plan, sont totalement inaptes à régir les rapports, d'économie concurrentielle, du commerce international [25]), et conscients de la difficulté à s'entendre sur une législation internationale uniforme, les Etats n'ont pu que laisser à la «communauté internationale des commerçants» un très large pouvoir d'auto-régulation. Pouvoir qui a pu paraître aller jusqu'à l'admission du contrat «sans loi», par quoi mieux vaut entendre, on le sait, sans loi *étatique*. Tolérance et admission dont le corollaire obligé a été le remarquable et libre épanouissement de l'arbitrage international.

Tous les commentateurs s'accordent à souligner le sens incontestable de l'évolution récente en cette matière, évolution attestée par les Conventions de New York (1958) et de Genève (1961), et par les projets de l'UN-

---

[23] R. David, *op. cit.*, conclusion.

[24] T. Popescu, *op. cit.*, citant Romero in *Revista de Derecho mercantil*, 1973, p. 17.

[25] R. David, *op. cit.*, ad n° 1.

CITRAL (CNUDCI) – en faveur d'une *réduction* toujours plus poussée de l'emprise du droit et de la juridiction étatiques: reconnaissance à l'arbitre de la «Kompetenz-Kompetenz» et du libre choix du droit applicable, limitation du pouvoir de contrôle par le juge de la reconnaissance, etc.

Tolérance, permission ou démission, mais tout de même limitée; d'abord par la réserve classique de l'ordre public, mais plus atténué, dans le droit international privé de chaque Etat. Qu'un certain contrôle minimum soit indispensable, au nom des intérêts généraux et pour la protection des tiers, nul ne le contestera, pas plus que la nécessité, faute de mieux, d'en laisser l'exercice aux Etats. Tolérance limitée, ensuite, par la tendance à l'accroissement des règles impératives – parallèlement à l'intervention plus poussée des Etats dans la vie économique interne – en matière de cartels, de contrôle des changes, de droit du travail ou, d'une manière générale, de ce qu'on appelle parfois droit public économique. D'où, soit dit en passant, de nouveaux types de conflits de lois et de juridictions, d'où le risque de décisions contradictoires, c'est-à-dire de nouvelles entraves aux échanges internationaux. On conçoit que le développement du droit du commerce international puisse en être menacé et que la voie la plus rationnelle soit l'entente des Etats pour l'élaboration en commun de normes de coopération, soit, selon certains, d'une «lex mercatoria» internationale et «*législative*». Le processus sera de longue haleine, de toute évidence, et ne fera donc pas disparaître avant longtemps les normes élaborées spontanément par le milieu lui-même, sous la forme de conditions générales, de contrats type ou d'usages – à côté de multiples règles étatiques internes plus ou moins adéquates et souvent contradictoires.

C'est dire que l'arbitrage international a encore un très bel avenir devant lui – d'autant qu'il survivrait selon toute apparence à l'élaboration d'une «législation internationale du commerce», au moins tant que cette législation ne s'accompagnerait pas de la création de véritables juridictions internationales du commerce. Et pourtant, et il convient de reprendre en terminant la question posée au début même de cette étude, si l'institution et la fonction de l'arbitrage international sont appelées à perdurer, apporteraient-elles vraiment, ou peut-on dire qu'elles apportent aujourd'hui une contribution au développement du droit du commerce international?

Deux obstacles, de taille, semblent à première vue s'y opposer et conduire à écarter tout parallélisme avec le rôle créateur de la jurisprudence. Le premier, manifeste, tient au caractère confidentiel de l'arbitrage et à l'absence de publication des sentences. Le second est lié à la grande diversité des arbitrages: non seulement il faut distinguer, on le sait, du point de vue de l'organisation, arbitrages *ad hoc*, institutionnels et «mixtes», c'est-à-dire «réglementés» (comme l'arbitrage CCI), mais on doit distinguer encore, selon la nature des choses, l'arbitrage d'organisation nationale (comme celui de la London Court of Arbitration) de l'arbitrage à composition ou organisation «internationale», ensuite l'arbitrage «proprement dit» (aux contours d'ailleurs incertains!) de l'«arbitrage-expertise» ou arbitrage-qualité, enfin, l'arbitrage «juridique» au sens strict, de l'arbitrage d'amiable composition ou encore de l'arbitrage comme technique d'aménagement ou de «complètement» des contrats, (une forme dont l'importance grandit avec celle de contrats internationaux de longue durée, d'association ou de coopération industrielle, de «joint venture», etc.) [26].

Ni l'un ni l'autre de ces obstacles ou objections ne permet toutefois de trancher, dans le sens négatif, la question posée. L'absence de publicité des sentences, sujet périodiquement débattu dans les colloques sur l'arbitrage, n'est que relative et des progrès certains ont été accomplis ces dernières années, notamment par la CCI, pour favoriser la connaissance des décisions tout en préservant le secret des affaires, auquel on sait les parties fortement attachées. D'autre part, les arbitrages institutionnels, qu'ils soient corporatifs, professionnels ou «généraux» (comme ceux des Commissions d'arbitrage pour le Commerce extérieur des pays de l'Est européen) permettent la formation d'une véritable «jurisprudence», connue des intéressés. Dans une mesure plus faible bien que non négligeable, il en est de même pour les arbitrages simplement mixtes ou «réglementés» et même des arbitrages *ad hoc*. A défaut de publicité organisée des décisions, une diffusion certaine s'opère tout de même dans le milieu des spécialistes de l'arbitrage international, à la faveur des échanges d'expériences que permettent par exemple les congrès, les revues et diverses études scientifiques, ceci sans parler de l'appoint – utile encore que «pathologique» – constitué par la publication des quelques décisions judiciaires auxquelles donne lieu (dans une très faible proportion de cas) l'exécution des sentences arbitrales.

En résumé et malgré la tradition, pour qui «l'arbitrage s'épanouit dans l'ombre et se meurt au soleil», l'importance croissante de l'arbitrage international s'accompagne – le contraire eût étonné – d'une connaissance accrue de ses problèmes, procédures et méthodes, et aussi de ses décisions et des règles qu'elles appliquent ou dégagent. Connaissance encore imparfaite sans doute, ce à quoi s'emploient à remédier les multiples organisations nationales ou «internationales», privées ou «publiques» d'arbitrage, par une meilleure collaboration ou harmonisation et, *last but not least*, la Commission des Nations Unies pour le Droit commercial international. Le Rapporteur spécial de cette Commission, M. Ion Nestor, au terme d'un important rapport sur le sujet, – après avoir rappelé la formule classique selon laquelle l'arbitrage est «le substitut d'une véritable juridiction commerciale internationale» – évoquait naguère l'arbitrage «sortant du mystère et contribuant à l'unification ou l'harmonisation des règles régissant le

[26] Sur ce sujet très actuel on consultera, par exemple, outre R. David, les écrits de B. Oppetit, en France, et G. Bernini, en Italie.

commerce international» [27]. Si la formule est modérée, comme il sied dans un document de cette nature, elle n'exclut pas nécessairement l'idée d'un rôle plus accentué, et l'on pourrait débattre ici, comme on l'a fait partout à propos de la jurisprudence interne (pour ne pas parler des décisions judiciaires au sens de l'article 38, 1, litt. d, du Statut de la Cour internationale) du rôle créateur ou non des décisions, ou des frontières, assez fuyantes, entre déclaration et création du droit, ou entre interprétation, développement, unification, etc., des règles qui régissent le commerce international. Au-delà de ces controverses, et de celles qui ont été évoquées en passant sur les sources possibles d'un «(autonomous?) Law of international trade», on devrait reconnaître, croyons-nous, comme une réalité de notre époque, la contribution de l'arbitrage au développement d'un ou du droit du commerce international.

[27] Rapport du 1er mars 1972 à la CNUDCI, pour sa 5e session; document A/CN 9/64.

LE PROBLÈME DE LA RESPONSABILITÉ POUR RISQUE EN DROIT INTERNATIONAL

Philippe CAHIER

I. *INTRODUCTION*

La doctrine et la pratique internationale sont d'accord pour reconnaître que tout manquement à une obligation internationale ayant causé un dommage a pour effet d'entraîner la responsabilité du sujet de droit auquel ce manquement est imputé. Ainsi, les éléments constitutifs de la responsabilité internationale sont le fait illicite, l'imputabilité de ce fait à un sujet de droit international et le dommage causé par le fait illicite. Il s'agit là de notions tellement connues qu'il n'y a pas lieu de faire la démonstration de leur exactitude; les récents travaux de la Commission du droit international en la matière en sont une confirmation éclatante [1].

Il est vrai que pendant longtemps la doctrine s'est demandé s'il ne fallait pas ajouter à ces éléments la notion de faute. Si par faute il faut entendre un acte ou une omission commis intentionnellement ou avec une négligence coupable, il semble bien que le droit international moderne n'en fait pas un des éléments constitutifs de la responsabilité, même si encore récemment certains auteurs ont exprimé un avis contraire [2]. Sans doute, dans le passé, certaines sentences arbitrales ont fait appel à la notion de faute. Mais, si l'on examine la jurisprudence des deux Cours de La Haye, force est de constater que ces deux hautes juridictions n'ont jamais retenu

1 *Cf.* les rapports du professeur Ago, *Annuaire de la Commission du droit international*, (ci-après *Annuaire*), 1970, vol. II, pp. 189–209; 1971, vol. II, Première Partie, pp. 209–291; 1972, vol. II, pp. 77–174 et Doc. A/CN.4/291, Add. 1 et Add. 2. Il est vrai que l'illustre Rapporteur tend à minimiser le dommage comme élément constitutif de la responsabilité en disant: «Toute violation d'un engagement envers un autre Etat, toute lésion d'un droit subjectif de cet Etat est, en elle-même, un préjudice matériel ou moral, pour cet Etat... Toute violation d'un droit est dommage.» *Annuaire*, 1970, vol. II, p. 208.

2 Voir l'étude et les références contenues dans R. Luzzatto, «Responsabilità e colpa in diritto internazionale», *Rivista di diritto internazionale*, vol. 51, 1968, pp. 53–107.

l'intention coupable ou la négligence comme élément constitutif de la responsabilité [3]. Il convient donc d'y renoncer.

On peut cependant se demander si une évolution n'est pas amorcée et si les Etats ne sont pas tenus de réparer les dommages qu'ils ont pu causer dans l'exercice d'activités licites mais dangereuses. Le professeur Reuter écrivait déjà en 1961:

> «... les circonstances dans lesquelles des dommages extrêmement graves peuvent être provoqués à la suite des développements techniques de la vie moderne posent des problèmes que les droits nationaux commencent à peine à envisager, mais que le droit international public ne pourra plus ignorer longtemps. Une action licite d'un Etat peut provoquer des dommages incalculables; ... on sera peut être obligé d'instituer à la charge des Etats une obligation de réparer...» [4]

Depuis, la doctrine a commencé à s'intéresser au problème et quelques études lui ont été consacrées [5].

Lorsque la Commission du droit international a abordé, en 1969, la responsabilité des Etats, elle s'est posé la question de savoir s'il fallait aussi traiter de l'éventuelle responsabilité découlant d'activités licites [6]. Suivant les suggestions de son rapporteur, le professeur Roberto Ago, elle a décidé d'y renoncer. La raison donnée est la suivante:

> «La Commission reconnaît entièrement l'importance que revêtent, à côté des questions relatives à la responsabilité pour fait internationalement illicite, celles qui touchent à l'obligation de réparer les éventuelles conséquences préjudiciables découlant de l'accomplissement de certaines activités licites (notamment de celles qui, d'après leur nature, donnent lieu à certains risques). Mais la Commission est d'avis que cette deuxième catégorie de

---

[3] En ce sens P. Guggenheim, *Traité de droit international public*, Genève, Georg, 1954, vol. II, pp. 52–53 et aussi le rapport de F. Garcia Amador à la Commission du droit international, *Annuaire*, 1960, vol. II, pp. 56–59.

[4] P. Reuter, «Principes de droit international public», *Recueil des Cours de l'Académie de droit international* (ci-après *RCADI*), vol. 103, 1961, II, p. 591. Voir aussi M. Sørensen, «Principes de droit international public», *RCADI*, vol. 101, 1960, III, p. 221, qui mentionnait «... le devoir de réparer le dommage causé par un acte licite».

[5] W. Jenks, «Liability for Ultra-hazardous Activities in International Law», *RCADI*, vol. 117, 1966, I, pp. 99–196; L. F. E. Goldie, «Liability for Damage and the Progressive Development of International Law», *International and Comparative Law Quarterly*, vol. 14, 1965, pp. 1189–1264; J. Kelson, «State Responsibility and the Abnormally Dangerous Activity», *Harvard International Law Journal*, vol. 13, 1972, pp. 197–244; M. Abdel Hamid, *Les perspectives d'une responsabilité sans acte illicite*, Paris, Thèse dactyl., 1964; P. Dupuy, *La responsabilité internationale des Etats pour les dommages causés par les activités technologiques et industrielles*, Paris, Thèse dactyl., 1973.

[6] Voir les interventions de MM. Ago, Ruda, Ramangsoavina, Tammes, Eustathiadès, Castañeda, *Annuaire*, 1969, vol. I, pp. 112, 114, 115, 117, 122, 125.

problèmes ne saurait être traitée conjointement avec la première. En raison du fondement entièrement distinct de la responsabilité dite pour risque, de la nature différente des règles qui la prévoient, et en raison aussi de son contenu et des formes qu'elle peut prendre, un examen conjoint des deux sujets ne pourrait que rendre plus difficile la compréhension de l'un et de l'autre» [7].

Ce passage du rapport de la Commission est intéressant, car il montre l'importance du problème et, par la manière dont il est rédigé, semble indiquer que des règles en la matière pourraient déjà exister [8].

Le problème est donc le suivant: alors que l'on a toujours admis que la responsabilité d'un Etat ne pouvait être engagée qu'à la suite d'un acte internationalement illicite, peut-on aujourd'hui admettre que l'Etat (mais cela pourrait être aussi le cas d'une organisation internationale) soit obligé de réparer les dommages très importants qu'il pourrait être amené à causer à des ressortissants étrangers et au territoire d'un autre Etat, dans l'exercice d'activités dangereuses dues au progrès de la technique moderne, activités par ailleurs tout à fait licites? La doctrine a surtout soulevé le problème dans le cadre d'activités étatiques particulièrement dangereuses. C'est ainsi que W. Jenks a parlé d'une obligation de réparation pour les dommages découlant des activités «ultra-hazardous», que l'on pourrait traduire par activités ultra-hasardeuses ou, plus correctement, par des activités comportant des risques exceptionnels. Il convient de voir si cette obligation existe et, dans l'affirmative, si elle est limitée à la réparation des dommages résultant de ce type d'activités.

On ne saurait, dans le cadre de l'espace qui est alloué à cet article, se livrer à un examen exhaustif du problème. Nous nous limiterons, après un bref aperçu de la pratique internationale, à nous demander quel pourrait être le fondement de cette obligation de réparation et nous terminerons par un essai de détermination de quelques règles applicables en la matière.

II. *LA PRATIQUE INTERNATIONALE*

1. *La pratique diplomatique*

Dans la mesure où elle est accessible, la pratique diplomatique dans ce domaine est très limitée et l'on ne peut guère citer, à notre connaissance, que les dommages subis par des pêcheurs japonais en 1954, à la suite d'expé-

[7] *Annuaire*, 1974, vol. II, Première Partie, pp. 283–284.

[8] L'Assemblée générale des Nations Unies a recommandé à la Commission d'entreprendre en temps voulu l'étude de cet aspect de la responsabilité internationale. Résolutions n°s 3071 (XXVIII) et 3315 (XXIX).

riences nucléaires américaines dans le Pacifique, expériences qui – à l'époque – étaient pour les Etats-Unis parfaitement licites. Dans une note du 27 mai 1954, le Gouvernement japonais soutenait que le Gouvernement américain était «legally responsible» et réclamait réparation des dommages subis. Ce dernier, par contre, niait toute responsabilité. Finalement, par un accord du 4 janvier 1955, le Gouvernement américain accepta de payer une indemnité globale mais il précisait qu'il le faisait *ex gratia:*

«... without reference to the question of legal liability». [9]

On voit donc que cette affaire n'est juridiquement pas concluante, même si une réparation a été accordée, et il est difficile de dire, avec M. Abdel Hamid, qu'il y avait là:

> «... le premier pas et non le moins important vers une reconnaissance explicite de la théorie du risque en tant que base juridique valable de la responsabilité internationale que pourraient engendrer les activités internationales exceptionnellement dangereuses [10]».

2. *La jurisprudence*

Bien que ne concernant pas le cas de dommages causés par des activités dangereuses, il peut être intéressant de citer l'affaire du Phare qui a opposé la France au Nicaragua en 1880 [11]. Il s'agissait d'un navire français «Le Phare» qui avait mouillé dans un port du Nicaragua et dont une partie de la cargaison, constituée par des armes, avait été saisie par les autorités locales. D'après le Gouvernement français, cette saisie était illégale au regard du droit des gens et contraire à un traité d'amitié et de commerce. L'affaire fut portée pour arbitrage devant la Cour de cassation française qui déclara:

> «... il résulte que le dommage causé au capitaine Allard, dans sa propriété, n'est expliqué par aucun fait légalement et juridiquement imputable à ce dernier; que si, néanmoins, le Gouvernement du Nicaragua s'est déterminé à ordonner la mesure dommageable, il apparaît nettement... que c'est dans un but purement politique, dans une pensée de conservation sociale, en vue d'éviter que les armes saisies tombassent aux mains du parti révolutionnaire dont le Gouvernement se préoccupait alors de déjouer les manœuvres et les projets: que si prises dans telles conditions les mesures de cette nature constituent des actes de légitime défense, il reste cependant qu'elles ne sauraient être accomplies que sous la responsabilité du gouvernement qui a cru devoir les prendre

---

[9] Pour toute la question, voir M. Whiteman, *Digest of International Law*, Washington Department of State Publications, vol. 8, 1967, pp. 764–769.

[10] M. S. Abdel Hamid, *op. cit.*, p. 253.

[11] Sentence arbitrale rendue par la Cour de Cassation française le 29 juillet 1880. H. La Fontaine, *Pasicrisie internationale*, Berne, Stämpfli, 1902, pp. 225–227.

et sous l'obligation de réparer, vis-à-vis de ceux qui en sont victimes, le dommage qu'elles ont pu causer; qu'à ce point de vue, dès lors et dans cet ordre d'idées, le gouvernement du Nicaragua doit être déclaré responsable [12]».

Cette sentence est étrange car, si cette saisie des armes était licite au regard du droit international, il n'y avait pas lieu d'accorder réparation. La Cour, pourtant, met à la charge du Nicaragua les éventuels dommages causés par une mesure licite. La décision est ancienne, elle semble indiquer une tendance.

Mais c'est sans doute l'affaire de la Fonderie du Trail [13] qui a été le plus souvent citée par la doctrine. On sait que cette usine, située au Canada près de la frontière américaine, dégageait des fumées nocives qui causèrent des dommages à des agriculteurs américains. Pendant longtemps le Gouvernement américain se plaignit de la situation auprès du Gouvernement canadien. Finalement un compromis d'arbitrage fut signé en 1935. Dans cet accord, le Gouvernement canadien s'engageait à payer 350 000 dollars pour les dommages causés aux Etats-Unis avant 1932, le Tribunal devant décider si d'autres dommages avaient été causés par la suite, accorder les éventuelles indemnités, ainsi que trancher la question de savoir si l'usine devait s'abstenir de causer des dommages à l'avenir. On voit donc que cette sentence perd beaucoup de son intérêt, puisque le Tribunal n'était pas saisi du problème de la responsabilité du Canada, celle-ci ayant été établie par les deux Parties dans le compromis. Il ne semble cependant pas que le Canada, au cours de la procédure, ait mis en doute son obligation de réparer les éventuels dommages.

Pour justifier cependant son affirmation, d'après laquelle la Fonderie du Trail devait s'abstenir de causer des dommages à l'avenir, le Tribunal a déclaré:

> «... under the principles of international law, as well as of the law of the United States, no State has the right to use or permit the use of its territory in such a manner as to cause injury by fumes in or to the territory of another or the properties or persons therein, when the case is of serious consequence and the injury is established by clear and convincing evidence.»

Et, plus loin, la Cour ajoutait:

> «... the Tribunal holds that the Dominion of Canada is responsible in international law for the conduct of the Trail Smelter [14]».

---

[12] *Ibid.*, p. 227.

[13] Sentence arbitrale du 16 avril 1938. Nations Unies, *Recueil des sentences arbitrales*, vol. 3, pp. 1911–1937 et sentence arbitrale du 11 mars 1941, *Ibid.*, pp. 1938–1981.

[14] *Ibid.*, p. 1965.

Nous reviendrons plus loin sur ce passage de la sentence, mais il est certain qu'en définitive, même si cela était inutile, la Cour rend le Canada responsable en se basant sur un fait illicite: l'absence de contrôle sur son territoire [15]. L'attitude du Tribunal se comprend aisément. Nous sommes dans une période où, du fait des progrès techniques encore limités, le problème des activités industrielles comportant des risques exceptionnels ne se pose pas encore. On peut retenir simplement de cette sentence que le Tribunal s'efforce de trouver une justification juridique pour la réparation de dommages causés par une activité par ailleurs licite.

Pour éviter toute contestation, et en vertu du principe qu'il vaut mieux prévenir que guérir, les Etats se sont mis d'accord, dans une série de conventions, pour prévoir la réparation des dommages qui pourraient survenir à la suite d'activités exercées dans un certain nombre de domaines. C'est l'analyse de ces conventions qui constituera le troisième paragraphe de cette revue de la pratique internationale.

3. *La pratique conventionnelle*

Les domaines dans lesquels il existe des conventions prévoyant l'obligation pour les Etats de réparer les dommages qui pourraient résulter de l'exercice d'activités licites sont essentiellement l'espace et l'atome [16].

a) *L'espace*

La Convention du 29 novembre 1971 sur la responsabilité internationale pour les dommages causés par des objets spatiaux [17] a été le fruit d'un long travail entrepris surtout à la suite de la Déclaration de 1963, relative

[15] Voir aussi en ce sens P. Dupuy, *op. cit.*, p. 65; Ch. de Visscher, *Problèmes de confins en droit international public*, Paris, Pedone, 1969, p. 84.

[16] Faute d'espace, nous limiterons notre étude à ces deux domaines. On pourrait cependant citer aussi des conventions en matière de pollution maritime; mais ici la situation est différente, car ces conventions tendent à faire de la pollution un acte illicite; on rentre donc dans le cadre de la responsabilité traditionnelle. Voir les conventions d'Oslo du 15 février 1972 et de Londres du 13 novembre 1972 sur la prévention de la pollution des mers résultant de l'immersion de déchets. *International Legal Materials*, 1972, pp. 262 et 1291. Voir aussi la Convention de Londres du 2 novembre 1973 pour la prévention de la pollution par les navires. Une responsabilité sans acte illicite est par contre prévue dans la Convention relative aux dommages causés aux tiers à la surface par des aéronefs étrangers, faite à Rome le 7 octobre 1952. Nations Unies, *Recueil des traités*, vol. 310, pp. 183–211. Voir aussi l'article 22 de la Convention de Genève du 29 avril 1958 sur la haute mer. Doc.A/CONF. 13/L. 53. On pourrait aussi citer, dans le même sens, les travaux des différentes conférences sur le droit de la mer mais, n'ayant pas encore abouti à un résultat conventionnel, il est difficile de connaître quel sera le sort réservé aux diverses propositions. Sur ce problème, voir T. Treves, «Les tendances récentes du droit conventionnel de la responsabilité et le nouveau droit de la mer», *Annuaire français de droit international* (ci-après *AFDI*), 1975, pp. 767–783.

[17] Voir Résolution 2777 (XXVI) de l'Assemblée générale des Nations Unies.

aux principes juridiques régissant les activités des Etats en matière d'exploration et d'utilisation de l'espace extra-atmosphérique [18].

Le Préambule constate que, malgré les précautions prises, l'activité des Etats dans le domaine spatial peut causer des dommages. La définition du dommage, donnée au paragraphe 1, est extrêmement large puisqu'elle couvre d'une part:

> «... la perte des vies humaines, les lésions corporelles ou autres atteintes à la santé».

Les travaux préparatoires montrent d'ailleurs que par cette dernière formule on a voulu inclure les dommages pouvant résulter des radiations atomiques [19]. D'autre part:

> «... La perte de biens d'Etat ou de personnes physiques ou morales, ou de biens d'organisations internationales, intergouvernementales ou les dommages causés auxdits biens».

Suit alors, à l'article 2, le principe de la réparation:

> «Un Etat de lancement a la responsabilité absolue de verser réparation pour le dommage causé par son objet spatial à la surface de la terre ou aux aéronefs en vol.»

Ainsi, la victime n'a pas à faire la preuve d'une négligence quelconque de la part de l'Etat de lancement, ce qui serait pratiquement impossible; ce dernier ne peut se retrancher derrière l'absence de toute négligence pour esquiver sa responsabilité. La seule preuve qui doit être fournie, c'est l'identification de l'objet spatial qui a causé le dommage. Dès lors qu'il est identifié, il appartient à l'Etat de lancement de réparer [20]. Il convient de souligner que, même si l'objet spatial appartenait à une société privée, ce serait toujours l'Etat qui serait responsable [21]. Vu les risques découlant de cette activité et les avantages que les Etats peuvent en retirer, cette solution nous paraît la meilleure et elle avait déjà été préconisée dans le passé [22].

Cependant, en cas de dommages causés ailleurs qu'à la surface de la terre à un objet spatial d'un autre Etat, l'Etat de lancement n'est responsable que si le dommage est dû à sa faute.

---

[18] Résolution 1962 (XVIII) du 13 décembre 1963 de l'Assemblée générale.

[19] Voir l'étude de P. Dupuy, *op. cit.*, pp. 175–177.

[20] Cependant, l'article 22 prévoit aussi la responsabilité d'une organisation internationale.

[21] Comparer avec la solution donnée à l'article 2 de la Convention de Rome de 1952 sur les dommages causés à la surface où la responsabilité incombe à l'exploitant de l'aéronef.

[22] W. Jenks, *Space Law*, Londres, Stevens and Sons, 1965, p. 211. Voir aussi l'article 13 de la Résolution de 1963 de l'Institut de droit international, *Annuaire de l'Institut de droit international*, 1963, II, p. 364.

La responsabilité absolue de l'Etat de lancement ne cède que s'il peut établir que le dommage:

> «... résulte, en totalité ou en partie, d'une faute lourde ou d'un acte ou d'une omission commis dans l'intention de provoquer un dommage de la part d'un Etat demandeur ou des personnes physiques ou morales que ce dernier Etat représente». (Art. 6.)

Il serait trop long et inutile ici de rentrer dans les détails de cette convention [23]. Pour le sujet qui nous intéresse, il convient simplement de noter que l'Etat de lancement est tenu de réparer l'intégralité du dommage, encore que des doutes puissent surgir en ce qui concerne les dommages moraux et indirects; il n'est pas prévu en effet de plafond à la réparation [24].

Cette convention de 1971 est intéressante; destinée à garantir les personnes contre des activités particulièrement dangereuses, elle consacre, dans un domaine limité, l'obligation pour les Etats de réparer les dommages qu'ils ont pu causer à la suite d'actes tout à fait licites au regard du droit international.

b) *L'atome*

Si les risques qui découlent des activités dans l'espace sont considérables, ceux provenant de l'utilisation pacifique de l'énergie atomique sont encore plus importants. Les dommages causés par une catastrophe nucléaire pourraient être immenses. Dans ce domaine, plusieurs conventions ont vu le jour. Citons tout d'abord la Convention de Paris du 21 juillet 1960 sur la responsabilité civile dans le domaine nucléaire, avec son Protocole additionnel du 28 janvier 1964, et la Convention complémentaire du 31 janvier 1963, puis la Convention de Vienne relative à la responsabilité civile en matière de dommages nucléaires du 20 mai 1963 [25], enfin, dans le domaine maritime, la Convention de Bruxelles du 25 mai 1962 relative à la responsabilité des exploitants des navires nucléaires [26] et la Convention de Bruxelles du 17 décembre 1971 relative à la responsabilité civile dans le domaine du transport maritime de matières nucléaires [27].

---

[23] Pour des commentaires, voir O. Deleau, «La Convention sur la responsabilité internationale pour les dommages causés par des objets spatiaux», *AFDI*, 1971, pp. 876–888; P. Dupuy, *op. cit.*, pp. 172–242; Bin Cheng, «Liability for Spacecraft», *Current Legal Problems*, vol. 23, 1970, pp. 216–239.

[24] Celui-ci est prévu à l'article 11 de la Convention de Rome de 1952 sur les aéronefs.

[25] On trouvera les textes, une excellente bibliographie et une étude approfondie du problème dans T. Melescanu, *La responsabilité pour dommage nucléaire*, Bucarest, 1973.

[26] Voir C. A. Colliard, «La Convention de Bruxelles relative à la responsabilité des exploitants des navires nucléaires», *AFDI*, 1962, pp. 41–64.

[27] P. Strohl, «La Convention de 1971 relative à la responsabilité civile dans le domaine du transport maritime de matières nucléaires. Un essai de conciliation entre le droit maritime et le droit nucléaire», *AFDI*, 1972, pp. 753–784.

Le but de ces conventions est la réparation des dommages causés par des accidents nucléaires. La définition du terme «accident nucléaire» la plus explicite est celle donnée par la Convention de Paris à son article 1er.

Il s'agit de:

> «... tout fait ou succession de faits de même origine ayant causé des dommages, dès lors que ce fait ou ces faits ou certains des dommages causés proviennent ou résultent des propriétés radioactives, ou à la fois des propriétés radioactives et des propriétés toxiques, explosives ou autres propriétés dangereuses des combustibles nucléaires ou produits ou déchets radioactifs.» (Voir aussi article 1er, alinéa k, de la Convention de Vienne.)

Il s'agit donc d'une définition exhaustive.

En ce qui concerne les dommages, il s'agit de tout dommage aux personnes et aux biens.

Afin d'éviter des complications, toutes ces conventions adoptent le principe de la responsabilité de l'exploitant de l'installation nucléaire, qu'il s'agisse d'une personne privée ou d'un établissement public. (Articles 3 et II des Conventions de Paris et de Vienne). Il en va de même pour l'exploitant du navire nucléaire dans la Convention de Bruxelles (article II).

Il s'agit d'une responsabilité absolue ou objective. L'article IV, al. 1, de la Convention de Vienne précise:

> «L'exploitant est objectivement responsable de tout dommage nucléaire en vertu de la présente convention.»

Il n'y a donc pas à faire la preuve de la négligence de l'exploitant. Il suffit de faire la preuve que l'accident a été la cause du dommage, ce qui peut poser des problèmes en cas de dommages à la santé de personnes qui viendraient à être constatés plusieurs années après l'accident. Les seules causes d'exemptions sont des cas de conflit armé, de guerre civile, d'insurrection ou de cataclysmes naturels de caractère exceptionnel (article 9 de la Convention de Paris et IV de la Convention de Vienne).

L'article IV de la Convention de Vienne ajoute que si le dommage nucléaire résulte d'une négligence grave d'une personne ou si celle-ci a agi ou omis d'agir dans l'intention de causer le dommage, le tribunal pourra dégager l'exploitant en totalité ou en partie de l'obligation de réparer le dommage subi par cette personne.

Responsabilité absolue donc, mais limitée quant à son étendue. La Convention de Paris fixe, à son article 7, le montant maximum de la responsabilité de l'exploitant pour les dommages causés par accident nucléaire à 15 millions d'unités de compte de l'Accord monétaire européen. La Convention de Vienne fixe cette limite, toujours par accident, à 5 millions de dollars, celle de Bruxelles à 1,5 milliard de francs. Si l'on a voulu ainsi limiter l'étendue de la responsabilité de l'exploitant, c'est pour ne pas entraver le développement des activités nucléaires par des paiements de primes d'assurance trop onéreuses.

Il est certain, cependant, que si l'on songe aux catastrophes qui pourraient résulter d'un grave accident nucléaire, ces sommes ne paraissent pas très élevées. C'est la raison pour laquelle la convention complémentaire du 31 janvier 1963 prévoit une intervention de l'Etat. D'après son article 3, la somme attribuée pour chaque accident ne saurait dépasser les 120 millions d'unités de compte, cinq étant à la charge de l'exploitant, 65 à la charge de fonds publics à allouer par l'Etat sur le territoire duquel est située l'installation nucléaire et la différence au moyen de fonds publics à allouer par les Parties contractantes selon une clé de répartition prévue par la Convention [28].

Ainsi, derrière la responsabilité de l'exploitant, on voit apparaître la responsabilité de l'Etat, responsabilité qui s'explique en un certain sens par le fait que c'est lui qui donne les autorisations nécessaires pour qu'une entreprise puisse se livrer à des activités nucléaires. L'Etat joue un rôle de garantie. Plus exceptionnelle est l'intervention des Parties contractantes qui, en apportant à un stade ultérieur leur garantie, affirment une solidarité internationale en cas de grandes catastrophes [29].

Il convient de signaler que, contrairement à ce qui se passe pour l'espace, les conventions en matière nucléaire organisent principalement la responsabilité de l'exploitant, qu'il soit étatique ou privé, dans le cadre du droit interne. Cependant, le rôle de garantie attribué à l'Etat est susceptible de porter l'obligation de réparation sur le plan international et, d'ailleurs, le régime conventionnel adopté ne saurait affecter les droits que pourraient avoir les Parties contractantes en vertu des règles générales du droit international public [30].

4. *Conclusion*

L'analyse de la pratique internationale en la matière a montré son extrême pauvreté. Pratique diplomatique et jurisprudence sont non seulement rares mais non concluantes. Il n'existe guère que quelques conventions dont la plupart, il faut le noter, ne sont pas encore entrées en vigueur. Dans ces conditions, on peut se demander si, en dehors d'un cadre conventionnel,

---

[28] L'article 111 de la Convention de Bruxelles prévoit que l'Etat se substitue à l'exploitant au cas où il y aurait défaillance financière. Il en va de même à l'article VII de la Convention de Vienne.

[29] On pourrait aussi citer les conventions conclues par les Etats-Unis avec les Etats où des navires atomiques devraient faire escale. Ici aussi les Etats-Unis doivent réparation pour tout dommage provenant ou résultant d'un accord nucléaire. Voir R. Kovar, «Les accords conclus au sujet du Savannah et la responsabilité civile des exploitants des navires nucléaires», *AFDI*, 1965, pp. 783–809.

[30] Voir article XVIII de la Convention de Vienne.

il y a une place dans le droit international actuel pour une règle qui obligerait les Etats à réparer les dommages causés dans l'exercice d'activités licites mais comportant des risques exceptionnels. On serait d'autant plus tenté de répondre par la négative qu'une partie au moins de ces activités n'est pas le fait de l'Etat mais le fait de particuliers pour lesquels, en droit international, l'Etat n'est pas responsable.

Cependant, peut-on admettre qu'en cas d'une catastrophe qui aurait des conséquences sur le territoire d'un Etat voisin, les personnes victimes du dommage se trouvent démunies de tout droit à réparation? Sans doute, dans le cadre du droit interne, un recours sera toujours possible contre l'entreprise qui a causé le dommage, mais le problème se pose en cas de sa défaillance financière ou de celle de son assurance. De plus, si le dommage a été causé par l'Etat, la réclamation interne pourrait se heurter à la règle de l'immunité de juridiction. Dès lors, certains auteurs estiment que l'Etat serait tenu internationalement responsable. Il convient toutefois d'examiner quel serait le fondement juridique de cette obligation de réparation.

III. *LE FONDEMENT JURIDIQUE DE L'OBLIGATION DE L'ETAT DE REPARER LES DOMMAGES CAUSES PAR DES ACTIVITES LICITES COMPORTANT DES RISQUES EXCEPTIONNELS*

Ce fondement peut être envisagé de deux manières. On peut, d'une part, rester dans la théorie classique et estimer que l'Etat est tenu à réparation parce qu'il a commis un acte illicite, mais on peut aussi, d'autre part, rechercher s'il n'y a pas une règle en droit international qui obligerait les Etats à réparer les dommages causés par des activités licites.

1. *Il y a acte illicite*

On se souvient que dans l'affaire de la Fonderie du Trail, examinée ci-dessus, le Tribunal arbitral avait basé une partie de sa sentence sur l'existence, en droit international, d'une règle d'après laquelle un Etat n'a pas le droit de se servir de son territoire ou d'en permettre l'usage de manière préjudiciable à un autre Etat.

Quelques années plus tard, la Cour Internationale, dans l'affaire du Détroit de Corfou, devait réaffirmer l'existence de cette règle, indiquant:

> «... l'obligation pour tout Etat de ne pas laisser utiliser son territoire aux fins d'actes contraires aux droits d'autres Etats [31]».

[31] Affaire du Détroit de Corfou, Arrêt du 9 avril 1949, CIJ, *Recueil*, 1949, p. 22.

Il importe peu ici de savoir si cette norme fait partie ou non des règles de bon voisinage ou même quel est son contenu exact. Ce qu'il convient de signaler, c'est que l'on pourrait soutenir que si un Etat cause un dommage au territoire d'un autre Etat, il a violé cette norme et doit, pour cette raison, réparation [32]. A cela vient s'ajouter le fait que dans certains domaines, comme le domaine atomique, les entreprises se livrent à ces activités dangereuses en vertu d'une autorisation de l'Etat.

Il nous paraît, cependant, que l'obligation à la charge des Etats de ne pas laisser utiliser leur territoire aux fins d'actes contraires aux droits d'autres Etats est une obligation de moyen et non pas de résultat. Ils doivent exercer une due diligence pour que leur territoire ne soit pas utilisé à l'encontre d'autres Etats, mais ils n'ont pas le devoir de garantir que le territoire de leur Etat ne sera jamais à l'origine d'un dommage causé à un autre Etat. Cela résulte bien de l'affaire du Détroit de Corfou. Si, en effet, il s'était agi d'une obligation de résultat la Cour n'aurait eu, pour déclarer l'Albanie responsable, qu'à constater la présence de mines dans les eaux territoriales albanaises. Mais la Cour n'a pas procédé ainsi; elle a recherché si l'Albanie aurait dû avoir connaissance du mouillage des mines et, étant arrivée à une réponse positive, compte tenu des circonstances, elle en a conclu que ce pays avait manqué à son obligation internationale [33].

En d'autres termes, le contenu de l'obligation de l'Etat de ne pas laisser utiliser son territoire pour des actes contraires aux droits d'autres Etats n'apparaît guère différent de l'obligation qui incombe aux Etats de prévenir ou de réprimer le comportement de particuliers qui pourraient nuire à la vie et aux biens des étrangers. Or, nul n'a jamais prétendu que l'Etat était responsable de toute atteinte à la vie et aux biens des étrangers. La jurisprudence montre, au contraire [34], qu'avant de déclarer un Etat responsable pour des dommages subis par des étrangers du fait des agissements des particuliers, c'est le comportement de ses organes qui est apprécié. Ce que l'on demande, c'est que, compte tenu des circonstances du cas d'espèce, les autorités de l'Etat aient fait ce que l'on pouvait raisonnablement exiger d'elles pour prévenir le dommage ou punir le coupable.

Dès lors, on comprend mieux le raisonnement du Tribunal dans l'affaire de la Fonderie du Trail. C'est en réponse à la question de savoir si cette entreprise devait s'abstenir de causer des dommages à l'avenir, que les

[32] Voir en ce sens G. Fischer, «Droit international et expérimentation des armes nucléaires», *AFDI*, 1956, p. 316; M. F. Furet, *Expérimentation des armes nucléaires et droit international public*, Paris, Pedone, 1966, p. 65.

[33] Voir aussi en ce sens D. Lévy, «La responsabilité pour omission et la responsal bilité pour risque en droit international public», *Revue générale de droit internationa- public*, 1961, vol. 65, pp. 744–764.

[34] Voir sur cette question l'étude très fouillée de la pratique internationale et de la doctrine faite par le professeur R. Ago dans son rapport à la Commission du droit international, *Annuaire*, 1972, vol. II, pp. 103–165.

arbitres se sont référés à cette règle qui rend l'Etat responsable de l'usage de son territoire d'une manière préjudiciable aux droits d'un autre Etat. Du moment où, en effet, le Canada connaissait l'existence d'une usine qui dégageait des fumées causant des dommages sur le territoire américain, il devait obliger l'usine à supprimer ces gaz toxiques ou, autrement, son comportement allait à l'encontre de la règle indiquée.

Mais si la règle de l'utilisation non dommageable du territoire a bien le contenu que nous lui avons donné, elle ne saurait servir comme fondement juridique à l'obligation de l'Etat de réparer les dommages causés par des activités comportant des risques exceptionnels.

En effet, pour obtenir réparation, la partie lésée devrait faire la preuve que les autorités de l'Etat n'ont pas exercé un contrôle suffisant sur les industries qui se livrent à ce genre d'activité, qu'elles n'ont pas surveillé normalement les installations, qu'elles ont délivré à tort les autorisations nécessaires. Mais, nous l'avons dit, c'est justement cette difficulté de preuve qui a amené les Etats, dans le domaine de l'espace et de l'atome, à prévoir une responsabilité absolue de l'Etat de lancement ou de l'exploitant nucléaire. Or, dans les domaines des activités comportant des risques exceptionnels, les Etats exercent en général un contrôle très sévère qui correspond probablement à l'obligation de diligence qui est mise à leur charge par le droit international. La preuve en est que les accidents sont relativement rares [35]. Il en résulte que si, malgré toutes les précautions, un accident devait survenir, les victimes n'auraient pas, sur le plan international, un droit à réparation. Si l'on veut donc fonder ce droit à réparation, ce n'est pas dans l'existence d'un acte illicite commis par l'Etat du territoire qu'on pourra le trouver. Ce qui ne veut pas dire d'ailleurs que, à côté du droit à réparation causé par l'accident, il ne puisse pas y avoir parallèlement un droit fondé sur un acte illicite. Ce sera le cas, comme dans l'affaire de la Fonderie du Trail, lorsque les autorités de l'Etat, ayant eu connaissance que les activités d'une entreprise causent des dommages au territoire d'un Etat étranger, ne font rien pour arrêter la cause du dommage.

Puisque l'acte illicite doit être abandonné, il reste à examiner s'il existe, en droit international, une règle qui obligerait les Etats à réparer les dommages causés par des entreprises qui se livrent à des activités comportant des risques exceptionnels.

2. *Il n'y a pas d'acte illicite*

En l'absence de dispositions conventionnelles, ce droit à réparation pourrait être le résultat soit d'une règle coutumière, soit d'un principe général de droit.

---

[35] Pour une étude des accidents en matière atomique, voir H. Smets, «Review of Nuclear Incidents», J. Weinstein (ed.), *Progress in Nuclear Energy, Series X, Law and Administration*, vol. 3, *Nuclear Liability*, London, Pergamon Press, 1962, pp. 89–165.

a) *La coutume*

L'existence d'une règle coutumière en la matière nous paraît très problématique. Nous avons vu que la pratique internationale est non seulement rare, mais peu concluante. Dans l'affaire des pêcheurs japonais, les Etats-Unis ont donné satisfaction, mais à titre gracieux. La sentence relative à la Fonderie du Trail s'explique pour d'autres raisons qu'une responsabilité sans acte illicite. Il existe, il est vrai, un certain nombre de conventions qui posent le principe du droit à réparation. Sans doute, l'existence d'un grand nombre de conventions semblables pourraît être à l'origine d'une règle coutumière ou un élément de preuve de cette coutume, mais les conventions en question sont loin d'être nombreuses et la plupart ne sont même pas en vigueur, ce qui ne semble pas être suffisant pour indiquer une pratique générale et constante. De plus, il faudrait encore faire la preuve que les Etats ont la conviction d'être obligés de réparer les dommages provenant de ces activités licites. Or, si l'élaboration des conventions en matière atomique et spatiale montre que les représentants des Etats étaient convaincus de la nécessité d'adopter le principe de la responsabilité absolue, ils n'étaient pas pour autant convaincus de se conformer ainsi à une règle coutumière. De même, les travaux de la Commission du droit international, dans le domaine de la responsabilité des Etats, ou les discussions au sein de la sixième Commission de l'Assemblée Générale des Nations Unies indiquent simplement que l'on a conscience de la nécessité d'étudier la «responsabilité dite pour risque, découlant de l'accomplissement de certaines activités licites», qui pourraient causer des dommages bien plus grands que ceux provenant d'actes illicites [36], mais l'on ne mentionne pas l'existence d'une règle coutumière.

Dans ces conditions il est difficile de dire qu'il existe, à l'heure actuelle, une règle coutumière en la matière.

b) *Les principes généraux de droit*

Par principes généraux de droit, au sens de l'article 38 alinéa 1 du Statut de la CIJ, il faut entendre:

«... certains principes qui sont communs aux systèmes juridiques des différents Etats civilisés [37]».

Il s'agit, donc, de règles de droit interne que l'on retrouve dans la plupart des ordres juridiques. Et si on les y retrouve, c'est qu'il s'agit de normes nécessaires au bon fonctionnement d'un ordre juridique. Dans la mesure où ces règles sont adaptées à cette société très spéciale qu'est la société

[36] Documents officiels de l'Assemblée générale, Vingt-quatrième session, 1969, Sixième Commission, pp. 14, 21, 41, 45, 53.

[37] Ch. Rousseau, *Droit international public*, Paris, Sirey, 1970, vol. I, p. 371.

internationale, elles peuvent trouver application en droit international. Il est évident que, dans les détails, ces règles peuvent varier considérablement d'un pays à l'autre et qu'il ne saurait être question, en droit international, de se référer à la règle d'un pays ou d'un autre dans son intégralité [38]. Le principe général de droit est l'essence des différentes normes internes, il est ce qu'il y a de commun à ces différentes règles et c'est ce qui justifie sa transposition du droit interne en droit international [39].

Si ce que nous venons d'indiquer est exact, alors il convient de voir si le droit à réparation pour les dommages causés au territoire d'un Etat voisin, du fait d'activités comportant des risques exceptionnels, peut se fonder sur un principe général de droit.

Si l'on se penche tout d'abord sur les législations internes des Etats qui réglementent les activités atomiques et, sans se livrer ici à une étude détaillée qui a déjà été faite [40], on peut résumer les règles existantes en matière de responsabilité de la manière suivante: en premier lieu, la responsabilité est objective, c'est-à-dire qu'elle ne repose sur aucune faute de l'exploitant. La raison en est toujours la même: il serait très difficile pour le demandeur de faire la preuve de cette faute. En deuxième lieu, cette responsabilité est canalisée, à l'exclusion de toute autre, sur une personne qui est en général celle de l'exploitant de l'installation nucléaire. Cela est important pour simplifier les recours judiciaires. En troisième lieu, l'indemnisation est limitée par accident ou par installation, encore qu'elle paraisse illimitée au Japon. Le montant variera évidemment d'un pays à l'autre, selon le niveau de vie de l'Etat considéré; elle peut aller de 500 millions de dollars aux Etats-Unis à 300 millions de pesetas en Espagne. Certaines législations prévoient l'intervention de l'Etat en vue du versement d'une indemnisation supplémentaire, lorsque le montant maximum est épuisé. Par contre, hormis certains cas, la législation des Etats-Unis établit le principe de la non-intervention de l'Etat. Enfin, les clauses d'exonération sont très variables. On peut y trouver le cas des conflits armés (de la guerre aux actes d'hostilités), la force majeure due aux cataclysmes naturels ayant cependant une amplitude exceptionnelle et parfois la faute grave de la victime.

A la lecture de cette description du régime juridique de droit interne, on reconnaîtra celle qui a été faite ci-dessus du régime juridique établi par les conventions internationales relatives à la responsabilité en matière d'activités nucléaires; et cela n'a rien d'étonnant, car leurs rédacteurs se sont largement inspirés des législations internes. Il semble donc que, face à toutes ces normes qui, dans leurs différences, contiennent des règles communes, on puisse parler en matière atomique de principes généraux de droit.

---

[38] Barcelona Traction Light and Power Company, Limited, Arrêt, CIJ, *Recueil*, 1970, p. 37.

[39] Ch. de Visscher, *Théories et réalités en droit international public*, Paris, Pedone 1960, p. 481.

[40] T. Melescanu, *op. cit.*, pp. 43–102.

Il reste alors à se demander si un principe général de droit existe, qui servirait de fondement à l'obligation de l'Etat de réparer les dommages provenant d'autres activités dangereuses.

Si l'on examine les droits internes, on s'aperçoit qu'à l'origine un peu partout, la responsabilité civile est fondée sur l'idée de faute. Cette importance de la faute est bien soulignée dans l'article 1382 du Code civil français:

> «Tout fait quelconque de l'homme, qui cause à autrui un dommage, oblige celui par la faute duquel il est arrivé à le réparer [41].»

Il en découle qu'il appartient à la victime du dommage de prouver la faute de celui qui l'a causé.

Mais cela devenait difficile, voire impossible, avec le développement de l'industrie et de la science. En France, l'effort jurisprudentiel fut grandement facilité par l'article 1384, alinéa 1, qui prévoit la responsabilité du fait des choses. Dans son célèbre arrêt Jand'Heur, du 13 février 1930, la Cour de cassation, toutes chambres réunies, déclarait:

> «La présomption de responsabilité établie par l'article 1384, al. 1, à l'encontre de celui qui a sous sa garde la chose inanimée qui a causé un dommage à autrui, ne peut être détruite que par la preuve d'un cas fortuit ou de force majeure ou d'une cause étrangère qui ne lui soit pas imputable, il ne suffit pas de prouver qu'il n'a commis aucune faute ou que la cause du fait dommageable est demeurée inconnue [42].»

Ainsi la victime du dommage n'a plus à prouver la faute du détenteur, il suffit qu'il y ait un lien causal entre le dommage et la chose qui est à son origine. Le gardien ne pourra être exonéré qu'en prouvant la force majeure, la faute de la victime ou le fait d'un tiers.

Au Royaume-Uni, la même règle a été prononcée par la Chambre des Lords dans un célèbre arrêt de 1868 dans l'affaire Rylands c. Flechter [43].

Le principe contenu dans cet arrêt a été suivi en partie par la jurisprudence américaine, puis repris et développé dans le Restatement of Torts de l'American Law Institute.

---

[41] Voir aussi l'article 2043 du Code civil italien, art. 709 du Japon, art. 403 de l'U.R.S.S., art. 41 du Code suisse des obligations. Voir aussi J. Carbonnier, *Droit civil*, les obligations, vol. 4, Paris, Presses Universitaires de France, 1969, pp. 325–401. Il en va de même dans le Common Law. Voir l'affaire Donaghue c. Stevenson, citée par L. Goldie, *op. cit.*, p. 1196. Voir aussi pour le droit anglosaxon W. L. Prosser, *Selected Topics on the Law of Torts*, Ann Arbor, University of Michigan, 1953.

[42] Cité par J. Carbonnier, *op. cit.*, p. 379.

[43] «... a person who for his own purposes brings on his land and collects and keeps there anything likely to do mischief if it escapes, must keep it in at his peril, and, if he does not do so, is *prima facie* answerable for all damage which is the natural consequence of its escape.» Cité par J. Kelson, *op. cit.*, p. 203.

«One who carries on an abnormally dangerous activity is subject to liability for harm to the person, land or chattels of another resulting from the activity, although he has exercised the utmost care to prevent such harm.

Such liability is limited to the kind of harm the risk of which makes the activity abnormally dangerous [44].»

Contrairement au droit français [45], la pratique anglosaxonne met donc l'accent sur l'activité dangereuse, voire anormalement dangereuse qui comporterait des risques exceptionnels.

L'examen de la législation d'autres Etats conduirait à la même conclusion [46]. Malgré des différences de détail et de forme, on peut dire qu'il existe à l'heure actuelle une tendance commune qui détache, pour les activités dangereuses, la responsabilité de la faute. Si un dommage est causé, celui qui a la garde de l'objet ou qui se livre à une activité doit réparation sans que la victime ait à faire la preuve de la faute. Il ne pourra s'affranchir de cette obligation qu'en faisant la preuve que le dommage est le résultat de circonstances exceptionnelles, notamment de la force majeure. Cette responsabilité est fondée sur le risque que font courir ces choses ou cette activité. On a aussi dit que celui qui bénéficie d'une chose qui fait courir un risque à autrui doit en assumer la responsabilité. C'est la rançon du bénéfice qu'il en tire [47]. Un ajoutera à ces arguments, qu'il nous paraît contraire à toute idée de justice, ainsi qu'à l'évolution des idées en la matière, que les victimes d'un accident provenant d'activités dangereuses ne puissent obtenir réparation simplement parce qu'elles n'arriveraient pas à faire la preuve de la faute de celui qui se livre à ces activités. De plus, cela serait contraire aux besoins de sécurité qui se font particulièrement sentir dans notre monde moderne.

Reste à savoir si l'on peut parler de responsabilité pour risque en droit international.

Certains auteurs n'ont pas hésité à faire appel à cette notion. C'est ainsi que Pasquale Fiore déclarait:

«Quand le Gouvernement d'un Etat, par suite des exigences actuelles et des nécessités publiques, accomplit un fait dont résulte un dommage pour un Etat étranger ou pour les citoyens de cet Etat, il doit être tenu

[44] Paragraphe 519, 1964. Cité par J. Kelson, *op. cit.*, p. 204.

[45] Cependant, différentes lois françaises ont été promulguées en vue d'instituer des régimes de responsabilité du fait des choses dangereuses: accidents du travail, code de l'aviation, etc.

[46] Voir J. Kelson, *op. cit.*, pp. 206–208; pour un examen du droit soviétique, voir aussi A. Erh-Soon Tay, «Principles of Liability and the Source of Increased Danger in the Soviet Law of Tort», *International and Comparative Law Quarterly*, vol. 18, 1969, pp. 424–448.

[47] Voir sur cette question les belles pages de G. Ripert, *La règle morale dans les obligations civiles*, Paris, Librairie générale de droit et de jurisprudence, 1927, pp. 212–224.

de réparer ce dommage, et l'Etat doit être considéré comme directement responsable, même si l'acte du gouvernement peut être réputé légal et comme tel justifié [48].»

Pour Georges Scelle, c'est la théorie du risque social qui constitue le fondement de la responsabilité de l'Etat [49].

Mais, étant donné le développement d'activités comportant des risques exceptionnels, c'est plus près de nous que des auteurs ont été amenés à admettre le risque comme fondement de responsabilité.

En 1964, Abdel Hamid, dans sa thèse, croyait pouvoir discerner l'existence d'un principe général de droit:

> «... d'après lequel celui qui crée une source de risques anormaux doit répondre des dommages qui en résultent, même en l'absence de tout acte illicite de sa part, et qu'une responsabilité internationale pour risque exceptionnel se trouve désormais concevable [50]».

Dans la conclusion de son article, Goldie semble aussi admettre que la théorie du risque puisse trouver sa place en droit international [51].

Pour Jenks:

> «Every State is liable for injury to the world community or to other States or their nationals from ultra-hazardous activities occuring or originating within its jurisdiction or undertaken on its behalf or with its authority [52].»

L'idée est reprise par Kelson:

> «A State, failing to prevent harm, shall be originally responsible and strictly liable for the harm caused by abnormally dangerous activities within its jurisdiction to the residents or property of another State [53].»

Il est vrai, cependant, que Goldie et Jenks semblent se placer davantage dans une optique de *lege ferenda* que de *lege lata* et que tels semblent être aussi les points de vue d'autres auteurs qui ont signalé l'existence du problème sans prétendre le résoudre [54].

---

[48] P. Fiore, *Le droit international codifié*, Paris, Pedone, 1911, p. 328.

[49] G. Scelle, *Précis du droit des gens*, Paris, Sirey, 1932, vol. I, pp. 21–22 et 68. Il reprenait d'ailleurs des idées déjà exprimées par Léon Duguit.

[50] M. Abdel Hamid, *op. cit.*, p. 333.

[51] L. F. E. Goldie, *op. cit.*, p. 1264.

[52] W. Jenks, *op. cit.*, p. 194.

[53] J. Kelson, *op. cit.*, p. 243.

[54] P. Reuter, *op. cit.*, pp. 591–595; M. Sørensen, *op. cit.*, pp. 221–223; R. Luzzato, *op. cit.*, p. 104.

Il n'en reste pas moins vrai qu'il existe aujourd'hui un courant important au sein de la doctrine pour admettre que la théorie du risque soit occupe déjà une place en droit international, soit doit en avoir une. Rares sont ceux qui l'excluent [55] ou qui ne l'admettent que dans le cas où elle a été incorporée dans une convention internationale [56]. Leurs arguments, d'après lesquels une application générale du principe de la réparation basée sur le risque paralyserait toute initiative ou qu'elle ne peut exister que dans une société homogène, qui aurait le sens de la solidarité, bien qu'intéressants, ne nous paraissent pas déterminants.

Ce qui nous semble plus important, c'est la constatation que les progrès scientifiques et techniques permettent à l'homme de se livrer à des activités fort complexes qui pourraient avoir des conséquences dommageables considérables pour des individus ou sur l'environnement naturel de la terre. L'étude de W. Jenks donne une liste, qui est loin d'être exhaustive, des domaines d'activité dangereux pour l'homme. Sans doute, les industries et les Etats semblent prendre des précautions suffisantes, puisqu'à l'heure actuelle on ne peut signaler aucun accident ayant pris des proportions importantes. Il n'en reste pas moins vrai que le problème demeure.

Peut-on vraiment admettre qu'un Etat, dont une entreprise aurait causé des dommages considérables au territoire d'un autre Etat ou de plusieurs autres Etats, pourrait, pour nier toute réparation du préjudice, se retrancher derrière l'argument d'après lequel l'activité de l'entreprise étant licite, n'ayant lui-même commis aucun acte illicite, les éventuelles victimes doivent donc chercher réparation dans le cadre de son droit interne, à l'exclusion de tout recours au droit international?

Pour nous, bien au contraire, il y a analogie entre les besoins de la société internationale d'aujourd'hui et ceux des sociétés internes.

De même qu'en droit interne on a tendance à renoncer à la notion de faute pour établir, en cas d'accident, la responsabilité civile de l'entrepreneur qui se livre à des activités dangereuses, ainsi, en droit international, il convient de renoncer, dans des cas semblables, à l'acte illicite et établir la règle que l'Etat doit réparation des dommages causés aux territoires d'autres Etats du fait d'activités comportant des risques exceptionnels accomplies sur son territoire. Sans doute pourra-t-on objecter que la notion de faute est toute différente de la notion d'acte illicite et que, dès lors, on ne saurait parler d'un principe général de droit. Mais, nous l'avons dit, pour qu'il y ait principe général de droit il n'est pas nécessaire qu'il y ait une similitude de règles, car le principe général de droit est constitué par l'essence de ces règles, c'est-à-dire par «le principe sous-jacent qui leur est

[55] Voir G. Fitzmaurice, *Annuaire*, 1957, vol. I, p. 174; Nguyen Quoc'Dinh, *Droit international public*, Paris, LGDJ, 1975, p. 633.

[56] E. Jiménez de Aréchaga, in M. Sørensen (ed.), *Manual of Public International Law*, London, MacMillan, 1968, p. 539; H. Thierry *et al.*, *Droit international public*, Paris, Montchrestien, p. 657.

commun[57]». Or, quel est ce principe sous-jacent commun aux différents droits internes? La suppression de la faute en tant qu'élément constitutif de la responsabilité civile de l'entrepreneur pour les dommages causés du fait d'activités dangereuses. Ceci dans le but d'assurer aux victimes une protection plus adéquate. Ce «principe sous-jacent» peut alors être transposé en droit international avec les adaptations nécessaires à cet ordre juridique.

Dès lors, ce principe consiste dans la suppression du fait illicite en tant qu'élément constitutif de la responsabilité de l'Etat pour les dommages causés aux territoires d'autres Etats, du fait d'activités comportant des risques exceptionnels. Le but est toujours le même: assurer aux victimes une protection plus adéquate. C'est donc bien dans un principe général de droit que se trouve la source de l'obligation de réparation. On pourrait évidemment objecter que si l'on transpose, en droit international, la responsabilité pour risque, il faut la transposer intégralement sans la limiter à des activités comportant des risques exceptionnels. Il nous paraît, cependant, que la société internationale n'est pas mûre pour admettre une règle d'après laquelle les Etats seraient tenus de réparer n'importe quel dommage, indépendamment de tout fait illicite. De plus, on peut ajouter qu'en droit interne l'abandon de la faute comme cause de responsabilité a justement commencé dans le cadre d'activités dangereuses et que la faute continue à jouer un rôle dans divers ordres juridiques. Ce qui est sûrement commun aux différents ordres juridiques internes, c'est l'abandon de la faute dans le cadre d'activités dangereuses, mais non son abandon pour tout dommage causé. Ce n'est donc que ce principe général qui, à l'heure actuelle, peut exister en droit international.

Il reste cependant à déterminer les règles applicables à l'obligation de l'Etat de réparer les dommages causés par des activités licites comportant des risques exceptionnels.

IV. *DETERMINATION DES REGLES APPLICABLES A L'OBLIGATION DE L'ETAT DE REPARER LES DOMMAGES CAUSES PAR DES ACTIVITES LICITES COMPORTANT DES RISQUES EXCEPTIONNELS*

Partant de l'idée que la règle en la matière est l'expression d'un principe général de droit, il semble, à première vue, que l'on pourrait l'énoncer ainsi:

> «Tout Etat est tenu de réparer les dommages causés à d'autres Etats ou à des ressortissants étrangers à la suite d'activités qui, bien que licites, comportent des risques exceptionnels et qui sont entreprises soit pour son compte soit sous l'empire de sa juridiction.»

---

[57] Ch. de Visscher, *op. cit.*, p. 481.

Bien entendu ce devoir de réparation est indépendant de celui qui pourrait surgir de l'éventuelle violation de la règle de droit international qui exige qu'un Etat ne permette pas l'usage de son territoire de manière préjudiciable aux droits de ressortissants ou d'Etats étrangers.

Cependant, nous ne le cachons pas, ce principe général soulève un bon nombre de difficultés dont les principales sont la notion de risques exceptionnels, le problème de l'imputabilité et l'établissement du montant de la réparation. Il y en aurait bien d'autres d'ailleurs et l'on pourrait citer, à titre d'exemple, les problèmes de la prescription, les causes d'exonération, l'épuisement des recours internes, etc., mais il n'est pas possible de les examiner toutes dans le cadre de cet article. Nous n'avons pas, il va sans dire, la prétention de fournir des solutions approfondies, mais plutôt de les esquisser.

1. *Notion de risques exceptionnels*

W. Jenks en a donné la définition suivante:

> «Ultra-hazardous activities comprise all activities which involve a risk of serious harm on an international scale which cannot be eliminated by the exercise of the utmost care; subject to any exception accepted by common usage as not involving such a risk they include all activities which involve or may occasion a substantial change in the natural environment of the earth or another State, significant pollution of air or water, the release of nuclear or other sources of energy liable to escape from human control, disturbance of the equilibrium of geophysical forces and pressures, the modification of biological processes, the creation of automata a major error of which may be irreparable, and impact damage from such sources as aircraft in flight and spacecraft [58].»

On a reproché à cette définition de ne pas en être véritablement une, puisque son auteur a dû avoir recours à une liste d'exemples. De plus, si c'est le fait d'activités qui comportent un risque de catastrophe, qui ne peut être éliminé même par l'exercice de soins les plus attentifs, alors, étant donné les progrès de la technique, ces activités peuvent passer rapidement d'une catégorie, comportant des risques exceptionnels ouvrant droit à réparation, à des catégories comportant des risques que l'on pourrait dire simples, n'ouvrant pas droit à une telle réparation [59]. Cette critique est sans doute justifiée, mais il nous semble qu'elle passe un peu à côté du véritable problème.

Si l'on songe, en effet, aujourd'hui à obliger l'Etat à réparer les dommages provenant de faits licites, c'est que les progrès techniques ont permis

---

[58] W. Jenks, *op. cit.*, p. 195.

[59] P. Dupuy, *op. cit.*, pp. 597–599.

aux Etats ou entreprises de se livrer à des activités qui pourraient avoir pour conséquences des catastrophes telles qu'elles causent des dommages sur le territoire d'Etats voisins ou même lointains. En d'autres termes, c'est moins le type d'activité qui doit être pris en considération que l'ampleur du dommage.

Si le dommage est important, et il devra l'être pour se répercuter sur le territoire d'un Etat étranger, alors c'est bien que l'on se trouve devant une activité comportant des risques exceptionnels ouvrant droit à réparation. Sans doute, dit-on, il serait inéquitable de priver de réparations les «petites victimes» et l'on cite le cas d'un objet spatial qui détruirait une maison avec ses habitants [60].

Ce même auteur met alors l'accent sur l'imprévisibilité des préjudices causés par les activités considérées: imprévisibilité de l'échéance du dommage d'abord et imprévisibilité de l'importance ou des formes du dommage ensuite. Mais une imprévisibilité est un critère trop vague pour justifier un droit à réparation. Ce qu'il faut bien comprendre, c'est que le problème ne peut surgir pratiquement que lorsque le dommage s'est réalisé. Et alors, de deux choses l'une:

Ou bien, première hypothèse, le dommage est important, mais il consiste en pertes de biens et vies humaines à l'intérieur de l'Etat, et dans ce cas les Etats étrangers ne sont pas concernés, même si certains étrangers résidant dans l'Etat où l'accident s'est produit ont subi des pertes dans leurs biens ou dans leurs personnes. Ces étrangers, en effet, pourront, dans le cadre interne, du fait de l'existence probable de règles fondées sur la théorie du risque, obtenir réparation. Si tel n'était pas le cas, l'Etat aura probablement commis un acte illicite au regard du droit international qui justifiera la protection diplomatique de ses ressortissants de la part de l'Etat étranger.

Ou bien, deuxième hypothèse, la catastrophe frappe l'Etat où l'activité se déroule, mais dépasse ses frontières et vient causer des dommages sur le territoire d'un Etat ou d'Etats étrangers. Dans ce cas, rechercher si l'activité comportait ou ne comportait pas des risques exceptionnels, rechercher si le dommage était imprévisible dans son échéance, son importance ou sa forme, nous paraît non seulement inutile mais surtout dangereux. Si l'on devait accepter cette thèse, il appartiendrait aux victimes de faire la preuve qu'il s'agissait d'activités comportant des risques exceptionnels, preuve difficile à fournir. Or, nous l'avons vu, si le droit interne des Etats a incorporé des règles basées sur la notion de risque, cela a été fait justement en vue d'éviter aux victimes la charge de la preuve. Si l'on demandait, en droit international, aux victimes de prouver que le dommage résulte d'une activité comportant des risques exceptionnels, on se trouverait dans la même

[60] Voir les idées intéressantes de P. Dupuy, *op. cit.*, pp. 534–539.

situation. Pour nous, la réalisation d'un dommage d'une gravité telle qu'il dépasse les frontières d'un Etat est la preuve même d'un risque exceptionnel.

C'est donc le dommage qui compte plus que l'activité «ultra-hasardeuse». Il reste cependant à examiner le problème de l'imputabilité du dommage.

2. *L'imputabilité du dommage*

En droit international, il suffit que le fait illicite soit imputable à l'Etat pour que celui-ci soit responsable. Dans notre domaine, il suffirait donc que le dommage soit la conséquence d'une activité étatique dangereuse pour que l'Etat soit tenu à réparation. En général, il est vrai, le dommage ne sera pas causé par l'activité d'un organe de l'Etat.

Ce dernier, en effet, procèdera pour les besoins de la cause à la création d'un établissement public ou d'une société à capitaux publics, voire publics et privés, mais dont il aura le contrôle. Cependant, le rapport du professeur Ago l'a montré [61], la doctrine et la pratique internationales imputent à l'Etat les faits illicites commis par ces entités dotées, en droit interne, d'une personnalité juridique distincte de l'Etat. Cette manière de voir a d'ailleurs été ratifiée par la Commission du droit international [62]. Ces principes peuvent et doivent trouver application dans le cas de dommages résultant d'activités dangereuses.

On peut se demander, alors, ce qu'il en est lorsque le dommage est causé par des entreprises ayant un caractère purement privé. Sauf infraction à son obligation de due diligence, l'Etat n'est pas responsable en droit international des actes des particuliers [63].

Il semblerait donc que l'Etat ne devrait pas être tenu responsable des dommages causés par des entreprises privées qui se livreraient à des activités comportant des risques exceptionnels. Il est vrai que la Convention de 1971 sur les dommages causés par les objets spatiaux met à la charge de l'Etat l'obligation de réparer, même si l'objet spatial qui a causé le dommage appartenait à une société privée. De même, on l'a vu, les conventions atomiques prévoient l'intervention de l'Etat si le dommage causé dépasse le montant maximum fixé par la Convention. Il s'agit, cependant, d'un cadre conventionnel qui déroge à la règle générale. Mais rien ne semble ici justifier une dérogation à cette règle, en dehors du cadre conventionnel.

---

[61] *Annuaire*, 1971, vol. II, Première Partie, pp. 267–277.

[62] Voir l'article 7 alinéa 2 du Projet de la Commission. *Annuaire*, 1974, vol. II, p. 288. Le commentaire précise que le terme entité a été utilisé «... pour englober des réalités aussi différentes que des collectivités publiques territoriales, des établissements publics, des entités parastatales, des institutions publiques diverses et même, dans des cas spéciaux, des sociétés de droit privé.»

[63] L'article 11 du Projet de la Commission du droit international dispose: «N'est pas considéré comme un fait de l'Etat d'après le droit international le comportement d'une personne ou d'un groupe de personnes n'agissant pas pour le compte de l'Etat.» Nations Unies, Assemblée générale, Documents officiels A/10 010/Rev. 1.

En effet, nous l'avons dit, ces conventions ne semblent pas s'être transformées en règles coutumières et l'on ne saurait sur ce point faire appel à un principe général de droit qui fait tout à fait défaut [64].

Il en résulte que la règle classique continue à trouver son application et que l'on ne saurait exiger de l'Etat qu'il répare des dommages causés par des sociétés privées. Cette situation n'est évidemment pas satisfaisante, car elle peut conduire à des solutions inéquitables, certaines victimes d'accidents n'étant pas indemnisées. C'est là où le rôle de la Commission du droit international devient important, car elle devrait à notre avis introduire, dans une future convention en la matière, le principe d'après lequel l'Etat doit réparer les dommages provoqués par les activités comportant des risques exceptionnels provenant du secteur privé [65].

Le travail de la Commission pourrait aussi porter sur l'étendue de la réparation.

3. *L'étendue de la réparation*

Le problème qui se pose, en effet, est de savoir s'il convient de réparer intégralement les dommages causés ou s'il faut fixer une limite à la réparation.

Nous avons vu que les conventions en matière atomique ont fixé des limites, d'ailleurs fort variables, à la réparation des accidents. Même lorsque l'Etat vient se substituer à l'exploitant nucléaire, sa responsabilité est limitée à un certain montant. Des règles semblables se retrouvent dans les différents droits internes. La raison d'être, on l'a dit, est de ne pas entraver le développement des activités nucléaires par le paiement de primes d'assurance trop onéreuses.

Par contre, de telles limites ne sont pas prévues par la Convention sur la responsabilité pour les dommages causés par des objets spatiaux.

En fait, on ne saurait ici aussi, comme au paragraphe précédent, trouver en droit international une règle coutumière en la matière, ni un principe général de droit, les droits internes n'introduisant pas, sauf quelques exceptions, de limite à la responsabilité des personnes ou des entreprises. Ainsi, en l'absence d'un règlement conventionnel, il faut admettre que les Etats

---

[64] Une certaine tendance de rendre l'Etat responsable des dommages causés par les particuliers semble apparaître dans les discussions au sein des conférences sur le droit de la mer. Voir T. Treves, *op. cit.*, pp. 772–780. On peut aussi citer dans le même sens les articles 21 et 22 de la déclaration de Stockholm du 16 juin 1972. *International Legal Materials*, vol. 11, 1972, p. 1420.

[65] Certains auteurs, dont W. Jenks, *op. cit.*, pp. 194–195, semblent admettre la responsabilité de l'Etat pour les dommages causés par des entreprises privées, mais ils conçoivent leur étude *de lege ferenda* et non *de lege lata*. M. Abdel Hamid, *op. cit.*, p. 345 est du même avis, en se basant sur les règles de droit international car, d'après lui, l'Etat a manqué à son obligation de vigilance. Mais il y aurait alors acte illicite et le problème est tout autre.

sont tenus de réparer intégralement les dommages causés [66]. Les règles habituelles de droit international en matière de réparation trouvent ici application [67].

V. *CONCLUSION GENERALE*

Comme tout droit, le droit international tend à s'adapter aux besoins de la société dont il règle les rapports. Tel semble être le cas en ce qui concerne la responsabilité. Face à des progrès techniques de plus en plus grands qui risquent de causer des dommages considérables, les Etats ont été amenés, dans des domaines encore très limités, à s'imposer l'obligation de les réparer. Il s'agit de domaines dans lesquels les Etats ou les particuliers se livrent à des activités licites mais comportant des risques exceptionnels. En vertu des conventions existantes, et selon les domaines, l'exploitant ou l'Etat sont tenus de réparer les dommages causés. Il s'agit d'une responsabilité absolue, éloignée de toute notion de faute ou de négligence. Il suffit, en effet, simplement de faire la preuve que le dommage a été causé par l'activité dangereuse pour que surgisse l'obligation de réparation.

A la suite de cette étude fort brève et incomplète, nous estimons que cette obligation déborde du cadre conventionnel, car elle découle d'un principe général de droit. Si cette conclusion est exacte, il en résulte que, dans certaines circonstances, la responsabilité d'un Etat peut surgir indépendamment de tout acte illicite [68]. Par conséquent, ce qui apparaît tout à fait nouveau par rapport au droit international classique, c'est la disparition de l'acte illicite qui est remplacé ici par le dommage. Par contre, les règles habituelles s'appliquent en matière d'imputabilité et de réparation. Il n'est d'ailleurs pas certain que cette solution soit, en ce qui concerne ces deux derniers points, très satisfaisante et il serait souhaitable qu'une convention générale soit adoptée pour régler les différents problèmes issus de ce nouvel aspect de la responsabilité internationale.

L'évolution des règles relatives à la responsabilité internationale des Etats ne consiste d'ailleurs pas seulement en cette obligation de réparer les dommages provenant d'activités licites. On sait, en effet, que pour qu'un Etat puisse faire valoir la responsabilité d'un autre Etat il faut que le fait illicite commis par ce dernier ait porté atteinte à un droit subjectif du premier. Cette règle correspondait bien aux besoins d'une société décentralisée

---

[66] Voir sur la question, Personnaz, *La réparation du préjudice en droit international public*, Paris, 1939; B. Bollecker Stern, *Le préjudice dans la théorie de la responsabilité internationale*, Paris, Pedone, 1973.

[67] C'est toujours *de lege ferenda* que W. Jenks, *op. cit.*, pp. 184–186 préconise un montant maximum.

[68] Le terme responsabilité n'est peut être pas très approprié, puisqu'il est étroitement lié à la notion d'acte illicite. La conséquence est cependant la même: l'obligation de réparation.

où les sujets, les Etats, étaient placés sur un pied d'égalité, sans qu'il existe d'autorité supérieure. Bien que les structures de cette société n'aient pas fondamentalement changé, il apparaît que les conceptions des Etats ont, dans ce domaine aussi, amorcé une évolution. La violation de certaines règles considérées comme fondamentales pour la société internationale semble permettre à tout Etat de faire valoir la responsabilité de l'Etat qui les aurait transgressées.

A la suite d'une étude très poussée de la pratique internationale récente, le professeur Ago concluait, dans son rapport de 1976 à la Commission du droit international, qu'il convenait de distinguer, dans la catégorie des faits illicites des Etats, les faits particulièrement graves qu'il appelle, d'une expression peut être discutable, «crimes internationaux», qui justifieraient un régime de responsabilité différent du régime classique et entraîneraient notamment des conséquences de droit plus sévères que celles qui sont rattachées à des faits internationalement illicites de moindre importance [69].

Il apparaît ainsi que les critiques, souvent adressées au droit international, d'être figé et peu réaliste ne correspondent pas à la vérité. Bien que dépourvue d'une autorité supérieure et d'une Assemblée législative, la société internationale sait trouver en elle les moyens pour sécréter les règles nécessaires à ses besoins. Ces règles trouvent leurs racines dans la réalité internationale. L'évolution des normes en matière de responsabilité internationale en fournit une fois de plus la preuve.

[69] Voir son rapport 1976 Doc. A/CN. 4/291/ Add. 2. Ce point de vue a d'ailleurs été accepté par la Commission. Voir Doc. A/ CN. 4/L. 247/ Add. 4, 5, 6, 7 et 8.

Achevé d'imprimer
en mai mil neuf cent soixante-dix-sept
sur les presses
de l'Imprimerie Vaudoise,
à Lausanne.

Imprimé en Suisse